本书由国家海洋局海洋发展战略研究所及挪威驻华大使馆
赞助出版，特此感谢！

Thanks to Royal Norwegian Embassy in China and China Institute for
Marine Affairs, whose sponsoring helped to
put this book into publication.

中国国际战略研究基金会战略研究丛书

21世纪海洋大国
海上合作与冲突管理

TWENTY-FIRST CENTURY SEAPOWER
Cooperation and Conflict at Sea

张海文（Zhang Haiwen）

〔美〕彼德·达顿（Peter Dutton）

〔美〕陆伯彬（Robert S. Ross）

〔挪威〕奥伊斯腾·通什（Øystein Tunsjø）

———— 主 编 ————

张沱生 等／译

社会科学文献出版社
SOCIAL SCIENCES ACADEMIC PRESS (CHINA)

中国国际战略研究基金会
战略研究丛书编委会名单

编者的话

人类已经跨越了新世纪的门槛。

回首 20 世纪，人类经历了两次世界大战和一次冷战，仍旧前途未卜；放眼未来，21 世纪正带着空前的机遇和挑战迎面而来，没有谁可以置国际与战略问题于不顾而静享太平盛世。

对剧变的世界，发展的中国不断做出全面、系统和科学的判断，是国际战略研究的重任。为此，中国国际战略研究基金会愿对中国的战略研究事业做出自己的一份贡献，这也是我们编辑这套"战略研究丛书"的宗旨。

我们这套丛书将从广义的角度来讨论战略问题，范围涉及政治、经济、文化、军事、外交、民族、环境与资源、社会和人文等众多领域，凡对国家安全和发展具有重大意义的课题均可列入。

我们没有既定的作者，凡符合上述选题标准，且学术价值高，有独到见解，思想性强，文风好，并有政策水平的著作皆可入选。

我们更偏爱雅俗共赏的作品，在涌现了孙子、毛泽东等世界闻名的战略家的国度，应使更多的人增强战略意识。

我们对选入丛书的课题，将在研究与出版上给予必要的财力支援。

已出版的战略研究丛书著作有：

《环球同此凉热》，1993 年

《台湾能独立吗》，1995 年

《中国人民抗日战争史录》，1995 年

《抗日战争时期中国对外关系》，1995 年

《原本大学微言》，1998 年

《最惠国待遇的回合》，1998 年

《高处不胜寒》，1999 年

《20 世纪回顾丛书》，2000 年

     "政治卷：理想的角逐"

     "经济卷：走向全球化"

     "军事卷：百年硝烟"

     "科技卷：科学的世纪"

     "国际关系卷：新趋势、新格局、新规范"

     "中国卷：从革命到改革"

《全球政治和中国外交》，2003 年

《联合国维持和平行动法律问题研究》，2006 年

《对抗 博弈 合作：中美安全危机管理案例解析》，2007 年

《中日关系报告》，2007 年

《伊朗国际战略地位论》，2007 年

《科技外交的理论与实践》，2007 年

《从思想到行动》，2008 年

《当代国际体系与大国战略关系》，2008 年

《风云变幻看北约》，2009 年

《脆弱的崛起：大战略与德意志帝国的命运》，2011 年

《朝鲜半岛冲突管理研究》，2011 年

《中美欧关系：构建新的世界秩序》，2012 年

《应对核恐怖主义：非国家行为体的核扩散与核安全》，2013 年

中国国际战略研究基金会

2014 年 9 月

作者简介

迈克尔·蔡斯（Michael Chase）

美国海军战争学院战争分析及研究部门研究副教授，主要研究方向为战略威慑、中国军事战略，以及中国核导弹与洲际导弹力量的现代化。

彼德·达顿（Peter Dutton）

美国海军战争学院中国海事研究所教授、主任，主要研究方向为中国对海权、国际海洋法以及海上战略的看法。他最近在《海军战争学院评论》上发表了题为《三个争议与三个目标：中国与南海》的文章。

莱尔·戈德斯坦（Lyle Goldstein）

美国海军战争学院中国海事研究所副教授。2006~2011年，他担任该研究所的创会理事。他最近参与主编《中国的太空力量》一书。

雅库布·格利吉尔（Jakub Grygiel）

约翰·霍普金斯大学保罗·尼采高等国际研究院乔治·H. W. 布什高级副教授，著有《大国与地缘政治变迁》。他当前的主要研究方向是非国家行为体带来的战略挑战。

罗尔夫·霍布森（Rolf Hobson）

挪威防卫研究所高级研究员。他在德国海军史、战争与社会研究、国际法及挪威历史方面有多部著作。

小谷哲男（Tetsuo Kotani）

日本国际事务研究所研究员、东京法政大学讲师，主要研究方向是美国在日部署航母的战略意图。他的其他研究方向包括美日关系和海上安全。

汤姆·克里斯蒂安森（Tom Kristiansen）

挪威防卫学院的历史教授。他就挪威外交、海军及二十世纪前半期挪威海事历史等问题发表过许多著作，他特别关注的方向是斯堪的纳维亚地区以及大国关系。

阿伦·普拉卡什（Arun Prakash）

前印度海军统帅、主席、参谋会主席，2006 年卸任退休。他是印度国家安全咨询委员会成员，国家海上基金会主席。他的演讲摘要和文稿已结集出版，题为《来自鸦巢》。

凯瑟琳·查拉·雷蒙德（Catherine Zara Raymond）

英国国防学院联合参谋与指挥学院科比特海上政策研究所助理研究员。她正在国王学院战争研究系攻读博士学位。

张 炜

中国人民解放军海军军事学术研究所高级研究员，中国国际问题研究基金会海洋研究中心特邀学术委员，海上安全政策、海军战略理论和海军历史研究领域专家。著有《国家海上安全》《海权与兴衰》《中国海疆通史》《中国海防思想史》等。

陆伯彬（Robert S. Ross）

波士顿大学政策研究教授，哈佛大学费正清中国研究中心副教授。

他的主要研究方向为中国军事力量和威慑力量的运用、中国崛起及东亚安全、中国安全政策中的民族主义，以及中美关系。

罗伯特·卢贝尔（Robert C. Rubel）

美国海军战争学院海军战争研究所教授、主任，退役海军飞行员。他主要教授军事策划及决策制定方面的课程，他也是该学院战争博弈部门主席。2006年，他主持了《21世纪海权合作战略》研究报告，该报告影响了美国海军战略。

师小芹

博士，军事科学院军事战略研究部副研究员，主要研究领域为海权和海上安全。

杰弗里·蒂尔（Geoffrey Till）

国王学院海上研究名誉教授，科比特海上政策研究所主任，英国国防学院联合参谋与指挥学院防卫研究部门高级访问学者。他最近的著作是《海权：21世纪指南》，二次扩充编辑版于2009年由Routledge出版社出版发行。

奥伊斯腾·通什（Øystein Tunsjø）

挪威防卫研究所副教授。《中美欧关系：管理新世界秩序》的编者之一，也是论文集《美国对台政策：建设三角关系》的作者之一。他最近正在撰写一本有关中国能源安全政策的著作。

吴继陆

中国国家海洋局海洋发展战略研究所研究员、海洋法律与权益研究室主任。

徐弃郁

国防大学战略研究所副研究员，中国南海研究协同创新中心特聘研究员，长期从事地区安全和海洋安全研究。

张海文

国际法博士，研究员，国家海洋局国际合作司司长，原海洋发展战略研究所副所长。

郑　宏

中国人民解放军海军军事学术研究所研究员，中国南海研究协同创新中心特邀研究员，著有《影响历史的海权论》，参与编著《国家海上安全》等著作。

卡塔尔济娜·齐斯科（Katarzyna Zysk）

挪威防卫研究所副教授，主要着眼于战略及安全研究。她也是美国海军战争学院海军战争及战略研究所的非常驻研究员。

CONTENTS | 目 录

第三篇 二十一世纪的新海洋战略

第四篇 管理当代海洋冲突

引　言

彼德·达顿　陆伯彬　奥伊斯腾·通什
（Peter Dutton，Robert S. Ross and Øystein Tunsjø）

在过去的 10 年里，美国、中国、日本、印度和俄罗斯等国不仅都发展了先进的海军能力，而且介入了种种可能加剧安全竞争的海上领土争议。当前海上安全的这些趋势引起了人们对于如何保持 21 世纪海上稳定的关切。本书的研究成果反映了这些关切。撰写者们探讨了海军扩张主义的历史案例及其当前的驱动力，既成海军强国的海上利益与政策，以及相互竞争的大国在 21 世纪建立可持续的海上合作机制的可能性。

21 世纪的新兴海军

印度、中国和俄罗斯传统上一直重在防卫陆上利益，但现在每一国都在扩展海军实力。[1]纵观历史，几乎所有陆权国通过挑战既有海上力量格局来获取更大的海上安全的尝试都以失败告终。[2]拿破仑时期的法国、沙皇俄国、20 世纪初的德国、19 世纪末 20 世纪初的日本，以及苏联和美国都经历过海军扩张、挑战大国海上地位的阶段。在上述的每一个案例中，海上竞争都带来了战争或者海军军备竞赛。这一循环往复的发展态势表明，尽管技术不断变化，政治制度、民族文化和历史经历各异，但仍有一些根本性的因素决定着海上冲突并可能影响到 21 世纪的海军政治考量。[3]

伴随着经济的成功，中国领导人向海军建设投入了越来越多的资源。中国已经拥有先进的潜艇能力，其舰队也开始在更远的海域开展越来越精密复杂的演习。2010 年，中国第一艘航空母舰下水。中国海军还参加了亚丁湾反海盗军事行动和南海人道主义救援行动。随着能力的提高，解放军海军已经航行在更临近美国航母编队的水域，并在其专属经济区内阻挠美国的监视活动。[4]

在中日发生海上领土及海洋权益争端的背景下，中国海军的现代化计划引起了日本较大的安全关切，日本借此扩充其海军实力。日本正在扩展潜艇舰队，加强在争端岛屿海域的军事部署及与美国海军的合作。反过来，日本海军政策的发展趋势又增加了中国的安全忧虑，为中国海军现代化提供了正当理由。[5]

印度也正专注于增加海军投入。随着印度洋成为国际贸易的主要海上通道以及中国海军的现代化，印度已集中力量关注印度洋上新的安全挑战。它购买了俄罗斯的潜艇，并已决定购买俄国制造的航母和飞机。当前，印度海军不仅在印度洋而且在东亚水域进行演习。[6]

中国与印度先进海军实力的发展显示了印度洋上竞争加剧的前景。[7]每一方都以对方的海军现代化计划作为本国海军发展的依据。此外，许多观察家认为因为中国海军在现代化，所以必须加强美印海军合作。一些日本观察家也发现了发展日印海军合作的机会。这种相互间的海上安全挑战认知可能成为中印关系紧张及中美、中日海上冲突加剧的催化剂。

俄罗斯正在发展海上安全的新利益，它对可能获得自然资源的北方海域的安全关切日益增加。此外，全球变暖意味着北极航道可能成为世界海运及大国海军的重要通道，从而对俄罗斯的沿海安全带来潜在挑战。俄罗斯海军仍处于重建阶段，然而，地理上靠近这一地区为俄罗斯在北方海域开展竞争提供了有利条件。

俄罗斯对北方海域安全的关注引起了包括挪威、丹麦——两国均为领土与资源储备靠近北极航道的北约成员——在内的北欧国家的安全关切。全球变暖与北方海域大国对自然资源的潜在竞争相结合，预示了俄罗斯与北约成员国将发生海上安全竞争的前景。[8]

中国、日本、印度、俄罗斯先进海军实力的发展可能挑战现存海上秩序与海上稳定。但是，当这些新兴海军力量寻求更大的海军实力以加强海上安全时，它们也在谋求有助于经济发展和技术现代化的和平的海上秩序。中国"和平崛起"的理念即表达了这种战略目标的双重性。

美国、北约及新兴海军

作为既成海军强国，美国对任何对现存海上安全秩序的挑战都是敏感的。由于中国引人注目的崛起和美国在东亚地区拥有重大战略与经济利益，美国对中国的海上实力及其在西太平洋和南海对美国海军霸权的潜在挑战尤为敏感。

1996 年，随着大陆与台湾紧张形势的加剧以及中国军队在台湾海峡附近进行军事演习和导弹试射，美国开始调整部署，将某些军事力量由欧洲移防西太平洋，其中包括将攻击型核潜艇、最先进的军机、巡航导弹潜艇及先进的通信系统部署在关岛等地。同时美国还加强了与日本、新加坡、马来西亚和澳大利亚的战略关系。最近，美国一直在高度关注海上权力均衡的走势及中国可能对美国东亚战略伙伴造成的挑战。如果中国继续提升海军实力，美国努力维护海上现状，美中海军竞争可能加剧，这将对海上秩序和地区繁荣带来影响。[9]

然而，如同中国既寻求改善海上安全又想实现和平崛起一样，美国亦希望在制衡中国崛起的同时，维护合作的国际海上秩序。自第二次世界大战结束以来，美国及其北约伙伴一直利用海军实力维护有助于开展全球贸易及获取海洋资源的海上秩序。这项努力的一个重要方面是美国和北约的海军与包括中国、俄罗斯在内的其他国家海军开展合作。[10]

海上合作面临的挑战

美国及其他海上强国面临的挑战是能否在各自海上安全利益关切不断上升的形势下保持海上稳定。多方面的措施和海上行动可以限制海军冲突并有助于海上稳定。这些措施包括军事外交、高级军事领导人交流、非正式的职能部门的合作，以及招收外国军官到本国军事学院学习或参加军事训练项目等。海上合作并不限于外交和职业教育的范围。1972 年的《美苏防止海上事故协定》制定了避免意外危机与冲突升级的"交通规则"。[11]虽然当前的海上安全环境不同于冷战时期，但海上意外事故可能出现在任何国家的舰船之间。2009 年 3 月中国舰船与美国海军"无瑕"号军舰之间发生的事件显示了冲突规避机制的持续的重要性。[12]中美 1998 年的海上军事安全磋商协议可以为建立更有效的"交通规则"协议提供机制。[13]

双边冲突管理措施可以包括海上大国间的联合军演，但这类措施是军事合作中最敏感的。海上救援与人道主义援助行动则可能使相互竞争的海军开展广泛的合作，促进交流和熟悉彼此的操作规程，从而降低出现误解与意外紧张的可能性。例如，在 2008 年缅甸发生台风灾害后，美国、印度和中国的海军都参加了人道主义援助行动。这些援助行动有可能扩展成更为复杂和更大规模的多边海上合作。

维护共同利益还为开展双边与多边合作创造了机会。参加亚丁湾反海盗军事行动的海军力量来自日本、中国、印度、美国和欧洲国家。一方面，由于众多国家的海军在有限的海域开展行动，存在发生事故的可能性；另一方面，亚丁湾海上环境的复杂性也为多边合作创造了机会。即使是基础性的合作措施也将有助于更多地了解其他国家海军的操作程序，减少在海上遭遇时出现的风险。

本书的结构

　　本书的第一部分讨论海军扩张主义的根源及新兴海军强国与既成海军强国之间的竞争史。罗尔夫·霍布森（Rolf Hobson）与汤姆·克里斯蒂安森（Tom Kristiansen）讨论了寻求增强海上力量的陆权国家传统上采用的战略，这些战略寻求既能加强安全又能最小化与海权国的冲突。雅库布·格利吉尔（Jakub Grygiel）的论述分析了陆权国在追求大国海上雄心时面对的固有地缘障碍，以及伴随这一雄心而来的通常是代价巨大的、事与愿违的结局。徐弃郁的文章考查了海军冲突的主要根源，他强调指出，海上冲突并不是海军强国崛起的必然反映，而是新兴海军强国野心过度、忽略了对海军扩张主义加以约束的结果。陆伯彬的文章则重点考察由民族主义驱动海上雄心的三个案例，阐述了民族主义在修正主义的海上政策中的重要性。

　　本书的第二部分考察 21 世纪新兴海军国家的海洋政策。在关于中国、印度、俄罗斯和日本的几篇文章中，作者们思考了国家安全利益的重要性及海军雄心中谋求大国地位的动因。他们强调指出，每个国家的雄心都反映了自身对别国发展海上安全利益的能力与雄心的理解。对于 21 世纪的海上政策及冲突与合作的前景，这几篇文章强调了从不同国家视角理解 21 世纪的海洋政治以及冲突与合作前景的重要性。

　　本书第三部分阐述美国及其北约伙伴的海军战略。罗伯特·卢贝尔（Robert C. Rubel）的文章考察了美国在发展一种全球合作的海上秩序中的利益，这一秩序将使美国能够维持二战后为全球繁荣与稳定提供了保障的海上秩序。杰弗里·蒂尔（Geoffrey Till）的文章分析了北约的海上行动在促进国家利益及发展合作性的海上秩序中的作用。张炜的文章对亚太地区海洋安全与中国海上力量的发展进行了探讨，并提出了加强海洋合作的对策建议。凯瑟琳·查拉·雷蒙德（Catherine Zara Raymond）的文章分析了当前多边合作反海盗军事行动，这项合作是维护全球海上稳定的重要内容。

本书第四部分聚焦于如何管理 21 世纪的海军竞争。莱尔·戈德斯坦（Lyle Goldstein）和迈克尔·蔡斯（Michael Chase）提出了通过开展海上合作缓和中美海军竞争的全面议程。彼德·达顿（Peter Dutton）阐述了美国对《联合国海洋法公约》的解释及美国为应对中国挑战而采取的行动对美国海军东亚行动的影响。吴继陆和张海文叙述了中国对《联合国海洋法公约》的认识及这一认识对于中国对美国海军在其近岸活动所持看法的影响。郑宏则探讨了中美建立管理 21 世纪海军竞争的海上信任措施机制的可能性。这几篇文章的论述都表明了在新兴海军国家与既成海军强国之间开展合作的困难，同时也表明了中美为了各自能从稳定的国际海上秩序中获得经济与政治利益对管理安全竞争的共同承诺。

[张沱生/译/校]

注释

[1] 另见 Andrew S. Erickson, Lyle J. Goldstein and Carnes Lord, *China Goes to Sea：Maritime Transformation in Comparative Historical Perspective*（Annapolis：Naval Institute Press, 2009）；Robert S. Ross, "The Geography of the Peace：Great Power Stability in Twenty-First Century East Asia," *International Security*, Vol. 23, No. 4（Spring 1999）。

[2] 见 Jakub J. Grygiel, *Great Powers and Geopolitical Change*（Baltimore：Johns Hopkins University Press, 2006）。

[3] 另可参见 Peter Padfield, *Maritime Power and the Struggle for Freedom：Naval Campaigns that Shaped the Modern World, 1788 – 1851*（New York：Overlook Press, 2005）；Peter Padfield, *Maritime Dominion and the Triumph of the Free World*（London：John Murray, 2009）。

[4] 见 Bernard D. Cole, *The Great Wall at Sea：China's Navy in the Twenty-First Century*, Second edition（Annapolis：Naval Institute Press, 2010）. On U. S. and Chinese perspectives on military surveillance activities in exclusive economic zones, see Peter Dutton, ed., *Military Activities in the EEZ：A U. S. -China Dialogue on Security and International Law in the Maritime Commons*, *China Maritime Study*, No. 7（December

2010）。

［5］有关中日安全关系，另可参见 Richard J. Samuels, *Securing Japan：Tokyo's Grand Strategy and the Future of East Asia*（Ithaca：Cornell University Press, 2008）；Richard C. Bush, *The Perils of Proximity：China-Japan Security Relations*（Washington, D. C. : Brookings Institution, 2010）。

［6］有关印度洋地区未来竞争的预测，参见 Robert D. Kaplan, *Monsoon：The Indian Ocean and the Future of American Power*（New York：Random House, 2010）。

［7］见 James R. Holmes, Andrew Winner and Toshi Yoshihara, *Indian Naval Strategy in the Twenty-first Century*（New York：Routledge, 2009）。

［8］关于北方海域问题，参见 Rose Gottemoeller and Rolf Tamnes, eds. , *High North, High Stakes：Security, Energy, Transport, Environment*（Bergen：Fagbokforlaget, 2008）。

［9］见 *Military and Security Developments Involving the People's Republic of China：2010*（Washington, D. C. : U. S. Department of Defense, 2010）, http：//www. defense. gov/ pubs/pdfs/2010_ CMPR_ Final. pdf。

［10］见 U. S. Navy, *A Cooperative Strategy for 21st Century Seapower*, www. navy. mil/ maritimestrategy. pdf。

［11］见 David F. Winkler, *Cold War at Sea：High-Seas Confrontation Between the United States and the Soviet Union*（Annapolis：Naval Institute Press, 2000）。

［12］见 Raul Pedrozo, "Close Encounters at Sea：The USNS Impeccable Incident," *Naval War College Review*, Vol. 62. No. 3（Summer 2009）。

［13］有关中美两国对于双方海上行动及潜在合作机会的看法，参见以下调查报告：Andrew S. Erickson, Lyle J. Goldstein and Nan Li, eds. , *China, the United States and 21st-Century Sea Power：Defining a Maritime Security Partnership*（Annapolis：Naval Institute Press, 2010）。

第一篇
陆上大国向海洋进军

传统欧洲国家体系中中等海洋强国的国家安全

罗尔夫·霍布森（Rolf Hobson）

汤姆·克里斯蒂安森（Tom Kristiansen）

中等和较小的海上强国拥有广泛的海洋利益和自己的海军，但它们无法单枪匹马地与已称霸的海洋大国抗衡。其国家的海上安全取决于它们能否与其他具有相同地位的海权国家合作，以抑制具有统制海洋潜力的霸权的崛起。在欧洲国家体系中，这两种趋势所形成的均势体现在海洋法律及 1801 年前的武装中立联盟之中。从法国国王路易十四的战争到第一次世界大战的两个世纪中，英国在海洋均势允许的限度内保持了其海上主导地位，并对其对手施加经济压力。英国像陆地强权一样发动经济战，引发中等海权国家奋起反抗。拿破仑法国、魏玛德国和两次世界大战中的美国均属于此类放弃了传统国家安全政策的中等海上强国。本文将集中论述这些传统，因为它们既涉及那些 18 世纪的中等海权国家，如瑞典、丹麦－挪威共主邦联、荷兰、葡萄牙、西班牙、威尼斯，它们在 19 世纪沦为海军小国，也涉及那些负担不起一支一流海军的陆权大国，如 19 世纪后期的俄国、西班牙，或者法国、德国及美国。[1]

由于置身海洋均势的强国都拥有海外殖民地和贸易集散地，它们的海军政策也对欧洲以外的世界产生了重大影响。本文将聚焦占主导地位的、中等规模的和较小规模的海军之间的互动关系。中等规模的海军能影响海洋均势，而小规模的海军则只能对均势的变化做出反应和调整适应。可以说，欧洲历史有助于我们洞察安全困境的这一特别方面，其在今日依然具有一定的参考价值。

牢记欧洲海域的特点是重要的。欧洲海域资源丰富，沿海国家十分依赖该海域的渔业，而且该海域对国内外贸易也至关重要。贸易通道是正在崛起的殖民列强的命脉。欧洲海域的沿岸国，既有小国，也有中等国家和强国。此外，从海洋的角度看，这些海域并不是特别宽广，特别是与法国、德国、英国和俄国相毗邻的波罗的海和北海。纵观整部近代史，这片海域经历了大小国家的兴衰和纵横交错的冲突。主要冲突的结局多由地面战争决定，但海军在保持与打破力量均衡方面也发挥了重要作用。较小的国家往往夹在中间，进退两难，它们别无选择，只能团结起来结成所谓的武装中立联盟。而最重要的是，它们参与制定一系列国际法，以规范海上战争和非交战国的海上贸易。这些法规的制定是以先例和国际条约为基础的，在第一次世界大战爆发之前似乎是实现了海洋小国的长期愿望。

在至少两个世纪中，欧洲国家体系的一些重要结构特征大体上维持不变。尽管国家的数量急剧下降，但欧洲一直由奥地利、法国、英国、俄国和普鲁士（1871 年以后是德意志帝国）这五大列强所主导。定义其为列强的依据是其经济资源、军事实力及被击败后重新崛起的能力。欧洲的主要冲突总是与这几大列强之间为保持或打破均势的争斗有关；某个大国的霸权主张总会受到其他列强结盟的遏制。较小的国家往往要投靠某个大国，它们能维持半独立的地位是因为其他大国不允许它被完全吞并。构成欧洲南部和北大西洋边缘带很大一部分的葡萄牙、北欧国家以及荷比卢等低地国家，均是恰当的例子。

争夺霸权的战争总是围绕着对大陆主导权的争斗进行的。然而，在总体力量的平衡中，包括在对美洲和亚洲的殖民地的争夺中，海上列强也扮演了特别的角色。英国常常是头号海上强国，尽管它在英法七年战争（1756～1763年）结束20年后变得异常虚弱。但是，只要皇家海军保持着制海权，大不列颠群岛便不会受到来自欧洲大陆的侵犯。英国还可以通过切断海上贸易和支持其对手的陆上敌人，向其大陆对手施加压力。对英国而言，保持欧洲大陆的均势极为重要，因为一个陆上霸权能够调动优势资源建立海军舰队，以入侵相威胁。英国的对手则攻击没有掩护的商船以向伦敦施加经济压力。在这方面的例子，首推英国的世仇法国，七年战争之后，法国着手建立海军舰队，这使它在美国独立战争（1776～1783年）期间获得了胜利。但是，在1805年的特拉法尔加海战中，法国和西班牙海军惨败，此后它们再也未能重新取得足以挑战英国皇家海军的地位。

中等海权国家尽可能设法从大国间的战争中获利，同时避免其独立地位受到威胁。这些威胁，既有来自英国的对这些国家海上贸易的控制，又有最为危险的来自陆地大国的大陆霸权。较小的海上强国保持了海军，尽管其海军无法与英国或法国的海军抗衡，但可在一定程度上保护自己的贸易，还可以联手抵抗某个海上霸主。尽管如此，由于较为弱小的海军有可能落入大国海军之手，它们在总体的海上均势中是某种不确定因素。1807年英国大举进攻哥本哈根海军基地、征服丹麦－挪威共主邦联（存续于1521～1814年——编者注）的海军即为一例。自那时以来，这一事件对丹麦和挪威的国家安全思维产生了巨大影响。[2]

占主导地位的英国、次于它的主要海上对手（往往是法国）以及中等海上强国之间形成的海上均势体现在各种海洋法中。[3]有关海上战争的法律是国际政治现实的反映，因为其最终是由其背后的海军力量所决定。[4]几个世纪以来，为规范海上战争而制定的详尽的条约法的主体内容及相关的法庭诠释，在一定程度上被写进了《巴黎宣言》（1856年）、《海牙公约》（1907年）和《伦敦宣言》（1909年）。

在每一场冲突中，拥有制海权的国家均设法在交战中最大限度地控制敌方的贸易；而中等海权国家则设法加强其中立地位以免遭到海上霸主的侵犯；海上霸权国的主要对手则会支持这些中等国家捍卫其权利，因为当它向霸主易受攻击的商业利益发动全面战争时，让这些中立国家捡回其失去的贸易是有利的。一个无视中立国家抗议的交战国可能激怒中立国家，驱使它们结盟，这一联盟可能会战胜其海军。斯堪的纳维亚各国、联合省共和国（今日荷兰的前身，存续于 1581～1795 年，是荷兰的鼎盛时期——编者注）、普鲁士、西班牙、那不勒斯的各种武装中立联盟，或在各种联盟中的俄国有时曾成功地迫使英国尊重它们的中立权利。但是，一旦这些中立国的独立地位受到某个陆上霸权国的直接威胁时，它们合作对抗海上霸权国的意志便瓦解了。1780 年的武装中立（联盟）对英国的抑制相当成功，这是由于法国正在另一个大陆与英国对抗。[5] 不过，俄国在 20 年后试图重建武装中立联盟的努力以失败告终，因为法国当时成为对大陆均势更为直接的威胁。[6] 得到大西洋阻隔的保护而没有受到类似霸权威胁的美国，在 1812 年为保持中立国权利与英国开战。直到发生第一次世界大战，美国的外交活动一直支持充分实现中立国权利。

因此，对那些较小的海权国家来说，海洋法是保障其国家安全的一个重要因素。而强大的海权国也不能无视海洋法，因为这些国际法也适用于陆上的战争。一个国家对海洋法的态度，取决于其在海军力量均势中的地位以及各个冲突的特定力量对比。[7] 英国总要力图限制中立国权利并竭力扩大自己的交战权利，除非它自己处于中立或守势。法国则企图通过封锁海域、在公海搜查运送战时禁运品的舰船等行动对交战国的权利加以限制，但它也准备进行合法的袭商战。同时，法国支持较小的海权国加强自身中立权利的愿望，因为作为海上的弱势交战方，这些国家继续从事被强大交战方切断了的贸易，对于法国来说是有利可图的。

中等和较小的海权国家试图加强中立权，为此甚至提出海上私有财产完全不受侵犯的主张。这也是美国刚刚获得独立时的主张，但随着它在 19 世纪逐渐崛起为新的世界强国，它的态度改变了。随着海军力量的增强，美国转而支持扩大交战权。自 20 世纪初起，这也一度成为德国的主张。在弱小的德意志各州合并之后，德国渴望建立一支强大的作战舰队。

在 18 世纪，联合省共和国（荷兰）、瑞典、丹麦－挪威共主邦联、俄国、那不勒斯和葡萄牙均保持了令人尊敬的中等规模的海军，这保证了它们在讨论海洋法时具有发言权。19 世纪初，在英国与大革命时期（后来是拿破仑时期）的对法战争中，这些国家的海军或者被英国海军消灭，或者被其遏制。这些国家的海军可能被法国利用的威胁是如此巨大，以至于英国不尊重它们的独立地位。在 19 世纪，这些国家的海军再未能恢复其曾拥有的国际地位。然而，19 世纪后半叶，随着舰艇和武器的更新和造价降低，以及新的作战概念的引进，这些中等规模的海军至少能保卫自己的领海，使它们的中立地位免遭侵犯。这样一来，各大国在作战略考量时，即使是对小国的利益也不得不予以考虑。

1815 年以后，海上的权力平衡基本上是大国海军力量之间的平衡，较小的海上国家被排除在外。然而，这种平衡也反映在海洋法中，这实际上加强了中立国权利扩展的基础。当英国于 1856 年同意加入《巴黎宣言》时，这些权利得以生效。[8]这一条约朝着保护海上私有财产不受侵犯迈出了一步，但在 1907 年召开的第二次海牙会议和 1908～1909 年召开的伦敦会议上，进一步明确中立国权利的后续努力因遭到英国（还有德国）的反对而搁浅。

1899 年在海牙举行的第一次和平会议，除其他事项外，还着手解决在敌对状态下保护医院船和对其规范使用的问题。1907 年召开的后续会议旨在修改和扩展八年前达成的协议。此次会议的一个突出重点是海战和海上贸易的地位。在会上谈判的 13 项宣言中，除第 12 项《关于建立国际捕获法院公约》外，其余均获通过并于 1910 年生效。第 13 项的名称是《关于中立国在海战中的权利和义务》。较小的海洋国家认为 1907 年的《海牙公约》对国际法做了明确规范，它保护较小的海上国家免受侵犯，其重要性可与在战时保卫其重大国家利益的海军力量相提并论。1908～1909 年召开的伦敦会议，主要处理与战时封锁、战时禁运和战利品有关的未尽事宜。该会议重申了现存法规，并通过拟定对中立国贸易至关重要的所谓有条件和无条件的禁运品清单，表明更加尊重中立国的权利。毫不令人感到意外的是，美国是唯一批准这一协议的国家。

到 19 世纪末期，中等海军强国采取了不同的战略来抵消英国的主导地位。19 世纪 90 年代形成的法俄联盟以组成联合战斗舰队的传统办法，对企图凭借 1889 年的《海军国防法》（*Naval Defence Act*）以保持皇家海军霸权的英国提出了挑战。在法国海军军官团中，有一伙被称为"青年学派"的拥护殖民主义的军官，主张采取完全不同的方法。[9]他们认为，技术的发展特别是装备在小而快的水面舰艇和潜艇上的鱼雷，使得无须与英国的作战舰队决一死战，只要攻击缺乏掩护的英国商船即可达到目的。他们还相信，经济瓦解和社会动荡的威胁可能迫使英国投降，这一思想简直就是两次世界大战期间制空权思想的滥觞。但是这种战略违反国际法，而且"青年学派"也未能解决在受到反击时如何应对的问题。

相比之下，德国在世纪之交采取了不同的做法。海军上将阿尔弗雷德·提尔皮茨（Alfred Tirpitz）在起草的几个海军法案中提出了所谓的"提尔皮茨计划"。德国国会于 1898 年和 1900 年通过了两个海军法案，1906 年、1908 年和 1912 年又通过了三个补充法案。提尔皮茨认为，一支集中在北海的中等规模的现代化作战舰队将足以对英国皇家海军的优势地位形成威胁，从而迫使英国妥协，允许德国作为殖民和商业强国获得世界大国地位。[10]"提尔皮茨计划"的弱点是，它并未建立在任何清晰的战略构想之上。而且，具有讽刺意味的是，提尔皮茨关于日益增强的德国作战舰队确实对英国构成了真实威胁的信念，导致他主张取消德国在传统上对中立权的支持。[11]实际上，他采取的是海上霸主对待海洋法的态度，而事实上德国并不是这样的霸主。

美国则选择了第四种路线。它保持了其传统上对广泛的中立权的支持，其中包括支持海上私有产权完全不受侵犯。同时，从 19 世纪 90 年代起，美国实行海军再武装的政策，并最终以建设首屈一指的作战舰队为目标。然而，在 1914 年的战争爆发之后，美国并未投入海军参战以支持中立权。出于对英国保卫自由文明、抵抗军国主义德国的同情，伍德罗·威尔逊（Woodrow Wilson）总统实际上认可了英国对中立权的践踏和采取对德国具有毁灭性后果的封锁。[12] 然而，当德国于 1917 年宣布进行不受限制的潜艇战后，威尔逊决定参战以保卫海上航行自由，这也成为 1918 年战争结束后召开的和平会议所追求的目标。

在 1914 年的战争（顺便说一下，大小国家均参加了这场战争）爆发之前的二十年间，尽管发生了大规模的海军军备竞赛，保持中立的海上小国仍然确信交战国会尊重几个世纪以来已成为惯例和被写进国际法的权利。几乎没有国家预见到，在后来的全面战争中，这些权利很快即遭到践踏。有鉴于此，本文将做一番简短的历史评述，探究在 20 世纪随后发生的冲突中，北欧各国如何使其国家安全适应海洋法的现实。

对中立的北欧国家来说，其所面临的主要挑战是什么呢？简短的回答是，尽管情况各异，但由于这些国家的地理与资源状况，它们在战争期间均易受到攻击。丹麦和挪威位于大西洋洋口侧翼，这个地理位置使它们成为德国和俄国战略计算的一部分。合乎逻辑的是，英国在与德俄两国任何一国开战时，也会把丹麦和挪威的海域看成是其海军重大利益之所在。为使封锁行之有效，英国皇家海军必须在丹麦和挪威的海域或两国出入大西洋的水道控制敌方的运输。瑞典的战略位置较为有利，与大国的海军战略并不直接关联。而作为北欧国家中军力最弱的丹麦则因其邻近德国并扼守波罗的海海峡，成为最易受到攻击的国家。挪威的地理位置也使其易受攻击，因为它 2600 公里的海岸线为交战国的海军和商船提供了保护通道。但由于挪威距冲突区域较远，也使一些人认为它相对较为安全。

北欧国家是完全依赖国际贸易和航运的开放的经济体。丹麦是重要的食品出口国，其出口的食品对英国和德国均非常重要。瑞典是国际市场上原材料和工业产品的供应国，在战争期间非常依赖贸易流动不被切断。挪威是原材料和海产品的出口大国，然而，挪威经济最显著的特点是其商船队，在两次世界大战期间及冷战时期西方的应变计划中，这均是一个重要的因素。

从 19 世纪中叶起，挪威的商船队获得巨大发展，在第一次世界大战爆发之前已雄居世界第四。由于规模庞大、功能齐全、竞争力强和全球分布，挪威商船队被视为国际贸易中的一支重要力量，其最重要的特点是它在很大程度上服务于包括大英帝国在内的贸易体系。对北欧国家形成巨大挑战的是，挪威商船队不可避免地被纳入北方各大国的贸易体系和安全考量之中。棘手的问题是，在这种情况下，北欧国家能否在重大冲突发生时置身事外呢？

基于历史经验及国际法的最新发展，北欧各国政府对此深信不疑。它们共同的做法是，在和平时期奉行严格的不结盟政策，在战争时期则保持中立。直到 1940 年之前，没有哪个北欧国家的政府质疑过这一政策。北欧各国的经济结构显然具有强烈的政治、战略和经济的影响。远离和摆脱大国政治被普遍视为一个可行的安全选项。在和平时期，各国外交部将主要努力和关注放在磋商仲裁条约、促进武器削减等行动以及发展国际法和法律机构上。就国家安全而言，努力改变国家间的行为准则、鼓励商业和社会发展被认为比进行军事准备重要得多。但是，哪些军事举措最适合支撑其不结盟和中立政策呢？

北欧各国首先需要一个国防部门，依据国家的政治方针、历史经验和国际法，在战争来临时充当国家的第一道防线，以使国家度过漫长的中立时期。这意味着需要建设一支相对于该国地广人稀的特点来说较为庞大的国防军来保家卫国：在海岸构筑炮台要塞，在通往主要城镇的要道布雷，部署飞机进行观察和拦截，以及租用民间巡逻艇和海军舰艇一起在漫长的海岸线上执行监视任务。

19 世纪后期，人们认识到鱼雷和水雷为小国提供了独特的机会，使其能在濒海作战行动特别是实行海上拒止时，获得有效而又负担得起的制海权。保卫中立地位还十分依赖海军和民用通信设施所提供的严密的沿岸监视系统。此外，还需要与民事机构，如地方警察、海关、领航和灯塔管理部门等，在监视和信息通报方面开展密切合作。

保卫中立地位的任务是确保战略上的敏感海域不出现实力真空，不然它们可能会被在该地区有重大利益的大国所填补。此外，军事力量对于承担国际法所确定的职责也是必要的。第一次世界大战爆发时，全面启动的海上防卫和监视系统惊人地有效，完全适合北欧国家沿海的地形地貌。在战争期间，北欧各国海军也确实得以在许多场合成功地拦截了大国的侵害。

毫无疑问，20 世纪的全部战争已经表明，作为海上侧翼国家，其所处位置是极其脆弱的，这使丹麦和挪威最终放弃了不结盟和中立的政策。当大国之间确实发生战争时，中立的自由空间不复存在，与周边世界隔绝的政策也不再可行。1917 年美国成为交战国证明了这一点，1940 年德国的进攻更去除了任何怀疑。国际法几乎已不能被视为保护国家安全的可行选项。丹麦和挪威不情愿地做出选择，成为西方安全布局——其毕竟代表着自由世界——的一个组成部分。瑞典则在第二次世界大战期间和冷战时期均保持了中立地位，这一事实证明了这样一种情况：在某些条件下，地理位置可以对政治意愿和传统造成重要的影响。

要真正把握任何地区海上态势的发展，我们认为重要的是须把占主导地位的、中等规模的及较小规模的海军力量都考虑进去。从它们之间的互动得出的深刻认识是仅观察海上霸主及其主要对手所得不到的。

[张一凡/译　仓立德/校]

注释

[1] 有关中立历史的重要情况，参见 Ole Feldbæk, *Denmark and the Armed Neutrality* 1800 – 1801: *Small Power Policy in a World War* (Copenhagen: Akademisk Forlag, 1980); John W. Coogan, *The End of Neutrality. The United States*, *Britain, and Maritime Rights*, *1899 – 1915* (Ithaca: Cornell University Press, 1981); Carl J. Kulsrud, *Maritime Neutrality to 1780: A History of the Main Principles Governing Neutrality and Belligerency to 1780* (Boston:

Little, Brown, 1936）; *Trygve Mathisen*, "Nøytralitetstanken i norsk politikk fra 1890 – årene til Norge gikk med i Folkeforbundet," Historisk Tidsskrift, Vol. 36, 1952。

[2] 参见 Thomas Munch-Petersen, *Defying Napoleon. How Britain Bombarded Copenhagen and Seized the Danish Fleet in 1807* (Gloucestershire: Sutton Publishing, 2007）。

[3] 有关英国与海洋法的发展，参见 Andrew Lambert, "Great Britain and Maritime Law from the Declaration of Paris to the Era of Total War," in Rolf Hobson and Tom Kristiansen, eds. , *Navies in Northern Waters, 1721 – 2000* (London: Frank Cass, 2004）。

[4] Rolf Hobson, *Imperialism at Sea: Naval Strategic Thought, the Ideology of Sea Power, and the Tirpitz Plan, 1875 –1914* (Boston: Brill, 2002）, Chapter 1, part 3.

[5] Kulsrud, *Maritime Neutrality*.

[6] Feldbæk, *Denmark and the Armed Neutrality*.

[7] Hobson and Kristiansen, eds. , *Navies in Northern Waters*, 本段亦有更多的例子。

[8] C. I. Hamilton, "Anglo-French Seapower and the Declaration of Paris," *International History Review*, Vol. 4, No. 2, 1982.

[9] Arne Røksund, *The Jeune École: The Strategy of the Weak* (Leiden: Brill, 2007）.

[10] Hobson, *Imperialism at Sea*.

[11] Hobson, "Prussia, Germany and Maritime Law from Armed Neutrality to Unlimited Submarine Warfare," in Hobson and Kristiansen, eds. , *Navies in Northern Waters*.

[12] John W. Coogan, *The End of Neutrality: The United States, Britain, and Maritime Rights, 1899 –1915* (Ithaca: Cornell University Press, 1981）.

地理与海权

雅库布·格利吉尔 (Jakub Grygiel)

是不是只要有出海口、政治意愿和足够的钱，任何国家都能变成海权国家？海军是资本密集型军种，对此问题的答案也应该是肯定的：海岸线和金钱能够赋予国家海权。不过，历史也证明，要成为海军和海权大国（关于这两者的区别详见下文），国家需要的不止于港口、领袖群伦的意愿和充裕的财源。这些都是必需品，但仅有这些还不足以成为海军和海权大国。

事实上，还有几项与地理有关的变量，决定着一国是否能够成长为海军和海权大国。接下来笔者将检视五类特征：（1）海岸线和出海口的特征；（2）陆地边境的政治形势；（3）技术；（4）对海外基地和咽喉要道的控制；（5）战略观或者战略文化。其中一些（如海岸线）要比另一些（如战略文化）的地理属性更明显一些，但它们都受该国地理位置的影响，它们都决定着该国建设海军和发展海权的能力。

在制定和实施战略，特别是在制定和实施海权战略时重视地理位置，并不是什么新创见。笔者无意于在本文中提出新观点，仅仅想重申一些古老的观点。这些古老的观点有时显得迂腐或过于简单，然而，它们都依然卓富洞见，并未过时。对于任何关于国家为什么和如何缔造海军，以及国家如何将海军实力转变成海权的分析，它们仍然至为重要。当战略家们和海军专家们讨论中国的海上雄心、海军实力和未来趋势时，它们仍然适用。中国的地理条件[1]，从其陆地边境的特征到其战略文化，都影响着中国海军的建设和投送。然而，这些特征本身并不会告诉我们中国或者任何其他国家，是否将拥有海权。地理特征不会引起海军扩张，它只是对海军的效率施加限制或提供帮助。

两个澄清：海军实力与海权，以及因果关系

在对五个地理变量进行详细分析之前，有必要先澄清两件事：一是海军实力与海权的区别；二是地理特征、海军实力与海权之间的关系是复杂的，需要加以说明。

第一个澄清有关海军实力和海权。海军实力指的是海军的技战术能力：作战范围、武器装备、火力、舰艇及其指挥官的数量和战术能力。它像陆军或空军、工业能力和资源基础一样，是国家实力的组成部分。所有这些能力组合起来构成国家保卫自己，以及在有必要、有可能时向海外投送影响力的能力。

海权取决于是否拥有一支舰队，但拥有一支舰队并不必然就拥有海权。简而言之，海权指的是运用海军影响他国利益和安全的能力。此种能力显然取决于拥有一支海军，但也取决于目标国的脆弱程度和是否能从海上接近。如果一国不依赖海上运输，是个内陆国家（或者它的海岸线防御有力），那么敌国海军运用海权的能力就相当有限。而且，一个拥有海军实力的国家不一定寻求拥有海权。例如，一支海军可将其活动范围局限于濒海地区或者实施商业袭击战，那它将对别国的制海权构成限制但并不能取而代之。[2]换言之，要拥有海权，一国海军不仅要使敌人无法在海上自由行动，而且能够享有制海权并将其转化成政治影响力。[3]

简而言之，海军是国家武器库中的一个武器和工具，海权是目标

和潜在的结果。[4]海军实力是可见的，容易量化为舰艇数量、吨位和火力等。海权则更虚一点，像一个"影子"[5]，可通过该国以控制海洋来影响别国行为来度量其强弱。单单是"战舰的运动"并不足以判断一国是否拥有海权。[6]

第二个澄清是关于因果关系或影响链的。如果要用最简练的公式来概括我的观点，那就是五类地理条件塑造着一国的海军实力和海权。例如，如果陆上易于受到攻击，那么一国即使拥有海军，其海权也会受到削弱，因为它的注意力和资源可能需要聚集于陆上（实际上，它可能首先会降低建设海军的意愿）。确实，对于拥有漫长而不稳定的陆地边界的国家来说，海军本来就是奢侈品，不是必需品，向海军投入资源可能会削弱其整体安全。[7]

不幸的是，现实远为复杂。下面描述的一些地理条件本身就受一国投送海军的实力的影响。如此一来，有可能陷入循环论证，特别是当讨论最后两类地理变量时（海外基地和咽喉要道建设，战略观）。事实上，要建设和维持海外基地，先要有一定的海军实力（除非这些基地是通过陆上扩张获得的），这反过来又使海军投送变得可行和效率更高。同样，拥有"蓝水"海军可能促使国家从远洋的角度来考虑问题，改变决策者的战略观念。不过那些较为简单的地理条件不太容易陷入循环论证，如海岸线的特征。但一旦我们开始分析那些更具地缘政治特征的情况时，即那些本身就是权力产物的条件时，论证就变得复杂，如海军实力。下面将按照从纯粹地理性的（如海岸线）到越来越具有地缘政治特性的（如陆地边境、基地）顺序对五种地理条件进行分析。

海岸线：出海口、海军实力的完整统一和易于防守

要建设海军和海权，首要的是有出海口。没有港口，就无法有海军。许多拥有海军的国家努力削弱竞争对手通往海洋的条件，因为若

敌国无法通向海洋，则其无法对自身构成海上威胁。例如，英国对于谁控制着欧洲主要的造船港口十分关切，在 1815 年的维也纳会议上，最重要的欧洲港口都被分给了英国的盟友。[8]

也有一些情形，如控制内陆海的海岸线（如黑海、地中海和波罗的海）也可构成海权。罗马帝国就是通过控制整个海岸线从而获得在地中海的海上优势的。考虑到建设一支海军并不难，要避免海上出现竞争者，就有必要阻止在海岸线上出现独立的对手。罗马人在第二次布匿战争中证明了这一点。在某种程度上，海权也可通过控制海岸线而不是只能通过建设海军来实现。[9]公元 5 世纪旺达尔人在占据了北非海岸线之后逐渐建成一支海军，最后袭击了意大利。对于一些较小规模的海军来说，包围敌方海岸也是成功的战略，但这一点在大洋上不可能做到。[10]海岸线再长也不等于可以控制大洋。

海岸线的另外三个特征对于建设、管理海军和海权也很重要。第一，出入大海的条件必须有利于海军的统一使用。[11]例如，俄罗斯一直拥有出海口，但分布于互不相通的海洋上。结果是其不得不建设多支舰队，而它们却始终难以相互支持。例如，在日俄战争中，波罗的海舰队前往救助太平洋上的旅顺港就是一趟悲情之旅。同样，对美国海军来说，巴拿马运河的开通也是决定性的，因为从此美国东西海岸贯通了，两洋舰队可以相互支持。当美国海军尚未强大时，巴拿马运河带来的是威胁，因为它使欧洲海军易于到达美国的太平洋沿岸。但一旦美国牢牢控制了加勒比海，巴拿马运河就变成了净收益，因为它统一了美国海军。[12]

第二，海岸线与海上交通线的相对位置对于海权也很关键。历史上，葡萄牙在海洋探险方面一度领先的一个原因就在于其海岸线正处于大西洋上，非常便于利用大西洋的风向。而尽管英国的海岸线长度是葡萄牙的七倍，但其主要港口皆位于本岛东岸，不利于其利用大西洋风向。[13]葡萄牙船舶还无须驶近敌国领土，而英国船舶通常不得不通过英吉利海峡，离敌对的荷兰和法国港口较近。另外一个例子是俄罗斯。俄罗斯的海岸线是世界第四长（长达 37000 余公里），但大部分会结冰或者是内陆海岸线（波罗的海、黑海和里海），从而限制了其海岸线的效能。海岸线及其港口若位于重要的海上交通线附近，就是优势。[14]

第三，近岸和近海较易受到攻击，需要在向远海投送兵力之前先予保护。它就像一扇通向外部世界的大门，是外国势力进入的通道。易受外敌攻击的海岸线将使该国海军限于防御，削弱了它向远方海上交通线投送力量的能力。马汉指出"海港应能自卫"，因为若不然舰队就不得不将重心放在防御海岸而不是进攻敌人的交通线上。[15]对于任何新兴海权国家来说，能够保护沿岸地区特别是港口将是一个关键优势。一个解决方法是设防。例如，在火药时代，海港需要严密设防，以抵抗来自敌人舰艇的炮轰。从 16 世纪往后，西班牙在美洲的港口就筑有护城墙，使敌方舰艇难以接近（有趣的是，西班牙在美洲内陆的殖民地没有围墙，只有一些私人房屋来加固设防。因其主要的威胁实际上是内部骚乱，而不是外部进攻[16]）。通过在港口设防，西班牙舰队可以腾出手来为装载着美洲物产的船队护航。另外一个解决方法是将海军的多数资产用于保护本土水域，如英国在 20 世纪初用来抗衡崛起的德国海军的无奈之举。"本土水域"被视为类似于德国、法国或俄罗斯的陆地边界，只不过在这些国家的这些地区出现的是一支规模庞大的陆军。[17]

对于一支不想控制远方海上交通线和挑战既有海洋大国的海军来说，海岸防御就是其唯一的目标。但是，即使是仅能控制近岸地区的能力也能削弱既有海权国家的影响力。这部分是因为《联合国海洋法公约》（1982）带来的海洋的不断领土化，近岸地区与国际海域被区分开来了。赋予沿岸国排他性主权的法律，加上越来越多的国家多少拥有些海军力量（但它们的杀伤力在持续上升，越靠近岸边越是如此），在战略要地往往出现归属一国的海洋所有权。[18]结果便是要拥有制海权变得越来越难，因为近岸防御，从火炮和导弹到规模较小但杀伤力不低的海军，使海权国家的入侵变得代价高昂。简而言之，海岸仍然重要，能够影响海权。在某些情况下，沿岸国靠着陆基设施和近海海军也至少能拥有一点儿海权。

陆地边境

第二个影响一国建设海军和有价值的海权的地理变量是本土安全。任何国家的首要目标都是确保自身安全，其资源和注意力也会指向这个使命。国家生存是最重要的领土安全，相应的，一国领土的地理特征大致决定着它需要适应的战略态势。一方面，内陆国家自然会重点发展陆军以保卫陆地边境〔玻利维亚可能是个少见的例外，它是唯一一个拥有海军的内陆国。在某种程度上，这是一支湖军，但它是玻利维亚渴望恢复出海口（1879 年为智利夺取）的政治宣言〕。另一方面，岛国倾向于建设海军，同时维持力量极为有限的陆军。在空权出现之前，岛国面临的唯一威胁就是敌国海军，因此它青睐于防御对其领土的两栖进攻。海军是保护岛国的主要工具，而陆军的地位要次于海军。这是英国在 19 世纪的情况，它拒绝在陆军上投入过多资源，更倾向于采取有限介入的大陆政策。[19]

这两种极端的地理情况——内陆国和岛国，都很重要，因为它们代表了重心放在大陆边境还是放在海洋方向的两种不同的战略选择。但大多数情况介于这两者之间，即国家既通往海洋又拥有陆地边界。在这些情况中，一国是倾向于陆军还是海军只是个程度问题。国家的大陆性质要求其建设陆军但并不完全阻止其拥有海洋视角。一言以蔽之，重点发展海军和运用海权取决于陆地边境的稳定。[20]如果陆地边境安全无事，不再占用权力资源，一国就约等于享受到了作为岛国的先天好运。换言之，这种拥有陆地边境的国家的目标是在地缘政治上变成一个准岛国。用马汉的话来讲便是：

> 如果一个国家地理如此，那它既不会被迫从陆上进行防御，也不会受诱惑进行陆上扩张。由于目标完全集中于海上，当然比拥有陆地边境的国家具有优势。[21]

　　陆地边境一般比海岸线要求更多的关注。陆上接壤的敌国比来自远方的、为海洋所隔开的敌人要危险。两栖进攻是有可能的，但比跨越陆地边界的代价和风险都要高得多。考虑到备战需求，来自海上的进攻也较难做到突袭，这使海上进攻的难度比较大。海洋作为天然沟堑，比陆地边界更稳定（陆上边境受地理特征所限，面临各种不稳定情况；平原又天然比山区难以防守），结果便是陆地威胁要求比海洋威胁更多、更迫切的关注和资源投入。对于那些领土毗邻的敌国来说，追求海权是奢侈的，至少在国家目标排序中应居于次要地位。核心领土，即本土的安全对于既有海权国家和崛起海权国家的对海投送能力都至关重要。丢失陆地领土将使海军失去意义，而且一支没有祖国的海军只不过是一些舰艇，其火力也不再有什么战略价值。[22]

　　不过，一国陆地曝于敌前是可以被克服的。重要的不是陆地边境本身，而是它的政治情况。岛国性不仅是地理性质，更是地缘政治性质。它描述了一国本土的地缘政治特性，它越安全，就越接近岛国具有的天然安全性。在某些情况下，陆上邻国非常弱小，不足以构成威胁。尽管深层的势力均衡可以稳定陆地边境，但结构性因素并不能排除管理陆地边境的必要性，因为权力优势不是确保边境稳定的唯一变量。一个极端弱小的邻国可以因为一系列的溢出效应而使边境地区动荡，如从难民流到犯罪活动。要稳定这样的边境地区，一国必须采取许多不同的、常常是相互补充的行动，从防御性措施（如墙壁、要塞等）和外交努力（如协议、不侵犯协定等）到同盟，以及改变邻国国内形势的行动（使一个失败国家趋于稳定，或者削弱一个具有威胁性的国家）等。无论眼前的目标和手段是什么，一国的战略目标应是降低陆地边境的脆弱性和不稳定性，从而使自身能够聚焦于海洋方向。

　　一个著名的稳定陆地边境的例子是雅典人在希波战争结束时建立的城墙。塞米斯托克利（Themistocles）命令雅典人用城墙将他们的城市围起来，后来又用另外的墙将雅典与它最近的港口比雷埃夫斯连接起来。这些墙足够厚实，即使残疾人也能保卫它们，从而解放了人力用于操作舰艇。其宣称的目标是使雅典人在陆上进攻面前安全无虞，从而能够集中力量建设他们的海上帝国。伯里克利（Pericles）让雅典人相信他们是"岛民"，处于"坚不可摧的处境"。[23]雅典人通过人为"岛国化"实现的"本土"安全是他们维持海权的前提条件。[24]

美国是另外一个拥有漫长稳定的陆地边界，通过击败邻国获得安全、实现海权崛起的国家。[25]如果陆地边境再次成为紧张局势或者威胁的来源，这必然会要求美国重新调整人力和关注的重点，那时若要在海军上投入巨资定会难以寻找理由。就美加边境形势而言，这种可能性显然微乎其微，但墨西哥国内日益恶化的动荡形势已经使美国面临为陆地边防注入更多资源的压力。[26]最悲观的前景是墨西哥崩溃，那将迫使美国重新评估其国家利益的先后顺序，重新将重心放在格兰德河前线。陆地边防要求注入更多资源，这将使维持一支大规模海军在政治上引起争议，因为海军的主要目标是保证大海航行自由。此外，美国海权的信誉也将会下降，因为人们认为面临威胁的陆地边境会削弱美国向远海投送力量的决心和实力，而且，远海力量投送能力对于更紧迫的大陆威胁于事无补。换言之，美国可能更像法国，其对海权的追求因大陆认知而受挫，而不是像英国，成为卓越超群的岛国。

简而言之，岛国属性，无论是地理性的还是地缘政治性的，对于海军建设和海权运用来说都至为关键。正如格兰厄姆（Graham）所指出的，"政治重心持续放在海洋事务上只有岛国能够做到"。[27]领土完整受到陆地接壤的邻国威胁的国家是负担不起一支海军的，若已经拥有一支舰队，则也无力负担从眼前的忧虑脱身而向远方投送力量的使命。

工业和技术

海权自然首先建立在海军实力的基础之上，而舰队建设则需要技术知识和关键资源。通常我们将这些因素，特别是工业和技术看作与地理无关，它们普遍适用，容易获得。但历史证明事实并非如此。无论是从目前来看，还是从长远趋势来看，都没有迹象说明海军建设不再受地理特征限制。

首先，造船业需要拥有或者能够获得关键资源。在历史上，海军由木材和铁构成，崛起海军可能拥有这些资源也可能没有。富有这些资源的国家拥有明显的优势，因为它不需要从其他国家进口。但即使在这方面受老天眷顾的国家也不能指望完全自给自足。例如，在木质海军时代，许多海军如古代希腊城邦、威尼斯以及英国，在耗尽了自己的木材储备之后，不得不将眼光转向仍然富有这些资源的邻近地区（色雷斯、达尔马提亚海岸和新英格兰）。[28]同样，埃及马穆鲁克王朝就严重受制于缺乏木材，其前往红海和印度洋的舰艇不得不在苏伊士或者巴士拉地区建造，这两个港口远离木材丰富的地区，致使舰艇造价不菲。[29]

那些不拥有这些资源的国家起点不利，要实现它们的海军梦想取决于确保稳定的资源供应。这常使它们不得不依赖于资源富裕国家的善意，而那些国家可能并不乐意襄助一个崛起中的海权国家。即使能够得到友好的供应，一支新兴的海军也将寻求对所需资源实现更可靠的直接控制。任何对外国供应资源的依赖都会导致战略上的脆弱，如俄罗斯海军在19世纪末20世纪初所面临的情势。但若反过来看，削弱一国海军的有效战略可以是切断其战略资源的供应线。例如，迦太基海权在第二次布匿战争中的大幅下降就是因为它失去了西班牙和科西嘉这两个主要的木材供应地。[30]

造船业的进步能够改变对资源的需求，使一些海军受益，另一些海军受损。例如，19世纪铁质舰艇的问世就使英国得到巨大的优势。如布罗迪（Brodie）所言：

> 英国……突然发现自己摆脱了长达3个世纪的确保木材供应的苦恼，高高地位于获取原材料的优越地位，远远地将其他国家甩在身后。这个优势地位一直维持到世纪末（直到美国和德国的钢铁产量超越英国）。[31]

18世纪英国的主要对手们——法国、俄罗斯、美国，以及稍晚些的意大利和普鲁士在木材资源上都拥有比较优势。[32]

因此，技术创新能够彻底改变对特定资源的需求（从木材至钢铁，从煤炭至石油），而且这样的转变会立即改变海军的命运。许多国家被迫向富有煤炭或石油（在昔日则是木材）的地区扩张，以满足海军的需求。在某种程度上，追求海军实力导致一些国家更加向海洋扩张，以为其海军提供必要的物资支持。

海军实力面临的第二个地理冲击是舰艇的技术性能。人们通常认为，技术，特别是空军和海军技术，较少受地理因素影响。海洋就是海洋，无论它位于何处；而无论在哪个高度，同一个高度的飞行动力学总是一样的。结果便是，人们认为技术在任何地方的有效性都是一样的。而且，许多地缘政治研究都认为技术逐步克服了地理施加的限制。而实际上，我们也可以说是地理影响着技术，无论是在其设计阶段还是实施阶段。地理并不决定技术，但技术是在具体环境中发展起来的，它们是"因环境而异"的。[33]结果便是，技术在某些环境中表现很好，而在另外一些环境中则不然。

任何技术进步都是对特定挑战的产物，这些挑战都具有地理性质。例如，在西方航海术的"摇篮"——地中海特有的地理条件[34]下出现的船舶就不太适合大西洋的情况。当雅典人建造他们的船舶时，他们需要在无风的天气、在较浅的水域中、在一个到处是天然港湾和港口的环境中从一个岛屿航行至另一个岛屿，从一个港口到另一个港口。结果是他们造出了划桨平底船，这种船适合在地中海航行，但在大西洋凶险开阔的海域中却毫无用处。[35]换言之，当应用于不同的地理环境时，特定技术会变得无用。16世纪以后地中海国家的衰落至少部分应归因于当地国家难以使其海军技术适应新的大洋环境。[36]

当某国外交政策的地理重心转向时，地理条件对海军实力的影响就格外明显。该国海军本打算在某一区域作战，现在却被迫转向在另一区域作战。例如，从近岸防御转向保护远海交通线，或者从友好的邻国地区（可得到其后勤支持和空中支援等）转向敌人的海岸线（后勤线拉长，受到陆上火炮和敌方空中力量的威胁），这就要求其使用不同类型的舰艇。通常，这样的转变可在一国的历史长河中逐渐出现。例如，正如塞缪尔·亨廷顿（Samuel Huntington）所言，在 19 世纪末 20 世纪初，当美国开始忧虑其海外领地和各种各样新的安全威胁时，美国海军必须从"大陆"海军转变为"大洋"海军。[37]这意味着海军舰艇的巨大转变，因为它将不再仅沿着美国海岸线或者用小编队方式威胁敌方交通线，而是必须能够长期向远方投送力量，威胁敌国的近海。商业袭击和近岸防御不再足以保护美国不断扩展的全球利益。[38]战区的改变要求海军改变技术。

在某些情况下，一些技术经过调整可以适应新的地理环境。较小的调整可使舰艇更为灵活或者机动性更好，或者增加航程。例如，在第二次世界大战期间，北非战区的英国和德国飞机都不得不"热带化"（即增加一个特殊的空气过滤器，防止发动机吸入沙子）。[39]飞机和舰艇航程短的问题也通过中途加油技术和建立更多的基地得到了改善。不过，技术的限制从来不曾消失过，只是通过不断调整而降低了。

应对地理限制的另外一个方法是技术多元化。这要求为不同的地理战区设计不同的平台。例如，从 16 世纪以来，西班牙帝国就在地中海使用平底舰艇而在大西洋使用快帆船和大帆船。[40]同样，在目前，一国可以同时建造适合大洋航行的远海海军以保护海上交通线、提供载机平台和建设近海舰队以保护近海（即实施濒海作战）。[41]罗伯特·卡普兰（Robert Kaplan）注意到，由于美国海军需要在各种不同的地理区域作战，它需要：

> 三支不同海军：一支能够从海洋为其实施对陆轰炸（以支持伊拉克和阿富汗那样的战争行动）；一支用于濒海特种作战（例如针对位于印度尼西亚、马来西亚和菲律宾南部及其周边的恐怖主义组织）；一支用于增强美国的隐身能力（如在中国大陆附近和台湾海峡等地区巡逻）。[42]

再次重申，技术，包括海军技术的地理属性并非中性，它们必须适应特定地区的特定挑战。[43] 多元化是个可选途径，但代价不低，而且要维持一支多元化舰队并不容易，因为那意味着不同的技术、不同的后勤需求和不同的作战程序。

基地和咽喉要道

若一国缺少基地，海军的作战效能将会受到限制，则其不容易成为海权国家。没有海外基地的海军是一支防御性的近岸力量，因为它的航程受制于后勤供给，易受攻击。另外，若可以依靠海外基地，驻扎于战略海上交通线附近或者接近潜在的竞争对手，则可赋予该国部分海权。接下来笔者将分析基地何以重要的两个原因。第一，海外基地扩展了海军的活动范围和舰队的战斗力，同时限制了竞争对手的行动自由。第二，存在于前沿的盟友（如友好的港口）和武装力量（如基地）可将海军实力转化成政治影响力。

自然而然，要建立并维持一个海外的基地网络，一国必须具有海军实力。舰队先于基地出现，这是因为没有舰队就不能保证自己从一个港口自由地驶向下一个港口。而且，一国将不愿与那些无力提供海军保护的国家结盟或者向它们开放港口。当然，一国也可以通过财政刺激、外交压力或者陆权（空权）建立起港口和基地网络，但这一点仍可商榷。归根结底，没有海军实力，基地的作用也有限，并且还易受他国攻击。概括起来，一国要先有海军实力，然后方有构建基地网络的需要和能力。

因此，海军需要基地最主要是因为受技术条件限制。在古代的技术条件下，均匀分布的基地对航海至关重要。例如，地中海平底船要求不断地靠岸，补充食物和饮水，并让船员休息一下。而且，缺少航海指南技术也使船舶不得不沿海岸线行驶、依靠陆上地标如山脉来判断位置。[44] Costeggiare 一词的意思就是沿海岸线前行，这是谨慎航海的例子。

随着船舶航程能力的增加，基地之间的距离无须像以前那样近了。

例如，19 世纪，随着铜片镶底船的出现，好望角不再是不可或缺的补给点，"变成了一个只是令人愉悦的客栈"。[45]

不过，技术再进步也不能彻底否定基地的功能。一篇 1977 年发表的文章列出了为什么基地仍然重要，哪怕是对核海军来说亦是如此的几点原因。[46]第一，基地可为舰队补给"消耗品"，从食品到弹药再到燃料。基地的重要性甚至有所上升，因为需要特殊物品。任何一个港口都有水，但特定零部件和燃料则不然。这些物品越难通过市场获取，对特定基地的需求就更大。第二，海军陆上设施是情报和通信的重要来源。虽然其在一定程度上也可通过其他手段（舰载雷达、卫星图像等）来实现，但技术进步并未完全消除对陆上基地的需求。[47]第三，像任何先进设备一样，舰艇也会出故障，需要修理。许多修理工作可在海上完成，但有些修理需要干船坞和特定配件，这只有港口能够提供。虽然母港可以提供这些服务，但海外的港口可以保障海军长期存在于海外的交通线上。第四，陆上基地对于直接的作战支持十分重要。陆基空中支持，特别是当海军缺少航母航空力量时，能够为舰队提供不可或缺的掩护。相反，进攻性近海行动极为危险，因为其位于陆基空中力量和导弹的打击范围之内。若没有基地，这会对海军在此种区域的作战能力构成严重影响。[48]

基地的战略意义只有当其缺失时才为人所知。日俄战争中俄罗斯波罗的海舰队绕过非洲前往救援旅顺港的厄运就展现了缺少基地的恶果，具体而言就是没有加煤站。因此，俄罗斯舰艇不得不依赖欧洲国家的善意。在许多时候这取决于途经的法国或英国殖民当局的慷慨或懒惰，是他们而不是英法政府，决定着俄罗斯舰艇能否得到补给。[49]正如一位历史学家的评论："在缺少创建、维持和发展海军的基础设施的特定战区，发展海军既危险且奢侈。"[50]就俄罗斯的情况而言，让波罗的海舰队处于得不到支持的境地是战略规划的失败。不过，一国海军也可能被敌人剥夺海外基地，或者是其基地被直接征服，或者是敌人的先进技术使得其不再能进入基地。失去基地将对该国海军在当地的实力造成重大打击。[51]

基地的第二个价值在于其地缘政治意义，与前述技术上的价值略有不同。基地更是控制力和影响力的工具，有助于控制海上交通线。例如，陆基平台如飞机和导弹可以保护海上交通线。基地也有助于威慑敌国，安抚盟友，而临时性的海军存在就做不到这一点。而且，海外基地还展示了对该地区的承诺、对驻在国的承诺，从而增强了该国海军的信誉。基地还使海军通过签订的条约和协议与遥远战区的国家联系在一起，带来经济合作和军事互操作性等好处。[52]简而言之，拥有海外海军基地（其实任何一种军事基地都是）的好处都远远超越具体的海军需求。海权，即从海上影响别国的战略实力取决于拥有海外基地。

与基地相关的一个地理限制是咽喉要道的存在。航海可以说就是从海峡中穿行而过，控制海峡的能力对海权有直接影响。例如，俄罗斯始终意识到控制博斯普鲁斯海峡以使己方舰队能够驶出黑海和阻止敌方舰艇进入的战略意义。[53]在1945年的波茨坦会议上，苏联外长莫洛托夫（Molotov）有力地论证了为什么苏联应在博斯普鲁斯拥有海军基地。只有在黑海拥有基地，苏联海军才能不受阻碍地进入地中海。莫洛托夫的言辞如下：

> 我们希望能够利用地中海，并为我们的舰艇找到一处立足点，因为随着和平的到来，商业将繁荣起来，苏联希望能在繁荣中有一席之地。[54]

咽喉要道就是海上交通线，用马汉的话说就是"世界的主干道"[55]要穿越的出入口。控制这些出入口意味着控制海上交通线，而控制了这些咽喉要道的国家无须庞大的舰队即可在海洋上拥有影响力。若能威胁到这些通道的稳定，如海盗在多个海峡地区（如马六甲海峡）的行为，或者能却敌方舰艇于这些通道之外，一国就足以在海洋上运用其权力。[56]16世纪的奥斯曼帝国就是一例。奥斯曼帝国在博斯普鲁斯海峡两岸安置炮台，控制穿行海峡的商船队，从而使贸易流向君士坦丁堡市场，在那里，价格任由帝国决定。[57]

半封闭的内海如黑海、地中海或波罗的海都是海峡价值的好例证，但海洋也同样受到海峡受控的影响。印度洋就可以通过控制几个咽喉要道来控制。"与大西洋或太平洋不同，印度洋是一个为陆地包围的海洋——三面环陆的 2700 万平方英里的庞大水体。"[58]在西面，入口是好望角、曼德海峡和霍尔木兹海峡；在东面，印度洋则为马六甲海峡（平均深度只有 20 米）护佑，该海峡通向南海和印度尼西亚群岛。[59]马六甲海峡是世界上最繁忙的海峡，随着东亚能源需求和贸易的增长，它还会变得更加繁忙。这些海峡都控制着印度洋的出入口，所有连接欧洲、中东和东亚的海上交通线都严重依赖于它们的安全。

控制咽喉要道和关键港口的重要性可从葡萄牙 16 世纪在印度洋的崛起一窥全豹。在不到十年的时间里，葡萄牙控制了亚丁湾的索科特拉岛、霍尔木兹，印度洋港口果阿，以及最终于 1511 年悍然进攻马六甲。从此之后，葡萄牙到达中国（澳门），几乎垄断了东亚与欧洲之间以及印度洋的贸易。在很大程度上，葡萄牙的海上霸权要归功于阿方索·阿布奎（Alfonso d'Alboquerque）。阿方索可能是"第一个充分认识到舰队与基地关系的海军将领"。[60]

另外一个例子是英国的地理位置。英国的地理位置使其能够轻易控制连接欧洲北部和世界的重要航线。当英国先后与葡萄牙和西班牙竞争时，就进出大西洋而言，它因享有明显优势而能对北海周边各国海军造成影响。英国舰艇能够封锁沿苏格兰（从北海至波罗的海）而行和通过英吉利海峡的船只。[61]而且，英国后来控制了直布罗陀海峡，一举堵在地中海出口（随后英国立足于马耳他，控制了地中海）。一旦好望角再落入英国手中，欧洲的船舶就完全处于英国掌中了。控制这些咽喉要道的效果是巨大的。

在 17、18 和 19 世纪初漫长的战争中，英国控制欧洲进出海洋的通道使其能够攫取其他欧洲国家的殖民地，同时保护自己的殖民地不受来自海洋的侵犯。[62]

与马汉的智慧相悖，争夺海上霸主地位不仅仅是舰队间的碰撞，更是一场争夺陆地资产和影响力的外交竞争。关键的基地和海峡可能比舰队更重要。如一位 20 世纪初的海军分析家所指出的，"摧毁一个基地远比摧毁一支舰队的风险要高，代价更大"。[63]争夺和赢得海权的途径在于控制基地和关键的咽喉要道，或者用菲舍尔（Fisher）海军上将常被人引用的话来说，就是"给世界上锁"。[64]即使是在和平时期，既有海权与崛起海权也通过"购买、条约或其他手段……占据位于'帝国生命线'一线具有重要战略价值的近海或岛屿领土"。[65]

历史上也会不断有人质疑地理位置的价值。这些不愿轻易接受普遍思路的人认为无论咽喉要道由谁控制或者是否处于控制之中，航海和商业都会继续。例如，19 世纪中期的英国就相信位于其海军及海外基地保障下的海洋自由并不需要持续的维护。结果便是"自由贸易原则的流行似乎催眠了军事思想"。然而，

不难设想，如果东印度群岛的商业既没有基地也没有巡逻舰艇来打击海盗将会是什么局面。即使只有两三艘舰艇在马六甲海峡或沿马来半岛海岸巡逻，都会大大鼓舞贸易界的信心。[66]

战略观

最后一个影响新兴海权的因素也是地理特征最不明显的一个：战略文化。[67]战略观通常由文化和政治而不是地理因素界定。[68]例如，马汉列举的海权条件之一"民族特性"，即是一种商业精神，"对贸易的热切"，对克服"危险的海洋"带来的恐惧或"对海洋的厌恶"都很重要。不是所有拥有海军的国家都天生具有这种民族特性，而是或者像西班牙人一样"掘地三尺寻黄金"，或者像法国人那样"省吃俭用。"[69]无论是法国还是西班牙，该国的观念都削弱了其冒险精神，而那正是海权国家所需要的。另外一个战略文化视角的观点是民主国家

比国家主义和专制制度更热爱海军，因为热爱海军的精英也更具有自由、民主和热爱商业的态度。[70] 因此，自由主义精英在国内的胜利通常会改变国家的海洋政策，而专制群体的胜利则更易导向大陆性战略。[71]

这些观点并不包含地理因素。事实上，地理也影响着一国的战略观。一定程度上，地理的影响体现在一国战略轻重缓急的排序上。如前文所述，不稳定的陆地边境会使海洋方向居于次要位置。但地理也影响着一国如何追求其目标，即影响一国的"战争方式"。[72] 战略纵深较浅的小国可能青睐先发制人的打击，而一个拥有较大的战略纵深的陆上大国则可能倾向于防御。地理塑造着决策者的"精神地图"，它起初可能是对当时地缘政治现实的认识，但也不限于此。[73]

这也就是说，要想成为一个海权国家，首先需要像海权国家那样思考。一国可能拥有庞大的海军，拥有资源、漫长的海岸线、安全的陆地边境和战略位置，但其仍然是大陆性思维。[74] 大陆性思维与海洋性思维的区别体现在它们如何看待自己的权力和如何扩展权力的方式上。尼古拉斯·斯派克曼（Nicholas Spykman）对此有精辟的见地：

> 海权国家是这样征服广阔地域的：从一个点跃至另一点，尽可能适应当地的政治关系，当事实上的控制已经被接受时再建立法律上的控制。扩张的陆地大国则有条不紊地慢慢推进，因地形所限不得不逐步建立控制，以保持部队的机动性。因而，陆权思维是以面围点，而海权思维是从点到线。[75]

因此，要成为海权国家，国家必须调整其战略思维，放弃同心圆式思考，采用战略点式思考。这并不容易，因为前面提到的地理限制（如陆地边境、技术问题），也因为历史惯性。[76] 从一种思维改换至另一种思维需要建立起新的地缘战略传统，并据此重新制定政策和作战计划。

具体而言，从陆权国转变而来的海权国的海上战略通常局限于游击战，切断或者威胁切断敌人海上交通线。[77] 商业袭击战，无论是通过小舰队（常常由国家支持的海盗管控）还是 20 世纪的潜艇，或者是未来的空基武器系统或洲际弹道导弹，都是为了阻碍海权国的行动自由，而不全然是为了取代敌对的海权国的位置。[78]最终，它仍是大陆性的或者近海性的战略，一国的主要目标仍是阻止敌人从海上向其陆地投送力量。它能对海上霸主造成巨大损失和伤亡，但除非它更具海洋观念，大力建设海外基地，控制咽喉要道和海上交通线，以及有能力存在于远海，否则，仅靠一支实施商业袭击的海军是无法成长为真正的海权国家的。[79]

新兴海军面临的挑战在于战略文化不仅是对物质因素的认知，而且其也难以快速轻易地改变。要拥有海权观，至少有三大困难。第一是拥有海军实力并不等于拥有海权观。例如，苏联深受其大陆扩张史以及威胁来自另外一个陆上国家的影响，因此苏联领导人一直拒绝把海军当作向大洋投送力量和运用海权的工具，而是将其海军的作用局限于为陆上作战提供支持。在第二次世界大战后的 10 年内，苏联将其海军的活动范围限制在近岸，位于陆基飞机的保护伞下。[80]如海军上将库兹涅佐夫（Kuznetsov）1953 年指出的：

> 我们舰队最有可能面临的任务是从海上运输部队，紧密地与苏联陆军联系在一起，实施登陆和防空作战。[81]

海军在战役和战术上从属于陆军反映了苏联对其能否摆脱地理和历史限制的根深蒂固的怀疑。斯大林本人似乎意识到这些限制，他曾对丘吉尔说"缔造一支陆军要比缔造一支海军容易"。[82]即使再一个十年之后，至 20 世纪 70 年代时，苏联的海洋思想仍然深受其大陆性世界观的影响，"苏联的作战设想仅仅是控制战役区，通常是苏联近海地区"。[83]

第二，一国的地缘政治条件，即其陆地边境的形势可能影响其战略文化，但它并不是唯一的变量。相反，稳定的陆地边境是国家改变战略文化的前提条件。其他因素，从历史传统到国内障碍，也在国家战略观的塑造中发挥着重要作用。换言之，一国战略文化不是国际结构的副产品。[84]安全环境的改变可能会迫使一国向陌生的地理空间投送力量。不过，陆权国尝试走向海洋，或者海权国向陆地投送力量，都不必然是战略文化发生了变化，而可能是因应威胁而出现的例外。[85]

第三，战略文化难以进口。例如，即使在技术引进的同时一并引介外国军事学说，国家也很少能就如何使用新武器形成完全一样的学说。一国能够采购新技术，但不一定就能获得援助者或出口者同样的战略观。[86]具体而言，陆权国能够采购一支海军，但难以采购将海军转变成海权的世界观。意识形态、文化和历史因素常常对如何使用买来的技术发挥影响。即使两个国家购买了同样的技术，它们使用该技术的方式也不会相同。一国可能寻求击败敌国海军，在远海获取基地，确保国际公域制权；另一国则可能只想控制本国近海，拒敌国海军于区域之处，并继续沿海岸行动。

从历史上来看，新兴海权国家常常依靠上一代人的传统。而上一代人则沿袭他们祖上的传统或他们所征服地区的传统。威尼斯走向海洋沿袭的是拜占庭人的传统，填补的是东罗马帝国在亚德里亚海和近东留下的真空。同样，奥斯曼土耳其人在征服了君士坦丁堡之后，不仅继承了造船厂和造船知识，而且继承了被他们击败的基督教帝国的海军传统。美国继承了英国的战略观，部分是通过马汉的作品。这些大国似乎都真诚地将别国传统视为自己的传统，并自视为前任海权国家的继承者。

本文认为，地理，包括地理特性明显的海岸线的特点到地理特性不那么明显的战略文化，塑造着一国建设海军和运用海权的能力。这些因素促进或限制一国海军的发展，但从来不是决定一国命运的唯一因素。确实，地理环境本身不能告诉我们一国是否会增进海军建设，是否会追求海上霸权，或是否仍基本是一个陆权国家。最终，是否走向大洋的决定是由一系列其他因素决定的，包括安全利益、国家威望或国内政治。地理条件只是海权施展的舞台。

本文立论于历史经验，但不限于此。海权，即通过控制海洋来影响他国行为的能力，对于美国来说仍然至关重要。大洋将美国与欧洲隔开，是大国权力竞争的竞技场，因此美国控制大西洋和太平洋对于保障北半球的安全和向欧洲或东亚"边缘地带"投送力量不可或缺。不仅是美国的领土安全，而且美国的经济福利也有赖于美国海权的保佑。来往于海洋上的巨量美国商业以及货物能否自由流动，如从进口石油和汽车到出口谷物和电器，都依赖于美国海权的保护。

而且，其他国家也越来越有发展海军和海权的动力，特别是中国。随着中国海军力量的增长，其他亚洲国家，从韩国到印度都在快速建设和采购具有远海能力的海军资产。[87] 本文开始时提出的问题——港口、政治意愿还是财政资源是否足以支撑一支强大海军力量和发展海权——再度值得重视。地缘政治因素，如漫长的陆地边界或战略思维传统，肯定将在这些国家致力于海军建设和向远海投送力量方面发挥阻碍作用或发挥促进作用。对这些海军进展的任何分析，若未考虑这些地理因素，都将是不完整的。任何为应对中国海军发展所开出的政策药方，若不改变那些可能便利中国探索的地缘政治因素，其效用都会打折扣。

［师小芹/译/校］

注释

[1] "条件（condition）"这个术语是马汉的。他列出了六个"主要条件"：地理位置、物理形状、领土的宽阔程度、人口数量、民族特性和政府性质。后三个变量较易改变，因国家而易。前三个变量是地理性的，很难克服。但它们都仅仅是"条件"，并不能决定乾坤。A. T. Mahan, The Influence of Sea Power upon History, 1660 - 1783（New York：Dover Publications, 1987, reprint of 5th edition, 1894），p. 29.

[2] Julian S. Corbett, *Principles of Maritime Strategy*（Mineola, NY：Dover Publications, 2004），pp. 90 -91. 关于海军的任务，见 Geoffrey Till, "Maritime Strategy and the Twenty-First Century," in Geoffrey Till, ed., *Seapower：Theory and Practice*（Portland, OR：Frank CASS, 1994），pp. 176 -199。

[3] Colin S. Gray, *The leverage of Sea Power：The Strategic Advantage of Navies in War*（New York：Free Press, 1992），pp. 1 and 25.

［4］关于这两者的区分，见关于德国中将 Wolfgang Wegener 观点的讨论，见 James R. Holmes and Toshi Yoshihara, "History Rhymes: The German Precedent for Chinese Seapower," *Orbis*, Vol. 54, No. 1 (Winter 2010), pp. 16 - 17 and *passim*; Kenneth Hansen, "Raeder versus Wegener: Conflict in German Naval Strategy," *Naval War College Review*, Vol. 58, No. 4 (Autumn 2005), pp. 85 - 89。

［5］Edward Luttwak, *The Political Uses of Sea Power* (Baltimore, MD: The Johns Hopkins University, 1974), p. 11; See also James Cable, *Gunboat Diplomacy, 1919 - 1991* (New York: St Martin's Press, 1994).

［6］Gerald S. Graham, The Politics of Naval Supremacy (Cambridge: Cambridge University Press, 2008, reprint of 1965 edition), p. 2.

［7］温斯顿·丘吉尔 1942 年在谈论德国海军时使用了"奢侈"一词，见 Holger H. Herwig, *Luxury Fleet: The Imperial German Navy*, 1888 - 1918 (Amherst, NY: Humanity Books, 1980), p. 77。

［8］Jeremy Black, "British Strategy and the Struggle with France, 1793 - 1815," *Journal of Strategic Studies*, Vol. 31, No. 4 (August 2008), p. 565.

［9］Colin Gray, "History for Strategists: British Seapowers as a Relevant Past," in Geoffrey Till, ed., *Seapower*, p. 17.

［10］正如斯派克曼 1938 年所见，中国拥有漫长的海岸线和海权传统，但它当时并非一个海权国家。中国是"令人好奇的异常现象"，中国缺少海军力量和看上去对海权不感兴趣，在斯派克曼看来可能是因为其陆地面临威胁。Nicholoas J. Spykman, "Geography and Foreign Policy, Ⅱ," *American Political Science Review*, Vol. 32, No. 2 (April 1938), p. 222.

［11］Mahan, *The Influence of Seapower*, pp. 29 - 30.

［12］See A. T. Mahan, "The Interest of American in Sea Power, Present and Future," *Boston: Journal of Strategic Studies*, Vol. 22, No. 2 (1999), p. 197.

［13］N. A. M. Rodger, "Weather, Geography and Naval Power in the Age of Sail," *Journal of Strategic Studies*, Vol. 22, No. 2 (1999), p. 197.

［14］用马汉的话说就是："如果亚德里亚海是一条商业高速路，意大利的位置会更具影响力。"Mahan, *The Influence of Sea Power*, p. 32.

［15］Mahan, *The Influence of Sea Power*, p. 453.

［16］J. H. Parry, *The Spanish Seaborne Empire* (Berkeley: University of California Press, 1990), p. 112.

［17］Paul Kennedy, *The Rise of Anglo-German Antagonism, 1860 - 1914* (London: Ashfield Press, 1980), p. 420.

［18］Jacob Borresen, "The Seapower of the Coastal State," in Till, ed., Seapower, pp. 148 - 175.

［19］Black, "British Strategy and the Struggle with France," 出处同上。

［20］又见 Nicholas J. Spykman，"Geography and Foreign Policy，Ⅱ，" p. 217。

［21］Mahan，*The Influence of Sea Power*，p. 29. 马汉甚至进一步认证说："历史已经令人信服地证明了，即使是只有一条陆上边界的国家也无法在一场海军竞争中取胜于一个岛国，哪怕后者的人口和资源少得多。"引自 Jon T. Sumida，*Inventing Grand Strategy and Teaching Command*（Baltimore：Johns Hopkins University Press，1997），p. 81。

［22］历史上也有国家在战败后派遣海军继续从盟国基地作战的例子。例如，1939 年，波兰就将其海军大部派遣至英国，从那里继续与纳粹德国作战。但总体上，海军需要陆上基地，如果在战争中失去了一个基地，那么就必须再找一个基地。

［23］Robert Strassler，ed. ，*The Landmarks Thucydides*（New York：Free Press，1996），Ⅰ. 143，83.

［24］David L. Berkey，"Why Fortifications Endure：A Case Study of the Walls of Athens during the Classical Period，" in Victor Davis Hanson，ed. ，*Makers of Ancient Strategy*（Princeton：Princeton University Press，2010），pp. 58 −92.

［25］Robert S. Ross，"China's Naval Nationalism：Sources，Prospects and the American Responses，" *International Security*，Vol. 34，No. 2（Fall 2009），p. 48.

［26］关于犯罪集团对安全的影响，见 Bob Killebrew and Jennifer Bernal，*Crime Wars：Gangs，Cartels and U. S. National Security*（Washington，DC：Center for New American Security，2010），www. cnas. org/node/5022。关于美国与墨西哥边境的讨论，见 David Danelo，*The Border：Exploring the U. S. -Mexico Divide*（Mechanicsburg：Stackpole Books，2008）。

［27］Graham，*The Politics of Naval Supremacy*，p. 22.

［28］Eugene N. Borza，"Timber and Politics in the Ancient World：Macedon and the Greeks，" *Proceedings of the American Philosophical Society*，Vol. 131，No. 1（March 1987），pp. 32 − 52；Allan Chester Johnson，"Ancient Forests and Navies，" *Transactions and Proceedings of the American Philological Association*，Vol. 58（1927），pp. 199 −209；Robert G. Albion，*Forests and Sea Power：The Timber Problems of the Royal Navy，1652 − 1862*（Annapolis：U. S. Naval Institute Press，2000）.

［29］Daniel R. Headrick，*Power over Peoples*（Princeton：Princeton University Press，2010），p. 72.

［30］Johnson，"Ancient Forests and Navies，" p. 209.

［31］Bernard Brodie，*Sea Power in the Machine Age*（Princeton：Princeton University Press，1941），pp. 129 and 166 − 167. See also Graham，*The Politics of Naval Supremacy*，p. 120.

［32］Brodie，*Sea Power*，p. 161.

［33］Headrick，*Power over Peoples*，p. 370. 另外一个地理影响技术的例子是空权。See D. Shlapak，J. Stillion，O. Oliker，and T. Charlick-Paley，*A Global Access Strategy for the U. S. Airforce*（Santa Monica：RAND，2002）.

[34] J. Holland Rose, *The Mediterranean in the Ancient World* （London: Cambridge University Press, 1934）, pp. 1 – 32. See also Joseph Conrad, *The Mirror of the Sea* （Garden City: Doubleday, Page & Company, 1916）, pp. 256 – 257. 关于地中海的地理，见 Fernand Braudel, *The Mediterranean and the Mediterranean World in the Age of Philip Ⅱ*, Vol. 1 （Berkeley: University of California Press, 1995）, pp. 103 – 110。关于地中海地区海军技术的发展过程，见 John H. Pryor, *Geography, Technology and War* （New York: Cambridge University Press, 1992）。

[35] J. H. Parry, *The Age of Reconnaissance* （New York: Mentor Books, 1964）, pp. 67 – 72；Frederic C. Lane, *Venetian Ships and Shipbuilders of the Renaissance* （Baltimore: Johns Hopkins University Press, 1992）, pp. 1 – 34.

[36] 另外，为大西洋而造的舰艇十分坚固，适合舰载火炮，这使葡萄牙对印度洋各国享有绝对优势。但亦有局限。由于拥有坚固和重装舰艇，欧洲人在此时期及其后（16～17 世纪）拥有海上霸权。不过，该优势并没能延伸至近海和浅海水域，那里仍是划桨平底大船 （galley） 和平底船 （junk） 的领地，它们有时还能战胜武装最强的大帆船 （carrack） 或西班牙大帆船 （galleon）. Headrick, *Power Over Peoples*, pp. 73, 88；又见 Carlo Cipolla, *Vele e Cannoni* （Bologna: Ⅱ Mulino, 2005）。

[37] Sammuel Huntington, "National Policy and the Transoceanic Navy," *U. S. Naval Institute Proceedings*, Vol. 80, No. 5 （May 1954）, pp. 483 – 493.

[38] See also Russell F. Weigley, *The American Way of War* （Bloomington: Indiana University Press, 1977）, pp. 167 – 191；George W. Baer, *One Hundred Years of Sea Power* （Stanford: Stanford University Press, 1993）, pp. 9 – 48.

[39] 指的是英国的 "喷火" 式战机和德国的 Bf - 109F - 2/Tro 战机。See William Green, *Warplanes of the Third Reich* （Garden City: Doubleday and Company, 1970）.

[40] J. H. Parry, *The Establishment of the European Hegemony: 1415 - 1715* （New York: Harper Torchbooks, 1966）, pp. 20 – 21.

[41] See, for instance, Robert O. Work, "Naval Transformation and the Littoral Combat Ship," Center for Strategic and Budgetary Assessments, February 2004, http://www. csbaonline. org/4Publications/PubLibrary/R. 20040218. LCS/R. 20040218. LCS. pdf.

[42] Robert Kaplan, "How We Would Fight China," *Atlantic Monthly*, June 2005, p. 58.

[43] 另外一个地理影响技术的例子是空权。美国空军建设一直是为了 "在战区" 遂行作战，即在基地附近作战。因此，若无空中加油，大多数战机的作战半径大约为 300～500 海里，携带的弹药数量也相对有限。美国空军的这种特点很大程度上是因为它考虑的是在欧洲战区作战，可能的作战前线相距不远，附近有大量基地，飞机可以及时得到燃油和弹药补给。如果在太平洋战区作战，则作战距离大大增加，基地数量也不足，美国空军就必须具备更大的空中加油能力，更多的基

地，更大的载弹量。又见 D. Shlapak, J. Stillion, O. Oliker and T. Charlick-Paley, *A Global Access Strategy for the U. S. Airforce*（Santa Monica：RAND, 2002）。

[44] See John F. Guilmartin, *Gunpowder and Galleys*（Cambridge：Cambridge University Press, 1974）；John H. Pryor, *Geography, Technology, and War*（Cambridge：Cambridge University Press, 1992）；William Ledyard Rodgers, *Naval Warfare under Oars*（Annapolis：Naval Institute Press, 1940）.

[45] Graham, *The Politics of Naval Supremacy*, p. 39.

[46] Barry Blechman and Robert Weinland, "Why Coaling Stations Are Necessary in the Nuclear Age," *International Security*, Vol. 1, No. 2（Summer 1977）, pp. 88 – 99.

[47] Karl Lautenschlager, "Technology and the evolution of naval warfare," *International Security*, Vol. 8, No. 2（Autumn 1983）, pp. 3 – 51.

[48] On anti-access/area-denial, see Jan van Tol et al., *AirSea Battle：A Point-of-Departure Operational Concept*（Washington, DC：Center for Budgetary and Strategic Assessments, 2010）, pp. 17 – 47.

[49] Constantine Pleshakov, *The Tsar's Last Armada*（New York：Basic Books, 2003）；Richard Hough, *The Fleet That Had to Die*（Edinburgh：Birlinn, 2000）, reprint of 1958 edition.

[50] Jacob W. Kipp, "Imperial Russia：Two models of Maritime Transformation," in A. Erickson, L. Goldstein and C. Lord, eds., *China Goes to Sea*（Annapolis：Naval Institute Press, 2009）, p. 163.

[51] See Jan van Tol et al., pp. 17 – 47；A. Krepinevich, B. Watts and R. Work, *Meeting the Anti-Access and Area-Denial Challenge*（Washington, DC：Centre for Budgetary and Strategic Assessments, 2003）.

[52] On bases, see Kent Calder, *Embattled Garrisons*（Princeton：Princeton University Press, 2007）；Robert E. Harkavy, *Strategic Basing and the Great Powers, 1200 – 2000*（New York：Routledge, 2007）.

[53] 例如19世纪30年代争夺对土耳其的影响力，1833年俄土条约允许俄罗斯向外国船舶关闭土耳其海峡。Hugh Seton-Watson, *The Russian Empire, 1801 – 1917*（New York：Oxford University Press, 1988）, pp. 302 – 311；Graham, *The Politics of Naval Supremacy*, pp. 70 – 72, 83 – 85, 89.

[54] 转引自 Natalia I. Yegorova, "Stalin's Conception of Maritime Power：Revelations from the Russian Archives," *Journal of Strategic Studies*, Vol. 28, No. 2（April 2005）, p. 159。

[55] Mahan, *Influence of Seapower*, p. 33.

[56] See Gal Luft and Anne Korin, "Terrorism on the High Seas," *Foreign Affairs*, Vol. 83, No. 6（November/December 2004）, pp. 61 – 71.

[57] William McNeill, *Europe's Steppe Frontier, 1500 – 1800*（Chicago：University of

Chicago Press, 1964), pp. 21 −22.

[58] Graham, *The Politics of Naval Supremacy*, p. 31.

[59] 还有另外两条海峡。一是龙目海峡，较宽较深，适合巨型油轮通行。另一条是巽它海峡，较宽但较浅，通过的船舶较少。Joshua H. Ho, "The Security of Sea Lanes in Southeast Asia," *Asian Survey*, Vol. 46, No. 4 (July-August 2006), pp. 559 −561.

[60] Parry, *The Age of Rceonnaissance*, p. 161.

[61] 事实上，俄罗斯波罗的海舰队在前往对马海峡与日本海军展开决定性一战的旅途中，通过英吉利海峡的经验是最恐怖的。紧张的俄罗斯船员因误把英国小渔船当作鱼雷艇而开火。

[62] Norman Friedman, *Seapower as Strategy*: *Navies and National Interests* (Annapolis: Naval Institute Press, 2001), p. 62.

[63] Fred T. Jane, *Heresies of Sea Power* (New York: Longmans, Green, 1906), p. 136.

[64] Paul kennedy, *The Rise and Fall of British Naval Mastery* (New York: Humanity Books, 1983), pp. 162 −163.

[65] Brodie, *Sea Power*, p. 108.

[66] Graham, *The Politics of Naval Supremacy*, pp. 58 −59.

[67] 笔者使用的"战略文化"和"战略观"这两个术语，并有时互换使用，指的是立足于历史、传统、信仰基础之上，塑造着一国行为的、对该国自身和世界认知的宏观观念。关于这一主题的文献很多，且还在增长之中。See Colin Gray, "National Styles in Strategy: The American Example," *International Security*, Vol. 6, No. 2 (Fall 1981), pp. 21 − 47; Alastair Iain Johnston, "Thinking about Strategic Culture," *International Security*, Vol. 19, No. 4 (Spring 1995), pp. 32 − 64; Alastair Iain Johnston, *Cultural Realism*: *Strategic Culture and Grand Strategy in Chinese History* (Princeton: Princeton University Press, 1995); Alan Macmillan, "Strategic Culture and National Ways in Warfare: The British Case," *The RUSI Journal*, Vol. 140, No. 5 (October 1995), pp. 33 −38; Thomas Mahnken, "United States Strategic Culture," Paper for the Defense Threat Reduction Agency, 13 November 2006.

[68] See, for instance, Elizabeth Kier, "Culture and Military Doctrine: France between and the Wars," *International Security*, Vol. 19, No. 4 (Spring 1995), pp. 65 −93; Stephen Rosen, "Military Effectiveness: Why Society Matters," International Security, Vol. 19, No. 4 (Spring 1995), pp. 5 − 31; Alastair Iain Johnston, *Cultural Realism*: *Strategic Culture and Grand Strategy in Chinese History* (Princeton: Princeton University Press, 1995); Michael Eisenstadt and Kenneth M. Pollack, "Armies of Snow and Armies of Sand: The Impact of Soviet Military Doctrine on Arab Militaries," *Middle East Journal*, Vol. 55, No. 4 (Autumn 2001), pp. 549 −578.

[69] Mahan, *Influence of Sea Power*, p. 53. On Athenian maritime culture, see John R. Hale, *Lords of the Sea* (New York: Viking, 2009), p. xxiv.

[70] See Otto Hintze, "Military Organization and the Organization of the State," in Felix Gilbert, ed. , *The Historical Essays of Otto Hintze* (New York: Oxford University Press, 1975), pp. 178 −215.

[71] Eric Heginbotham, "The Fall and Rise of Navies in East Asia," International Security, Vol. 27, No. 2 (Fall 2002), pp. 86 −125.

[72] See Victor Davis Hanson, *The Western Way of War* (Berkeley: University of California Press, 1989); Lawrence Sondhaus, *Strategic Culture and Ways of War* (New York: Routledge, 2006).

[73] See also Alan K. Henrikson, "The Geographical 'Mental Maps' of American Foreign Policy Makers," *International Political Science Review*, Vol. 1, No. 4; *Politics and Geography* (1980), pp. 495 −530.

[74] See Robert D. Kaplan, "The Geography of Chinese Power," *Foreign Affairs*, Vol. 89, No. 3 (May/June 2010), p. 34.

[75] Nicholas J. Spykman, "Geography and Foreign Policy, Ⅱ," p. 224.

[76] See also Colin S. Gray, *The Geopolitics of Super Power* (Lexington: The University Press of Kentucky, 1988), p. 49.

[77] Ross, "China's Naval Nationalism," pp. 49 −50.

[78] Corbett, *Principles of Maritime Strategy*, p. 87.

[79] See Holmes and Yoshihara, "History Rhymes".

[80] Yegorova, pp. 161 and 177.

[81] Yegorova, p. 177.

[82] Yegorova, p. 159.

[83] George E. Hudson, "Soviet Naval Doctrine and Soviet Politics, 1953 −1975," *World Politics*, Vol. 29, No. 1 (October 1976), p. 107. See also Linton F. Brooks, "Naval Power and National Security: The Case for the Maritime Strategy," *International Security*, Vol. 11, No. 2 (Autumn 1986), pp. 63, 74.

[84] See also Colin Dueck, "Realism, Culture and Grand Strategy: Explaining America's Peculiar Path to World Power," *Security Studies*, Vol. 14, No. 2 (April-June 2005), pp. 195 −231.

[85] Colin Gray, "Strategic Culture as Context: The First Generations of Theory Strikes Back," *Review of International Studies*, Vol. 25 (1999), p. 59.

[86] See Eisenstadt and Pollack; Emily O. Goldman and Richard B. Andres, "Systemic Effects of Military Innovation and Diffusion," *Security Studies*, Vol. 8, No. 4 (Summer 1999), pp. 79 −125.

[87] "Into The Wide Blue Yonder," *The Economist*, June 5 2008; Richard Bitzinger, "A New Arms Race? Explaining Recent Southeast Asian Military Acquisitions," *Contemporary Southeast Asia*, Vol. 32, No. 1 (April 2010), pp. 50 −69.

海上冲突：过去与现在

徐弃郁

在 1899 年出版的《海权对历史的影响：1660～1783》一书的开头，作者马汉将海权的历史描述为"虽然不全是，但主要是记述国家与国家之间的斗争，国家间的竞争和最后常常会导致战争的暴力行为"[1]。也许马汉的作品已成为一个自我实现的预言，在他的书出版后的一个世纪里所发生的事件似乎都证实了他的结论。不过在冷战结束后，海上竞争和矛盾大幅度减少，各国更多地面临着全新的局面。

尽管冷战已结束，但海上冲突的根本原因依然存在。传统海战的威胁已逐渐减小，但非传统海上安全问题开始浮现，如海上走私和恐怖袭击。简而言之，一度清晰的海上安全准则正日渐复杂化，大国间海洋竞争更加剧了这一趋势。一些关注中国发展的观察者认为，崛起中的中国将会重蹈大国政治的悲剧，它将跟美国发生冲突，重现一个崛起国家与霸权国家间的对立。[2]如果再考虑到中国对外贸和海外能源的依赖日益增长，观察家们认为中国将会建立足够与美国抗衡的海上军事力量，从而进一步加剧海上军事竞争。[3]

我们应该如何看待 21 世纪的海上战略环境？未来大国间的海洋安

全关系走向如何？冲突是不是海上强国间关系的铁律？要回答这些问题，我们需要深入探索历史上重大海上冲突的源头。本文将主要论证追求海权的决定大都是在某种特定条件下做出的。每个国家都有不同选择，而一个新的大国的崛起，并不必然导致海上权力的变化。因此，防止未来海上军事竞争和矛盾不仅需要有效的国际海上安全协定，还需要相关国家做出明智的政策选择。

马汉理论的运用和滥用

马克斯·韦伯曾经探讨过事件和理念间相互影响的关系。他写道："主导人类行动的是利益，而非理念。然而由理念所创造出的'世界图像'常如铁道上的转辙器，决定了轨道的方向，而利益则推动人类沿着轨道前进。"[4] 其中，阿尔弗雷德·赛耶·马汉的理论对各国影响深远。他的著作《海权对历史的影响：1660～1783》出版后，很快成为海军战略家的必读之作，并拥有大量追随者。这其中就包括德国威廉二世皇帝。威廉二世在 1894 年曾声称自己"岂止是在阅读，简直是在吞咽马汉上校的作品，并努力背诵下来"。[5] 可以肯定地说，大多数20 世纪灾难性的海上冲突都和马汉的理论有关。德意志帝国的提尔皮茨计划（Tirpitz Plan）和日本 20 世纪 30 年代的海军战略都深受马汉的影响，并分别导致了日德兰海战和二战期间的太平洋海战。

然而，人们是否正确理解了马汉书中的要旨，颇令人怀疑。马汉的理论可以分为两个层面：海军战略层面，政治或大战略层面。从海军战略层面来看，马汉属于"保守派"，认为海上军事活动的主要目标是通过海上决战获取制海权，而这就需要将战列舰置于海军战略的中心位置。在 19 世纪 70 年代和 80 年代，法国曾出现"青年学派"（jeune ecole，又称"新派"），以法国海军上将泰奥菲尔·奥比（Théophile Aube）为代表。该学派是游击战争（guerre de course）的拥趸。这一派主张把重点放在破坏海上商贸上，借此削弱强大的对手并消除海上强国——英国的优势。这一派的观点渐次成型，他们认为巡洋舰和鱼雷艇，而不是战列舰，更应当成为海军战略的中心。但马汉著作的面世彻底巩固了"保守派"的地位。马汉反对"青年学派"主张的战争样式，强调通过决战获取制海权的重要性。他相信只有通过战争或是封锁，抑或战争的威胁，才能够控制敌方的海军力量。大多数海上强国在 20 世纪初都遵循了马汉的理念。[6]

在政治或大战略层面，马汉的影响力并不那么清晰，但正是在这一领域，其理论被广为引用，并广泛用于实现多种目的。有人认为马汉发现了大英帝国的"秘密"，即如何统治世界。这些"秘密"可以被分为以下几类。

海权是成为世界强国的必由之路

海权是成为世界强国的必经之路——德意志帝国在 1897～1918 年反复宣扬这一理论。这一理论也为日本、英国、美国和其他大国广泛接受。尽管如此，马汉著作中并没有如此明确的观点。他的作品探讨了海权和经济实力之间的关系，以及相应的经济实力与政治实力之间的关系。通过将自己的海上军事战略理论进一步延伸到历史哲学，马汉构建了一个抽象的公式，根据这一公式，海军、海外利益和地理位置与世界大国地位紧密相关。[7]基于此，他的著作给人留下了海权是成为和维持世界强国地位的必要条件这一鲜明印象，但马汉并没有进一步阐释这一点。这一观点是从其作品中演绎而来的。

海权对一国经济发展起决定性作用

海权对经济发展的重要意义同样是流布于德意志帝国境内的观点。这一论点的逻辑相当鲜明：一国经济繁荣与否严重依赖贸易——尤其是对外贸易——而对外贸易完全取决于海上安全，这只能通过海权保证。冯·提尔皮茨在其提交给德皇的关于《第二次海军法案》的一份报告中写道：

德国向工商业强国发展之路已如自然规律一般不可抗拒。即使有人想阻止，德国的发展依然会继续……在这样的商业和工业发展之下，和其他国家接触和起冲突的机会也有所增加。如果德国不想衰败，就必须发展海权。[8]

但在《海权对历史的影响：1660～1783》一书中，马汉的表述却相当随意。例如，马汉仅仅强调了生产、海运和殖民地三者合一作为"决定濒海国家的历史和政策的关键"的重要性。[9]

每个强国都能获得海上霸权

当前两点马汉理论中的"真理"被接受后，第三个结论就显而易见了，因为几乎每个强国都相信自己有同样的机会拥有海上霸权。法国、德意志帝国和日本为建立海权、获得海上霸权所花费的巨大精力显示它们都信仰这第三条"真理"。尽管如此，马汉本人为获取海权，尤其是海上霸权，设定了清楚的条件。第一条为地理位置：

> 首先可以指出，如果一个国家既不靠陆路保卫自己，也不靠陆路扩张领土，而完全把目标指向海洋，那么这个国家就比一个以大陆为界的国家具有更有利的地理位置。……地理位置本身可以决定海军力量是集中还是分散。一个国家的地理位置要具有战略优势，不仅能有利于集中部队，而且还要能为抵抗进攻提供中心位置和良好的基地。[10]

德意志帝国为获取海上主导权所做出的努力及其最终失败都显示了地理位置的重要性。

马汉提出，其他影响海权的必要条件还有自然条件、领土范围、人口数量、民族特点和政府性质。此外，另一个条件也应当包含在内——财富和工业实力。从 18 世纪开始，只有最富裕的国家才能成为海上强国；并非是海权带来了财富、技术和工业产能，而是相反：拥有海权是它们蓬勃发展的结果。没有可靠的财政和工业力量，海上军事力量就无法得到发展和提升，西班牙海上霸权在 17 世纪初的衰落就是明证。同样，在英法两国旷日持久的海上主导权争夺中，英国先进的工业和更为雄厚的财力在其获取海上霸主的过程中发挥了决定性的作用，特别是它承受住了拿破仑的"大陆封锁"，这更有力地证明了这一点。[11]

美国也是印证这一观点的极好例子。在 20 世纪初，英国把德意志帝国当作自己海上霸权的最大挑战者，并决意不惜任何代价维护自身霸权。塞尔邦伯爵帕尔默（the Second Earl of Selborne，William Waldegrave Palmer）在担任英国第一海务大臣期间，曾于一份 1902 年的内阁备忘录（Cabinet Memorandum）中写道：

> 我确定德国正在悉心建设其新一代海军以备向我方开战……它不可能是在为赢得未来德法俄之间的战争做准备……在做出海军战略决策时，我们不能忽视德国人对我们的仇恨和德国海军的目标。[12]

但英国却对美国持有不同的态度。英国人对美国强大的潜力印象深刻，而这一潜力的中心正是其工业和财政实力。塞尔邦在 1901 年的一封给寇松勋爵（Lord Curzon）的信中解释了为什么英国需要避免把美国当作敌人：

> 只要能够避免，我就绝不会和美国冲突。我们的国民目前还没明白这一点……只要美国人自己愿意，他们就能建立起一支海军，直到有一天超过我们，而我不确定他们是否会这么做。[13]

简而言之，马汉的著作将海权，特别是海上主导权，提升到了国家战略的高度。但是，他的作品同样也为加强国家海军力量提供了正当理由。自马汉的书出版以来，对其理论的运用和滥用就从不曾终止，这其中有过度简化的解读，亦有人将他的理念提升到某种类似于意识形态的高度。"马汉主义"推动了强国在海上的竞争，但往往带来的是灾难性的结局。

提尔皮茨计划、海军军备竞赛及其战略后果

德意志帝国是马汉的紧密追随者。1888 年德皇威廉二世即位，极大地推动了德国海军的扩张。作为一个海军狂热分子，威廉二世视建立一支大海军为德国重要的海外政治工具及国家伟业的支柱。此外，德国海外利益的扩张也令其统治者相信德国需要一支强大的舰队来保护海上交通线。在 1894～1900 年担任德意志帝国宰相的霍恩洛厄亲王（Prince of Hohenlohe-Schillingsfurst）曾在帝国议会指出，鉴于海外的动荡，有必要"增加我海军力量，至少要能够为我国海外利益提供足以维持商业和船运的保护"。[14]

德国对海上伟业的追求始于 1897 年。那一年，阿尔弗雷德·冯·提尔皮茨被任命为帝国海军国务秘书。提尔皮茨在德国海军开展了一场革命，将其战略重点从近岸防御转向控制公海。然而，英国却是阻碍德国崛起的关键障碍。在一份 1897 年的备忘录中，提尔皮茨声称："英格兰是德国目前最危险的海上敌人。我们急需一支强大的海军，用其作为政治筹码来对付这个敌人。"[15]当与这样的一个敌人对抗时，"无论是贸易战还是大西洋海战都无法取胜，因为我方缺乏海军基地，而英国却正相反"。因此，德国必须建造"尽可能多的战列舰"。[16]

提尔皮茨的言论反映了马汉的观点。但是，他们忽视了马汉作品中一些重要方面，包括他对于德国致命的不利地理位置的探讨：

> 英国的两难在于，它只要想保住第一强国地位，就不可避免地要主宰通向德国的海上通道……而除非德国的海上防线扩展到英吉利海峡，扩展到英国海军力量笼罩的大西洋，否则德国就无法拥有完整的海上防御。这就是德国地理位置的先天劣势，这一点只能通过数量优势来弥补。[17]

事实上，提尔皮茨提出了"风险理论"以同英国强大的海军竞争。他的"风险理论"包括三个部分。首要部分是，德国海军无须达到英国皇家海军的同等规模；德国海军只需扩大到一定程度，使得英国必须付出巨大代价才能摧毁德国海军，而若英国摧毁了德国，就再也无力与其他挑战者对抗，如法国或俄国。基于这样的认识，提尔皮茨总结认为，德国海军只需要装备相当于英国皇家海军战列舰总数 2/3 的战列舰即可。

其次，如果德国将海军集中在北海，即可有效抵消英国的海军优势。提尔皮茨指出，尽管英国皇家海军仍然会保持实质性对德优势，但他们需要将兵力分散到全球各地以维护自己的利益，尤其是可能需要同时应对来自法国和俄国的威胁，所以他们"只能将（自己）舰队的很小一部分用于北海"。[18]德国却恰恰相反，完全可以将自己的舰队集中在北海，这会对英国本土造成严重威胁。如提尔皮茨所言，"我们的世界政策是以北海为杠杆，通过这根杠杆，德国无须直接卷入其他地区即可影响全球局势"。[19]

最后，德国成功的战略战术能够进一步削弱英国皇家海军的优势。提尔皮茨深信，英国皇家海军会秉承弗朗西斯·德雷克和霍雷肖·纳尔逊的传统，对德国实行近海封锁。一旦英国开始这样的封锁，德国舰队就可依靠鱼雷、水雷和巡洋舰对英军展开持续的"游击战"。这一战略能够在海上决战开始前大大削弱敌方战列舰的力量。

提尔皮茨的计算同时基于以下三个预设前提。第一，他相信英国无法解决与法俄两国的争端。这样一来，德国能够安全地建立自己的"风险"舰队。第二，德国在扩张海军的同时还能够和英国保持友好关系。提尔皮茨承认在德国扩张海军期间会有一个危险时期，即英国可能会在德国舰队建成前先发制人。但提尔皮茨和其他德国领导者都认为，谨慎的外交政策能够防止这一情况发生。1900～1909 年担任德意志帝国宰相的伯恩哈德·冯·比洛（Bernhard von Bulow）承认，德国在这一时期的主要外交任务是保护海军建设平稳度过预期中的"危险期"。他说："我们必须谨慎行事，就像化茧成蝶前的幼虫。"[20]第三，提尔皮茨假设，面对德国日益强大的海军，英国会变得不那么傲慢，并愿意在殖民地问题上和德国协商。在威廉二世看来，除了拥有一支强大的舰队之外，没有任何事情会让英国变得好说话一些：

> 面对这样的利己主义，除了实力可以依靠，其他皆无用处……此外，我认为这将会自动产生一支强大的德国舰队……只有当这样的铁拳举在他面前时，英国雄狮才会夹起尾巴，正如他们最近面对美国的威胁时那样。[21]

1898 年，德国开始建造"风险"舰队。德国国会在 4 月 10 日通过了《第一次海军法案》，同意在 1904 年前建成一支拥有 19 艘战列舰、8 艘装甲巡洋舰、12 艘大型巡洋舰和 30 艘轻型巡洋舰的舰队，这其中需要新建 7 艘战列舰、2 艘大型巡洋舰和 7 艘轻型巡洋舰。若计划完成，德国海军将具有挑战法国和俄国的实力，但尚不能挑战英国海上霸权。

提尔皮茨后来承认，"我很清楚……《第一次海军法案》并不是德国舰队的最终规模"。[22]在中国义和团运动以及布尔战争之后，德国《第二次海军法案》于 1900 年 6 月 14 日通过。这一法案将德国舰队规模扩大了一倍，达到 38 艘战列舰、20 艘装甲巡洋舰和 38 艘轻型巡洋舰。值得注意的是，这一法案并没有为造船计划设立固定预算。

英国的行动也加深了德国的不安全感，加速了德国海军建设步伐。英国的海上霸权意味着德国要维持海上安全必须仰仗英国的友善。随着德国越来越依赖于海外贸易和食品进口，英国并没有减轻德国对自身脆弱的海上交通线的担忧。与之相反，英国反而利用了德国的恐惧。1897 年 9 月 11 日出版的《星期六评论》（*Saturday Review*）中的一篇文章表达了如下观点：

> 毫无疑问，（英国是唯一一个能够击败德国的大国），且风险不大……德国海军的建设只会招致英国更为沉重的打击。这些船

只很快就会沉入海底，或是被拖到英国港口；汉堡、不来梅、基尔运河和波罗的海的德国港口都会臣服于英格兰的炮口之下，等待议定战争赔偿。[23]

1901 年 11 月，英国《国家评论》（*National Review*）杂志刊登了一篇著名的关于英国外交政策的文章。文章指出，"政治上，德国可能是我们最强大的对手，并最终会成为我们的敌人"。该文还威胁说，如果德国试图破坏和平，它的海上食物供应线就会被切断。[24] 除了这番言辞之外，英国皇家海军分别在 1900 年和 1905 年扣留了德国的民用船只，这被视作英国对自己海上优势的宣示。这些举动引起了德国民众的恐慌和愤怒。

德国增加海军兵力的举动也在北海地区引起了警惕——尤其是 1900 年通过的《第二次海军法案》。当德国大幅加速海军扩张之时 (1900 ~ 1905 年至少有 12 艘战列舰投入建造)，英国海军推断德国将会在 1906 年成为第二大海上军事力量，而英国将成为德国舰队的目标。[25] 面对这一挑战，英国决意反击。1904 年，当约翰·费舍尔 (John Fisher) 海军上将出任英国第一海务大臣时，他提出德国舰队应当被"哥本哈根化"——对德国海军在基尔和威廉港的基地采取预防性打击，正如英国皇家海军在 1801 年和 1807 年对丹麦海军所做的一样。公共媒体上的文章都表示拥护英国对德国实施预防性打击。此外，在 1904 年年底，费舍尔重组了皇家海军，并将其力量集中在北海地区。这些举动在德国造成了恐慌，以为英国即将对德开战。在基尔，一条关于"费舍尔要来了"的谣言广为流传，以至于许多德国人连续好几天都不敢让孩子上学。[26]

于是恶性循环开始了。考虑到英国海军可能进攻，德国变得恐惧，投入更大的精力建设海军，这反过来又使英国进一步加强在北海的军事部署。英德两国间紧张局面的升级正值欧洲"外交革命"之际。英国和法国在 1904 年 4 月达成协议，使英国能够将其地中海舰队移防至北海。这一举动预示着提尔皮茨"风险"理论的破产，因为英国皇家海军再也无须对抗法国和俄国的联合挑战了。

1906 年，"无畏级"战列舰（HMS Dreadnought）入列英国皇家海军，这是史上第一艘"全重炮"战舰。此后，英德之间的海军竞争全面升级为海军军备竞赛。提尔皮茨在回忆录中写道，"无畏舰"给了德国迎头赶上英国海军战力的机会。事实上，提尔皮茨当时对此深感忧虑。"无畏舰"的建造为德国带来的是双重挑战。在战略层面，德国将无法隐藏挑战英国海上霸权的意愿和决心。如此一来，任何安抚英国的行动都将变得无济于事。在技术层面，这需要德国扩建港口、船闸和基尔运河，这一切都将耗费巨资。尽管如此，德国接受了英国的挑战。提尔皮茨、德国宰相和德皇均同意建造德国的"无畏舰"。在第一次摩洛哥危机的驱使下，德国国会通过了一项补充法案，并拨款 9.4 亿德国马克以建造"无畏舰"和必要的基础设施。拨款全额比《第二次海军法案》的拨款额度高出 35%，计划每年建造两艘"无畏舰"和一艘战列巡洋舰。[27]

随着提尔皮茨说服国会在 1908 年通过了第二次补充法案，建造"无畏舰"的竞赛显著提速。为了更快地用"无畏舰"和战列巡洋舰替代旧舰船，军舰服役年限从 25 年降至 20 年。此外，在 1908～1911 年，大型舰艇的建造速度也从一年 3 艘增加至一年 4 艘。提尔皮茨还相信在之后几年中都能保持这样的速度。

1908 年的这份补充法案引起了英国海军的恐慌，因为它将使英国在"无畏舰"的建造上处于 5∶4 的不利地位。在"我们要 8 艘，我们不要等！"的口号下，英国把建造速度提升至一年 8 艘，并将"无畏舰"上主炮的口径提高到了 34.3 厘米。[28] 在军备竞赛之下，一些德国领导者对德国与英国竞争的能力开始丧失信心。1908 年 8 月，一度热烈支持海军扩张的宰相冯·比洛开始考虑降低舰队建设的速度。"如果我届时还是宰相的话，我不会允许这种伊卡洛斯式的行动……我们不能同时拥有最庞大的陆军和最庞大的海军。我们不能削弱陆军，因为我们的命运将在陆地上决定。"[29] 然而在威廉二世的坚定支持下，提尔皮茨拒绝修改计划，坚持继续军备竞赛。

不过，在 1908 年后，英德两国的海军扩张计划都使预算大为增加，以至于各自国内财政都感受到压力。英国领导人试图缓和紧张局面。例如在 1912 年 2 月，英国陆军大臣访问柏林，讨论为舰队扩张设限。然而时任英国第一海务大臣的温斯顿·丘吉尔（Winston Churchill）将德国海军形容为"奢侈舰队"，这一言论被德国视作侮辱。德意志帝国海军办公厅还利用了第二次摩洛哥危机所引发的社会情绪，以获取一项新的补充法案。英国陆军大臣的访问并没有缓和两国间的紧张局面，而德国在 1912 年 4 月通过了第三项补充法案，将大型舰艇的建造速度重提到每年 3 艘（之前一度计划从 1911 年的每年 4 艘下降到 1912 年的每年 2 艘）。此外，德国还接收了 2 艘轻型巡洋舰，并增加了 15000 名军官和士兵员额。德国海军计划到 1920 年拥有 100500 名官兵及 41 艘战列舰，20 艘大型巡洋舰（包括战列巡洋舰）和 40 艘轻型巡洋舰，且随时处于高度战备状态。德皇宣称："我们会让他们（英国）撞在墙上。"[30]

英国将德国 1912 年补充法案视作严峻挑战。作为还击，英国宣布德国每建造 1 艘大型舰船，英国就建造 2 艘。此外，英国开始建造 5 艘超级"无畏舰"，并引入口径 38 厘米的火炮，这使得德国 30.5 厘米的火炮在火力上处于显著劣势。基于此，至 1913 年年底，提尔皮茨计划实际已经破产。第一，海军军备竞赛不仅使英国成为德国可怕的敌人，还导致了英法关系的改善。为了将更多的精力放在与德国海军竞争上，英国鼓励法国在对抗三国同盟和保持地中海制海权上承担更多责任。1912 年 9 月，法国将自己的大西洋舰队调派到地中海，而到 1913 年 4 月，英法两国完成了在英吉利海峡和地中海上的合作防卫行动计划，从而使英法建立起虽非正式却相当有效的对德联盟。

第二，德国已无法继续在海军装备上与英国竞争了。和提尔皮茨的假设相反，对很多德国政治家和军队领袖而言，德国海军很显然已无法追上英国皇家海军。1914 年，德意志帝国宰相贝特曼－霍尔维格（Theoald von Bethmann Hollweg）的私人顾问库尔特·里兹勒（Kurt Riezler）表示，在"无畏舰"的数量问题上，"英国人可以，且永远有能力造出我们力所能及的两倍。"两年前，德皇的弟弟，海军上将海因里希亲王（Prince Heinrich）就已表示，德意志帝国已无法负担"无畏舰"，且冯·提尔皮茨的伟大计划已彻底无望。[31]

第三，海军军备竞赛打乱了德国的战略目标体系。作为一个拥有漫长陆地边界的国家，如同之前的普鲁士一样，德国一直有着清晰的战略目标体系。在这一体系中，抵御陆上威胁乃第一战略要务，德国陆军是预算优先对象。提尔皮茨计划和海军军备竞赛打破了这一传统，将很大一部分财政资源转投至海军，这一决定在一战期间被证明是灾难性的。[32]

1914 年一战爆发后，英国皇家海军对德国实施远距离封锁，并没有鲁莽地冲进德国海域来炮击德国港口。这一战术在提尔皮茨的计算之外，德国公海舰队除了在日德兰半岛附近水域的一次与英军的不成功的短兵相接之外，几乎毫无用武之地。1918 年，德国公海舰队自沉，不仅为德国海上霸主之梦画上句点，也是德国崛起为世界强国的重大挫折。

海上战争和冷战

19 世纪末，和美德两国类似，日本同样是一个崛起中的强国。作为岛国，日本与拥有漫长陆地边界的国家相比，在发展海军上有更多便利。和德国人一样，日本帝国海军同样是马汉理论的狂热追随者，并十分重视马汉关于决战和进攻战术的理论。日本海军是在中日甲午战争和日俄战争后崛起的。在摧毁了俄国太平洋舰队之后，日本成为西太平洋上少有的海上强国。至 19 世纪末 20 世纪初，日本海军从过去依赖进口军舰和武器发展为一支完全依靠本土军事工业和技术的军队。

日本在一战结束后开始将对海上霸权的追求列为重大战略。日俄战争之后，日本就执着于夺取太平洋霸权，投入巨资建设海军。到 1921 年，海军支出占日本国家预算的比重超过 32%。日本希望通过舰队扩张在海上比肩于美国和英国。此外，有利的地形也为日本在整个太平洋上扩张海军力量提供了潜力，因为在日本和美国之间并不存在划分"势力范围"的自然疆界。

美日之间的海上霸权竞争最终变成了零和游戏。直到一战结束前，日本都在计划和美国海军开战。然而，1921～1922年的华盛顿裁军会议（Washington Disarmament Conferences）封锁了日本将海军扩张至两个盎格鲁－撒克逊国家，即英国和美国水准的计划。日本被迫接受了5:5:3的比例，把自己的海军力量控制在第三位。尽管如此，日本仍然拥有巨大的战略优势，因为英美两国都无法将海军集中部署在太平洋。另外，日本得到了英国不在新加坡以北建立海军基地的保证，以及美国不会在夏威夷西部建立海军基地的保证。于是，日本海军在西太平洋上实际享有垄断地位。

在两次世界大战的间歇期，日本对本国军舰进行了现代化改造。1921年，日本建成了世界上第一艘航空母舰"凤翔"号（Hōshō），并随后建立了一支一流航母舰队。1928年，日本建造了自主研发的"吹雪"型（Fubuki-class）驱逐舰，在舰上安装了能够对空射击的双联装127毫米口径火炮。"吹雪"型驱逐舰的设计很快被其他海军效仿。然而，随着日本海军军力增长，华盛顿会议所定下的海军军力比例使东京方面深感约束。1931年九一八事变之后，日本统治者认为与美国终有一战，为此有必要立即扩建海军。1934年，日本尝试就获取海军舰船同等吨位与华盛顿方面协商，遭到美方断然拒绝。1935年，日本正式宣布废除《华盛顿条约》限制，开始公开进行海军扩张。到1941年，日本海军已拥有10艘战列舰、10艘航空母舰、38艘巡洋舰（重型和轻型）、112艘驱逐舰、65艘潜艇以及大量的其他各种辅助船只。

尽管如此，日本在东亚大陆上的野心阻碍了其海军的发展。1937年，日本全面侵华。考虑到保护陆上军事地位的需求，日本需要从天然的海上强国转型为陆上强国。尝试同时发展陆军和海军力量的日本处在了一个与德意志帝国类似的充满挑战的处境。因此，日本变得更为不顾一切地想要控制资源丰富的东南亚，而这需要取得太平洋制海权，于是日本对海权的追求也成为一种战略需要。不过，如此一来就威胁到另一个太平洋强国——美国，甚至危及美国本土安全。

1941 年，日本着手实施一项夺取英美太平洋霸权的战略。1941 年 12 月 10 日，日本陆基轰炸机和海军鱼雷轰炸机在马来半岛东部水域攻击并击沉了英国皇家海军的"威尔士亲王"（Prince of Wales）号战列舰和"反击"（Repulse）号战列巡洋舰。这两艘战舰当时被派往新加坡威慑日本进攻，它们的沉没也昭示了英国海军在亚太地区霸权的结束。

日本击败美国海军的战略则完全不同。日本海军认为，只有实施出其不意、大胆而主动进攻的战术——这是在昔日争端中行之有效的制胜之道——日本才能在对美海战中取得胜利。1941 年 12 月 7 日，日本海军轰炸珍珠港，发动了史上最大规模的海战，也是史上最激烈的海权争夺战。日本的袭击几乎没有遇到任何抵抗，日本海军的海上防御线大大延伸。不过，日本未能摧毁珍珠港的造船厂、燃料设备以及美国太平洋舰队的航空母舰，这意味着日本并没有实现初步的决定性胜利。

尽管美国太平洋舰队在太平洋战争的头六个月伤亡惨重，但美国借助其出众的工业生产能力，以比日本更快的速度弥补了战争损失。另外，随着战争逐步深入，先进的工业和技术能力使美国能够升级其海军和空军力量，而日本海军和空军工程师的弱点则暴露无遗。于是，在珍珠港事件之后的六个月里，美国依靠更强的工业生产能力、领先的工程技术和军队战斗力夺回了主动权。

1942 年中，美国海军在珊瑚海海战和中途岛海战中击败日本海军。日本海军在之后三年内逐渐减弱的军力凸显了一国工业和技术实力对于维护海权的重要性。面对美国的显著优势，日本海军发现更换损失装备这件事变得越发困难，而燃料、弹药和其他资源的短缺更加剧了日本军队在太平洋地区的绝望。

战术上的缺陷使日本海军面临的局面更为严峻。作为马汉及其决战理论的狂热追随者，日本海军官员严重依赖进攻战术，在防御组织上并没有投入很大精力。这一缺陷使日本海军无法组织有效的防御手段以保护自己的海上交通线不受美国海军攻击，尤其是来自潜艇的攻击。随着战争进一步深入，日本的海军战术变得愈发僵硬。在大战最后阶段，日本海军采取了一系列极端的战术，包括调用了所谓的"神风敢死队"（kamikaze）。日本帝国1945年的战败为日本对海权代价高昂的追求画上了终止符。美国击败日本，巩固了在太平洋上的霸权，建立了海上优势，进一步取代英国成为全球霸主。

二战后苏联的崛起引发了东西方两大阵营对立。冷战的焦点最初在欧洲大陆。然而，随着苏联的政治影响力和军事力量逐步提升，冷战扩大到了全球范围，包括公海。但苏联领导层意识到，苏联的地理位置使其无法对美国海权造成重大挑战。换言之，苏联了解自己在海权方面的天然缺陷，从而避免了德意志帝国所犯下的错误。[33]

作为一个彻底的陆上强国，苏联领导人从俄国军队历史中吸取的教训是，威胁到国家存亡的敌人往往来自陆地：蒙古人、条顿骑士团、波兰人、瑞典人、法国人和德国人都曾入侵过俄国。此外，俄国人/苏联人集中力量发展海军的努力也深受其地形之累：其海军力量必须分散成四支力量——波罗的海舰队、黑海舰队、太平洋舰队和北方舰队。这阻碍了舰队之间的协调合作。

在冷战开始前，苏联并没有在建设海军上做出多少努力。苏联的海军扩张是从1933～1937年的第一个五年计划开始的，但只停留在驱逐舰层面上。在1937～1942年的第二个五年计划中，苏联开始重视战列舰和航空母舰，但这一计划被二战打乱了。在冷战初期，苏联集中精力发展潜艇战力。1950年前后，在斯大林的命令下，苏联实施了一项扩张水面舰队的十年计划，其中包括建造若干艘航空母舰，但这一计划又在1953年斯大林去世后被大幅修改。

导弹技术和核武器的发展对苏联领导层的海军理念产生了深远影响。尼基塔·赫鲁晓夫（Nikita Khrushchev）认为未来战争将会在空中决出胜负，而海军建设，尤其是水面舰队既造价高昂又没前途，因为苏联永远无法在海军军备竞赛中追上美国。[34]然而，苏联可以在一个全新的、更具决定意义的领域与美国展开有效竞争——导弹技术和核武器。于是，苏联领导人使海军的任务和结构服务于与美国在战略武器领域的竞争。在这一条件下，潜艇成为导弹发射平台，潜艇舰队成为首要装备，水面舰队则主要负责保护潜艇。这使得苏联海军几乎成为战略火箭部队的一个水上分支。[35]在此期间，水面舰队的活动主要局限于四大舰队的近海水域。

苏联海军在本国五个军种中排名垫底，在它之前分别是战略火箭部队、地面部队、防空部队和空军。苏联海军最出色的设计师谢尔盖·戈尔什科夫将军（Sergey Gorshkov）在 1956 年出任海军司令后，曾尝试改善海军在苏联军队中的地位。他强调了海军对经济实力的重要性，提出"一国海权的本质……在于它能够在多大程度上有效使用全球的海洋"。他承认，作为世界上最大的陆上强国，苏联海军无法和美国海军争夺海上控制权。[36]不过他仍然认为"苏联海军不应仅仅局限于一支潜艇舰队"，并试图为海军争取更平衡的发展。[37]

戈尔什科夫关于海权的理论反映了传统理论和苏联在核武器时代战略目标之间的一种妥协，这一妥协同时体现了在古巴导弹危机暴露了其水面舰队的弱点后苏联所采取的海军政策。从 20 世纪 60 年代开始，苏联加强了大型水面战舰的生产制造工作以协助传统军队活动，这导致了苏联海军更频繁地在地中海、大西洋、印度洋和太平洋上露面。尽管如此，弹道导弹潜艇仍然是苏联造船业的首要任务，弹道导弹核潜艇是冷战期间最令人生畏的核威慑力量之一。[38]

戈尔什科夫上任后，苏联海军将更多的注意力放在了航空母舰上，但和西方国家的海军相比，它们的发展较为缓慢。苏联一直都没有航母型舰艇，直到他们在 20 世纪 60 年代建造了两艘"莫斯科"（Moskva）级直升机母舰。第一艘真正的航母"基辅"（Kiev）级航母直至 1970 年才开始建造，1975 年完工。20 世纪 80 年代，苏联海军采购了新一级航空母舰，它最早被命名为"第比利斯"（Tbilisi）号，后来又被重新命名为"库兹涅佐夫海军上将"（Admiral Kuznetsov）号。

直到苏联解体时，它总共拥有 4 艘航空母舰。苏联航母的一大显著特征是其进攻性导弹装备，这暗示着它们的作战概念更多的是基于舰队防御，而非西方航母那样的远距离部署和打击任务。其他主要水面舰船同样取得大幅进展。但总体来看，与西方海军相比，苏联部署的水面主战舰艇数量较少，但武装程度更高。1984 年，苏联海军共有 30 艘导弹巡洋舰和 9 艘"斯维尔德洛夫"（Sverdlov）级轻型巡洋舰在役。

冷战是由苏联的崛起和美国及其盟国的对苏遏制引发的，但冷战从未在海上引起严重对抗或是争端。苏联不像德意志帝国或是日本，并没有追求同等海权以控制公海，也就从不曾试图建立马汉式的海权。正相反，苏联将海军视作其战略威慑力量结构的一部分，而它的海军也在海上保持了防御战略，所以冷战从未在海上引起如陆地上那样的紧张局势。

当代世界的海上冲突与对抗

冷战结束后，传统海上冲突，尤其是大国间的对抗已大幅度减少。然而，仍然有三种海上冲突和对抗活动在持续影响着海洋事务。

首先，海军军备竞争在一些"热点地区"仍时有发生，这是第一种类型的海上冲突与对抗活动。冷战的结束并未抑制所有地区性的争端与冲突。在一些地区，如南斯拉夫地区和朝鲜半岛，被冷战压制的矛盾在冷战结束后爆发，造成了地区性的不稳定局势。在朝鲜半岛上，所谓的海上"缓冲区"成了高度争议的敏感地区，海上争端持续发生。自 1996 年起，朝鲜与韩国之间局势持续紧张，最终在 1999 年 6 月 15 日升级成为海上武装冲突。另一场类似战役于 2002 年发生在延坪岛附近的海域。在这两起冲突中，朝韩两国海军均伤亡惨重。2009 年和 2010 年 11 月，朝韩两国两次在"北方界线"附近的海域交火。

其次，大国间海上对抗和紧张局面也可能成为一种新型的海上冲突。随着中国逐渐发展，一些人认为中美之间的冲突已不可避免。[39]同样的，中国的海军建设也日益被视为美国海军优势的一大威胁。从

20 世纪 90 年代中期开始，美国无视中国的抗议，持续增加了对中国黄海、东海、台湾海峡和南海的侦查和监视。2001 年的中美撞机事件显示了这些行为的内在风险，也使中美关系跌到了一个低点。另外，这一事件也说明有必要减少中美关系中的误判，它还推动中美双方于 1998 年签署海上军事磋商（MMCA）框架并开启会谈。

接下来海上军事磋商会谈的进展明确显示了该进程能够作为减少误判和稳定中美关系的一套有效机制。然而，有两个问题阻碍了合作。第一，不像美苏在冷战期间处于同等实力地位时签订的"海上意外事故协定"，海上军事磋商会谈是在中美两国海军实力完全不平衡的情况下产生的；相比美国海军，中国海军在各个方面都居于弱势。于是，试图复制冷战时期的信任建立机制似乎显得不太合适，也有可能毫无效果。第二，海上军事磋商仅仅在战术和技术层面上减少了误判，却无法从根本上缓和争端的战略来源和根深蒂固的不信任。在这一背景下，美国在中国的专属经济区进行频繁的侦查和其他信息搜集活动使得中美两国在海上的冲突很难避免，而这些冲突又加深了两国之间的不信任。

最后，第三种当代海上冲突则是非传统海上威胁，如海上恐怖主义，海盗行为和海上有组织犯罪。尽管海上恐怖主义并未给国际社会带来严重问题，但已有人对其潜在的严重破坏力深感担忧。[40] 潜在的"噩梦场景"包括：将船只作为漂浮炸弹或是运送爆炸装置（甚至是核武器）的工具；针对船上乘客的袭击行动；攻击并引爆油轮或其他船只（这不仅会造成人身和经济伤害，还会产生严重的环境和生态灾难）；凿沉船只以最大限度地造成经济损失，如封锁马六甲海峡、苏伊士运河或是其他繁忙的水道。数据显示，在 2004~2007 年，全球共发生了 46 起海上恐怖袭击，导致 194 人死亡，160 人受伤。[41] 除此之外，全球各国政府已经粉碎了多起海上恐怖主义袭击阴谋。人们广泛认为，这些问题并不能被任何一个国家单独解决，所以，海上恐怖主义是推动国际安全协作的一大动力。

与海上恐怖主义相比，海盗行为带来的威胁不那么致命，但范围更广。东南亚、南亚、几内亚湾、尼日尔河三角洲和非洲东北部等地的水域是全球海盗浮动最猖獗的地区。国际商会（International Chamber of Commerce）下属海盗报告中心（Piracy Reporting Centre）的数据显示，2003～2007年共发生了1552起海盗和武装抢劫船只案件，年均310起。东南亚居报告首位，年均124起。紧随其后的是南亚和西非，分别是年均47.8起和47起。[42]然而，自2008年以来，大多数海盗袭击行为都在索马里东岸海域发生。尽管受索马里本国环境所限，国际社会还是对解决这一问题做出了巨大的努力。

结　论

本文通过回顾历史事件，对海上争端的本质进行了简单的思考，结果显示海权争夺和大国崛起都不是引起海上重大争端的原因。马汉理论的传播导致很多人认为海权对一个想成为世界强国的国家来说是不可或缺的。德意志帝国和日本的崛起都伴随着精心策划的大型海军建设计划，这些以争夺海上霸权为目的的计划分别导致了史上最激烈的海军军备竞赛和最大规模的海战。然而，强国崛起时的扩张并不一定是引发海上战争的原因，尽管它可能引起国际权力体系的转换。马汉的理论明确指出，发展海权的能力高度取决于外部条件，而其并非所有国家都能获得。通过正确认识自身局限，并设定与自身自然条件和战略目标相适应的海军建设计划，崛起中的强国能够避免高强度的海军军备竞赛，或是减少海上对抗，以免不可避免地增加自身与海上强国之间的对立。苏联作为世界强国的崛起就不曾像德意志帝国和日本一样引发海军军备竞赛或是海上争端，因此，美苏在海上的敌对和紧张局势从未像冷战期间在欧洲大陆上的那么严重。对海权的争夺是国际争端产生的症状，而非其源头。

国际冲突的规则是基于强权政治建立的，而非海权的争夺。自修昔底德的时代起，对新崛起大国的怀疑不断将国家推入争端。总的来说，这种怀疑会逐渐累积，直至导致崛起大国和现存大国之间的全面冲突和对抗。德意志帝国和英国，以及日本和美国之间的海上争端即反映了这一冲突规则。然而，冲突并非是注定不可避免的。在这类大国间冲突的发展进程上，崛起中大国在政治和战略上的选择起着重要作用；海军力量占优势的大国所采取的政策也同样重要。英国的强硬政策直接对德国产生了军事压力，大肆喧嚷着要先发制人的英国媒体也引起德国国内的激烈反应，这反而促进了德国国内对舰队扩张的支持。而在日本和美国的案例中，美国正好犯了相反的错误，其并没有在 20 世纪 30 年代采取坚决措施阻止日本在东亚和西太平洋的扩张活动。从某种层面上而言，美国在西太平洋上的政策失误与英法在二战前对德国的姑息政策相类似。

要避免重蹈过往大国所犯下的错误，从而避免不必要的冲突和对抗，有更多方法可供当代决策者采用。全球化发展带来的是全球各国利益相互交织大大降低了国际竞争的零和性质。全球对海上安全的需求鼓励所有国家，包括主要大国，更自觉地采取合作型的海上安全政策。同时，各国在海上增进信任能够对建立双边或多边机构起积极作用，这将减少国家间在海上安全和安保方面的误判和误解。此外，海上安保问题自身也在经历剧变。随着传统海上争端带来的威胁减弱，海上非传统威胁也在出现——如海盗行为、海上恐怖主义和海上有组织犯罪——这些并非偶然出现的现象使海上安全进程更加复杂化。没有任何国家，即使是最强大的海上强国，能够独立解决这些问题。人们越来越清楚地认识到，海上安全问题这一曾经由海上霸主负责的公益事业，在今天需要通过有效的国际合作来解决。这一积极的趋势无疑将使决策者们拥有更多的机会来减少未来的紧张局势和海上争端。

[陈雍容/译　师小芹/校]

注释

［1］Mahan，*The Influence of Sea Power upon History，1660 −1783*（London：Sampson Low，

Marston, Searle & Rivington, 1899）, p. 1.

[2] 约翰·J. 米尔斯海默：《大国政治的悲剧》，上海人民出版社，2003，第 517 ~ 522，539 ~ 545 页。

[3] 例如，美军参谋长联席会议主席、海军上将迈克·马伦在 2009 年曾表示，中国海军和空军的发展主要针对的是美国。

[4] http：//www. mtholyoke. edu/acad/intrel/morg6. htm.

[5] Ivo Nikolai Lambi, *The Navy and German Power Politics, 1862 −1914* (Boston: Allen & Unwin, 1984), p. 34.

[6] 讽刺的是，马汉最狂热的追随者之一阿尔弗雷德·冯·提尔皮茨在还是个鱼雷艇船长时一度是"青年学派"的狂热支持者。Holger H. Herwig, *"Luxury" Fleet: The Imperial German Navy, 1888 −1918* (London: Ashfield Press, 1980), p. 15.

[7] Rolf Hobson, *Imperialism at Sea: Naval Strategic Thought, The Ideology of Sea Power and the Tirpitz Plan, 1875 −1914*, (Leiden: Brill, 2002), pp. 154 −155.

[8] Lambi, *The Navy and German Power Politics*, p. 139.

[9] Mahan, *The Influence of Sea Power upon History*, p. 28.

[10] Mahan, *The Influence of Sea Power upon History*, pp. 29 −30.

[11] L. S. 斯塔夫里阿诺斯：《全球通史：1500 年以后的世界》，上海社会科学院出版社，1988，第 177 ~ 179 页。

[12] Memo by Selborne, "Naval Estimates 1903 −1904," October 17, 1902, quoted in George Monger, *The End of Isolation: British Foreign Policy, 1900 −1907* (London: Thomas Nelson and Sons, 1963), p. 82.

[13] Selborne to Curzon, April 19, 1901, quoted in *The End of Isolation: British Foreign Policy, 1990 −1907*, p. 72.

[14] Lambi, *The Navy and German Power Politics*, p. 156.

[15] Jonathan Steinberg, *Yesterday's Deterrent: Tirpitz and the Birth of the German Battle Fleet* (New York: Macmillan, 1965), p. 209.

[16] Jonathan Steinberg, *Yesterday's Deterrent: Tirpitz and the Birth of the German Battle Fleet* (New York: Macmillan, 1965), pp. 209 −211.

[17] A. T. Mahan, "Considerations Governing the Dispositions of Navies," quoted in Paul M. Kennedy, *The Rise of the Anglo-German Antagonism 1860 −1914* (London: George Allen & Unwin, 1980), p. 421.

[18] A. T. Mahan, "Considerations Governing the Dispositions of Navies," quoted in Paul M. Kennedy, *The Rise of the Anglo-German Antagonism 1860 −1914* (London: George Allen & Unwin, 1980), p. 420.

[19] Paul M. Kennedy, *Strategy and Diplomacy, 1870 −1945* (Boston: George Allen & Unwin, 1983), p. 133.

[20] Paul M. Kennedy, *Strategy and Diplomacy, 1870 −1945* (Boston: George Allen &

Unwin，1983），p. 132.

[21] Lambi, *The Navy and German Power Politics*, pp. 35 – 36.

[22] Paul M. Kennedy, *Strategy and Diplomacy*, p. 131.

[23] William L. Langer, *The Diplomacy of Imperialism，1890 – 1902*（New York：Alfred. A. Knopf, 1935），Vol. 2, pp. 437 – 438（emphasis added）.

[24] William L. Langer, *The Diplomacy of Imperialism，1890 – 1902*（New York：Alfred. A. Knopf, 1935），Vol. 2, pp. 755 – 756.

[25] Hobson, *Imperialism at Sea*, p. 43.

[26] Jonathan Steinberg, "The Copenhagen Complex," *Journal of Contemporary History*, Vol. 1, No. 3（July 1966），pp. 35 – 38.

[27] Herwig, *"Luxury" Fleet*, p. 59.

[28] Herwig, *"Luxury" Fleet*, p. 70.

[29] Norman Rich and M. H. Fisher, eds., *The Holstein Papers*, Vol. 4（Cambridge：Cambridge University Press, 1963），p. 600.

[30] Herwig, *"Luxury" Fleet*, p. 78.

[31] Herwig, *"Luxury" Fleet*, pp. 78, 91.

[32] 在一战爆发前两年，当德国领导层意识到大战已迫在眉睫时，他们发现最大的威胁来自陆上。之前将资源转移至海军建设的举动对德国来说是灾难性的。如果德国将耗费在舰队上的钢铁和金钱花在陆军上，他们或许能够在陆上赢得一场决定性胜利。A. J. P. Taylor, *The Struggle for Mastery in Europe，1848 – 1918*（Oxford：Oxford University Press, 1977），p. 462.

[33] 俄国在日俄战争中的失败体现了俄国海军地理位置上的劣势，即俄国的海军力量散布在四个相隔甚远的地区。

[34] Nikita Khrushchev, *Khrushchev Remembers：The Last Testament*（Beijing：Oriental Press, 1988），Chinese edition, pp. 57 – 69.

[35] Bruce W. Watson and Susan M. Watson, eds., *The Soviet Navy：Strengths and Liabilities*（Boulder：Westview Press, 1986），p. 21.

[36] Sergei Georgievich Gorshkov, *The Sea Power of the State*（New York：Pergamon, 1979），pp. 1, 66.

[37] George Modelski and William R. Thompson, *Seapower in Global Politics，1494 – 1993*（Seattle：University of Washington Press, 1988），p. 10.

[38] 苏联第一艘弹道导弹潜艇是一艘柴电动力 G 级（Golf-class）弹道导弹潜艇，装备有 3 枚 SS – N – 4 弹道导弹。第一艘弹道导弹核潜艇是 H 级（Hotel-class），于 1960 年建成，同样装备 3 枚 SS – N – 4 导弹。1963 年，第一枚具有水下发射能力的弹道导弹 SS – N – 5 面世。1968 年，"扬基级"（Yankee-class，又称 Y 级）潜艇正式服役，这是第一艘能够完全在船壳内部容纳弹道导弹的潜艇。下一个跨越是 1973 年面世的"德尔塔级"（Delta-class，又称三角洲级）潜艇，它装备了苏

联当时最新研制的 SS - N - 8 导弹，它是苏联首枚两级潜射弹道导弹。它的射程是 SS - N - 5 的四倍以上。1981 年，苏联海军配置了"台风级"（Typhoon-class）核潜艇，装载有 20 个导弹发射管。到 1984 年，苏联的潜艇舰队已经是一支规模惊人的队伍，拥有 65 艘弹道导弹核潜艇、15 艘柴电动力弹道导弹潜艇和 68 艘巡航导弹潜艇。Watson and Watson, eds. , *The Soviet Navy*, pp. 59, 63.

［39］ Zbigniew Brzezinski and John J. Mearsheimer, "Debate: Clash of the Titans," *Foreign Policy*, No. 146 (January/February 2005), pp. 46 - 50.

［40］ Michael D. Greenberg, Peter Chalk, Henry H. Willis, Ivan Khilko and David S. Ortiz, *Maritime Terrorism: Risk and Liability* (Santa Monica: RAND, 2006), http://www. rand. org/pubs/monographs/2006/RAND_ MG520. pdf.

［41］ Bjørn Møller (DIIS Report), *Piracy, Maritime Terrorism and Naval Strategy*, http://www. diis. dk/graphics/Publications/Reports2009/DIIS _ Report _ 2009 - 02% 20Piracy_ maritime_ terrorism_ and_ naval_ strategy. pdf. It should be noted that these figures are heavily skewed by one single attack, the attack on Superferry 14 on February 27, 2004, which accounted for 135 of the deaths.

［42］ Bjørn Møller (DIIS Report), *Piracy, Maritime Terrorism and Naval Strategy*.

当大国走向海洋：
雄心的代价与民族主义的悲剧

陆伯彬 （Robert S. Ross）

在大国战略决策中，除去发动战争，大概没有什么比建立一种具有力量投送、能打赢战争的海上能力更重大的举动了。因为这将对既成的海上强国形成挑战，并有与其发生冲突的高度风险。这一决策所付出的代价应该使崛起的大国慎重考虑其扩张海军的抱负。这些代价包括，建造必要数量的、拥有先进工程与军事能力的、能加强海上安全的水面舰艇所需的长期费用，这将导致资源从其他有迫切需求的国防与国内领域转出，因加剧的、旷日持久的大国冲突而带来的诸多可预见的社会、经济、安全代价，以及需要为可能爆发大国战争和最终为打输战争付出代价而做出准备。尽管发展破坏海上稳定的能力带来风险，但是许多拥有较长内陆边界的大国还是走上了追逐全面海上能力的道路。在过去的两百年间，法国曾两次挑战英国的海上霸权。20世纪初，美国展开了它打造覆盖全球的海上能力的努力。同一时期，德国亦试图挑战英国的海上安全。俄国曾在19世纪50年代、90年代、20世纪70年代末及80年代以及21世纪初多次寻求强大的海上实力。20世纪30年代时期，日本曾同时在西太平洋追逐海上霸权和在东亚大陆寻求大陆霸权。

大国决定追求代价高昂的海上能力，可能反映了国家为实现其尚未实现的安全目标而对不断增长的资源进行再分配。这些尚未实现的国防目标可能反映的是一个大国随其全球安全与经济需求和责任的日益增加而不断增长的安全利益。但是，大国发展破坏地区稳定的海上能力却往往反映的是民族主义对大国地位的诉求，而拥有大型主力舰与海上支配权的声誉又与大国地位密切相关。这种民族主义诉求可能源于专制领导人的个人抱负，源于不稳定的专制政权利用民族主义加强其国内合法性的需要，或者源于民主国家的选民对国际威望的普遍期望。但不论其特定根源是什么，海军民族主义可能推进扩张的海上政策、激发并非以战略利益出发的军备发展，并最终带来损害国家安全的不必要的、代价高昂的大国冲突，甚至是战争。

本文考察了由民族主义驱动大国海上雄心的三个案例，主要探讨民族主义对 19 世纪五六十年代路易·波拿巴（拿破仑三世）领导下的法国、20 世纪初期威廉二世领导下的德国以及 19 世纪末特别是 20 世纪初西奥多·罗斯福（老罗斯福）任总统时期的美国的海上雄心的驱动作用。在每个一案例中，论文都考察了修正主义的大国海军扩张主义的高昂代价，各国相对重要的海上战略与经济利益对其海军发展的重要性，不断扩展的海上雄心及追求大国地位的非物质的民族主义根源，以及大国海军雄心对本国与其他大国的关系及对本国长期安全的影响。为理解民族主义在反复出现的大国海上冲突中的作用和理解大国海上关系的当代趋势，本文的结论简略地思考了这些案例的主要含义，即民族主义在修正主义的（即要求改变现状的）海上政策中的重要性。

民族主义、19 世纪五六十年代法国的海军抱负与英法海军军备竞赛

1858 年，在由奥希尼伯爵（Count Felice Orsini）领导的居留英格兰的意大利民族主义者刺杀路易·波拿巴的尝试失败之后，法国开始

了对海上国防预算和海军造船计划的重大扩张。其催化剂是英国的海军实力，同时这也是对法国民众对英国的广泛敌意的回应（在刺杀拿破仑事件发生后，英国国内对反法恐怖分子的反对明显不足）。这一时代开始于 1858 年法国在瑟堡的大型现代港口的竣工——它在英吉利海峡的另一边、直面英国海岸。[1]法国在英吉利海峡部署了更多舰只，并随着苏伊士运河的建造加大了其在地中海的军事存在，从而对英国的海上安全形成日益增长的挑战。法国还在 19 世纪 60 年代初期大幅增加防务开支，以支持海军建设。六年间，法国的海军预算增长超过 30%。路易·波拿巴还扩大海军人员的规模，使法国海军水手与海军陆战队的人数几乎达到英国海军人员两倍。[2]随着海军军费与海军规模的不断扩张，当法国先于大不列颠完成第一艘装甲主力舰的建造时，它开创了一个海军竞赛的新时代。1858 年，法国决定制造六艘装甲舰，并于 1860 年下水了第一艘装甲舰"光荣号"（Gloire）。1859 年，法国又开始建造另一艘装甲舰。就这样，法国启动了其快速造船计划，在十年间铸造 26 艘装甲舰，以潜在的海上优势在英国的沿海水域对大英帝国形成了明显的挑战。[3]1860 年法国大使在伦敦警告说，如果大不列颠不接受法国在欧洲的抱负，法国将摧毁英国海军实力的根基。路易·波拿巴还公开宣称要将地中海变为"法国湖"。[4]

法国雄心勃勃的海上政策耗资昂贵并且具有战略风险。在增加海军军费的同时，法国陆军的预算停滞不前，其大陆防御能力遭到削弱。在海军建设的起步阶段，法国的海军抱负就有与大英帝国加剧冲突的风险。法国好战的外交加之海军发展，于 1859～1869 年在英国引发了法国可能"入侵的恐慌"。维多利亚女王与阿尔伯特亲王对法国的海军抱负深感焦虑。维多利亚女王提出，大英帝国的"生死存亡或取决于"英国维护其海上霸权的决心。帕默斯顿爵士对法国的海军建设尤为忧惧，他主张在英国海港和船坞迅速建立防御工事，并成功地为此争取到了资金。[5]

法国对英国海上霸权的挑战具有内在的风险，其海军抱负并非源于相对扩大的金融资源或是加大的安全与经济关切。19 世纪 50 年代英法两国的经济发展趋势并没有显示法国在海军军备竞赛中可以超越英国的金融机遇。相反，在此期间，英法两国的经济增长趋势明显地降低了法国对英国的金融竞争力。截至 1860 年，英国的国内生产总值约超出法国 40%，因此英国在军备竞赛的投入上处于更加有利的地位。[6]尽管如此，法国还是发起了英法海军军备竞赛。

法国不断增长的海军军费负担也不是对英国海上力量增长的战略反应。从克里米亚战争结束后一直到 1859 年，英国保持了适度的海上预算和造船计划，其舰队实力有所下降，而法国却在实现海军现代化和扩大舰队规模。英国对于发展装甲舰也未表现出多少兴趣。此外，当时大部分英国舰船部署在遥远的海域，而没有部署在法国沿海水域附近。[7]因此，并非是加剧的威胁认知驱动了法国修正主义的海上军备发展。

经济安全同样不是法国加强海上抱负的动因。虽然法国在北非有殖民地并于不久前刚在印度尼西亚获取了殖民地，法国仍然主要依赖其在欧洲大陆上的经济关系。1858 年，法国贸易的 2/3 发生在它与四位近邻——比利时、德国、意大利和西班牙之间。在 1861 年爆发内战前的十年间，美国是法国的主要贸易伙伴；但在 19 世纪 50 年代，法美贸易在法国全部贸易中的相对重要性却有所下降。[8]增长的全球经济利益以及上升的保护海上交通线与海外贸易关系的重要性，并不是驱使法国增加对海上力量的兴趣和挑战英国安全的主因。

物质利益也无法解释法国代价高昂的海上抱负和它对英国海上安全的挑战。实际上，法国的海军抱负反映的是路易·波拿巴个人对建设法国海军力量的追求与承诺，以及他利用法国海军力量发展维护其国内政治合法性和专制统治稳定的努力。路易·波拿巴领导下的法国舰队是一支"荣誉舰队"。在对拿破仑三世的支持中，法国大众对荣誉的追求超过一切，而海军则是"赢得荣耀的主要工具"。[9]

路易·波拿巴在 1848 年选举中以压倒性优势当选总统，他在这此后受欢迎的程度反映了他在农村民众中的民粹主义合法性。他被视为代表人民而非贵族利益并能够恢复法兰西帝国昔日荣耀的领导人，他是"人民的拿破仑"。他在 1852 年的反贵族政变和恢复帝国被认为是亲民的民粹主义举措而广受欢迎。[10] 然而，对其政权的潜在反对力量始终是他的担忧。他依赖军队来维护国内稳定，抑制潜在的反对派运动。在这样的政治背景下，拿破仑三世国内统治合法性的一个重要方面就是他的军事领导人的身份。在 1848 年当选总统后，他穿上军装，以帝国领导者的形象示人，经常大张旗鼓地到军队视察。此外，19 世纪 50 年代民众对军事冒险主义的支持亦有助于法国的军事政策和法国参加克里米亚战争、进行对意大利的战争及对墨西哥实行远征。[11] 拿破仑三世的"前进外交政策"（foward foreign policy），包括他支持对俄国的战争，体现了他为保持"对法国人民岌岌可危的掌控"所做的努力。[12]

在路易·波拿巴于 19 世纪 50 年代取得一系列军事成功后，法国海军民族主义作为政权合法性的来源之一获得了更大的重要性。此外，在奥尔西尼炸弹阴谋发生之后，法国舆论转向反对英国。奥尔西尼爆炸事件发生在英国，法国民众对英国政府控制随后在英国境内发生的反法活动的努力感到不满。在这样的国内、国际背景下，尽管承诺要开展法英合作，路易·波拿巴的国内政治利益仍然促使他企图通过建立世界一流的海上能力来寻求法国的国际威望。

除了发展庞大的海军力量给他带来的国内政治利益之外，路易·波拿巴在军事事务、特别是海上力量与法国造船业的发展上，还掺杂着强烈的个人民族主义因素。因此，他积极地参与制定法国海军的日常政策，亲自做出了法国应该开始建造世界第一艘装甲舰的决定。1854 年，法国的木制舰在克里米亚战争中炮击塞瓦斯托波尔时遭受巨大损坏，于是拿破仑三世提出建造装甲舰。此后他积极推进装甲技术的研究，下令研发并监管有装甲覆盖的舰艇的早期试验，直至"光荣号"得以竣工。他还对某些执行特定任务的军舰的尺寸规格提出详细的建议。就这样，他既是代表法国海军的活跃的"说客"，又是法国海洋能力创新的"首要催化剂"。装甲舰是"皇帝自己的发明"，拿破仑三世"开创了海军制造业的伟大革命"。[13] 他内心深处对海军事务的痴迷，促使法国不足的金融资源从陆军转向海军以建造和部署装甲舰，并促成了法国做主要海上强国及挑战英国海上安全的雄心抱负。

路易·波拿巴的法国民粹主义的民族主义领导和他个人的海军抱负不仅未能促进法国的海上安全和提升法国的大国地位，反而极大地削弱了法国的安全。1858年，作为对法国建成瑟堡海军基地和对法国野心勃勃的造船计划的反应，大不列颠加强了其沿岸地区的防御工事，并开始部署一支海峡舰队，这在和平时期是一项不寻常的政策。数千名英国志愿步枪手来到海边保卫大不列颠的海岸不受法国海军侵袭。此后，当法国建造的第一批装甲舰使英国的海军舰艇有过时的危险时，大不列颠于1859年开始建造自己的装甲舰，并于1859年12月建成了"勇士号"装甲舰。从1860年10月到1861年8月，大不列颠将计划建造的装甲舰从4艘增加到15艘。面对法国装甲舰队的数量优势，英国放弃了正在建造中的木衬船，以支持打造一支全装甲的舰队。大不列颠的装甲舰优于法国的装甲舰，因为它们拥有铁制船体，而法国舰船的船体仍沿用木质。此外，英国装甲舰的体积比法国的装甲舰大50%以上，而数量优势的趋势也有利于英国。至19世纪60年代初期，英国优越的金融资源和工业实力已使法国在军舰制造上长期领先于英国的希望彻底破灭。至60年代中期，法国已别无选择，只好默认英国的海上优势，双方的国防开支都重新回到了军备竞赛前海上力量平衡时的水平。[14]

路易·波拿巴本人对海洋事务的痴迷及法国大众海军民族主义的强烈愿望所产生的最大的影响是在法国的大陆安全方面。尽管路易·波拿巴的政治基础、国内声望和维持国内稳定皆有赖于陆军，陆军却是法国武装部队中最薄弱的。陆军管理不善，拿破仑又忽视了利用他的权威实现陆军现代化及在征兵与训练方面推行必要的改革。[15]结果，在1870~1871年与普鲁士的战争中，法国陆军表现拙劣，对普鲁士的入侵几乎未形成任何有效抵抗。与此同时，海军又几乎毫无用武之地，因为决定性的战役均发生在陆地上而非海洋上。但是，战争也同样暴露了法国海军不尽如人意的表现，尽管它与普鲁士海军相比占有一定优势。当调动海军参战时，决定性的陆地战役已经结束，战争结果已成定局。为增强法国的大国威望，拿破仑三世集中力量建造一支大规模的海上舰队，但他没有发展情报体系和进行有效部署舰队所必需的训练。[16]如果法国的资源与拿破仑三世的军事兴趣能集中于大陆安全而非海上的辉煌，如果法国能保持低成本但行之有效的运动战能力以维护其贸易利益，法国本来是可能从中受益的。普法战争之后其采取的法国青年学派的"不对称"海上政策正是这样的战略。[17]然而，路易·波拿巴对大国地位的热衷超过了现实安全考虑，这不仅最终导致了法国军队毁灭性的失败，而且导致了其民族主义政权的灭亡以及他本人的流亡海外。

民族主义、德国的海军雄心及第一次世界大战前的英德军备竞赛

从 1898 年起，德国开始实施一项重要的海军造船计划，这对其财政造成了沉重负担，并引发了一场与英国的危险的军备竞赛。1898 年，德国《第一次海军法案》决定在六年间出资建造 19 艘战列舰和 50 艘其他舰船。两年之后，《第二次海军法案》几乎将这一计划翻了一倍，决定为建造 38 艘战列舰和 96 艘其他舰船提供不限量的资金。从 1900 年到 1905 年德国建造了 12 艘战列舰。作为对德国海军军备发展的反应，1905 年大不列颠建造了第一艘"无畏级"战列舰，抵消了德国的军备优势。于是德国又以自己的"无畏级"战列舰计划进行反制，决心超越英国，挑战其海上支配地位。1906 年颁布的德国海军补充法案拨款建造两艘"无畏级"战列舰，并将海军军费开支提高了 35%。英国维持海军军备竞赛的努力还引发了德国造舰计划的进一步扩张和更庞大的海军开支。从 1905 到 1914 年，德国的海军预算增加 102%，占用了国防预算中更大的份额。从 1901 年到 1909 年，德国的海军预算几乎与德国的全部预算赤字持平，并且还一直增长。[18]

德国的海军抱负具有战略风险，其不仅挑起了与英国的军备竞赛，

而且使新生的德国海军有遭受英国预防性打击的风险。英国的一些领导人，包括海军上将约翰·费舍尔和海军大臣亚瑟·李爵士都提倡进行这样的一种攻击；而德国的领导人，包括海军国务秘书阿尔弗雷德·冯·提尔皮茨海军元帅也清楚地看到了英国在德国尚不具备威慑能力之前的海军军备发展"危险期"对其实施预防性打击的可能性。[19]同样重要的是，德国海军的海军抱负还威胁到了其地面部队的战斗力与德国的大陆安全。随着欧洲大陆紧张局势的加剧和战争可能性的上升，来自海军的预算竞争日益限制了陆军对资源的获取。从1904年到1912年，在海军预算增长137%的同时，陆军预算仅增长了47%。尽管德国处于两线领土防御的困境，从1898年到1911年，海军预算的规模从相对于陆军的20%增长到将近55%，德国对海军和每条陆地战线分配了大致相等的资金。[20]

无论是增长的相关财政资源还是上升的经济或安全利益都不能解释德国雄心勃勃、不畏风险的海军抱负。与19世纪五六十年代的法国不同，德国在19世纪八九十年代经历了显著的工业发展。从1890年到1900年，德国的国内生产总值（GDP）取得了44%的非凡增长。同一时期，英国的GDP增长则不足30%。但由于此前的英国经济规模大大领先于德国，德国快速的经济发展并未显著地削弱英国的经济优势。1900年，英国经济总量仍比德国大将近1/3。从总体上看，在19世纪的最后十年里，英国在全球的工业主导地位已经受到削弱，但德国的工业发展尚不足以使其达到英国的财政水平，从而树立挑战英国海上霸权的必要的信心。与之相反，德国并未从经济增长中真正获益，扩大的海军预算是德国预算赤字的主要根源。[21]此外，德国本应对英国有能力优先给予海军比陆军更多的预算（这一点与德国不同）更加小心翼翼。

德国很快就把其经济上的制约抛诸脑后，但这并不是因为英国海上力量增加了对德国的安全威胁。从19世纪80年代到90年代初，随着殖民地利益受到日益增多的挑战——挑战不仅出现在西半球和东亚，而且出现在欧洲海域，英国海军承担了越来越多的任务。随着法国与俄国的海军在欧洲崛起，法俄合作的前景威胁到英国在地中海的海上安全，并迫使大不列颠投入经费以维持两强标准。[22]此外，当时全球范围内对海上力量的兴趣刺激了所有大国的造船业。1893 年英国的战列舰总数几乎等于世界其他大国战列舰数量的总和；然而到 1897 年时，这一优势消失了，英国的战列舰总数约为世界其他大国战列舰总数的 2/3。面对变化的战略环境，大不列颠减少了其在加勒比海和东北亚的战略承诺，将更多舰队部署到地中海。[23]事实表明，19 世纪 90年代英国的海上能力与部署并未对德国的海上安全形成不断增长的威胁。因此，这方面的因素并不能说明德国不顾金融与战略负担而坚持追求无节制的海军扩张及与英国进行军备竞赛的原因。

从 19 世纪 90 年代至 20 世纪初期，德国在全球的殖民与经济利益得以扩张，但这也不是德国海军扩张的主要驱动力。19 世纪 80 ~ 90年代，宰相奥托·冯·俾斯麦对殖民扩张的兴趣及德国在非洲和太平洋地区获得殖民地，使德国产生了保护其殖民地资产及其与殖民地贸易的需求。此外，从 1899 年到 1910 年，由于德国需要以更多的出口来支持其不断增长的工业部门，德国的对外贸易总额增长了将近80%，这提升了德国对海上安全的需求。[24]尽管如此，德国的殖民地对于德国经济繁荣的贡献只是次要的。直到 1895 年，60% 的德国贸易仍是与其欧洲邻国进行的。德国余下贸易中的大部分即其最重要的海外贸易是与美国进行的，德国与其殖民地的贸易则微不足道。[25]因此，对德国来说，经济安全的重点在于大陆安全。19 世纪 90 年代中期，列奥·冯·卡普里维宰相辩称，德国不应该通过建立一支庞大的远洋舰队来维护海上安全。他特别指出，德国缺乏能够保障其与美国进行跨大西洋贸易的海军潜力。由于欧洲大陆邻国是德国最重要的贸易伙伴，而海外殖民地对其经济安全无足轻重，卡普里维相信，德国应当将国防资源集中于地面部队以使其有能力主宰欧洲大陆，而只需实行有限的反封锁战略来保障海外贸易的通畅。[26]然而，卡普里维倾向于谨慎的对外政策未能得到德国皇帝的支持，海军扩张的倡导者很快就主导了德国海军政策的发展。

与 1858 年至 20 世纪 60 年代拿破仑三世领导下法国海军政策的发展相似，国家的物质利益无法解释 19 世纪 90 年代至 20 世纪初期德国代价高昂的海上雄心及其对英国海上安全的挑战。德国修正主义的海军抱负及海上政策反映的是二者破坏性的结合：德皇威廉二世个人致力于发展一支能挑战英国海上主导地位的全球海军力量的民族主义承诺，及德国政权为维护国内统治合法性对民族主义不断加深的依赖。

威廉二世不顾战略与财政障碍决心建立一支世界级德国海军的个人承诺，体现了他对海军力量的痴迷，以及在他眼中海军力量与大国地位、德国命运间的紧密关系。他将国家元首与"国家舰队值班军官"相联系，认为自己的历史使命就是建造一支地位与能力都与德国陆军相似的德国海军。他亲自发电报给造船厂下订单。他授予自己德意志帝国海军元帅的军衔，并且非常享受自己拥有的这个与俄国海军上将，英国、瑞典、丹麦皇家海军上将及希腊荣誉海军上将相似的头衔。他还拥有一支供他夏季出游的私人小型海军船队。自执政之初他就穿海军制服，并努力使自己成为德国贵族中穿海军行政长官制服的唯一成员。他还让他的儿子们也穿海军制服。正如提尔皮茨元帅后来所说的，威廉二世把德国海军视为自己的"机械玩具"。[27]

威廉二世将他个人对海军力量的热衷与德意志崛起为世界强国的必然命运联系在了一起。当他提出德国要获得"阳光下的地盘"时，他实际指的是德国必须拥有世界最强大的海军。1911 年 8 月，当德英之间的军备竞赛达到高潮时，威廉二世宣称德国必须强化海军力量"以确保任何人都无法质疑我们在阳光之下的应得的地盘！"他同时强调，在世界各处遥远的海洋，"德国及德国皇帝不应缺席任何重要决定"。他相信"除非跻身世界强国，否则就只是徒有其表"。当他的顾问们对增加海军预算的计划提出异议时，他愤怒地说："我不会让英国告诉我该怎么做。"[28]

德国试图改变现状的海军雄心、对英国海上安全的挑战及其启动的对英军备竞赛，反映出的不仅是威廉二世对于海军力量的长期关注以及他个人对德国的世界大国地位和民族主义志向的信奉。威廉二世时期的德国正在承受越来越大的社会压力，民众对君主专制的改革呼声日益高涨。在这种情况下，威廉二世和他保守的顾问们不但未向公众的自由化诉求妥协，反而制定了企图将德国人民统一在威廉二世及其专制领导之下和强化君主制的对内、对外政策。[29] 从德国的专制制度来说，海军是民族主义团结最有力的源泉，所以，对德国海军力量的追求既符合威廉二世本人的野心，也符合德国政府的利益，就如同海军扩张主义有利于拿破仑三世维护其政权合法性一样。

德国统一之初，包括陆军、铁路和邮政系统在内的许多机构尚不隶属于国家而隶属于各州。由于德国海军在 1871 年统一之前并不存在，它是由德皇直接掌控的新的德意志帝国政府建立的，海军成了德国最重要的"国家机构"。除此之外，海军还体现了德国中产阶级心目中关于德国文化及国际经济的优先地位的观念。与德国陆军不同，德国海军并不只对贵族阶级开放，德国中产阶级也可以加入海军并攀升到高级军官的位置。这使海军得到公众的广泛支持。[30] 在德国社会中，德意志海军协会占据了显著的地位。在包括泛日耳曼同盟及殖民地协会在内的各种德国民族主义团体中，它是最受欢迎的团体，其分支机构遍布全国。尽管海军协会成立较晚（1898 年成立），但在成立后的前 18 个月里它的会员人数就已经超过了其他所有民族主义团体会员人数的总和。1900 年通过的《第二次海军法案》让海军协会会员人数显著提升，到 1907 年，该协会已经拥有超过 100 万会员及准会员，这个数字是殖民地协会会员人数的 8 倍以上。[31] 因此，一方面，对于寻求对海军支出支持的德国海军领导人来说，向流行的民族主义呼吁是行之有效的。威廉二世明白这一点，他据此制定预算以实现个人的民族主义野心。[32] 另一方面，对于那些希望提升民族主义声望、促进君主制国家统一的德意志精英来说，海军是完美的民族主义工具。在此情况下，就像拿破仑时期的法国一样，威廉二世与君主制政府之间建立起了一种相辅相成的关系，前者利用流行的海军民族主义实现建立德国海军和追求大国地位的个人抱负，后者则利用海军扩张来加强民众对政权的支持。提尔皮茨海军上将（Admiral Tirpitz）对海军民族主义的这种双重价值深有体会。[33]

然而，威廉皇帝个人对海军抱负的追求以及他对流行的德意志海军民族主义的政治操纵，不仅没有增加德国的海上安全和使德国作为海上强国而扩大"阳光下的地盘"，反而严重削弱了德国的大陆安全。尽管德国为了与英国海军竞争而做出了多种努力，但在第一次世界大战中，德国的"无畏级"战舰并没有成功挑战英国海军的优势地位。在第一次世界大战之前的十年中，柏林将19%~26%的国防预算划归海军，其余的预算划归陆军；而大不列颠则把60%的国防预算分配给了海军。最后，威廉二世和提尔皮茨不得不放弃了海军军备竞赛，转而将有限的资源集中投向陆军和大陆安全。[34]大不列颠在海军竞赛中的胜利使它能够在一战期间对德国的海上贸易实行包围封锁。战争期间德国舰队只有一次冒险进入北海海域并与英国舰队交战。在1916年的日德兰海战中，尽管德国的作战能力强于英国，可以说赢得了战术性的胜利；但相对于两支舰队的规模来说，德国海军所受到的损失更大，这使其无意再寻求第二次海战。在战争接下来的时间里，德国海军舰队一直停留在海港内，与战争的结果基本无关。[35]

德国民族主义海军抱负所造成的最大影响，在于它使得有限的财政资源没有被投入到更具战略优先性的领域，从而导致了德国在第一次世界大战中的军事失败。在海上战区，威廉二世对于战列舰的执着使他忽视了发展潜艇这种性价比出色的反封锁手段，而德国潜艇舰队原本可以更可靠、更有效地对英国舰队造成威胁。[36]与之相比，阿道夫·希特勒更明白比较廉价的潜艇力量对于陆权国家拥有封锁及反封锁能力的价值。1939年9月，当U型潜艇在针对英国船只的作战中取得初步胜利之后，希特勒转而开始建造大量U型潜艇。他的海上破坏交通战（guerre de course）战略极大地减少了英国的进口量，而发展潜艇对德国陆地实力的限制却非常小。[37]在大陆战区，威廉二世未给予陆军充分优先地位这一失误导致的后果在西线展现得淋漓尽致——建造一艘"无畏级"战舰的经费足以武装一个陆军师，而增加一个师，德国就有可能在早期取得对法国作战的胜利，并且扭转东线对俄作战的形势。

最后可以指出的是，如果威廉皇帝能够聚焦于控制欧洲，发展有限的海军实力和更强大的陆军，而不是追寻作为海洋强国的德国"在阳光下的地盘"，那么他对军事的强烈兴趣本来是可能有益于德国的。威廉二世对德国拥有强大远洋海军的民族主义执着造成了德国军队在一战中的惨痛失败，并导致了德国君主制的终结。

民族主义、美国的海军雄心与美国的崛起

与法国和德国不断扩张的海军抱负类似，20 世纪前十年西奥多·罗斯福总统任职期间美国海军抱负的扩展也并不是紧迫的安全关切或是国际经济关切的体现。更确切地说，与法国和德国的经历相似，美国海军建设反映出的是民族主义领导者个人对发展大国海军实力的承诺，以及美国大众民族主义的国内政治。

从内战结束到1890 年海军法案出台之前，美国一直忽视海军力量的发展。经费缺乏和恶劣的工作条件导致了美国海军实力的恶化。1890 年的海军法案拨款建设 3 艘二流的战列舰，以发展一支具有沿海破坏交战能力的海军。此后，在 1895 年，国会授权建造美国最初的 2 艘顶级战列舰以发展远洋力量投送能力。在 1900 年至 1910 年，美国海军有 25 艘一流的战列舰服役，其中包括世界一流的"无畏级"战列舰，以及其他许多较小型的军舰。在老罗斯福执政期间，海军投入使用 21 艘战列舰。在 15 年的投资之后，1910 年美国海军拥有的战列舰数量跃居世界第二。[38]美国海军的成长是美国军事领域内优先顺序彻底转变的结果。1890 年的海军法案将海军支出在一年内翻了一番。在老罗斯福执政期间，海军预算从 5500 万美元升至 14000 万美元，创造了和平时期美国海军拨款的最高纪录，而海军战列舰的吨位也翻了一番。老罗斯福政府还将海军服役人员的数量提升到过去的 3 倍。但与此同时，美国陆军预算却停滞不前，陆军现役人数也减少了 20%。1900 年时美国海军人数不到陆军的 20%，而到 1910 年海军人数则达

到了陆军的 60%。[39]在老罗斯福领导下，美国已经开始从陆权国家向海权国家转变。老罗斯福执政时期日益增加的海军开支改变了联邦政府预算的优先顺序。1900~1910 年，国防预算在美国联邦预算中的份额从 36.6% 提升至 45.1%。

无论是增长的安全关切还是扩大的海外经济利益，都无法解释美国耗资巨大的国防政策转型。在国际安全方面，美国海军力量的快速发展恰恰发生在美国历史上最安全的时期。自 1776 年起，欧洲在西半球的军事存在及其对美国领土安全的潜在威胁曾一直令美国忧心忡忡，但在老罗斯福执政时，所有欧洲强国已经撤走了它们在西半球的军事存在，它们将海军力量撤回本国海域，以应对紧迫的欧洲安全关切。1895 年英国、委内瑞拉领土争议的结果是美国在西大西洋建立支配地位的转折点。当时，德国人介入了英国与南非布尔人的战争，俄罗斯正在挑战英国在南亚的地位，法国与俄罗斯海军纷纷崛起。在此背景下，与美国爆发战争的威胁的增长迫使大不列颠承认了门罗主义的价值，并认可美国有权在拉丁美洲国家与欧洲国家发生争议时进行干预。到 1902 年，英国开始从西半球实行战略撤退，它承认美国海军的优势，不久后又对美国修建巴拿马运河及在西太平洋发展殖民存在的扩张行动表示欢迎。[40]

德国对美国安全的威胁同样遥远而有限。它在西大西洋没有海军基地，在欧洲大陆面对多重战略挑战，并正在与大不列颠进行耗资巨大的海上竞争。在老罗斯福任期开始时，德国自身的军事与政治状况已排除了其挑战美国在西球主导地位的可能性。威廉皇帝与宰相伯恩哈德·冯·比洛（Bernhard von Bulow）首相都深知不与美国对抗的重要性。[41]因此，在 1901 年德委领土争议中，德国在对委内瑞拉实行封锁之后，马上就接受了美国的调停，从而同英国之前所做的一样也认可了美国在拉丁美洲的干涉权。德国对委内瑞拉封锁的结束意味着它对拉丁美洲野心的终止。[42]当时，日本也无法威胁到美国。1890 年时日本海军弱于美国海军，而太平洋对它的力量投送能力而言更是重大障碍。[43]

早在 1890 年，美国海军委员会就已经意识到美国并不面临着包括英国在内的欧洲列强的威胁。20 世纪早期，美国的安全状况"十分优越"，西奥多·罗斯福明白这一点。他相信英国不敢挑起与美国之间的战争，并且已经承认了美国在西半球的领导地位。[44] 至于所谓的德国威胁，这种威胁是根据普遍认为的德国的长期意图推断出来的，与其当前的实力无关，老罗斯福明白来自德国挑战的有限性。鉴于当时欧洲大国政治的发展趋势，来自德国海军的潜在威胁并不需要以迅速、昂贵的美国海军建设来应对。1906 年，在美国海军建设迅速发展之后，老罗斯福将日本海军视为美国国家安全的潜在威胁，但他同时认为如果这种威胁要发展起来也将是在较远的未来。在老罗斯福的整个任期中，美国缺少安全威胁的状况曾阻碍了海军部门明确表达海军政策和论证海军建设合理性的努力。[45]

美国也不需要一支强大的远洋海军来保护它的海外贸易与国际投资。1900 年，美国国内生产总值中只有不到 10% 的部分来自外贸，出口贸易在 GDP 中所占的比重不足 5%。[46] 海军力量兴起时，美国并不是一个贸易国。此外，在这一时期美国商用舰队的规模很小，其对外贸易主要由外籍船只进行运输。尽管 1898 年的美西战争使美国获得了西太平洋的殖民地，但经济的重要性——无论是美国在菲律宾或太平洋其他地区拥有的利益，还是其所有与东亚进行的贸易，并不需要组建一支庞大的海军来保护美国在西太平洋的经济利益。老罗斯福明白这一点，他并没有试图以美国的经济利益来为美国的海上扩张辩护。[47]

美国在 20 世纪初期耗资巨大的海军抱负并不是出于对物质利益的追求，而是出于与 19 世纪五六十年代拿破仑三世统治时期法国的海军政策以及第一次世界大战之前德国的海军政策类似的根源。更确切地说，美国修正主义的海军抱负与法国和德国海军抱负的根源有着相同的动因。老罗斯福总统对海军舰船的个人兴趣，他对海上强国的民族主义承诺，以及美国公众民族主义情绪对国防政策的影响——正是这些因素的结合形促成了美国的海军政策。

西奥多·罗斯福与威廉二世一样，对海军舰船也有一种"孩子气"的迷恋。当他还是个小男孩的时候，他曾非常崇拜自己的两个在联邦海军服役的叔叔，他与他们的关系保持了很长时间。在哈佛大学四年级就读时，他曾撰写过一部有关 1812 年战争的海军历史的学术著作。在这本书的前言中，西奥多·罗斯福表达了自己对美国海军糟糕状况的愤慨，并强调了海军力量对维护国家尊严的重要性。他认为"作为一个伟大的、说英语的共和国"，拥有这样一支陈旧无能的海军舰队实在是"荒唐"，美国应该拥有更好的海军。罗斯福终其一生都在承诺增强美国海军力量，而与这种承诺同等重要并联系在一起的是他自幼就对海军战事的内在兴奋、喜悦，以及他从拥有和指挥一支庞大海军而得到的终生的愉悦。[48]

在执政期间，年轻时对海军的兴趣与热情使老罗斯福格外关注海军政策。在总统任期内他对建造一支庞大海军表现出了近乎"狂热的渴求"和坚定的决心；与他的前任不同，西奥多·罗斯福亲自参与国会对海军拨款法案的决策过程，并且利用个人的政治声望和政治魄力迫使国会支持他的政策。1901 年 12 月，刚刚就职三个月的罗斯福在他给国会的第一条信息中就对建设庞大海军进行了热情洋溢的呼吁，之后不久他就提出了特殊拨款法案。在任期中他曾亲自过问海军建设中的各种细节，如舰船烟囱的高度以及战斗群中军舰的适当部署问题。[49]

罗斯福把他个人对舰船和海军的兴趣与增进美国在国际事务中的大国地位的民族主义冲动结合在一起。美国作为全球性海军大国的崛起依赖于其领袖的民族主义冲动。就这一点来说，其与拿破仑三世治下的法国海军和威廉二世治下的德国海军的发展对于民族主义冲动的依赖十分相似。

罗斯福及他的同道者们——包括马汉和亨利·卡波特·洛奇（Henry Cabot Lodge）——都是被至高无上的美国国家荣誉感所驱动的强烈的民族主义者。罗斯福认为美国的荣耀比其他任何国家的荣耀都更为崇高。因此，他认为任何国家因美国的行动而感到愤怒都是"不礼貌的"，他决心使美国足以抵御对其世界强国地位的任何挑战，并以此来保卫美国的荣耀。由此，他提出美国需要"与我们人民的伟大之处"相匹配的舰船数量，并力主只有一支强大的海军才配得上美国的地位。当英国的第一艘"无畏级"战列舰下水时，罗斯福就下定决心，美国也应该拥有世界上最大的战列舰。他促使国会拨款建造吨位超越英国和德国同类战舰的美国"无畏级"战列舰。

罗斯福的民族主义思想包括了一种美国的优越感和正确感，他无法想象其他国家有任何理由反对美国的外交和军事政策。这种对伟大美国的坚定信念反映了他对盎格鲁－美国民族的优越性及这一民族天生就应领导世界的深信不疑。美国代表着和平与文明；美国的扩张主义与帝国主义，包括发展海上力量，都服务于一种国家的责任和其提升国际道义、向"落后民族"传播文明的奋斗。在1893年罗斯福写道，如果美国不吞并夏威夷，那将是"对白人文明的一次犯罪"。在战争中战胜西班牙和获得远东殖民地可以令美国感到骄傲，它们证明美国现在已经可以在世界强国中获得自己的地位。[50]

罗斯福对美国荣誉感和国际地位的民族主义热情对于美国海军的崛起十分重要。但同样重要的是美国民众的民族主义情绪，这种情绪强化了罗斯福的个人热情，并且为美国海军扩张创造了国内的民主政治环境。在美国经历了20世纪90年代严重的经济衰退、"天定扩张论"终于在东西海岸间得以实现、美国的"西部开发"也走到了终点的背景下，美国民众很容易受到有关重振国家自豪感——其中包括美国价值观的优越性以及美国作为国际强国的地位——的情绪的影响。美国的教堂也加入到了这场扩张主义者的运动之中，它们宣传将能把美国的宗教价值观传播到全世界的"正当的帝国主义"，从而加强了罗斯福传播盎格鲁－美国人文明的个人的"十字军东征"。[51]

这些广受欢迎的社会潮流为沙文主义——民族主义在美国的特殊表现形式——奠定了潜在的基础，并对美国的国内、国外政策都产生了影响。在此背景下，美国对英国在1895年采取的委内瑞拉政策进行的有力抵抗，以及随后大不列颠对美国在拉美地区干涉权的接受，都反映出了广泛传播的美国民族主义对扩张主义对外政策的支持，以及对美国外交决策的相应政治压力。1895 年委内瑞拉危机的结果还鼓励美国进一步寻求军事支持下的民族主义成果。这些社会潮流一直持续到 19 世纪 90 年代末期，民众的强大的民族主义导致了美国在 1898 年吞并夏威夷，并于同年与西班牙开战。威廉·麦金利总统试图通过与西班牙谈判解决在古巴的冲突的努力使他在国会和美国人民中越来越孤立。尽管西班牙的古巴政策对美国利益的影响微乎其微，但国会和选民们却大声疾呼吁地要求战争，他们最终把麦金利总统推向了一场其本人并不支持的战争。[52]

在对西班牙的战争中，美国海军的迅速胜利引发了广泛而高涨的国家荣耀感，在一年的战争期间，国会通过了一项广受支持的法案，拨款建造 5 艘战列舰和多种其他舰船。罗斯福政权的海军立法议程同样受益于美国的海军民族主义。美国海军协会成立于 1903 年，它在退役海军军官和企业所有者中迅速发展了许多会员，它在动员支持罗斯福法案和使之成功通过方面发挥了重要的作用。[53]罗斯福本人也经常为海军法案四处奔走，他不断发表民粹主义演讲，强调海军扩张对于美国国际地位的重要性。1901 年 12 月，在他的首次国情咨文报告中，他宣称为了美国的"荣誉"，"建立海军的工作必须稳定地持续进行"，美国人"要么必须建设并且保持一支胜任的海军，要么只能心甘情愿地在国际事务中扮演二流国家的角色"。[54]在 1904 年的大选中，他呼吁经济民族主义和美国工人的福利，以此争取民众支持自己的海军政策和美国在东亚的帝国主义政策。正如罗斯福后来所承认的，1907 年他决定派遣美国大西洋舰队进行环球巡航，更多地反映的是他最终成功地利用民族主义情绪的支持与国会对抗并迫使后者通过"无畏级"战舰法案的努力，而不是为了获得国际上尤其是日本对美国大国地位的尊敬。[55]

结　论

民族主义的领导与大众民族主义情绪的结合，推动了 19 世纪五六十年代拿破仑三世治下的法国海军抱负、20 世纪初期威廉二世治下的德国海军雄心，以及 20 世纪初期西奥多·罗斯福总统任期内的美国海军崛起。在上述每一个案例中，领导人个人对于建设海军力量的投入及民众的民族主义情绪，都推动了国家对于谋求强国地位的抱负，而这种抱负又是和大型军舰及海军力量紧密联系在一起的。这种民族主义导致了法国与德国的战略性灾难。而在美国的案例中，相同的力量却推动美国在 1908 年建造起了世界第二强大的海军力量，加强了它的安全保障，并为之后美国崛起为世界领先的海军强国打下了基础。

从政治制度优越性和领导人入手来解释美国独特的胜利，这种想法很有吸引力，但事实上这两种因素都不能真正解释美国的成功。19 世纪晚期到 20 世纪初期的美国对内和对外政策都受到了来自公众沙文主义和扩张欲的推动，而这种推动几乎毫不考虑美国的相关资源或是国家利益。同样的，几乎没有任何记录表明西奥多·罗斯福曾对欧洲的大国政治或美国有利的经济资源进行过计算，从而认定美国挑战地区和国际战略秩序和发展强大海军实力的战略机遇已经来到。美国对海军抱负的追逐就像法国与德国一样盲目。

美国之所以能在其他大国失败的地方取得胜利，是因为其国内环境幸运地遇上了外部大国政治所带来的战略机遇期。美国公众海军民族主义与扩张冲动是在美国击败墨西哥，征服印第安人，获得阿拉斯加及夏威夷，并且确定了其在太平洋的边界之后形成的。这些因素与美国本来就享有的美国－加拿大边境的稳定局势一道，为美国创造了长期稳定的领土安全。这使美国得以安全地投资战略转型，从一个依靠陆军维护安全的陆权国转型为寻求全球影响力的海权国。而与之相反，法国和德国的类似努力却危及到了它们各自的领土安全，并导致了军事失败。此外，英国先是对法国和俄国海军的崛起担忧，后又对德国的海军抱负全力关注，这迫使其不得不默认美国的全球海军抱负，并且承认加勒比海为美国的势力范围。这使美国得以避免代价高昂的军备竞赛以及"哥本哈根综合征"[56]的战略挑战，后者曾对法国和德国的安全和海军热情形成了严重的困扰。

对大国海上扩张历史的比较研究表明，驱动耗资昂贵的修正主义冲动和战略上适得其反的海军扩张的是海军民族主义而非现实主义的战略考虑、不懈地维护安全的努力及紧迫的国家安全利益。正是前者将政府的决策引入歧途，并且频繁地导致重大战略挫败。相同的民族主义动因能够解释许多案例，如 19 世纪初期拿破仑战争中法国海上抱负的代价高昂的失败、19 世纪末 20 世纪初俄国海军的抱负、日本在 20 世纪 30 年代的海军抱负以及 20 世纪七八十年代苏联的海军抱负。[57]美国是历史模式中的例外。然而，美国成功地崛起为海上强国并非受益于民族主义，也非得益于现实主义的以威胁为基础的战略规划。尽管存在着民族主义的潜在破坏作用，但美国仍然成功地成为海军强国。考虑到西奥多·罗斯福时期美国固执的扩张抱负和雄心勃勃的海军发展计划，其实，未被公开承认或被忽略的幸运的战略环境才是对美国海上成功的最好解释。

在 21 世纪初期，海军民族主义的传播正在激励包括中国和印度在内的各类新兴大国发展不断扩大的海上力量投送能力。民族主义对强国地位的渴求在一定程度上助长了各种海军扩张主义的雄心抱负，以致存在着发生代价高昂且作用适得其反的冲突、包括出现海军军备竞赛及大国间危机的可能性。一些国家的海军抱负在一定程度上并未反映国家的安全利益，这正是民族主义的悲剧之所在。

[王汝予　吕木难/译　张沱生/校]

注释

[1] C. I. Hamilton, *Anglo-French Naval Rivalry, 1840 – 1870* (Oxford：Oxford University Press, 1993), p. 83.

[2] Theodore Ropp, *The Development of a Modern Navy* (Annapolis：Naval Institute Press,

1987），pp. 6 - 7，10，142 - 146，166，205 - 210，213 - 214，246 - 251，263；Hamilton，pp. 79 - 81，313；W. F. Reddaway，"Great Britain and France，1848 - 1870，" in J. Holland Rose，A. P. Newton and E. A. Benians，eds.，*Cambridge History of the British Empire*，*Vol.* 2，*The Growth of the New the Empire*（Cambridge：Cambridge University Press，1940），p. 557.

[3] Hamilton，*Anglo - French Naval Rivalry*，p. 88 and table 3，pp. 327 - 328.

[4] James Baxter III，*The Introduction of the Ironclad Warship*（Annapolis：Naval Institute Press，2001），pp. 100 - 101，151；Andrew Lambert，"Politics，Technology，and Policy - Making，1859 - 1865：Palmerston，Gladstone and the Management of the Ironclad Naval Race，" *The Northern Mariner/ le Marin du nord*，Vol. 8，No. 3（July 1998），p. 10.

[5] David Brown，"Palmerston and Anglo - French Relations，1846 - 1865，" *Diplomacy and Statecraft*，Vol. 17，No. 4（December 2006），p. 683；Lambert，"Politics，Technology，and Policy - Making，1859 - 1865，" pp. 10，19 - 22；Robert H. Welborn，"The Fortifications Controversy of the Last Palmerston Administration，" *The Army Quarterly and Defence Journal*，Vol. 112，No. 1（1982），pp. 50 - 61.

[6] N. F. R. Crafts，"Patterns of Development in Nineteenth Century Europe，" *Oxford Economic Paper*，Vol. 36，No. 3（November 1984），pp. 438 - 458.

[7] Paul M. Kennedy，*The Rise and Fall of British Naval Mastery*（Atlantic Highlands，NJ：Ashfield Press，1986），pp. 172 - 173；Hamilton，*Anglo - French Naval Rivalry*，pp. 82 - 83.

[8] B. R. Mitchell，*European Historical Statistics*，*1750 - 1975*（New York：Facts on File，1981），pp. 510，543.

[9] Theodore Ropp，*The Development of a Modern Navy：French Naval Policy*，*1871 - 1904*（Annapolis：Naval Institute Press，1987），pp. 6 - 7.

[10] James F. McMillan，*Napoleon III*（New York：Longman，1991），pp. 32 - 34，49，51.

[11] Albert Guerard，*Napoleon III*（Cambridge，MA：Harvard University Press，1943），pp. 167，169 - 170.

[12] J. M. Thompson，*Louis Napoleon and the Second Empire*（New York：Noonday Press，1955），p. 145

[13] Baxter，*The Introduction of the Ironclad Warship*，pp. 92，95，104；Ropp，*The Development of a Modern Navy*，pp. 8 - 10；Hamilton，*Anglo - French Naval Rivalry*，pp. 81 - 83，268 - 270，304；W. H. C. Smith，*Napoleon III*（London：Wayland，1972），p. 148；W. C. B Tunstall，"Imperial Defence，1815 - 1870，" in Rose，Newton and Benians，eds.，*Cambridge History of the British Empire*，*Vol.* 2，*The Growth of the New Empire*，*1783 - 1870*，pp. 821 - 822.

[14] Kennedy，*The Rise and Fall of British Naval Mastery*，pp. 173 - 174；Baxter，*The Introduction of the Ironclad Warship*，p. 140；Hamilton，*Anglo - French Naval Rivalry*，pp. 84，

90 - 93，304；Baxter，*The Introduction of the Ironclad Warship*，p. 139；Lambert，"Politics，Technology，and Policy - Making，1859 - 1865,"pp. 12，28.

[15] Guerard，*Napoleon III*，pp. 174 - 175，273 - 275；Smith，*Napoleon III*，pp. 224 - 225.

[16] Michael Howard，*The Franco - Prussian War*：*The German Invasion of France*，*1870 - 1871*（New York：Metheun，1981），pp. 74 - 75；Hamilton，*Anglo - French Naval Rivalry*，pp. 143，170；Ropp，*The Development of a Modern Navy*，pp. 22 - 25.

[17] 该理论着重于建造众多的鱼雷舰进行防御战，而不是建造大型重装战舰。详情请见 Arne Røksund，*The JeuneEcole*：*The Strategy of the Weak*（Boston：Brill，2007）；Howard，*The Franco - Prussian War*：*The German Invasion of France*，chaps. 12，15。——译者注

[18] Holger H. Herwig，*"Luxury" Fleet*：*The Imperial German Navy，1888 - 1918*（Amherst，New York：Humanity Books，1980），pp. 42 - 43，55 - 59，71，75；Peter Padfield，*The Great Naval Race*：*Anglo - German Naval Rivalry，1900 - 1914*（Edinburgh：Berlinn，1974），p. 234.

[19] Alfred Vagts，*Defense and Diplomacy*：*The Soldier and the Conduct of Foreign Relations*（New York：King's Crown，1956），pp. 298 - 299；Padfield，*The Great Naval Race*，pp. 42 - 43，78，120 - 122，253，186，261 - 262. 有关海军考虑和采取针对敌方舰队的预防性打击的趋势，更多讨论请见 George H. Quester，"Two Hundred Years of Preemption,"*Naval War College Review*，Vol. 60，No. 4（Autumn 2007）。

[20] Herwig，*"Luxury" Fleet*，p. 75.

[21] Crafts，"Patterns of Development in Nineteenth Century Europe,"p. 440；Kennedy，*The Rise and Fall of British Naval Mastery*，pp. 186 - 192. 有关德英海军军备竞赛中德国的财政实力的另一种观点，请见 Michael C. Horowitz，*The Diffusion of Military Power*：*Causes and Consequences for International Politics*（Princeton：Princeton University Press，2010），pp. 156 - 157。

[22] 即英国海军的实力应强于两个次强海军国家的军力之和。——译者注

[23] Kennedy，*The Rise and Fall of British Naval Mastery*，pp. 178 - 179；209.

[24] Paul M. Kennedy，*The Rise of the Anglo - German Antagonism，1860 - 1914*（Atlantic Highlands，NJ：Ashfield，1980），pp. 167 - 168，175 - 180；N. Molodowsky，"Germany's Foreign Trade Terms in 1899 - 1913,"*Quarterly Journal of Economics*，Vol. 41，No. 4（August 1927），table 1，p. 666.

[25] Mitchell，*European Historical Statistics*，pp. 511，547.

[26] Rolf Hobson，*Imperialism at Sea*：*Naval Strategic Thought，The Ideology of Sea Power and The Tirpitz Plan，1875 - 1914*（Boston：Brill，2002），pp. 123 - 127；Kennedy，*The Rise of the Anglo - German Antagonism*，p. 205.

[27] Herwig，*"Luxury" Fleet*，pp. 17，19，41，74；Michael Epkenhans，"Wilhelm and 'his' Navy，1888 - 1918,"in Annika Monbauer and Wilhelm Deist，eds. ，*The*

Kaiser: *New Research on Wilhelm II's Role in Imperial Germany* (New York: Cambridge University Press, 2003), p. 15.

[28] Epkenhans, "Wilhelm and 'his' Navy, 1888 – 1918," pp. 15 – 16; Padfield, *The Great Naval Race*, pp. 261, 264; Herwig, "*Luxury*" *Fleet*, p. 75.

[29] 有关民族主义君主制在德国国防政策发展中所发挥作用的更多讨论，请见 Jack Snyder, *Myths of Empire: Domestic Politics and International Ambition* (Ithaca. NY: Cornell University Press, June 1993), chap. 3; 也见 David E. Kaiser, "Germany and the Origins of the First World War," *Journal of Modern History*, Vol. 55, No. 3 (September 1983), pp. 442 – 474。

[30] Jonathan Steinberg, *Yesterday's Deterrent: Tirpitz and the Birth of the German Battle Fleet* (New York: Macmillan, 1965), pp. 32, 38 – 39, 59 – 60; Isabel V. Hull, "Prussian Dynastic Ritual and the End of the Monarchy," in Carol Fink, Isabel V. Hull and MacGregor Knox, *German Nationalism and the European Response, 1890 – 1945* (Norman, OK: University of Oklahoma Press, 1985), pp. 18 – 20.

[31] J. C. G. Rohl, *Germany Without Bismarck: The Crisis of Government in the Second Reich, 1890 – 1900* (Berkeley: University of California Press 1967), p. 255; Geoff Eley, *Reshaping the German Right: Radical nationalism and Political Change after Bismarck* (New haven: Yale University press, 1980), pp. 101 – 103

[32] Padfield, *The Great Naval Race*, p. 262.

[33] Ely, *Reshaping the German Right*, pp. 173 – 176; Rohl, *Germany WithoutBismark*, pp. 276 – 277.

[34] Padfield, *The Great Naval Race*, pp. 297 – 299, 311 – 312; Herwig, "*Luxury*" *Fleet*, pp. 78 – 79.

[35] 有关日德兰战争及其后续影响，请见 Arthur J. Marder, *From the Dreadnaught to the Scapa Flow: The Royal Navy in the Fisher Era, 1904 – 1919*, Vol. Ⅲ, *Jutland and After* (*May 1916 – December 1916*) (London: Oxford University Press, 1978), pp. 248 – 250, 252, 254; Llewellyn Woodward, *Great Britain and the War of 1914 – 1918* (London: Methuen, 1967), chapters 12, 13; Keith Yates, *Flawed Victory* (Annapolis: Naval Institute Press, 2000), pp. 215 – 217, 224 – 225; Padfield, *The Great Naval Race*, pp. 339 – 341; Herwig, "*Luxury*" *Fleet*, pp. 176 – 189。

[36] 德国的海上大国抱负使其没能发展潜艇力量，详见 Robert J. Art, *The Influence of Foreign Policy on Seapower: New Weapons and Weltpolitik in Wilhelminian Germany* (Beverly Hills: Sage, 1973)。

[37] Clay Blair, *Hitler's U – Boat War: The Hunters, 1939 – 1942* (New York: Random House, 2000), pp. 31, 39, 45 – 47, 97 – 98, 163 – 175, chapter 3; Richard Overy, *Why the Allies Won* (New York: Norton, 1995), pp. 31 – 32, chapter 10.

[38] Harold Sprout and Margaret Sprout, *The Rise of American Naval Power, 1976 – 1918*

（Princeton：Princeton University Press，1939），pp. 207 – 213；George W. Baer，*One Hundred Years of Sea Power：The U. S. Navy，1890 – 1990*（Stanford：Stanford University Press，1993），pp. 21 – 22，40；Mark Russell Shulman，*Navalism and the Emergence of American Sea Power，1882 – 1893*（Annapolis：Naval Institute Press，1995），p. 113，117 – 118；Samuel P. Huntington，"National Policy and the Transoceanic Navy，" *United States Naval Institute Proceedings*，Vol. 80，No. 5（May 1954），pp. 485 – 487. See the table of the history of the commissioning of U. S. Navy ships at http：//www. navy. mil/navydata/ships/battleships/bb – list. asp. 美国发展强大海军实力所占用的政治和制度优先级回顾，请见 Fareed Zakaria，*From Wealth to Power：The Unusual Origins of America's World Role*（Princeton：Princeton University Press，1998），chapter 5。

［39］Phillips Payson O'Brien，*British and American Naval Power：Politics and Policy，1900 – 1936*（Westport，CT：Praeger，1998），p. 50；Sprout and Sprout，*The Rise of American Naval Power*，pp. 261，269. 海军预算数据来自美国国防部海军历史中心，见 http：//www. history. navy. mil/library/online/budget. htm. 联邦预算数据及陆军、海军人数相关数据来自美国人口普查局，*Statistical Abstract of the United States.*

［40］Dexter Perkins，*A History of the Monroe Doctrine*（Boston：Little & Brown，1941），pp. 172 – 184；John A. S. Grenville and George Berkeley Young，*Politics，Strategy，and American Diplomacy：Studies in Foreign Policy，1873 – 1917*（New Haven：Yale University Press，1966），pp. 162 – 178；Kennedy，*The Rise and Fall of British Naval Mastery*，pp. 210 – 212；Sprout and Sprout，*The Rise of American Naval Power*，pp. 241，252；Baer，*One Hundred Years of Sea Power*，pp. 35 – 36.

［41］Perkins，*A History of the Monroe Doctrine*，pp. 213，222 – 223；Baer，One Hundred Years of Sea Power，pp. 36 – 37.

［42］Baer，*One Hundred Years of Sea Power*，p. 38.

［43］Perkins，*A History of the Monroe Doctrine*，pp. 214 – 219；Sprout and Sprout，*The Rise of American Naval Power*，pp. 252 – 253.

［44］Howard K. Beale，*Theodore Roosevelt and the Rise of America To World Power*（Baltimore：Johns Hopkins University Press，1956），pp. 144 – 147；Sprout and Sprout，*The Rise of American Naval Power*，pp. 211 – 212，252，255.

［45］Baer，*One Hundred Years of Sea Power*，pp. 25，37 – 39；O'Brien，*British and American Naval Power*，pp. 52 – 53，59 – 61；罗斯福对于海军力量的独立想法以及夸大马汉对罗斯福思想影响力的趋势，相关讨论请见 Peter Karsten，"The Nature of 'Influence'：Roosevelt，Mahan and the Concept of Sea Power，" *American Quarterly*，Vol. 23，No. 4（October 1971），pp. 585 – 600；Zakaria，*From Wealth to Power*，pp. 174 – 180。

［46］GDP 数据来自 Measuring Worth，http：//www. measuringworth. org/usgdp/ 。贸易额数据来自数据统计局，*Statistical Abstract of the United States，1900*（Washington，D. C. ：Government Printing Office，1901），p. 82，http：//www2. census. gov/prod2/

statcomp/documents/1900 – 01. pdf。

[47] Beale, Theodore Roosevelt and the Rise of America To World Power, p. 38.

[48] Kenneth Wimmel, *Theodore Roosevelt and the Great White Fleet: American Sea Power Comes of Age* (Washington, D. C. : Brassey's, 1998), pp. 6 – 7, 93; Beale, *Theodore Roosevelt and the Rise of America To World Power*, pp. 3 – 4, 36.

[49] O'Brien, *British and American Naval Power*, p. 48; Sprout and Sprout, *The Rise of American Naval Power*, pp. 259 – 260, 266; Wimmel, *Theodore Roosevelt and the Great White Fleet*, pp. 173 – 174.

[50] Beale, *Theodore Roosevelt and the Rise of America To World Power*, pp. 23 – 27, 32 – 34, 38, 47, 64, 76, 264; Sprout and Sprout, *The Rise of American Naval Power*, pp. 216 – 217, 227, 264; Wimmel, *Theodore Roosevelt and the Great White Fleet*, pp. 237, 45.

[51] Julius W. Pratt, *Expansionists of 1898: The Acquisition of Hawaii and the Spanish Islands* (Baltimore: Johns Hopkins University Press, 1936), chap. 8; Richard Hofstadter, "Manifest Destiny and the Philippines," in Daniel Aaron ed. , *America in Crisis: Fourteen Crucial Episodes in American History* (New York: Alfred A. Knopf, 1952), pp. 173 – 175.

[52] David F. Trask, *The War with Spain in 1898* (New York: Macmillan, 1981), pp. 31, 36 – 37, 41 – 42, 49 – 56; Hofstadter, "Manifest Destiny and the Philippines," pp. 173 – 175; Perkins, *A History of the Monroe Doctrine*, pp. 175 – 185.

[53] Wimmel, *Theodore Roosevelt and the Great White Fleet*, p. 155; Sprout and Sprout, *The Rise of American Naval Power*, pp. 223, 248 – 249, 258 – 260.

[54] 这一讲话全文参见 http: //www. theodore - roosevelt. com/images/research/speeches/sotu1. pdf。

[55] H. W. Brands, *TR: The Last Romantic* (New York: Basic Books, 1997), pp. 609 – 610; Sprout and Sprout, *The Rise of American Naval Power*, pp. 264 – 269; Wimmel, *Theodore Roosevelt and the Great White Fleet*, pp. 221, 238 – 239; Beale, *Theodore Roosevelt and the Rise of America To World Power*, pp. 75 – 76, 328 – 329; Perkins, *A History of the Monroe Doctrine*, pp. 229 – 230.

[56] 乔纳森·斯坦伯格（Jonathan Steinberg）在 1966 年刊发于《当代史杂志》的文章中首次使用了"哥本哈根综合征"（The Copenhagen Complex）这一术语。1807 年英国突然入侵丹麦，在三周内攻陷哥本哈根并摧毁了丹麦海军力量。"哥本哈根综合征"即指后进海军国家因为害怕遭遇"哥本哈根式突袭"故而大力扩张海军的行为。——译者注

[57] 对上述案例的简要讨论请见 Robert S. Ross, "China's Naval Nationalism: Sources, Prospects, and the American Response," *International Security*, Vol. 34, No. 2 (Fall 2009), pp. 47 – 54。有论点认为正是结构性安全问题迫使大国寻求昂贵的霸权，即使这种霸权代价极高，并且鲜有成功先例；而本文结论反驳了这一观点，见

John J. Mearsheimer, *The Tragedy of Great Power Politics*（New York：W. W. Norton, 2001）. Jonathan Kirshner 反驳了上文所提出的"进攻性现实主义"及其对中国崛起的误读，见 Jonathan Kirshner, "The Tragedy of Offensive Realism：Classical Realism and The Rise of China," *European Journal of International Relations*, Vol. 18, No. 1, 2012。

第二篇
崛起的海军大国：
海军政策的起源和目标

中国海权的边界和方向

师小芹

　　随着中国海上权力的不断增强，关于中国不断增长的海权的本质、中国海权发展的目标、中国海权的增长是否会引起海权国家间的冲突和战争、中国是否会运用其新近获得的海权重塑国际秩序，以及中国能否做到其对外宣称的和平崛起等问题，都是近年来国际社会甚为关注的焦点事务。

　　对于中国来说，近年来在海权方面取得的进展一方面是中国经济融入世界经济和海军现代化的自然结果，另一方面也是自近代的衰落与屈辱以来重新跻身于海洋大国、参与国际秩序的新象征。在这样一个重要时刻，作为一个海洋上的后来者，如何认识海权这个治国工具、如何认识海权在现代国际政治中的价值，以及如何作为后来者在先到者设置的规则和语境中使用海权，都是需要深入思考、善做筹划的重要课题。

　　本文以"中国海权的边界和方向"为题，既意在回答国际社会的一些焦虑，也欲帮助国人深入思考中国的海权问题。国际社会，特别是既有海权大国之所以对中国海权的发展表示焦虑，除了将其作为国际政治游戏的一个筹码之外，也存在深层的历史原因。在它们的认知中，海权不仅是国家崛起的根基，而且"是积极参与全球政治的状态。海权是一种资源，没有它，国家只能是世界秩序的消极的消费者"。[1]对于既有海权大国来说，对其世界秩序缔造者地位的最大挑战，莫过于陆权大国同时拥有强大的海权。[2]在这种知识背景下，西方对中国海权兴起做出了各种猜测，担心中国海权会以一种暴力的、大国战争的方式实现国际权力转换，重构国际秩序。

鉴于此，本文将在第一部分介绍中国重回海权世界的趋势和中国的海洋利益。在第二部分中提出海权的定义，指出理解中国海权既要了解其物质层面也要了解其观念层面。物质层面包括舰艇、导弹等"硬"力量；观念层面包括海洋观、海军战略和海洋政策等"软"力量。第三部分则聚焦中国海权发展的边界，指出中国海权发展受到四个方面的限制：先天地理条件和有限的资源、中国对地缘政治状况的认知、中国崛起引起的安全困境和中国运用海权的方式。第四部分主要分析了塑造中国海权未来走向的四个因素，认为海军战略内在的张力、与其他军种的竞争、安全困境和与美国在海洋秩序上的分歧将影响中国海权的方向。最后，本文的结论是：总体上中国海权的发展将是有限的，不会重复英美海权的发展路径，但也存在一些不确定因素；不确定之处取决于国际社会对中国海权做出何种反应，特别是中国与国际社会的互动结果。

中国已经成为全球海上安全的利益攸关者

过去数十年间，中国已经深深地融入全球体系之中，世界海洋的安危如今已与中国息息相关。因此，指望中国将自己的至要利益（vital interest）置于他国仁慈与否的一念之间是不现实的。中国经济是世界上最为开放的经济体之一，中国沿海地区有 5500 万人口依靠贸易提供的就业机会为生，其外贸依存度高达 95.9%。[3]中国海洋经济在国民经济中的比重也持续上升。2009 年，中国海洋生产总值占到其国内生产总值的9.53%，占沿海地区生产总值的15.5%。2009年，海洋相关产业提供的就业机会达到3270万人。[4]中国对海外能源和矿产资源的依赖也十分严重。根据中国海关的统计，2009年，中国分别从沙特阿拉伯、安哥拉和伊朗进口原油4186万吨、3217万吨和2315万吨，占中国原油进口总量的47.7%。[5]根据2009年1月中国国土资源部发布的《全国矿产资源规划（2008～2015年）》提供的数据，如果不加强地质勘查和转变经济发展方式，到2020年，中国石油的对外依存度将上升到60%，铁矿石的对外依存度将达40%，铜和钾的对外依存度仍将保持在70%左右。[6]

这种外向型经济模式使中国对于海上安全的依赖度和脆弱性都不断上升。除了进出口市场的安全之外，漫长的海上航线的安全就足以令中国夜不能寐。在四条至关重要的海上航线中，最短的航线也有3000海里长，它从中国沿海通往东南亚。最长的、通往美洲的航线甚至超过10000海里。而通往"世界石油库房"波斯湾的航线，也长达5500～6500海里。[7]这些至关重要的海上航线，除了漫长，还埋藏着诸多不稳定因素和威胁。其中，海盗是最活跃、最日常的威胁。2008年11月，中国籍渔船"天裕8号"和中国香港籍货轮"高兴"（DELIGHT）号相继在印度洋被劫持。2009年10月19日，载有25名中国船员的中国籍散货轮"德新海"轮在印度洋被海盗武装劫持。[8]除了航行安全之外，沿线主要港口如果成为恐怖袭击的目标，也会大大影响到中国航运的顺利和安全进行。特别值得注意的是，这些漫长的航线往往要经过一些咽喉要道，如马六甲海峡、巽他海峡、龙目海峡、望加锡海峡、霍尔木兹海峡和亚丁湾等。这些咽喉要道牵一发而动全身，如果某个咽喉要道被切断，无论是出于意外还是出于故意，都将对中国经济和安全带来重大影响。

与中国在海上安全方面的巨大利益形成鲜明对比的是，中国缺乏维护这些利益的有效手段。在能力上，中国海军长期奉行近海防御政策，远洋能力弱小，当航母问世已经百年之际，中国才勉强算拥有了自己的第一艘航母。显然，中国海上利益安全有赖于其他海军，特别是美国海军的善意。在外交政策上，中国奉行不结盟政策，在海外没有军事基地，更遑论为保护处于危险中的利益而向海外派兵。而中国又处于一个并不乐观的国际环境之中，世界海权大国基本都结成军事同盟——美国、北约和日本。美国海军部署的重心业已由大西洋转向亚洲太平洋地区。印度和日本为给自己发展海权寻找理由，更是"中国军事威胁论"的积极炒作者。因而，在中国如此倚重海洋安全、中国的实力却如此弱小，国际社会又已经开始夸大中国海权的背景之下，海上安全与和平之于中国的重要意义怎么强调都不为过。

如何判断中国海权

当我们谈起海权时，首先想到海军舰艇是很自然的一件事。因此，当分析家谈论中国海权时，他们首先将目光集中在中国海军舰艇上就不奇怪了。不过，从更广阔的视野来看，将海权与海军舰艇等同起来的看法是对海权的一种过于狭隘的理解。它过于强调海权的物质方面而忽略了它的观念方面。

海权不仅仅是一种物质力量，它还是一种观念力量

正如英文 power 一词既有"力量"之意，也有"权力"的意思一样，除了物质的一面，海权还是一种影响力，一种运用有形力量达到目标的艺术或者管理能力，包括一国关于海权的理论学说、建设和运用海权的相关人员的素质等。[9]国家在海权观、海军战略和对国际海上安全政策方面的不同思路，决定了该国海权在目的和方法上的不同。同样一支舰队在不同的战略和学说指导下会有不同的使用方法，能达到不同的目标。例如，在 1894~1895 年的中日甲午战争中，中国海军几乎被日本海军全歼。如果仅按舰艇数量和吨位来算，1891 年中国海军在世界上排名第八，而日本海军排名第十六。即使日本海军在 1891~1894 年发展迅速，但也可以说当战争爆发时，中国海军在物质力量上至少不逊于日本海军。那么，中国海军败得如此惨烈的原因何在？

这就必须转向"软"权力方面来寻求答案。海军战略、训练和海权观是回答这一问题的关键。[10]

因此,要理解今日中国海权的目标和运用方式,仅仅关注中国海权在物质技术方面的进展是不够的。只有同时考察中国的海权观、海军战略和中国的海上安全政策,才能对中国海权的目标和限度有基本的把握。下面两个部分将从这两个维度来分析中国海权的限度和方向。

中国海权的边界

无论中国的经济实力如何发展,中国都不可能无止境地打造一支举世无匹的海军和随心所欲地使用它。在海权问题上,中国有着先天的局限和现实的约束。

地理限制

作为背陆向海国家,最危险的处境是陷于陆海两线作战之中。与英国和美国相比,中国难以忘记它有着众多的陆上邻国。即使是在陆上较为和平的时期,中国也不能不考虑到陆上和平一旦丧失的可能性,因此必须在陆地方向保持适当的安全投入。除了陆上邻国众多、还有一些陆地边界争端没有解决之外,中国边境地区还有着复杂的民族和宗教问题。因而,即使维持一支最低限度的边防部队也会占用相当一部分人力和物力,完全不存在将所有或者大部资源投入海军的可能性。

即使单从海洋方向看,与美国和英国相比,中国的海洋地理条件也不好。中国海域南北纵长,东西短促,易被从中打断。西太平洋岛链自北向南横亘在中国与太平洋之间,使中国海军在直接、自由地进入通向世界的海洋方面受到很大的限制。中国舰队易于被封锁在第一岛链之内。在信息时代,除了有形的岛链之外,由天基侦察手段和水下传感器组成的无形的信息岛链更进一步加大了中国海军自由出入大洋的难度。如果中国要超越地理条件的限制,付出的代价要超出其他国家。在这种地理条件限制下,中国不可能发展像英国或者美国那样的海权。

身份认知的限制

事实是一回事，对事实的认知有时是另一回事。在一定程度上，对事实的认知比事实本身对一国海权的影响更大。例如，就地理事实而言，美国是一个庞大的陆地国家，但在美国的认知中，它是一个"世界岛"。"世界岛"的认知使美国成为另外一个英国，即它需要用海权来制衡欧亚大陆上的强国。但对中国来说，基本不存在把自己想象成一个"世界岛"的可能性。中国在身份认知上，存在着清醒的对"中国是个陆海复合国家"的基本共识。政学两界许多人士都认为中国是陆权国家，向陆发展、向海防御是最自然的选择。[11] 即使那些认为中国对海外资源和市场依赖过高、台湾问题尚未解决、海上争端日趋复杂、强调加大对海权的投入的学者也承认中国之所以应该对海权给予更多关注是因为陆地方向处于较为和平、可控时期。[12]

作为一个陆海复合国家，如果处理不当，海上霸主和陆上强国结成反对自己的联盟，就会给崛起国带来腹背受敌的危险。[13] 因而，发展美国那样的海权绝不是理性的选择。在地缘身份限制之下，"中国难以放弃陆缘安全及其战略安排而选择全球性海权战略，中国海权将以满足主权需要和一定的海洋空间为目的，是有限的。"[14]

在海军现代化和避免安全困境之间寻求平衡的限制

按照现实主义者和权力转移理论的说法，大战爆发的诱因有二。一是既有霸权国对崛起国采取先发制人或者预防性打击，二是崛起国决定挑战霸权国。导致战争爆发的共同的前提判断之一是相信另外一方接近权力转移的节点。在这个时期，无论是霸权国还是崛起国都对权力的相对分配十分敏感，都希望在和平仍存时积聚力量。这便造成了安全困境。

中国对安全困境有清醒的认识。在霸权国际体系中，霸权国极有可能对崛起国发起先发制人的或者预防性打击。而且，霸权国从自己的历史记忆中得出结论，认为陆权国家的海权发展必然指向挑战既有海权国的地位。因此，陆权国的海权发展很容易就触及这根霸权国最敏感的神经。美国与苏联在冷战时期的关系就是一个很好的例证。20世纪60年代初，苏联海军有了较大的发展。美国人很快判断苏联正在打造一支与美国一样的蓝水海军，认为苏联海军在战略运用上也会持与美国一样的理念：进行海外力量投送、攻击海上交通线和从海上对美国及其盟友进行战略核打击。[15]整个60年代，美国都紧张地生活在这种被夸大或者被想象出来的苏联威胁之中。事实上，后来的历史研究表明，曾经对苏联正野心勃勃地挑战美国海权的判断是夸大了的。[16]

美国对苏联海权发展做出的反应证明，西方海权国对后起海权国的发展极为敏感，往往做出过度反应。今天，当美国对中国海权的任何一点发展都表现出惊讶和恐慌时，中国有理由相信刚刚开始起步的中国海权在尚未成长起来以前就被视为威胁，有可能会受到预防性打击或者遏制。[17]最新关于中国海权的危言耸听之论甚至宣称中国海军将在2015年打败美国海军。[18]在美国官方，国防部长罗伯特·盖茨在2010年6月召开的香格里拉会议上直接批评中国暂停中美军事交流是个错误，并在南海问题上敲打中国。[19]盖茨先生的演讲显示制衡中国是美国的主要目标。

邻国对中国也或有疑虑，或恶意炒作。所有的东亚国家，加上印度，都赋予海权越来越重要的价值，同时对其他邻国的海权发展保持高度的警惕。一方面，对南海提出主张的东南亚国家密切关注中国海军的发展。越南、日本为扩大自卫队对外用兵和支持美国盟友，以及印度海军为其野心勃勃的"东向"计划争取国内支持和寻求国际合法性，都极力渲染中国海军现代化的"威胁"，恶化了中国海军发展的地区环境。[20]近年来日本对于中国海军的正常训练行动表现出的过于敏感的倾向就是证明。[21]

主动规避安全困境是中国"和平崛起"的一项重要条件。所以，如何在推动海军现代化的同时避免适得其反的效果，始终是中国决策者和战略研究者关注的重要问题之一。这无疑会限制中国随心所欲地建设一支理想的海军舰队。

中国看待和运用海权的方式

判断一国如何运用其海权有三个标准。第一是该国如何运用海权来处理与其他国家的争端；第二是在它的鼎盛时期如何运用其海权；第三是它如何运用海权追求其国家目标。

在处理主权和海洋权益争端方面，中国一直秉持自我克制的态度。1985 年 10 月，邓小平指出有两种解决钓鱼岛和南沙群岛争端的方式。"一个办法是我们用武力统统把这些岛收回来；一个办法是把主权问题搁置起来，共同开发，这就可以消除多年积累下来的问题。这个问题迟早要解决。……我们中国人是主张和平的，希望用和平方式解决争端。什么样的和平方式？……'共同开发'。"[22] 在这一思想指导下，自 20 世纪 90 年代以来，搁置争议、友好协商、双边谈判和推进合作一直是中国的官方政策。[23] 技术上，南海争端不是不能用武力解决，但中国一直努力向邻国做出让步，以降低冲突风险，防止争端升级。[24] 因此任何旁观者都不能否认，中国不愿使用武力或以武力相威胁，以及中国决心继续致力于与邻国进行磋商对于地区稳定贡献良多。[25]

在中国海权有朝一日强大了会如何运用的问题上，虽然这目前还是个假设性问题，但中国对历史上海权鼎盛时期运用海权方式的重申和肯定，完全可以说明中国具有强烈的和平运用海权维护国际秩序的偏好。郑和下西洋是中国海权的鼎盛事件，对其纪念和评价就鲜明地展示了中国对和平方式的青睐。2005 年是郑和下西洋 600 周年，中国组织了隆重的纪念活动。纪念活动的组织者之一中国交通部副部长徐祖远评价说郑和下西洋是一次"伟大的和平实践"。[26] 中国海军学术界为此组织了研讨会，会上达成共识，认为郑和下西洋体现出中国战略文化具有追求和平、重正义、强调威慑、重外交、轻武力的特质。而且，当讨论中国运用海权的方式时，常常将西方的殖民历史作为反面教材，认为西方海权的本质是帝国主义的，而与西方海权相比，郑和下西洋既没有占据殖民地，也没有掠夺当地人民。[27] 对郑和下西洋的和平性质的肯定和继承，可以了解当前和未来中国运用海权的方式将是非暴力的，中国海权的目标将追求正义，确保海上航道安全和维护海洋公域和平。[28]

在如何看待海权作为治国工具，如何运用海权来追求国家目标的问题上，中国领导人并不存在运用海权实施帝国主义来扩展国家利益的思想土壤。2005年发布的《中国的和平发展道路》白皮书宣布："历史经验证明中国的发展只能依靠自力更生。中国绝不会牺牲他国的利益来发展自己。"[29]2004年，时任国务院总理温家宝也指出中国崛起将把主要基点放在"自己的力量上，独立自主、自力更生，依靠广阔的国内市场、充足的劳动力资源和雄厚的资金积累，以及改革带来的机制创新。"[30]中国政府领导人带领国家走向强大的政策方针显然得到中国军方的坚定拥护。时任广州军区司令员、前副总参谋长章沁生中将撰文指出："中国特别需要一个持久稳定的和平环境，特别需要聚精会神搞建设。中国不可能拿出大量的资源来扩充超出基本安全需要的军备。"在新的安全环境中维持和平的最有效的途径就是"维持全球战略均衡"和"增进国际军事合作"。[31]这些言论都说明中国不会复制西方的发展模式，即不会通过剥削殖民地来发展本国，特别是用"炮舰政策"征服和奴役他国人民。

总之，这四个要素：中国的地理位置、对地理位置的认知、对安全困境的警觉以及中国看待和运用海权的方式，决定了中国海权的建设和运用将在这些边界和框架之内进行，不存在不可知的中国海权无止境发展的危险。

中国海权的未来方向

中国海权发展面临着巨大的挑战，既有海军发展面临的挑战，也有在国际政治中如何发展和运用海权的挑战。中国如何回应这些挑战，决定着中国海权的未来方向。

"近海防御，远海防卫" 战略的内生张力

2007 年，中国共产党十七大报告提出中国人民解放军必须"提高应对多种安全威胁、完成多样化军事任务的能力"。从此，中国海军战略开始了从"近海防御"向"近海防御，远海防卫"的转变。[32]

与"近海防御"战略相比，"近海防御，远海防卫"战略蕴含着内在的矛盾张力。从"近海防御"的角度来看，中国海军需要防御两个对象，一是介入台海冲突、中国与邻国间的领土冲突的超级大国及其盟友，二是试图侵犯中国主权和海上权益的其他国家。主要的防御区域在东亚濒海区。这要求中国拥有有效的区域防御能力（即反强国海军进入能力）。这种能力可以更多地从水雷、潜艇/陆基导弹、较小型水面舰艇中获得。与此同时，与中国相比较小的国家指导海军建设的思想也是非对称性的，它们在反潜能力、潜艇能力和局部海域的地理优势又将中国置于强敌的处境。当面对强敌时，中国发展非对称优势费效比较高，而对于其他中小国家，中国又要具备对称优势。

而从"远海防卫"的角度来看，中国海军还必须提高远海机动作战能力。即使不以取得大洋制海权为目标，中国海军也至少需要护送其商船安全航行在漫长的海上航线上，这更强调舰队的远航能力、后勤保障能力、大洋上的制空能力等。除此之外，"多样化军事任务"所包括的应对海盗、海上恐怖主义和海上抢险救灾等任务也要求中国海军在装备、人员和指挥方式等方面发展相应的专业化能力。

因此，如果要确保"近海防御，远海防卫"战略的成功，中国海军需要形成全面、综合的能力，在全面提高近海综合作战能力、战略威慑与反击能力的同时，还要发展远海合作与应对非传统安全威胁能力，推动海军建设整体转型。[33]这将是长期以来的以非对称作战能力为重心的指导思想的重大变革。相应的，如此范围广阔的战略需求将对中国海军的编制、资金、教育、训练体系和舰队结构带来巨大的挑战。

新技术条件下中国海军面临技术选择的压力与新一波军种竞争的压力

技术的可能性在海军战略中有着突出的重要意义。潜艇在第一次世界大战和航母在第二次世界大战中出人意料的表现，都显示战前技术发展所蕴含的战略意义往往要到很久后才能被认识到。另外，战前所认为的将在未来战争中发挥主导作用的技术时常被证明是错误的投资，甚至是致命的投资。当前的军事技术的发展又处于历史上一个快速甚至是革命性时期。在快速变动的技术环境中，要为未来战争选择合适的技术极具挑战性，特别是当这些选择将决定未来战争的结果时更是如此。

新技术的运用还要求海军战略战术也及时做出调整。最典型的例子如信息技术使海洋变"小"了的问题。海权的一个优势就是在广阔的海洋上发现一艘舰艇十分困难。在海军战略中，海洋的广阔性和舰艇的机动性是两个决定性要素。在大洋上找到对方舰艇是一支舰队的首要任务。一旦锁定了敌方舰队，才有可能展开战斗。但在信息技术被广泛运用之后，要在大洋上发现敌人变得容易了，或者说要不被敌人发现变得困难了。在这种情况下，如果没有先进的信息网络，无论舰队有多么强大，都很可能在浑然不觉的情况下被敌人发现、跟踪、定位和击中。再进一步，与过去找不到敌人时相比，信息化了的海军必须思考如何在"透明"的战场上与敌人作战，无论战略还是战术肯定不能因循既往。

除此之外，远程快速打击技术和空间技术的发展也改变了海权的另外一个特性。这个特性指海权是国家"延长"了的手臂，它与陆权相比具有将国防前沿往外推和到达陆军难以到达的敌人本土的能力。远程快速打击技术和空间技术在一定程度上侵蚀了海军的这个优势。这两项技术带来的冲击之一就是使中国海军陷入与陆军、二炮（全称为中国人民解放军第二炮兵）和空间部门之间的激烈竞争。2010 年 1 月 11 日，中国进行了一次陆基中段反导拦截技术试验，[34] 暗示中国反导能力建设可能首先是陆基的，即由陆军或者二炮来实施。在中国的防御性战略中，如果陆基可以实现的能力，再在海军中建设同样能力的可能性就较低了。美国轨道飞机的发展前景已经预示了未来太空技术完全可以置海军于无用武之地。2010 年 4 月 22 日，美国空军试验发射了 X - 37B 轨道太空飞机。该型太空飞机可重复使用、能够长时间滞空（目标是 270 天）、具有自动重入大气层和降落能力。[35] 这意味着它完全可以以整个地球甚至近地空间为打击范围，并具有短至 1~2 个小时全球快速打击能力。[36] 如果日后技术更为成熟可靠，那么传统的防御地理区域划分（例如陆上、海洋和空中）所带来的区隔将会消失。在此过程上，海军不仅面临着与其他军种的资源竞争，海军的价值究竟何在，都值得提前做出应对。对于传统上在中国战略中并不居于"第一军种"地位的海军来说，可以预见其将面临新的军种竞争。

在安全困境中往前发展的挑战

中国面临的安全困境既存在于全球层面，也存在于地区层面。除了大国施加的结构限制之外，地区国家也试图联合起来或者在区外大国的支持下制衡中国。例如，在与美国总统巴拉克·奥巴马会晤时，新加坡资政李光耀提醒美国总统中国将在未来 20~30 年塑造亚太地区的未来，如果美国希望保持其全球超级大国的地位，美国需要保持在亚太地区的优势，尽管李光耀也认为中国将避免恶化与美关系以实现和平崛起。[37]

从中国自身来讲，避免安全困境要求在实现现代化和刺激邻国之间保持恰到好处的平衡。虽然中国业已对国际社会的关切表现出足够的敏感。[38] 但不幸的是，中国的劝说方式[39] 和安抚方式[40] 没有得到期望中的回馈。在 2009 年 5 月向联合国海洋法委员会递交领海基线报告日期之前，相关争端国纷纷违背《南海各方行为宣言》第五条关于"各方承诺保持自我克制，不采取使争议复杂化、扩大化和影响和平与稳定的行动"的准则，采取各种宣示主权的行动。2009 年 3 月 5

日，马来西亚副总理兼国防部长巴达维登上中国领土弹丸礁和光星仔礁宣示马来西亚主权。2009 年 5 月，越南与马来西亚联合向联合国递交 200 海里外大陆架"划界案"。面对不如人意的形势，中国政府正在国内面临着要求改变政策的压力。

与美国在全球海洋秩序上分歧如何处理

随着人类利用海洋能力的提高，海洋价值变得多元化，海上威胁也变得多样化。为保护多元化的利益和应对多样化的威胁，海军的功能也在不断扩大，不再局限于传统的作战功能。海洋的流动性和通达性决定了构建海洋秩序的活动不再局限于一国，而是一种国际层面的行为，要求各国海军共同行动的情境越来越多。尽管如此，在各国海军能够顺利合作前，它们必须就理想的海洋秩序及其如何实现这种秩序达成一致。

但从目前来看，中国与美国在国际海洋秩序的立场上差距颇大。美国拒绝批准《联合国海洋法公约》，拒不认同专属经济区的军事活动必须顾及沿海国的安全，认为 12 海里领海之外皆为公海，可享无条件的航行自由。以此解释为基础，美国持续贴近中国领海进行侦察和监视。这些敌意行为在中国专属经济区内频繁发生。2001 年的"EP-3"事件就清楚地展示了美国顽固地拒绝尊重中国权益可能带来的危险后果。美国在专属经济区军事权利问题上的自行其是，说明其意图是要单方面打造由其主导的全球海洋秩序，而不是遵守已经为 160 多个国家批准的联合国海洋法框架。

与中国支持的联合国框架相悖，除了固化传统盟友关系之外，美国还先后提出"防扩散安全倡议"（PSI）、"千舰海军计划"（Thousand-Ship Navy）和"全球海上伙伴关系倡议"（Global Maritime Partnership Initiative）等方案和 2007 年的"21 世纪海上力量合作战略"[41]，意在打造一个以美国为领导的"一致行动，应对共同威胁，维护共同利益的非正式联盟"。[42]

当前国际社会的共识是，海洋问题是一个全球性问题，需要国际合作才能处理好。当中国抱着积极的海上安全合作的意愿走向海洋时，面临的却是中国赞同的联合国海洋秩序框架不断受到美国追求的美国秩序框架的挑战。如果美国与中国无法找到一条确保全球海上安全的共同道路，如果双方不能妥当地解决专属经济区的军事权利问题，可能会出现更多的意外和纷争。如果美国继续构建正式或非正式的联盟并在海洋安全问题上压制中国，中国将会觉得被孤立、受到威胁，从而被迫将重心放在依靠一己之力上。

结　论

无论采取何种视角来预测一国的未来行为，只有一种方法能够确保该预测的质量。那就是采取物质主义和观念主义相结合、单元因素和体系因素相结合的方式。

就单元层面来讲，中国海权的发展有其内在的限制。就物质实力而言，中国很难做到向海军投入不成比例的资源而使其他军种处于次要地位。因而，中国与美国海军势均力敌的前景是非常小的。就观念而言，中国已经展示了在力量建设上的克制倾向。当然，这不是说中国已经做完了所有它能做的，未来如何就全然不是中国所能控制的了。事实上，中国在一些关键问题上仍然面临着抉择，包括如何在军种间分配国防资源，投资于哪些技术，以及在外交政策和全球海洋事务中是更看重多边合作还是更重视自力更生等。

就体系层面而言，国际社会对中国的反应也是影响中国海权发展的重要因素。如果只有中国单方面的努力，而得不到其他相关各方的善意回馈，安全困境仍然难以避免。考虑到其他方面对中国行为的反应也会影响到中国的下一步行动，外部势力干预中国国家统一的可能前景和利用海域争端向中国施压，有可能迫使中国海军不断增强其力量，为最坏的情况做准备；而国际社会对安全困境的体认和主动采取舒缓困境的措施，[43]则可能降低中国将所有可得的资源投入海权建设的动力。

简而言之，中国海权的方向和边界既取决于中国国内因素，也取决于国际社会如何对待中国。虽然学者们正努力寻找一些变量，他们确实也找到了一些，但究竟单元层面的变量与体系层面的变量如何相互作用仍然是一个难以把握的领域。不确定性将继续存在。我们能做的就是密切关注这个互动过程，其中关键是建立有效的沟通机制，最大限度地减少误解和误判。

注释

［1］ George Modelski and William R. Thompson, *Seapower in Global Politics, 1494 - 1993* (London: Macimillan Press, 1988), p. 11.

［2］ 阿尔弗雷德·塞耶·马汉：《亚洲问题及其对国际政治的影响》，范祥涛译，上海三联书店，2007。

［3］ William W. Keller and Thomas G. Rawski, "China's Peaceful Rise: Road Map or Fantasy?" in William W. Keller and Thomas G. Rawski, eds., *China's Rise and the Balance of Influence in Asia* (University of Pittsburgh Press, 2007), p. 195.

［4］ 《2009 年中国海洋经济统计公报》，中国国家海洋局，2010 年 3 月发布，见 http://www. cme. gov. cn/hyjj/gb/2009/1. htm。

［5］ 《2009 年我国原油进口量突破 2 亿吨，12 月份进口量价均创年内新高》，见海关总署网站，http://www. customs. gov. cn/publish/portal0/tab2453/module72494/info214617. htm。

［6］ 中华人民共和国国土资源部网站，http://www. mlr. gov. cn/xwdt/zytz/200901/t20090107_ 113776. htm。

［7］ 冯梁、张春：《中国海上通道安全及其面临的挑战》，《国际问题论坛》2007 年秋季号（总第 48 期）。

［8］ 见新华网报道，http://news. sina. com. cn/c/2009 - 10 - 19/214518862315. shtml。

［9］ 肯·布思：《海军的能力》，载美国国防大学编《海军战略》，雷湘平等译，海军出版社，1990，第 73 页。

［10］ 王家俭：《李鸿章与北洋舰队：近代中国创建海军的失败与教训》，三联书店，2008；姜鸣：《龙旗飘扬的舰队：中国近代海军兴衰史》，三联书店，2002。

［11］ 唐世平：《再论中国的大战略》，《战略与管理》2001 年第 4 期；叶自成、慕新海：《对中国海权发展战略的几点思考》，《国际政治研究》2005 年第 3 期。

［12］ 方堃：战略地缘与中国海军建设，《世界经济与政治》2004 年第 8 期；徐起：

《地缘战略与中国海军战略的发展》，《海军学术研究》2004 年第 5 期；李义虎：《从海陆二分到海陆统筹——对中国海陆关系的再审视》，《现代国际关系》2007 年第 8 期。

[13] 程广中：《濒海强国参与国际政治的世纪性规律》，《战略与管理》1996 年第 4 期。

[14] 刘中民、赵成国：《关于中国海权发展战略问题的若干思考》，《中国海洋大学学报》（社会科学版）2004 年第 6 期。

[15] John B. Hattendorf, *Naval History and Maritime Strategy：Collected Essays* (Malabar, Florida：Krieger Publishing Company, 2000), p. 206.

[16] 1968 年，罗伯特·赫里克（Robert Waring Herrick）出版 *Soviet Naval Strategy：Fifty Years of Theory and Practice* (Annapolis, Maryland：Naval Institute Press)，最早判断苏联并非一支进攻性的蓝水海军。1973 年，Michael McGwite 出版 *Soviet Naval Developments：Context and Capability* (New York：Praeger)，认为苏联战略本质上仍然是防御性的。1976 年，George E. Hudson 在 *World Politics* (Vol. 29, No. 1, Oct. , 1976, pp. 90 – 113) 上发表 "Soviet Naval Doctrine and Soviet Politics, 1953 – 1975" 一文，指出在海权运用的各个方面，苏联海军学说都是与西方不同的派系。

[17] "US Show of Power in the Pacific Aimed at the Chinese," *The Daily Telegraph* (London), July 10, 2006; "Rising China Threat Unmet If U. S. Navy Doesn't Seek Funds to Counter It, Analysts Say," *Defense Daily International*, January 18, 2008; Lawrence Spinetta, "Cutting China's 'String of Pearls'," *U. S. Naval Institute Proceedings*, Vol. 132, Oct. 2006; James Kraska, "How the United Staes Lost the Naval War of 2015," *Orbis*, Winter 2010, http：//www. fpri. org/orbis/5401/kraska. navalwar2015. pdf.

[18] James Kraska, "How the United Staes Lost the Naval War of 2015," *Orbis*, Winter 2010, http：//www. fpri. org/orbis/5401/kraska. navalwar2015. pdf.

[19] 盖茨的演讲见英国国际战略研究所网站，http：// www. iiss. org/conferences/the – shangri – la – dialogue/shangri – la – dialogue – 2010/plenary – session – speeches/first – plenary – session/robert – gates/。

[20] Ishaan Tharoor, "India's China Panic：Seeing a 'Red Peril' on Land and Sea," *Times*, Sunday, Sep. 20, 2009, http：//www. time. com/time/world/article/0, 8599, 1924884, 00. html? iid = sphere – inline – bottom. And Harsh V. Pant, "China's Naval Expansion in the Indian Ocean and India – China Rivalry," *The Asia – Pacific Journal*, http：//www. japanfocus. org/ – Harsh_ V_ – Pant/3353.

[21] 《日本为何对中国舰队公海训练如此"敏感"》，http：//news. china. com. cn/rollnews/ 2010 – 05/11/content_ 2061406. htm。《日本外相召见中国大使 就"跟踪"事件提强烈抗议》，《环球时报》，http：//news. xinhuanet. com/mil/2010 – 05/07/content_ 13471156. htm。

[22]《邓小平文选》（第三卷），人民出版社，1983，第87~88页。

[23] 岳德明：《中国南海政策刍议》，《战略与管理》2002年第3期。

[24] 傅泰林（M. Taylor Fravel）：《中国军事崛起初探》，载王缉思主编《中国国际战略评论2009》，世界知识出版社，2009，第309页。

[25] 刘中民：《冷战后东南亚国家南海政策的发展取向与中国的对策思考》，《南洋问题研究》2008年第2期。

[26] 交通部副部长徐祖远介绍郑和下西洋600周年纪念活动的筹备工作及郑和航海及国际海洋博览会的有关安排情况，见http：//gb. cri. cn/3821/2004/07/07/561@222680. htm。

[27] 海军军事学术研究所主编《海军纪念郑和下西洋600周年学术研讨会论文汇编》，2005。

[28] 李海林、张立、胡德胜：《郑和军事外交成就对海军建设的启示》，《海军工程大学学报》（综合版）2005年第2期。

[29] 中华人民共和国国务院新闻办公室：《中国和平发展道路白皮书》，新华网，2005年12月22日。

[30]《温家宝答记者问：保持经济平稳较快发展》（全文），见新华网，2004年3月31日，http：//news. xinhuanet. com/stock/2004 － 03/15/content＿ 1366029＿ 1. htm。

[31] 章沁生：《中国和平发展道路与国防现代化》，《学习时报》第361期，2006年11月13日。

[32] 中华人民共和国国务院新闻办公室：《2008年中国的国防》，2009，第31页。

[33] 中华人民共和国国务院新闻办公室：《2008年中国的国防》，2009，第31页。

[34] 2010年1月12日外交部发言人姜瑜举行例行记者会，见外交部网站，http：//www. fmprc. gov. cn/chn/gxh/mtb/fyrbt/t651057. htm。

[35] http：//www. space. com/missionlaunches/secret － x － 37b － details － revealed － 100417. html.

[36] 孟祥青：《空天飞机的军事潜质》，《人民日报》2010年5月4日。

[37] Speech by Lee Kuan-yew at the U. S. -ASEAN business council's 25th anniversary gala dinner, Washington, D. C., October 27, 2009, http：// www. news. gov. sg/public/sgpc/en/media＿ releases/agencies/mica/speech/S － 20091027 － 1. html.

[38] Richard Weitz, "Operation Somalia: China's First Expeditionary Force," *China Security*, Winter 2009.

[39] John Garofano, "China-Southeast Asia Relations: Problems and Prospects," in Toshi Yoshihara and James R. Holmes, eds., *Asia Looks Seaward: Power and Maritime Strategy* (Westport, Connecticut·London: Prager Security International, 2008), pp. 176 － 178.

[40] Avery Goldstein, *Rising to Challenge: China's Grand Strategy and International Security*

（Standford University Press，2005）；曹云华：《远亲不如近邻——中国加入〈东南亚友好合作条约〉的意义》，《世界知识》2003 年第 20 期。

［41］ Geoffrey Till，"New Direction in Maritime Strategy? Implications for the US Navy," *Naval War College Review*，Sep.，2007.

［42］ Michael G. Mullen，Remarks delivered at the Seventeenth International Seapower Symposium，Newport，Rhode Island，September 21，2005.

［43］ Bill Powell，"The Chinese Navy：How Big a Threat to the U. S. ?" *Time*，Tuesday，Apr. 21，2009，http：//www. time. com/time/world/article/0，8599，1892954，00. html.

印度海权的崛起：
起源、目标与长期计划

阿伦·普拉卡什（Arun Prakash）

对印度的好奇

近代史上，除了 17 世纪的俄国和 18 世纪的德国之外，很少有传统大陆国家从一开始就尝试面向海洋的定位并以海上强国的新形象立于世间。因此，当人们一下子发现有两个——中国和印度——而不是一个国家同时向这一目标努力时，他们对此所表现出的极大好奇也就不足为怪了。

印度近期的一些细微迹象，例如，颁布一个海军战略、制定一个包括一艘等待试航的核弹道导弹潜艇在内的海军力量发展计划和开展一项本国建造航空母舰的工程等，已在战略圈引发了一定程度的亢奋。[1]远在华盛顿、伦敦和墨尔本的各大智库的骚动足以为凭，它们围绕印度的这些动态开展了一系列的活动，包括进行学术研究、发表论文专著和举办研讨会等。

对于被称为印度海权"戏剧化"崛起的好奇心的突然大爆发，可归结于以下两个原因：首先，海洋力量影响深远，极其重要，在现存的权力制衡体系中任何变化的征象，甚至是在区域层面上的，都必将受到全面的审视。相较于此，有趣的是，尽管印度拥有世界上规模数一数二的陆军和空军，却从不曾在学术界激起一丝涟漪。其次，当然了，也许一个国力贫穷的第三世界国家竟然涉足航空母舰和攻击型核潜艇之类的高端海军武器，本身就是不同寻常乃至荒谬可笑的。毕竟在不久前，印度洋还仅仅是英国的一个内湖，而它沿岸的安全则被认为是"白人的负担"。

印度的特性

在这些研究中有一个有趣的现象。西方学者们锲而不舍地尝试用已知和熟悉的范式去理解和解释印度的思维过程。显然，有人担心对惯例的偏离和对非主流模式的探索也许会把学者们引入未知和困窘的境地。令人遗憾的是，印度本身的风俗、文化甚至是历史并不适合西方学者以他们习惯的方法进行常规解释。就像一些例子所显示的，如果西方学者硬要把印度的发展动态塞进不合适的模板里，他们就极有可能得出片面的假定和结论。

2009 年，以詹姆斯·豪莫斯（James R. Holmes）为首的三名美国海军战争学院教授发表了一篇关于最近发布的《印度海军战略》的评论。在这篇综合性的评论文章中，他们尝试探讨了印度海洋战略思想的起源与基石，并推断了印度未来的军力结构和可能的运用模式。这个研究据说是以下面的前提为基础的："海军是一国战略思想的实体化表达，因而也是一个社会政治和战略文化的实体化表达。"[2]

有趣的是，20 世纪 90 年代中期，在兰德公司一项关于印度战略文化研究的专题论著中，作者指出了印度社会存在的许多思想空白和文化缺陷，这些空白和缺陷在整个国家的发展历史中导致了诸多不良后果。[3]尽管论据流于狭浅，这一论著也得出了一些有趣并引人深思，但听来颇为逆耳的关于印度战略文化（或关于印度根本没有战略文化）的结论。

马汉把民族性和天资列为与一国海权发展息息相关的因素。[4]以英国和荷兰为例，他认为正是这些民族热衷于逐利的天性和对于贸易开拓的崇尚（这一切导致了殖民掠夺）使他们更容易变成海权大国。印度人经常反思这些观点并用来评价自身的优劣。虽然印度人追求贸易事业的天性已被世界广泛认知，但鲜为人知的是，早在公元后的第一个千年内，通过海上传播的印度贸易、文化和宗教就已经在整个东南亚扎根。然而，从表面上看来，印度历史上却有一段航海成就与海权发展的空白。

我们注意到，在关于海上强国崛起的各种研究中，无处不在地涌动着历史论的暗流。在这方面，豪莫斯教授和他的同事宣称："一个民族国家需要本国辉煌的历史事实来为制定一个自信的海军战略指引方向和提供支持。"[5]在上文的背景下，他们提出了明确的疑问，印度真的拥有足够的"可用的过去"来向"陆向型的……印度民众"证明"一项雄心勃勃、花费巨大的海洋和海军战略是有必要的"吗？

很显然，任何关于印度海权崛起的认真的调查研究都需要深入挖掘一系列因素，这些因素不仅影响了印度的历史，也影响了它的文化、地缘政治环境、政治精英和军事领导集团的倾向，以及最重要的，它作为一个民族国家的特性。既然已经有大量研究强调历史的基础作用，那本文就从追溯印度的海洋史谈起。

遗憾的是，大部分权威的历史叙述都是由西方历史学家做出的，他们更倾向于忽略东方做出的任何贡献。尽管如此，我们还是要从这些研究开始。

海权的历史基础

西方海权的崛起

根据传统观点，西方人率先在地中海盆地利用公海。在地中海，贸易的出现催生了海盗行为，引发了贸易竞争对手之间的冲突，并不可避免地导致了战舰的演化，由此开启了海军为贸易保驾护航的历史。根据西方的记载，早期海权史就是一部商业利益之间竞争的对抗史。[6] 据记载，克里特（Crete）是最早（公元前 2500 年）也是势力最强大的地中海强权之一，其后是腓尼基人（Phoenicians）、希腊人（Greeks）、迦太基人（Carthaginians）和罗马人（Romans）。

这些相邻的强权不可避免地陷入了频繁且持久的冲突中，例如，伯罗奔尼撒战争（Peloponnesian War）与布匿战争（Punic War）。这些战争的结局在很大程度上取决于海上，并被诸如希罗多德（Herodotus）和修昔底德（Thucydides）等大历史家极其详尽地载入史册。据说最后一场重要的"古代海战"是发生在公元前 31 年艾奥尼亚海（Ionian Sea）的亚克兴海战（Battle of Actium）。战争一方是未来的恺撒（Augustus）的舰队，另一方是罗马将军马克·安东尼（Mark Anthony）和他的埃及同盟克里奥佩特拉（Cleopatra）的舰队。亚克兴海战标志着长达 5 个世纪的罗马和平时期的开端，在这期间，罗马维持了整个地中海地区的秩序与和平。[7]

公元前 499 年波斯对希腊半岛的海陆入侵被认为是"亚洲对欧洲的第一击"[8]，这是亚洲海上力量首次出现在这些史书中。在萨拉米斯海战（Salamis naval battle）中，由于雅典和斯巴达的联合攻击，波斯漫长的海上运输线被摧毁，希腊三列桨战船大败波斯划桨帆船。然而仅在 1000 年后，亚洲再次对欧洲各国造成了威胁。奥斯曼土耳其人的铁蹄踏过东欧直到维也纳，并从他们的北非根据地开始拓疆到了地中海。1571 年勒班陀战役（Battle of Lepanto）被称为是"基督徒与穆斯林"之间的战争的高潮，在这场战役中，土耳其人落败并丧失了对地中海的统治权。

中世纪末期，造船水平、航海技术和海军武器能力得到稳步发展，使得欧洲的水手们，特别是来自葡萄牙和西班牙的水手们能够离开家乡抵达未知海域探险，并能够安全地返回。保罗·肯尼迪（Paul Kennedy）曾经说过：

从伊比利亚人的船队展示出优于他国的征服力和随之而来的
经济利益开始，竞赛就开始了。随着荷兰、法国和英国的陆续加
入，海上竞争迅速演变成了对战利品、贸易路线和政治优势的争
夺……[9]

15世纪末，欧洲人发现了通往印度洋的海上航线。在随后的500
年内，印度洋几乎被欧洲垄断。拿破仑1815年败北之后的60年常被
视为是大不列颠帝国治下的和平时期。通过工业革命，英国成为世界
工厂。此时，推行"自由贸易"这个新概念符合英国的利益。借由这
一概念，英国以皇家海军为手段，控制世界市场，倾销其产品。

印度海权的起源

鲜有西方史料——哪怕是蜻蜓点水般地——提及古代阿拉伯人、
中国人和印度人的航海技能。中国试图弥补东方国家没有类似希罗多
德和修昔底德等值得夸耀的古代历史学家的缺憾，正通过一个前皇家
海军潜艇指挥官加文·孟席斯（Commander Gavin Menzies）的帮助来
重塑其海洋史。[10]

试图权威地证实印度海洋历史中"辉煌的历史事实"的印度学者
（尤其在国家独立之后）并不多。但话说回来，重建历史并非易事。
印度历史学家们悲伤地承认，由于缺少必要的资源和专业力量，他们
很难将六七个印度沿海地区的不同的语言和文字的卷册、铭文、遗迹
和手工艺品拼凑成完整连贯的史话。因此，这片空白所反映的更多的
是印度史学家对于探索艰巨深奥领域的无能和回避，而不是历史本身
的缺失。

印度政治家、外交家、历史学家萨达尔·潘尼卡（Sardar
K. M. Panikkar，1895～1963年）是勇敢尝试填补空白之人。针对麦金
德（Mackinder）的评论——"现代研究表明，古代首屈一指的航海民
族一向出自欧洲与亚洲之间的一方海域……爱琴海。"[11]潘尼卡认为：

也许他（麦金德）是从欧洲航海传统发展的角度来发表这一论述的，但是从世界历史的角度看，这一说法是不准确的。在狭仄的爱琴海开展航行的很久以前，大洋航行在印度半岛就已经很普遍了。[12]

潘尼卡认为，由于地球物理的原因（换句话说就是周期性的西南、东北季风和盛行洋流），是印度洋，准确地说是阿拉伯海周边的陆地，首先见证了世界上最早的大洋航行活动。[13]

潘尼卡坚称，印度人拥有足够能力，可以建造坚固耐用、可远航至阿拉伯海的具有大洋航行性能的船舶，而且还能借助马特斯亚具（磁罗盘）进行准确的导航。在提供了全面的论据之后，他得出如下结论："在哥伦布航行到大西洋和麦哲伦横跨太平洋之前的几千年，印度洋就已经成为商业贸易和文化交流的交通要道。尼尼微（Nineveh）与巴比伦（Babylon）的早期文明与印度西海岸的紧密联系只可能是通过阿拉伯海的海上航行来实现的。"

对于古印度河流域文明首府摩亨朱－达罗（Mohenjo-Daro，公元前 3000 ~ 公元前 2500 年）的考古发现的分析表明，其中很多东西来自于红海、地中海沿岸及印度的最南端。这一研究证实了早在公元前二三十世纪，印度西海岸就已存在相当活跃的沿海和大洋航行活动。史学家拉达·库姆德·慕克吉（Radha Kumud Mookerji）在其 1912 年出版的著作《印度航运业》（*Indian Shipping*）中，不仅对梵文和巴利文古籍进行了探讨，而且也对来自印度的桑吉（Sanchi）、札格纳特（Jagannath）、阿旃陀（Ajanta）和来自遥远的印度尼西亚巴厘岛（Bali）和婆罗浮屠（Borobudur）的雕塑、绘画和钱币等进行了研究，构建了印度在东方的商业利益和殖民活动中的中心地位。[14]通过艰巨的劳动，慕克吉收集了零碎的、散乱的证据，为古印度的航运和海洋活动提供了一个全面可信的概观。

曾经担任过孔雀王朝帝王旃陀罗笈多（Emperor Chandragupta Maurya，公元前 320 ~ 298 年）顾问的哲学家、战略家考底利耶

（Kautilya）写过一本梵文著作《政事论》（*Arthashastra*）。这是一本详尽记载了治国、经济、外交政策、法律、行政以及其他诸多方面问题的指南。它提及了像船舶首席指挥官和港口首席指挥官之类的官职，并列出了他们在航海、安全以及惩戒违反航海规则行为等方面的法定职责。[15]

潘尼卡关于孔雀王朝（公元前 322~前 185 年）时期管理印度东海岸海洋活动的完备体系的描述犹如一张迷人画卷。孔雀王朝在次大陆的扩张使得它的面积在当时位居世界之首。潘尼卡引用铭文和钱币为证据，证明孟加拉湾见证了商业殖民和文化宗教渗透的延绵流传是借由印度东海岸港口到东南亚之间的海洋来实现的。

3~4 世纪时期，纵贯暹罗、柬埔寨、爪哇、苏门答腊岛和巴厘岛（在梵文中全部被称为"苏凡纳布"，意为黄金宝地）的辽阔区域里，曾建立过多个繁荣的印度教王国，其传奇迄今仍被该地区的艺术、文化、宗教信仰和民间传说生动地演绎着。这说明继孔雀王朝之后，统治印度南部的各王朝，如安达罗王朝、潘地亚王朝和强盛持久的朱罗王朝，都与东南亚殖民地保持着紧密且活跃的联系。这些延续了至少700~800 年的交往，都是勇敢无畏的印度水手通过海上交通实现的。

从 5 世纪到 10 世纪，东部海域和马六甲海峡的控治权转移到了一个印度洋海上强国——苏门答腊岛的三佛齐帝国（the Sri Vijaya Empire）的手中。三佛齐君主以强大的海军保持着在附近海域的霸权。但是，公元 1007 年，朱罗王朝（the Chola dynasty）的拉金德拉皇帝（Rajendra）建设了一支强有力的海军，挑战三佛齐的统治地位。之后长达一百年的战争削弱了两国实力并且预示着印度海权的终结。

分隔印度与东南亚的孟加拉湾常常发生风暴、飓风和惊涛骇浪，哪怕是现代船舶在这片海域航行都会遇到危险。在长达五个世纪的历史长河里，必定发生过无数劈波斩浪航行的故事和印度对东南亚实施统治过程中必然引发的海上冲突等重大事件。然而，奇怪的是，对此既未留下任何官方记载，也未流传下来任何英雄事迹。这一现象暴露出知识界的怠惰，或许是出于文化上的回避，其对于调查和记载与晦涩难解的海洋领域相关事件的历史望而却步。由于这个原因，创建和确认这个时期内所发生的事件，并使它们广为人知，尤其是在印度年轻人中流传，变得比以往任何时候都更为重要。这既能提醒年轻人，印度拥有丰厚的海洋遗产，也可以在他们当中发起"海洋热"。

12~13 世纪，突厥和普什图部落跨越西北山脉入侵了富饶的北印度平原。由于新统治者们生长于亚洲中部的大草原，他们从未见过大海。与航海相比，他们更了解如何牧马。印度海权逐渐衰弱，印度洋海上贸易的控制权转移到了阿拉伯人的手中。

1498 年 5 月，葡萄牙探险家瓦斯科·达·伽马到达了印度马拉巴尔海岸。在这个关键时刻，德里苏丹国（the Sultanate of Delhi）被阿富汗洛迪王朝（the Afghan Lodhi Dynasty）所统治，而南印度则分裂为巴哈米妮（Bahamini）和维嘉那格瑞姆（Vijaynagram）两个王国。这两个王国皆无海洋战略眼光，更遑论建立海军了。[16]

由于地理便利和历史传统优势，印度曾经是一个海上强国，但时势不曾创造出类似弗朗西斯·德雷克（Francis Drake）或霍雷肖·纳尔逊（Horatio Nelson）的英雄。不过，还是有几个人在印度海运历史上留下了自己的印迹，其中包括古里港（Calicut）富有远见的统治者和两位杰出的航海家，昆加力·马拉卡（Kunjali Marakkar）和坎霍嘉·安格瑞（Kanhoji Angre）。印度海军以他们的名字命名了三个设施以纪念他们，我们在本文中也应对他们略做介绍。

瓦斯科·达·伽马在南印度的古里港受到了热烈欢迎，但他与当地统治者扎莫林（the Zamorin）的关系迅速恶化。不久后，欧洲外来者与扎莫林舰队之间公开爆发了海上冲突。在随后的 90 年里，弱小的沿岸的马拉巴尔海军（the Malabar naval force）不仅在本国的海域中坚守阵地，而且在印度西海岸与装备更加精良的葡萄牙海军奋力鏖战。在英勇善战的来自马拉卡（Marakkar）家族的船长们（其中昆加力·马拉卡最为杰出）的指挥下，马拉巴尔舰队坚持奋战，扰乱葡萄牙人的计划，而且总能在关键时刻挫败他们的计划。[17]

这场史诗般的海上鏖战不仅象征着马拉巴尔水手的英勇无畏，尤其象征着昆加力·马拉卡船长的坚定决心和战争素养。据说马拉卡家族是阿拉伯商人的后裔，他们作为海军首领为扎莫林效力，而扎莫林为他们提供人员和物资。他们能够自由地建造战船，与葡萄牙人交战并保留战利品。[18]

曾由昆加力·马拉卡一世、二世、三世、四世领导的舰队主要是由一种名为"噶来法特斯"（gallivats）的由帆和桨推进的小型快船组成，装备有可旋转的四磅或六磅炮。昆加力船队擅长快速冲出港口与逼近的敌人作战，利用速度快和操纵灵活的优势不停袭扰。当遭遇比他们强劲的（往往如此）对手时，他们会用一大群这种小型快船包围对手，然后在发炮摧毁索具和船帆后登船击溃敌人。当敌势难当或情有所需时，昆加力会脱离与敌人的接触并撤到浅水海域。

卡利卡特（Calicut）的扎莫瑞恩斯（Zamorins）家族则显示了他们的战略敏锐。他们不仅与邻近的印度王国结为同盟，而且还同时与埃及和土耳其的苏丹们结成海上联盟，抵御强敌。扎莫瑞恩斯家族和马拉卡家族与葡萄牙的海上优势力量斗争了近一个世纪。他们出色地打击了葡萄牙势力，并迫使对手北移进入果阿地区（Goa）。

1588 年西班牙无敌舰队的溃败导致了葡萄牙对印度的影响的衰退。仅在瓦斯科·达·伽马到达印度的一百年后，英国东印度公司就在西海岸赢得了贸易权。英国继而开设了工厂，并在 1612 年创建了一支由英国战舰和印度小快船混合组建的小型舰队，被称作"印度海军"，后来更名为"皇家印度海军"，即今天印度海军的前身。[19]

紧随英国之后的是荷兰、法国，以及短时期内的丹麦，这些国家都曾在这块次大陆建立据点。在 18 世纪初，莫卧儿帝国走到了末路。在竞争印度统治权的争斗中，出现了四个主要竞争者：来自德干高原的（the Deccan Plateau）好战的马拉塔人（Marathas）、迈索尔邦（Mysore State）的统治者海德·阿里（Haider Ali）、英国和法国。

马拉塔人清晰地预见到，在即将到来的冲突中，海洋控制权将发挥决定性的作用。他们着手组建船队，在康坎海岸（the Konkan coast）构筑了一连串的海岸要塞。同时，很幸运的，他们拥有一位杰出的舰队司令坎霍嘉·安格瑞，又被称为"沙克黑"（Sarkhel），来指挥他们的海军。

1698 年，安格瑞选择位于河口三角洲的安全基地维杰卓革（Vijaydurg）建立造船厂，雇用了造船工人、铸炮匠和其他工匠来建造一支浅水舰队。这支船队主要由靠帆和桨推动的两种本地船只构成。不久以后，他还在康坎沿岸建立了避难所、锚地、堡垒和观察哨。他最具战略眼光的部署是孟买港几英里外的康黑瑞岛屿要塞（Kandheri）。

随后，坎霍嘉·安格瑞开始向往返于马拉塔领海的船只征税，此举使其陷入了与英国、荷兰和葡萄牙的冲突中。这三个强敌或单独或联合地向安格瑞的岛屿要塞不断地发起进攻，但每次都被击退。在海上，安格瑞的船队继续用与马拉卡船队相似的方法骚扰欧洲人的海上贸易。他们将较大船只包围起来，同时从不同方向攻击，最后登船放火。1729 年，安格瑞去世。跟随安格瑞的沙克黑家族继续与欧洲人展开马拉塔战争，但是，再也没有人能获得像历史学家金凯德（Kinkaid）评价安格瑞那样的高度赞美："凭借战胜英国、荷兰和葡萄牙的辉煌战绩，他在阿拉伯海中胜利地徜徉。"[20]

此处强调后殖民时期印度的一个基本特征也许并不算跑题。当邻国不停努力地突出本国国民显著的、独特的宗教特征时，印度的国策则是尽力将多民族、多宗教、多语言的人民融合成一个兼容并蓄的社会。因此，一个印度人既可以崇敬并且从阿克巴王（Emperor Akbar）、海德·阿里（Hyder Ali）和昆加力·马拉卡舰队司令这些穆斯林代表性人物身上受到鼓舞，也同样可以从武士帝王西瓦吉（King Shivaji）或坎霍嘉·安格瑞等印度英雄身上找到寄托。这种观念在许多邻国无疑是异端。

对于印度海洋史冗长的回顾主要是为了表明两个观点：第一，印度确实拥有一段长达数千年的辉煌而真实存在的海洋传统，并不需要创造；第二，西方史学家一直未曾屈尊为印度挖掘和宣传其海运历史，印度拥有一个"可为今用"的海洋史，但取决于印度学者去研究、甄别并公之于世。

纯化论者一定会指出印度的大部分海事记述都局限在本国海域内，既没有坚毅的伊比利亚探索者所达到的遥远航程，也没有惊心动魄的伊丽莎白时代的私掠船和冒险家所到达的广阔的地理范围。保罗·肯尼迪将 15 世纪时迅速向东传播的欧洲影响力归功于政治、经济和宗教热情的偶然融合，他补充道："上帝、枪炮和船只成了西方文明扩张的三大支柱。"[21]由于缺少技术和具有进取心的贵族与商人，印度在这个时代仍然处于海洋领域的落后地位也就不难理解了。不过，印度虽然不能改变历史，却可以吸取教训，建立优秀的海军来守卫未来。

于是，这就出现了一个问题：一个拥有如此悠久和丰富历史的国家怎么会对战略思维和规划仍然持游移不定的态度呢？

印度的战略文化

上文提到的兰德公司的研究实际上是美国分析家乔治·坦哈姆（George Tanham）所著的专题论著。它在印度社会引起了关于历史上缺少战略性思维的广泛注意。坦哈姆的研究在知识分子精英阶层并没有被很好地接受，但是随着最近印度硬实力的积累，他关于印度战略眼光短浅的论断有得到重视的趋势。

用外来准绳批评印度的思维模式和文化，这是无法被全盘接受的。有人据此质疑坦哈姆的观点。一种反驳意见认为，纵观历史长河，五千多年来，印度不仅抵御了一波又一波的外来入侵，而且作为一个充满生机的社会文化实体存续至今，已非希腊、埃及和罗马可比。此外，还有人认为，这种被视为是缺陷的东西，其实倒不失为一种优点。他们嘲笑战略思维模式并不适合印度的民主体制，认为它很容易因不可预计的敌手、不断变化的优先事项和政治强制力而被扰乱。

尽管存在以上种种看法，坦哈姆提出的关于不屑俗务的印度哲学、宿命论世界观和种姓制度的束缚，无论是时间还是空间上，在过去都阻碍了印度长远发展眼光的看法，倒是再准确不过了。那么，现在和将来又当如何呢？

通过考察印度政治家对国家安全的行事方法，我们可以洞察他们的态度。考虑到他们一向极力强调文官掌控军队的原则，大家会以为印度政治家一定热烈拥护卡尔·冯·克劳塞维茨（Carl von Clausewitz）的建议。我指的是他曾经声称："任何的军事事业都必须有坚实的政治基础。"[22] 但是印度政治家令人惊讶地退缩了，他们不仅逃避制定国家的目标和计划，也没有为国家军事领导集团提供关于战略目标和预期最终状态的指导方针。印度独立以来的每一场军事行动，从 1947 年的印巴战争到 2002 年的总动员，与其说是被战略方针不如说是被政治口号所指引。[23]

仅仅是印度频繁且密集的政治活动就占据了政治家的大量时间。因此，有经验的印度政客都将自己从实际和俗务的层面中抽离出来，转而在形而上的层面上活动，以求为自己创造政治空间。在这方面，据说一位印度前首相曾高傲地说过："当我没有做出一个决定时，并不代表我没有考虑过，而是我在考虑过后才做出不做决定的决定。"[24]

另外，那些较为务实的政治家则认为关于国家安全和战略事务的事项是晦涩、沉闷且费时的，最好把它们留给官僚机构去解决，这就让他们能把更多的时间和精力投入到有关选民、政党、议会，当然，还有政治生存这类复杂的活动中去。这就是为什么像军队一体化或者国防参谋长的产生这样困难的决定几十年都处于悬而未决的状态。

正是在这种战略文化缺失、政界态度冷漠的背景下，印度海军的高级领导层几十年来一直追逐着"海洋印度"的愿景。印度海军凭着他们的耐力和坚持，在基本没有高层政治指导的情况下，勤勤恳恳地从任何可能的地方获取硬件和能力。

印度海军还在过去的十年内致力于为和平与战争时期对海军的运用创建一个学说性和战略性的框架。值得注意的是，这已经领先于任何正式的国家安全指导原则或战略的发布。虽然政界并没有活跃地参加防务政策的制定，但应当感谢他们的是，他们也没有严重地干扰或者阻碍在这方面的努力——官僚机构一向是精于此道的。

在作为独立民族国家存在的 64 年里，印度经历了五场与邻国中国和巴基斯坦的大规模冲突，此外还有为数不少的小规模边境战斗和武装对峙。在这段时间里，这三个邻国罕见地比肩同步地成为拥有核武器的国家。虽然在双边关系上有小起伏，但整体局势一直在稳步恶化。印度的主要难题就在于它和邻国的关系，这影响和改变着它的外交政策立场和国家安全战略。

尽管印度的统治精英们仍然被先天的"海盲"所困扰，但由于全球化的必然要素——国际贸易，以及工业的血液——能源绝大部分都是经海路而来的，这在他们心中还是引起了共鸣。如此看来，整整一个世纪以前马汉通过他极富说服力的著作为美国带来的东西，在 20 世纪 90 年代，才由全球化浪潮带给了印度。

越来越现实的是，印度的安全观基本上是由邻国问题塑造的，而至关重要的海洋方面问题也被加入，这是出于对维护印度洋的和平与稳定、保障面临各种威胁的海上航线的安全的关切。

印度安全矩阵的要素

棘手的邻居——巴基斯坦

对印度根深蒂固的敌意形成了巴基斯坦独立后国家战略的核心，并由此导致了四场大规模的战争和冲突。因此，尝试理解（导致敌意的）根本原因显得尤为必要。根据印度的传统观点，是独立派领导人穆罕默德·阿里·金纳（Mohammad Ali Jinnah）想要为印度穆斯林创造一片独立领土的理想导致了巴基斯坦（意即"清真之国"）的诞生。但是，最近解密的前英属印度办公室的记录却显示，印度的分立之所以如此迅速，是因为金纳的理想恰好符合了英国的大战略。

二战后，英国一直被苏联重新启动英苏中亚"大博弈"（the Great Game）所带来的安全隐患所困扰，同时 200 多年来俄国人一直寻求在印度洋上获得一个暖水港的努力也使英国不胜其烦。英国历任参谋长反复地向其政府强调，无论印度发生什么政治变化，当务之急是要保持与次大陆之间牢固的军事联系。根据前外交官萨里拉（N. S. Sarila）的记述，早在 1945 ~ 1946 年，以下考虑就已经在他们心中举足轻重了：[25]

- 不能允许任何潜在的敌对势力在环印度洋区域建立基地；
- 波斯湾石油对英国十分重要，一定要保护其安全通行；
- 苏联空军对印度的控制会对波斯湾和阿拉伯海上航线造成严重的威胁；
- 英国不应该放弃安达曼群岛和尼科巴群岛，它们有可能发展为大洋前哨。

英国在很早以前就已正确地预见到：即便印度在独立之后仍然决定归属于英联邦，它的安全政策也不太可能与英国一致。英国想尽一切办法要在印度次大陆的西北部寻找一个据点，以便英美空军可以据以阻挡苏联可能的推进。为此目的，英国曾认真考虑过将俾路支从印度脱离出来。但是，后来金纳想要一个独立的穆斯林家园的需求似乎与英国的计划不谋而合，因此印度注定是要被割裂的。

巴基斯坦因其地理位置和军事领导人强烈的反苏联倾向而成为英美联盟的理想战略伙伴。英美从 1947 年开始就不断慷慨地为巴基斯坦提供武器和经济援助，企图扶植这个"好战"的国家。

巴基斯坦与伊朗、伊拉克、土耳其还有英国一起成立了"巴格达条约组织"（Baghdad pact），后来结成了对抗苏联的"中央条约组织"（the Central Treaty Organization，CENTO）。1954 年，巴基斯坦与美国缔结军事条约，为了回报美国的大量援助，巴基斯坦为中央情报局的 U－2 侦察机提供设施。20 世纪 70 年代，巴基斯坦促进了美国与中国恢复邦交的进程。在 20 世纪八九十年代的十几年间，在反对苏联对阿富汗占领的斗争中，巴基斯坦充当了美国的代理人和中央情报局的武器供给通道。"9·11"事件之后，尽管巴基斯坦是恐怖主义活动的发源地，但其在美国的战略布局中还是占据了中心地位，并继续接受美国道义的和物质的援助。

"基地"组织、圣战者、塔利班和塔伊巴组织等诸多激进组织一直将巴基斯坦作为庇护所。凭借从中情局获取的大量资源，巴基斯坦利用这些组织对印度进行着低强度的骚扰，反复试图夺取印控克什米尔地区。不过，巴基斯坦搬起的石头终于砸了自己的脚，它也尝到了自己曾经输出到邻国的叛乱活动和恐怖袭击的恶果。由于不断升级的暴力袭击和不断增加的次区域分裂，再加上安全存疑的核武器储备，巴基斯坦前途未卜。

巴基斯坦作为一个民族国家的完整和持续稳定不仅对它的邻国，而且对整片区域都至关重要。但是，无论是过去六十年内巴基斯坦持续动荡的历史还是其军界或明或暗地操纵民选政府的癖好，都使民主的未来暗淡无光。而美国在没有从巴基斯坦军方获得任何保证良好行为的承诺的前提下，仍然不经思索地提供大量援助，这无疑使危险的局势雪上加霜。

中国因素

面对中国对大国地位的追求，不但对于在周围海域出现的装备核武器的中国人民解放军海军，就是对未来将在印度洋上建设的基地，印度也只能无奈地接受。作为富有远见和精心规划的战略的一部分，中国已经在散落于印度洋的多个战略要地上建立了海洋据点。中国战略的核心是新近建成在巴基斯坦马克兰海岸的，主要由中国投资和建造的瓜达尔（Gwadar）深水港。类似地，中国工程师也将在斯里兰卡东南海岸的汉班托特（Hambantota）建成一个集装箱码头。为了为未来做铺垫，中国声称，这些措施不仅能保卫本国的海上航线，而且能维护区域和全球稳定。[26]

这两个海港只是"一串珍珠"中的两颗，沙特阿拉伯、非洲之角、塞舌尔群岛、马尔代夫、斯里兰卡、缅甸和孟加拉国也被中国串在上面。这些点形成了横跨印度洋的一条弧线，通过经济援助和武器输送，中国沿着这条线建立了自己的海洋影响力。

中国和印度之间的竞争还同时存在于不同方面。关于这点，观点分为两派，乐观派认为对双方来说都有足够的发展空间，而悲观派则怀疑在这两个相邻国家之间会出现不可避免的利益冲突。两国还都在为获取更多的全球能源资源而竞争。而在迄今为止的海外海上资源并购较量中，中国通过更高的开价，或通过更巧妙的运作，已经胜过印度一筹。尽管这些竞争目前局限于商业领域，但是也具有重要的战略意义。

中国有众多海陆邻国，它与多数邻国的边境争端要么已经解决，要么双方已协议暂时搁置。在中印之间的领土争议问题上，由于持续多年的边界对话毫无进展，这个问题使未来的中印关系笼罩在不安气氛之中。中国对印度获得联合国安理会常任理事国席位的模糊态度，以及反对核供应国集团在印美核协议之后给予印度特例地位，也使中印关系存在波折。[27]

由于两国都怀疑对方意欲在印度洋海上航线问题上压己一头，因此，中印之间的竞争已然扩展到海洋领域。中国海军核潜艇即将进入印度洋的事实只是确认了人们的担忧。[28]似乎很有理由认为，中国的许多行动只是针对印度海上举措的有理有据的反应。但是，审视这个难题必须牢记两个明明白白的事实：第一，印度不稳定的社会经济和安全状况只能使它成为一个维持现状的大国；第二，中国坚持对不断增加的军队实力保持不透明的状况引来了对其目的的最恶意的揣测。

在海军的硬件实力方面，中国拥有一支杰出的水面舰艇部队和一支自主研发的核潜艇部队。这些在 2009 年 3 月青岛的海上阅兵式均得到了展示。在更早的 2007 年，中国已经公布了新近投入使用的搭载了"巨浪－2"型导弹的"晋"级核潜艇。这种洲际弹道导弹的射程可以达到 8000 千米，这意味着它可以从南海攻击新德里和旧金山，[29]而它的效果并不依赖于发射平台。2009 年 3 月中国国防部长梁光烈曾宣布，从 2015 年开始，中国将有 4～6 艘航空母舰陆续服役。[30]

中巴的核关系

考虑到印度和巴基斯坦在面积、人口和经济状况上相差悬殊，仅巴基斯坦本身对印度至多也不过是个小麻烦而已。但是，通过将巴基斯坦作为其反印大战略的核心，并用传统武器和核武器将巴武装到牙齿，中国已经大幅度弱化了印度作为竞争对手的潜力，并将它企图成为亚洲和印度洋霸主的雄心彻底扼杀。

巴基斯坦已经对海军进行了改造，目的在于卸下二流国家海军承担的传统角色：海路阻绝（sea denial）。通过重点发展导弹潜艇、海上侦察机、水雷和特种作战，巴基斯坦海军希望能够对印度的海军部队、海上交通线和能源供给构成持续的威胁。但是，最让人严重关切的，还是中巴两国在核领域的关系，这主要是缘于如下几方面的原因。

首先，A. Q. 汗（A. Q. Khan）博士的秘密国际网络已经不为人所知地遍布了20多个国家，而他已经贩卖巴基斯坦的核技术（或偷或借）至少16年了。用前中央情报局局长乔治·特尼特（George Tenet）的话说，A. Q. 汗博士"至少与奥萨马·本·拉登一样危险"。[31]

另一项秘密活动开始于20世纪90年代早期。巴基斯坦人用A. Q. 汗博士的离心机和铀浓缩技术交换朝鲜的"劳动"导弹（后改名为"高里"导弹）。虽然这场交易的一部分是由巴基斯坦空军C-130运输机运送的，但是，很多更大和更重部件都是伪装成一般货物通过海上运输的。[32]1999年6月，印度海关在西印度的坎德拉港发现了在朝鲜注册的"九月山"（Ku-Wol-San）号内燃机船上，标志着"净水器"的板条箱里装着制造导弹所需要的材料和设备，印度通过这件事终于掌握了真凭实据。[33]

能源安全

目前印度在全球经济实力排名中位居第十二（购买力平价方面第四），如果它能保持现有的发展速度，25～30年后就可能紧随美国和中国排到第三。既然经济增长与能源消耗直接相关，预计在未来25年里，印度繁荣的制造业、运输业和农业能够使能源需求平均每年提高3～4个百分点。目前，印度在能源消耗梯级中暂列第五，预计在2030年能超越日本和俄罗斯排到第三的位置。从俄罗斯远东的库页岛到中亚，从非洲到南美，印度投资了数十亿美元的海外油气资产。但印度并未重视对这些投资的保护，而这恰恰牵扯到海洋安全问题。[34]

世界范围内大概有 4000 艘油轮往返于海上，在其航线的某些航段，这些油轮在遭遇国家或非国家行为体的敌对行动时是很脆弱的。任何对石油顺畅流动的威胁或者阻碍都会带来灾难性的影响，特别是对于像印度这样脆弱的经济体。因此，保证石油能够顺利运出这片区域是一个涉及海洋的重要经济问题。与此同时，印度位于从波斯湾到马六甲海峡海上航线的重要地理位置，这使得各国有必要与印度保持良好关系。

就印度本国而言，有保障且稳定的能源供给，无论对于保持现有的经济发展轨道，还是对于完成在 21 世纪三四十年代消灭贫困的目标都是至关重要的。目前，印度对进口能源的依赖达到 75%，而到 2025 年则有可能达到 85%，到 2050 年印度将会成为世界上最大的石油和天然气进口国。

海盗面面观

20 世纪八九十年代末期，印度尼西亚海域曾是世界上最危险的海域之一。在印度尼西亚、马来西亚和新加坡三国的共同努力下，减少暴力性海盗活动已经卓有成效。这片海域的严重海盗事件，包括持械抢劫，自 2003 年以来已经开始减少。2010 年第一季度，马六甲和新加坡海峡没有发生任何海盗事件。

紧邻"非洲之角"的亚丁湾形成了一个大漏斗，每年有 25000 条商船从这里汇入并通过苏伊士运河，将能源和原材料运送到欧洲，将成品运回到非洲和中东。占据"非洲之角"大部的赤贫中的索马里共和国二十年来都处于混乱状态，被一个"临时联邦政府"象征性地统治着。从 2004 年每年仅有 10～15 起海盗事件至今，这片海域的海盗和劫持事件急剧增加。

2010 年，盟友和主权国家（包括印度）军舰的部署，无疑对海盗起到了威慑作用。但是威胁仍然存在，并且性质愈发恶劣。2010 年 4

月，海盗活动已经从索马里海岸扩散到 1000 英里以外的海域。

对海上犯罪问题的解决力度之所以不尽如人意，究其根源还是陆地上的社会经济原因，主要包括贫穷、失业、生态退化、政治激进还有集团犯罪。另外，其还涉及将海上暴徒绳之以法的管辖权、法律和人权等问题，既晦涩又复杂，海军发现，拘捕这些海盗根本就是劳而无功的。

为了将印度洋周边各国联合起来，印度海军锐意首倡，在 2008 年发起了印度洋海军论坛。由阿拉伯联合酋长国海军现任轮值主席的这一行动已经得到了足够的支持，预计可为未来印度洋上的各种多国海上行动提供基础。[35]

海上优势

印度处于一个十分独特且令人局促不安的位置上，因为它被夹在两个有敌意的核武器国家之间。就中国而言，它不仅在传统武器方面远远领先于印度，其核武库在弹头威力和导弹射程方面也领先于印度。而印度与巴基斯坦之间的平衡则更为复杂。

在 1998 年掌握核武器技术之后，印度马上宣布了不首先使用核武器的政策。然而，巴基斯坦的政策则是基于对是否会单边首先使用核武器不置可否的一种故弄玄虚的威胁之上的。巴基斯坦曾非正式地宣称了一些传统的"红线"，一旦越过这些界限就会触发它以核武器做出反应。也就是说，巴基斯坦认为，当自己在军事形势上不利时，有权将小规模或意外冲突升级为核冲突。这不仅仅弱化了印度核威慑力量的效果并将印度置于战略上的不利位置，而且为巴基斯坦一直以来通过其恐怖组织代理人发动的越界作战提供了保护伞。

在传统武装力量上，印度较巴基斯坦有优势。但是，很显然地，在任何双边冲突中，中国会从多个方面为其"全天候盟友"提供援助。虽然道义和物质援助会源源不断地从中国运送到巴基斯坦，但真正让印度军事规划制定者头疼的是"第二战线"（无论是威胁性的还是实际的）的开辟。在每一次印巴冲突中，印度都必须十分谨慎，在西部边境只能部署 50% ~60% 的陆军和空军，剩下的必须集结在北部或东北部，以提防中国的冒险主义行动或牵制性策略。在这种情况下，印度所能企盼的最好军事状况也不过是僵持状态。正是在这种严重不对称的情况下，为了挫败中国和巴基斯坦这两位对手，印度只能打"海洋牌"了。

对于巴基斯坦而言，对其海洋侧翼的行动可对其造成巨大的压力，能够有效支持印军的作战。而且，如果这种压力能持续几个星期的话，巴基斯坦的军事机器和民众都会面临基本物资和给养的短缺。这种方案涉及全方位的海洋战争元素：从物资封锁、反潜战到辐射整个滨海地区的军力投射。

为了获得战略资源，中国从澳大利亚到俄罗斯远东，从西非到南美中部，在全球范围内广泛撒网。这些广泛分布的经济利益使得中国分外依赖漫长的海上运输航线。这些纵横印度洋的航线极易受到海上打击，印度海军可以利用这个暴露的致命缺点来缓解其来自陆地上的压力。

海洋战略：未来的蓝图

在过去，虽然印度海军一直憧憬着自己在未来某时会成为蓝水战力，但这种愿景既没有得到政客的支持，也不被官僚机构看好。直到最近的 20 年，上面所提到的关键因素交融在一起，才使印度的政客、公务员、官僚和其他人相信，印度安全乃至于国家命运在很大程度上都依赖于海权。一方面，印度决策者认识到，海军在保卫国家免受外部干涉方面能发挥重要作用。同时，它作为国家权力的工具也具有巨大潜力。另一层面，知识分子阶层也开始意识到，作为经济复苏两大支柱的贸易和能源，与海权是密不可分的。因此，在这个关键时刻，需要一个清晰的发展蓝图，以加强印度各项海洋工作之间的协调性。

海军领导者从这一发展趋势中得到了极大鼓舞，决定应该抓住这一时机，建立一套思想基础，让海军界能步调一致地思考，有目的地规划，如何在未来几十年里，在印度所期望的海洋环境里获取和部署海军资产。

制定《印度海军理论》和《印度海军战略》（两者都有非保密版本）的一个主要目标是，就海洋安全、和平与战争时期海军的多种用途等问题，对政界、国防界、官僚机构、外交官和媒体进行教育。几十年来，印度海军在从苏联/俄罗斯、英国、法国和以色列等国进口硬件和系统时，极少将应用理念一同引入。因此，主要目标是应保证未来的武器、传感器以及其他设备遵从原则，而不是相反。

在指出与海洋环境中国家利益有关的各领域和问题，并明确了在战时与和平时期海军的多重作用之后，《印度海军战略》还阐明了运用这些兵力的方法。[36]在印度政府颁布《国家安全战略》之前，印度海军（其实印度其他两个兵种也一样）就已经公布了原则性和战略性文件，此事引人关注，甚至导致有人将其归因于狭隘的动机。[37]这一问题已经在前文关于印度战略文化的章节充分讨论过了。军队领导层相信，当政界已经准备好以足够认真的态度面对安全问题时，基础工作就算完成了。

印度的海洋规划足够长远吗？这个问题在十年前也许并没有意义，当时有限的资金和不同的国家视野迫使印度海军在规划和发展军力上时刻保持节制和谨慎。眼看海军的国防预算额从 20 世纪 80 年代的 6%～8% 缓慢而稳定地攀升到 2003～2004 年的 17%，印度海军内部呈现出明显的乐观氛围。但这种气氛也被印度政府关于国防开支长远意见的不确定性稍加降温。

许多权威的经济预测表明，当前印度的 GDP 正以较为保守的 8%～9% 速度增长，每十年会翻一番，在 2050 年将达到 50 万亿美元。实际上，更高的增长率会帮助我们更早地达到这一目标。除了如此高的经济增长会使印度跻身世界三大经济体之一的事实之外，随之而来的财经上的意外收获也会对海洋安全产生重要影响。[38]

不得不提的是在更高的决策圈中也有相反的暗流，他们以当年"要大炮还是要黄油"之争为论据，强烈支持将国防预算削减到占

GDP 的 1. 75% 。

不过，如果印度政府能遵照其海军战略，落实为目前及不久的将来的各项海军军购计划的实施而做出的财政承诺，我们倒也不必过于忧虑。

其他兵种是如何看待海军的计划的呢？二十多年的叛乱活动，对实战兵源提出了越来越大的需求，这种状况已经把印度陆军逼进了思想和理论上的死胡同。另外，官僚机构拖沓的办事效率也使其现代化计划久久不能实现。当陆军正在寻找出路时，海军提出了一个极具吸引力的选择，他们承诺通过海上活动对敌手施加巨大压力。因此，海军的战略、军力规划和资金提供得到了陆军领导层的一贯支持。

印度空军，就像全世界的同行一样，经常会对海军计划有所指摘，特别是在财政紧缩的时候。海军航空部队常常是造成空军不安的一个重要因素，特别是印度空军现在拥有了远程战略轰炸机和空中加油机。另外，海军则总是努力使其军力规划与超越二者间纠葛的地缘战略逻辑密切联系。

7% ~9% 增长率的经济活力已经能够为印度最眼前的安全所需提供充足的资金，同时也可以将其对发展计划的影响控制在最小范围内。印度冗长拖沓的采购过程所造成的延误能够保证国库总有比三军所能花费的要多的资金。印度国防预算传统上徘徊在 GDP 的 2% 左右，2011 财政年度的数额总计达到 300 亿美元。即使这个百分比保持不动，以 GDP 每年增加 7 ~8 个百分点的速度，未来十年印度的国防预算将翻倍到 600 亿美元。

目前，三军对保持现有的预算分配比例达成了良好的默契，特别是由于印度政府一直在为不可预见的和紧急的硬件需求提供资金。[39] 政府所有部门，包括陆军和海军都确信，强大的海上力量对于印度的未来至关重要。

作为一项据报道耗资 50 亿 ~60 亿美元的建造计划的第一个产品，印度首艘弹道导弹核潜艇最近刚刚下水。紧接着至少还会有两艘搭载了射程更远的弹道导弹的核潜艇下水。[40] 不久后，一艘租期为 10

年的俄罗斯核动力攻击型潜艇也即将交付印度。印度将会花费大约
35 亿美元购买翻新的俄罗斯"戈尔什科夫海军上将"号航空母
舰[41]，而正在科钦由印度自建的另一艘同样的航母会花费另外的 10
亿美元。根据媒体推测，如果订购中的 8 架海上侦察机、7 艘隐形护
卫舰、6 艘柴油潜艇和 30 艘其他战舰也花费差不多预算的话，这就
表示印度在未来十年将要在具有战略意义的海军硬件装备上支出大概
200 亿 ~ 250 亿美元。

长期计划

本部分将简要地讨论印度海军的长期计划。这些长期计划将坚持
既定原则，为在未来二十年左右的时间里，海军执行《印度海军战
略》计划的各项需求服务。这些计划应充分增强三军能力，特别是满
足海战的不同需求。

在计划制定者完成任务之后，摆在海军面前的最主要挑战是既要
保证其各方面军力按计划发展，又要保证其现代化进程模式得到忠实
的遵守。装备的逐渐老化过时、过分依赖进口以及效率低下的官僚程
序都使这项任务变得十分艰巨。《印度海军战略》最后一章的主题是
"军力建设"，本文在此将谈及一些能帮助印度海军成为独立自主而坚
实稳固的 21 世纪海上力量的突出项目和进程。[42]

军舰建设

在 20 世纪 60 年代，印度海军在观念上有巨大飞跃，开始大胆尝
试建造国产战舰。他们现在的规格和作战能力很大程度上得益于这是
一支"自建自用的海军"（builders navy）。但是，这种自给自足在过
度耗费时间与财力以及拖慢军力发展这两方面都付出了代价。这些皆
缘于俄罗斯组件的不可靠供应链和政府造船厂极低的生产率。

现在，印度有三家专门建造军舰的造船厂。在过去四十年间，这
些造船厂建造了一系列现代化驱逐舰、护卫舰、潜艇、轻巡洋舰、登

陆舰、油轮和巡逻舰等。国防部不久前购得了第四家造船厂，主要用于支持核潜艇计划，有剩余生产力可以用于海面舰只计划。

当军力呈现下降的趋势时，印度海军有选择性地向外国造船厂订货，显示出了务实性。如果他们能够提高生产力并且允许私人企业加入，印度造船厂应该能交付并维持未来几十年印度海军所需的 35～40 艘护航用驱逐舰/护卫舰和辅助舰只的军力水平。

航空母舰

2005 年中期，国产航母的钢材切割工作是在科钦港（the port of Kochi）的一家商船造船厂进行。[43]印度海军寻求建造国产航母的要求可追溯到 20 世纪 80 年代末期。部分地是因为不断发展变化的员工要求，部分地是因为官僚的优柔寡断，印度政府直到 2003 年 1 月才批准这一计划。由于意大利和俄罗斯的造船工程师为其提供涉及专业领域的咨询，这项计划预计可以在 2014 年达成。国产航母一号完成后，将建造更大的国产航母二号，目前其建设蓝图也正在制定中。

印度做出了购买俄罗斯"戈尔什科夫海军上将"号航母的决定。该决定是在围绕船体材料状态、印度海军是否有充足的基础设施为其运行提供支持、俄罗斯工业是否有能力为其提供终身售后支持等问题而开展的漫长且艰巨的讨论之后做出的。接下来长达一年的磋商也同样复杂。尽管俄罗斯违背约定的交付日期和价格的无礼决定让印度海军始料未及，印度海军还是迅速做出了调整，以确保在"维克拉姆蒂亚"号（即"戈尔什科夫海军上将"号）到达之前，自己唯一的"维克拉"号航母能够继续运行。

如果印度经济状况能够保持稳定，并且在船舶的建造和技术上不出重大差错，印度海军大约到 2020 年将会拥有 3 艘航空母舰。但是，这种军力水平是否能长期保持，则又是另一个问题了。

核潜艇

2005 年签订的在孟买建造 6 艘"鲉鱼"级潜艇的合同及时阻止了

印度海军潜艇部队走向下坡路的危险。这6艘"鲉鱼"级潜艇能否按期在2017年交付已经引起了严重怀疑。即使它们能按时交付，这对印度舰队因现有的10艘"基洛"级和4艘"HDW209"型潜艇的过时老化引起的青黄不接的局面，也仅仅是短暂的缓解。[44]

如果印度海军要将军力保持在18～20艘潜艇（实际要求为接近30艘），就必须连续建造多艘潜艇。虽然其中包括一些"鲉鱼"级潜艇，但是后续的新一代潜艇的型号仍待敲定。印度作为一个工业化国家和军事大国，缺乏潜艇设计及建造能力一直是其海军能力建设方面一个需要填补的空白。

航空

印度洋的海上活动频繁密集，印度海军需要监视的区域十分广袤。海上侦察和反潜战争能力对于建立海洋领域意识和海上军事行动都具有决定性的影响。中国人民解放军海军的出现，特别是它的核潜艇进入印度洋区域无疑在这方面增加了迫切性。

印度海军已经发展了多层次的侦察能力，每一层都配备有任务优化的飞机和无人机。目前，这些任务是由"Tupolev－142"型、"Illyushin－38"型、"Dornier－228"型飞机和"Heron"型和"Searcher"型无人机混同完成的。印方已经签订了购买8架"波音－P8（I）"型双喷气式飞机的合同，而这类飞机的最终需求将达到35～40架。

海军不断萎缩的"海鹞"型战斗机部队正在被"米格－29（K）"所取代。名为"光辉"的印度轻型战斗机（LCA）的舰载版本预计可以从"维克拉姆蒂亚"号和两艘国产航母上起飞。

第二艘国产航母的配置显然将会取决于它将要搭载的飞机类型。机型的选择十分广泛，从美国的F－35联合攻击战斗机到印俄联合研发的第五代战斗机都在考虑范围内。

由于几乎每一艘较大的战舰上都会搭载一架或多架反潜直升机，印度海军旋转翼机队必然会大幅度扩充。目前，印度海军正在国际市场上挑选一个中等大小的反潜直升机型号。

海底威慑力

《印度海军理论》将战略核威慑力列为印度海军的一项任务，《印度海军战略》认为："核三位一体能力的海基分支使得第二次核打击能力的保存成为可能，因此，实现不首先使用核武器的印度核理念的可信性至关重要。"[45]

2009 年 7 月"歼敌者"号弹道导弹战略核潜艇的下水标志着印度朝核三位一体的第三根支柱的可操作化迈出了标志性的一步。紧随其后将至少还会有其他两艘装备了射程更远的弹道导弹的核潜艇，有可能未来还有三艘核动力攻击潜艇。

就像其他国家一样，印度核三位一体的陆空两根支柱有可能会逐渐萎缩，海军将会成为核威慑力的唯一支柱。因此，印度海军必须认识到，一旦弹道导弹核潜艇下海航行，海军其他方面的作用将会减少，而核威慑力将成为其运行、计划以及资金分配的主角。

结 论

诸如罗伯特·卡普兰（Robert Kaplan）之类的外国评论家，甚至是一些像拉贾·莫汉（Raja Mohan）这样的印度人的倾向性建议是，印度已经培育了在本国所在区域内强制实行"门罗主义"的潜在野心，而这种地缘政治野心不免让人想起寇松勋爵（Lord Curzon）在英属印度全盛时期的宏大愿景。[46]

事实上，尽管拥有古老的历史、丰富的文化和代代相传的智慧，印度仍然是一个年轻的民族国家：幼稚、踟蹰、对如何使用权力没有信心。开国元勋们做出的学习西方自由民主模式的决定，使得它的摸索过程缓慢而坎坷。这一点与中国所具有的迅捷的执行效率形成鲜明的对比。

或许有外国人会怀着险恶的动机去寻求一个辉煌历史或一个"可为今用的过去"来为印度发展海上强权提供论据，但是，印度人并无此意。印度人视印度为深入一个以其名字命名的大洋1000千米的巨大半岛。印度拥有超过7500千米海岸线、超过200个大小港口、总注册吨位达900万吨的商船、210万平方千米的专属经济区和数量超过很多欧洲国家总人口的涉海人群。印度人将一支强大的海军视为是保卫其国家生死攸关利益的必不可少的条件。

此外，令印度人至今耿耿于怀的一个历史事实是，那些穿过喜马拉雅山脉隘口进入印度的入侵者留下来并融入了我们的文化和社会，而那些通过海岸线登陆的却只是征服、掠夺和剥削。从汉尼拔（Hannibal）败于西庇阿（Scipio Africanus）、拿破仑败于威灵顿，一直到20世纪的全部战争，所有民族间冲突的历史教训毫无例外地说明，取得海洋控制权的国家总能战胜强大的对手。虽然陆军与和空军对于保卫国土都是必不可少的，但印度人确信，只有海军才能保护至关重要的经济利益并使其免受未来的外国干涉。

与此同时，辉煌的历史事实确实存在，并不需要"创造"。但是，印度的海洋史确实需要深入的研究、整理、鉴定和广泛传播。这并不是为了向任何人展示我们的海洋宏图大志，或者为了指导外交，因为21世纪的首要任务已经完成，而是为了重新唤醒海洋意识并且激励印度的民众。

令人遗憾的是，印度的民主政体仍然在演化的阵痛中前进，并且被治理、发展和选举政治等基本问题困扰，无暇他顾。另外，印度在吵吵闹闹、随心所欲的议会制民主下，既不能当下就做出政策决定，又不能一夜之间将这些决定付诸实施——这与人民代表大会制度下的中国是不同的。因此，印度国家领导人在制定安全决策和使用军事力量时，更容易被"历史和哲学传统"以及战略文化以外的许多因素影响。

因此，支撑印度海军发展的非常规性质的逻辑很可能令人惊讶。印度海军的发展轨道一直被海军领导层专注于国家海洋利益和地区稳定的远见所引导。这个模式将一直保持下去，直到时机成熟、政治环境足够稳定、政客们能在国家安全问题上投入更多的时间和精力的未来。

在地缘政治学、经济学和人口统计学的相互作用将印度推到了中央舞台时，它希望能够抓住这个机会，承担更多的区域责任。环印度洋地区被印度的邻国和盟国所环绕，也蕴含着对国家安全至关重要的利益。印度必须不仅为自己及其邻国描绘海洋愿景，也应立场鲜明地惠及友邦和对手国家。为了保护其核心利益和价值，印度已经走到构建一个新的势力平衡方程的时候了。

印度仍然是一个典型的守成大国（status quo power），其利益最大化将得益于地区和平、宁静和稳定，以便尽快完成发展和消除贫困的重要目标。开展与中国的对话，包括讨论核问题以及传统的信任建立措施，将大力推进这个任务的进程。但是，从当今中国的态度看，处在相对弱势地位的印度向其寻求接触，将是不明智的。

[季青/译　师小芹/校]

注释

［1］ *India Today*, 2010 - 12 - 2, http：//indiatoday. intoday. in/site/story/ins - arihant - to - sail - on - deterrent - patrol - after - commissioning/1/121885. html（2011 - 7 - 24）; *Asian Defense News*, 2011 - 1 - 7, http：//asian - defence. blogspot. com/2011/01/indian - indigenous - aircraft - carrier - will. html（2011 - 7 - 24）.

［2］ James R. Holmes, Andrew C. Winner and Toshi Yoshihara, *Indian Naval Strategy in the Twenty-first Century*（New York：Routledge, 2010）, pp. 1 - 22.

［3］ George K. Tanham, *Indian Strategic Though：An Interpretive Essay*（Santa Monica：RAND, 1992）.

［4］ Alfred Thayer Mahan, *The Influence of Seapower on History：1660 - 1783*（Boston：Little Brown, 1905）.

［5］ Holmes, Winner and Yoshirara, *Indian Naval Strategy*, p. 8.

［6］ E. B. Potter, ed. , *Sea Power A Naval History*（Annapolis：Naval Institute Press, 1986）.

［7］ E. B. Potter, ed. , *Sea Power A Naval History*（Annapolis：Naval Institute Press, 1986）.

［8］ E. B. Potter, ed. , *Sea Power A Naval History*（Annapolis：Naval Institute Press, 1986）.

［9］ Paul M. Kennedy, *The Rise and Fall of British Naval Mastery*（London：Ashfield Press,

1983），p. 17.

［10］ *1421, The Year China Discovered the World*（Bantam Press，2002），加文·孟席斯（Gavin Menzies 指出，1421 年 3 月，一支由郑和率领的中国大型舰队开始了史诗般的航行，环航全球，先后发现了非洲、南美、北美、南极洲、澳大利亚、新西兰和格陵兰岛。这支舰队返回中国后，当时皇帝的死亡导致了这次航行的所有地图、航海图和记录全部被销毁。据孟席斯说，中国船队开辟了先路，但这次发现被历史归功于迪亚兹（Diaz），达·伽马（Vasco da Gama），麦哲伦（Magellan），哥伦布（Columbus）和库克船长（Captain Cook）。他还表示，后来航海家所使用的航海图的副本是意大利人趁郑和在印度科钦港的时候偷的！

［11］ Halford J. Mackinder, *Democratic Ideals and Reality*（Washington, D. C.：NDU Press，1982），p. 45.

［12］ K. M. Panikkar, *India and the Indian Ocean：An Essay on the Influence of Sea Power on Indian History*（London：George Allen & Unwin, 1945）.

［13］ K. M. Panikkar, *India and the Indian Ocean：An Essay on the Influence of Sea Power on Indian History*（London：George Allen & Unwin, 1945）. p. 23.

［14］ Radha Kumud Mukerji, *Indian Shipping*（New Delhi：Munshiram Manoharlal Publishers, 1999），pp. 19 – 51.

［15］ Kautilya, *The Arthashastra*, edited by L. N. Rangarajan（New Delhi：Penguin Books, 1992），pp. 343 – 346.

［16］ Satyindra Singh, *Blueprint to Blue Water*（New Delhi：Lancer International, 1992），pp. 5 – 13.

［17］ Pannikar, *India and the Indian Ocean*, pp. 36 – 52.

［18］ K. K. N. Kurup and K. Mathew, *Native Resistance Against the Portuguese-The Saga of Kunjali Marakkars*（Calicut：Calicut University Central Co-operative Stores, 2000），pp. 55 – 75.

［19］ Satyindra Singh, *Blueprint to Blue Water*, p. 13.

［20］ C. A. Kinkaid and D. B. Parasnis, *A History of the Maratha People*（London：Milford, 1925），p. 240.

［21］ Kennedy, *The Rise and Fall of British Naval Mastery*, pp. 12 – 17.

［22］ Carl von Clausewitz, *On War*（Princeton：Princeton University Press, 1984），p. 87.

［23］ 1947 年 10 月，就在获得独立几周之后，大批身着便装的巴基斯坦军人越过边境，竭力想从印度手中抢夺查谟和克什米尔。经过长达一年的山地作战，就在印度快要扫除入侵者的时候，前总理尼赫鲁将此问题转交了联合国，导致了持续至今的危险僵局。1962 年喜马拉雅山脉的中印边境战争和犹豫不决的 1965 年印巴战争均有明显的政治方向缺陷，导致了差劲的军事计划及其执行。1971 年印度对孟加拉国的战争胜利后，印度总理英迪拉·甘地（Indira Gandhi）承诺退还占领的领土和 93000 名战俘，并且没有向巴基斯坦索要任何的政治或军事交换条

件。由此，克什米尔问题成为印度的一个痛处。2002 年，在巴基斯坦发动对印度政府的恐怖袭击后，印度政府开始了一次超过 100 万人的总动员。但由于部队首领没有任何目标，这场为期一年且耗费巨大的总动员一无所获。

[24] P. V. Narasimha Rao, http：//en. allexperts. com/e/p/p/_ v. _ narasimha_ rao. htm (2010 - 5 - 21).

[25] N. S. Sarila, *The Untold Story of India's Partition* (New Delhi：Harper & Collins, 2006), p. 239.

[26] 在中国，有人说："某些大国已经尝试控制马六甲海峡，这会对中国构成严重威胁。"这样的言论提供了一种假设，美国或者印度可以通过封锁中国在印度洋的能源供给航线来削弱它的实力。这种假设后来衍生出一个双管齐下的海洋战略：一方面要发展一支出色的海军以便控制沿岸海域，另一方面要保护印度洋区域的据点以便维持远距离的海军部署。建设巴基斯坦瓜达尔港和斯里兰卡东南部汉班托特港标志着这一战略的开端。

[27] "Indo-U. S. Civil Nuclear Deal," May 19, 2010, http：//en. wikipedia. org/wiki/Indo - U. S. _ civilian_ nuclear_ agreement (2010 - 5 - 21).

[28] John Morgan and Charles Martoglio, "The 1000 Ship Navy：Global Maritime Network," *U. S. Naval Institute Proceedings*, Vol. 132, No. 11 (2005 - 10).

[29] FAS Strategic Security Blog, April 24, 2008, http：//www. fas. org/blog/ssp/2008/ 04.

[30] *One India*, 2009 - 3 - 24, http：//news. oneindia. in/2009/03/24/china - tobuild - its - aircraft - carrier - soon - says - defense - mins. html (2010 - 5 - 21).

[31] "Nuclear Black Markets：Pakistan, A. Q. Khan and the Rise of Proliferation Networks," *IISS Strategic Dossier*, 2007 - 5 - 2, http：//www. iiss. org/publications/strategic - dossiers/nbm/nuclear - black - market - dossier - press - statement/.

[32] Adrian Levy and Catherine Scott-Clark, *Deception：Pakistan, the U. S. and the Global Nuclear Weapons Conspiracy* (London：Atlantic Books, 2007).

[33] Jyoti Malhotra, "Action on Pak-Korea's Axis of Evil," *Indian Express*, 2002 - 11 - 26, http：//www. indianexpress. com/full_ story. php? content_ id = 13721 (2010 - 3 - 23).

[34] Alexander Nicoll and Jessica Delaney, eds. , *India's Energy Insecurity*, IISS Strategic Comments, 2007 - 11 - 9, http：//www. iiss. org. stratcom.

[35] "PM to Innaugurate Indian Ocean Symposium Today," *Indian News*, 2008 - 2 - 14, http：//www. thaindian. com/newsportal/india - news/m - to - inaugurate - indian - ocean - naval - symposium - 2008 - today_ 10017481. html (2010 - 3 - 27).

[36] Indian Navy, Integrated HQ, Ministry of Defense, *Freedom to Use the Seas：India's Maritime Military Strategy*, 2007 - 5.

[37] Holmes, Winner and Yoshihara, *Indian Naval Strategy*, pp. 65 - 66.

［38］ Mohan Guruswamy and Zorawar Daulet Singh, *Chasing the Dragon*（Delhi：Pearsons，2010），pp. 147 – 158.

［39］ 尽管海陆空三军都要为硬件建设准备五年计划和十五年计划，但是这些计划大部分都限于纸上谈兵，并且（除了海军）其他的兵力扩充计划都被缩减为专门的进程。因此，印度政府每年在财政预算之外为硬件采购拨出资金也是司空见惯的。最近的例子包括 Il – 76 空中加油机，俄国的 AWACS 飞机和美国的 C – 130J 和 C – 17 号运输机。

［40］ "INS Arihant, India's First Nuclear Submarine," *TECHSPACEOFATUL*, 2009 – 8 – 9, http：//techspaceofatul. wordpress. com/2009/08/03/ins – arihant – indias – first – nuclear – submarine/（2010 – 5 – 24）.

［41］ "INS Vikramaditya," 2010 – 5 – 9, http：//en. wikipedia. org/wiki/INS＿Vikramaditya（2010 – 5 – 24）.

［42］ *Indian Maritime Strategy*, pp. 68 – 73；Arun Prakash, "New Vistas and Challenges for the Indian Navy," *Force Magazine*（New Delhi），2007 – 12.

［43］ Vikrant Class Construction Programme, http：//www. globalsecurity. org/military/world/india/r – vikrant – 2 – program. htm（2010 – 5 – 1）.

［44］ "Navy's SOS：Submarine Force Depleting," *India Today*, 2010 – 1 – 18, http：//indiatoday. intoday. in/site/Story/79813/LATEST% 20HEADLINES/Navy% 27s ＋ SOS：＋ Submarine ＋ force ＋ depleting. html（2010 – 5 – 24）.

［45］ *India's Maritime Strategy*, p. 43.

［46］ Interview with Robert Kaplan, *Asahi Shimbun*, 2010 – 5 – 22, http：//www. asahi. com/english/TKY201005210394. html（2010 – 5 – 25）；Mohan C. Raja, *Crossing the Rubicon：Shaping of India's New Foreign Policy*（New York：Palgrave, 2004），pp. 206, 237.

俄罗斯的海军雄心：动力与阻力

卡塔尔济娜·齐斯科（Katarzyna Zysk）

历史上，俄罗斯一直企图建立一支具有全球抵达能力的海军。虽然其统治者曾几次设法获得了可观的海军潜力，但俄罗斯始终未能成功地维持一支强大的海军力量。在周期性的几次大手笔造舰之外，俄罗斯海军屡次倒退和衰败。

这一在俄罗斯/苏联历史上多次出现的模式近年来再次出现。在20世纪80年代中期达到历史高峰之后，苏联海军的规模和活动、使命和部队结构再次走向收缩，此后由苏联解体引发的国内环境和外部安全环境的根本变化使俄罗斯海军再次衰落。20世纪90年代俄罗斯海军没有得到多少政治关注，以致迅速衰败。[1]在装备采购、人员、训练和部署迅速削减的同时，除仍保持克里米亚半岛上的塞瓦斯托波尔基地之外，俄罗斯完全失去了海外基地，其海军国防工业的主要部分、基础设施和人力资源储备等都遭受严重损失。船舶维修设备的萎缩使舰队状况进一步恶化，以致军舰提前退役。2000年"库尔斯克"号核潜艇沉没等灾难性事件反映了俄罗斯海军衰败的悲惨状况。

然而，从几年前开始，特别是自普京第二总统任期（2004～2008

年）以来，俄罗斯最高领导层恢复了对海军的支持。俄罗斯宣布了雄心勃勃的海军现代化计划，目标是通过大大加强海军航空作战能力来建设一支强大的远洋海军。尽管当前的俄罗斯海军仅是其前身苏联海军的一个影子，但其海权兴趣的复兴，使海军得到更多经费用于装备维护和海上活动，包括高调的海上演习，向大西洋、太平洋、北冰洋、印度洋以及加勒比海和地中海等世界各个海域部署兵力。

几个世纪以来，拥有全球力量投送能力的海军一直被认为是一流国际强国的先决条件。[2]它不仅是满足国家自我意识的工具，而且是确保俄罗斯当局"行动自由"的有效的对外政策工具。[3]俄罗斯长期不变的一个传统是相信展示力量和让他国认识这一力量与运用力量本身同样重要。今天，前者仍然被俄罗斯的政治、军事领导者视为海军的一项重要职能。[4]此外，因高油价而得到改善的经济状况，以及重塑俄罗斯在国际事务中的强者地位，也成为俄罗斯日益重视海权的重要驱动力。

然而，即使是在经济相对繁荣的时期，仅凭上述因素是否足以促使俄罗斯领导者向极其昂贵、"奢侈"的海军投资呢？或者拥有强大的具备舰载航空能力的远洋海军有其他合理理由，即强大的海军是俄罗斯生存不可或缺的一项条件？

本文将分析当前俄罗斯海军的发展，一方面聚焦于塑造其愿望和政策的动机，另一方面关注其制约因素和局限性。

本文将首先考察俄罗斯的思想遗产及其过去的海权观，以辨别俄罗斯海军兴衰的决定因素，确认俄罗斯寻求海权的战略连续性和变化模式。对历史经验的分析特别有助于对俄罗斯军事问题的研究。正如其他研究成果所显示的，这个国家的战略文化贯穿于帝国、苏联及当代俄罗斯各个时期，展现出惊人的连续性。[5]

随后，本文将探讨当代俄罗斯对其未来海军的构想，以及对其海军效用、类型和规模的争论。还将考察俄罗斯海军雄心的动因，检查俄罗斯当前政策和造舰计划实施的情况。最后，本文将探讨这些进展对俄罗斯未来的海上利益和其地区与全球安全政策的影响。

思想和历史遗产：俄罗斯海权的决定因素

俄罗斯关于海军战略的争论在传统上主要为主张不同海军结构的两大思想派别所主导：绿水海军学派与蓝水海军学派；与此相关的争论是，俄罗斯是陆权国家还是海权国家。20 世纪 20 年代争论开始激化，当时为阿尔弗雷德·马汉的制海权观念所主导的"老海军学派"受到"新海军学派"的挑战，"新海军学派"在一定程度上受到法国"青年学派"的影响，后者以泰奥菲尔·奥比（Théophile Aube）海军上将的观念为基础。

前沙俄海军军官是"老海军学派"传统海权观的主要支持者，他们认为强大的海军对任何有志成为强国的国家来说都至关重要。他们反对仅依靠地面作战的思想，认为只有获取制海权才能赢得未来的战争。不过，大多数传统海权派主张建立一支由水面、水下和空中部队组成的"完整"的海军，尽管他们也强调强大的水面舰队应是主战力量，其对于切断海上交通线和保证与外部世界的联络都是必需的[6]。

与此相反，力图符合当时时代特征的"新海军学派"认为地面战争才是决定性的，海军只能发挥辅助作用。这一学派根据俄罗斯内战（1917～1922 年）的经验，提出了以沿海地区为重点的"积极防御"观念。该学派主张发展小型、快速和成本低廉的"蚊子舰队"（即轻型舰队），在岸炮、水雷和航空兵的支援下，以轻型、高度机动的战舰和潜艇作为主战兵器。[7]经济因素对这一学派的发展产生了重大影响。其支持者提出，国家经济完全不可能支撑一支旨在夺取制海权的海军。

在此后的岁月里，俄罗斯的海军构想在这两大学派之间摆动。这些争论的结果以及这些观念在俄罗斯海军历史上不同时期的实施情况，使研究者能够辨别出一系列塑造这个国家海权认知和命运的要素。

在这些决定俄罗斯海权途径的基本因素中，最显著的是地理因素。[8]历史上，俄罗斯对强大海军的依赖并未达到英国、美国或日本那样的程度。在数量上，俄罗斯拥有世界上最长的海岸线（38800 公里），可通往十二个海（通常指俄罗斯濒临的十二个海，包括白海、巴伦支海、喀拉海、拉普捷夫海、东西伯利亚海、楚科奇海、白令海、鄂霍次克海、日本海、波罗的海、黑海和亚速海—英文版编者注）三大洋。然而，缺少合适的出海口导致其拥有四个相对孤立的海上战区，俄罗斯海军被分割和碎片化了。这种地理状况决定了俄罗斯的海军结构：两个大洋舰队（北方舰队和太平洋舰队）、两个内海舰队（波罗的海舰队和黑海舰队）以及里海分舰队。

与地理特征密切相关的是俄罗斯对威胁的认知。作为拥有世界上最长陆地边界（14500 公里）的国家，与传统的海权国不同，俄罗斯面临的绝大多数威胁来自陆地。因此，俄罗斯主要需要强大的陆上军事力量。以往俄罗斯海军的命运变化不定，甚至其生存都曾一度成为问题，这与俄罗斯大多数政治、军事领导者首先并且主要把俄罗斯视为陆权国家有关。[9]这种理论的支持者认为国家利益以及国家所直接依赖的大多数至关重要的资源都在俄罗斯境内。[10]因此，在历史上，除了极少数例外，在军事力量和政治影响上，海军一直被视为次要力量。

这些决定性因素促成了俄罗斯战略文化的一个鲜明特征，这一特征对战略决策过程和军种间的权力分配具有至关重要的影响。在历史上，地面部队一直在俄罗斯发挥主导作用，并且至今仍在国防机构中占据强势位置；而海军则处于较低的地位，是一个主要以防御为导向的辅助角色。[11]一直在俄罗斯国防部居于领导岗位的陆军将领们往往因对海军缺乏足够的兴趣与理解而受到批评。[12]

一个代表性的例子是海军专家、苏联海军副司令（1932～1937年）伊万·卢得里（Ivan Ludri）海军上将对海军作用的看法：

> 应该牢牢记住，在红军里，海军并没有独立的使命。海军可以也应该有独立的行动，但要在陆军司令部确定的任务范围之内。[13]

这种信念被证明是俄罗斯战略文化中最持久的因素之一。苏联海军司令弗拉季米尔·切尔纳温海军上将（Vladimir Chernavin）曾在 1990 年指出，海军不过是陆军"助手"的这种观念现在仍然有拥护者[14]。

由此导致的结果是，陆军始终是俄罗斯国防预算的第一受益者。像其他国家一样，俄罗斯能够用于国防事务的经济潜力和资源有限，因而必须对资源进行优化分配。然而，在沙皇时期和直到 20 世纪 50 年代初的苏联时期，最终由最高领导人对海军投资做出的决策并不总是与经济条件相关。在经济增长和衰退时期，对海军的投入也会相应增减[15]，但这取决于同时出现的多种因素的组合。20 世纪 90 年代，极端的资源紧缺曾导致海军实力急剧下降，这是当前俄罗斯海军发展的核心障碍之一，下文还会提到这一点。

国内政治状况，包括急剧的制度变化、战争、对海上力量持不同观点的统治者继位，则是对俄罗斯海军发展造成破坏的其他因素。彼得大帝、叶卡捷琳娜二世和亚历山大三世所建造的舰队的衰落，在一定程度上是由于他们的继任者对继续发展海军没有足够的兴趣。此外，国内政治不稳以及有时对威胁的认知发生了变化也对海军发展造成破坏。[16]俄罗斯海军最引人注目的衰落之一是由克里米亚战争（1856）的灾难性失败造成的，而在对日冲突之后（1905），俄罗斯海军几乎被摧毁。此外，在第一次世界大战后和俄罗斯革命后的几年内，俄罗斯海军陷入了历史上的最低点，这既有经济原因也有政治原因。1921年喀琅施塔得舰队水兵反对布尔什维克政权的兵变是一例。[17]后来任军事和海军人民委员的米哈伊尔·伏龙芝（Mikhail Frunze）曾在同年指出，"总之，所有这些意味着我们没有舰队了"。[18]

苏联早期的海军战略为陆权国家的观点所支配，因而也为陆军的需求和战略所支配。20 世纪 30 年代初，斯大林的做法基本上是受"新海军学派"防御方针的影响，苏联的小型舰队重点发展潜艇、鱼雷艇、高速驱逐舰和海军航空兵。[19]1928 年，海军的主要任务被确定为支援陆军作战，对海岸实施联合防御以及对敌人的海上交通线开展作战行动[20]。

然而，1936 年斯大林却转向"老海军学派"主张，下令进行以发展进攻性"大型大洋舰队"为目标的海军建设。[21]按照苏联海军总司令尼古拉·库兹涅佐夫（Nikolai Kuznetsov）上将的说法，斯大林没有明确这一建设计划的政治、军事意义，或至少没有与他人就此达成共识[22]，尽管该计划至少应部分归因于苏联正在增强的大国身份。[23]随着国家工业化计划的推进，苏联对海军的投资加速增长。然而，随着二战的爆发，造舰计划先是被削减，随后又在1941年因德国入侵而中断。[24]第二次世界大战期间，在任何重要的作战中苏联海军都没有发挥重大作用。与此相反，陆军及空军则再次被证明是俄罗斯应对主要安全威胁的最重要的军事力量。[25]

在二战后的第一个10年，海军主要被视为防御性因素，其主要任务是海岸防御。[26]最高优先权被赋予地面部队、航空部队和防空部队，尽管斯大林打算建设一支强大的海军，想要建造重型驱逐舰、巡洋舰和潜艇。[27]1953年斯大林去世后，苏联的政治和军事领导人强烈反对库兹涅佐夫旨在从根本上提高水面远洋能力的计划，这一计划包括9艘航空母舰、21艘巡洋舰和118艘驱逐舰。与此相反，他们将破坏海上交通线作战作为苏联海军的主要目的，将潜艇作为主要手段，发展的主要目标是把核武器引入海军。[28]当时，苏联领导人并没有与海军领导层协商就做出了这一关于海军态势的决定，这反映了海军的地位和苏联国防机构中的权力配置。[29]

苏联海军战略的根本转变最初是随着影响领导人海军政策的几大因素的变化而出现的。随着海上强国美国成为主要竞争者，苏联主要安全威胁的地理来源发生了变化。美国形成的挑战，不同于先前的战争经验，这些经验通常是从与相邻的敌人和传统陆权国——如拿破仑法国或德国的作战中获得的。在远程飞机的支援下，美国的核动力航母和装载"北极星"导弹的核潜艇使苏联领土面临遭受攻击的重大威胁。变化了的安全环境促使苏联海军总司令（1956～1985年）戈尔什科夫海军上将得以说服政治领导人，海上力量应用来与美国竞争，并应以制海权作为目标。[30]这一变化还使戈尔什科夫能够成功地挑战了认为俄罗斯仅仅是陆权国家、海军无非是海岸警备力量的主导看法，强力推动了引人注目的造舰计划。随之而来的，是海军在苏联武装力量中拥有了前所未有的较强的地位。[31]

然而，即使在海权的黄金时期，苏联国防部的主要领导岗位仍然由并不充分理解海军在武装力量总体系中的地位和作用的人所占据。[32]同时还应看到，戈尔什科夫在 20 世纪 70 年代初所形成的"战略堡垒"观念仍然反映了俄罗斯主要作为陆权国家的典型思维。[33]这一战略观念强调在各个进出水道上建立层级防御和缓冲区（包括海上缓冲区）以寻求安全，[34]其重点放在核潜艇上，将之视为未来战争制胜的关键。军事技术的发展拓展了新型"叶蜂"（Sawfly）潜射弹道导弹和"德尔塔"（Delta，亦有人译作三角洲）级弹道导弹核潜艇的打击范围，它们只需部署在靠近母港的海域即可。在由空中、水面和水下能力联合行动组成的严密的层级防御的支持下，苏联潜艇还可以隐藏在北极冰盖之下，以确保苏联的第二次打击能力。

采用弹道导弹核潜艇给了苏联海军一个新维度，它超越了"老海军学派"与"新海军学派"的分歧，受核武器运用和核威慑的逻辑指导。"战略堡垒观"也决定了海军通用兵力及航空兵的任务，其主要使命是保护海上"堡垒"。苏联海军的首要任务是确保弹道导弹核潜艇的生存，第二位的使命是从欧洲侧翼支持战区地面作战。[35]

斯大林和戈尔什科夫相信，一个世界大国的外交利益和国际地位需要一支强大的海军。[36]对国际声望和形象的追求，为苏联大型蓝水海军的发展提供了强大的动力，蓝水海军被视为有权充分参与世界事务的显赫强国的力量象征。俄罗斯的历史经验是，其国际地位的提升和在世界事务中分量的加大，总与其海军的壮大同时发生。[37]虽然如此，为使国防经费的分配有利于海军，其他决定性因素，如经济增长、适宜的战略环境和国内政治环境等也都是需要的。

当前的争论与政策

未来海军力量构想

20 世纪 90 年代，俄罗斯海军领导层继续要求保留和加强蓝水海军舰队，包括建造航空母舰，但这些行动不得不推迟到"不确定的未来"[38]。从苏联继承下来的舰队在新的政治、军事和经济环境里不仅在硬件上陷入了深刻危机，而且在理论上也陷入了危机。俄罗斯海军失去了其赖以存在的主要目的。从苏联继承下来的军事理论思想与从根本上改变了的战略环境相冲突，俄罗斯面临的主要是内部安全挑战和来自邻近地区的威胁。在此情况下，俄罗斯海军经历了严重的衰落，其力量投送能力遭受极大损失。

然而，几年前这个趋势似乎出现了变化，政治领导人对俄罗斯海军的关注再次开始增长。最高当局清晰地表达了这样的信念，没有强大的海军，俄罗斯不可能生存下去，也不可能有效地保护国家利益。梅德韦杰夫总统甚至声称，没有海军，俄罗斯就没有未来。[39]除了前两任海军司令弗拉季米尔·库罗耶多夫（Vladimir Kuroedov）上将（1997～2005年）、弗拉季米尔·马索林（Vladimir Masorin）上将（2005～2007年）和现任海军司令弗拉季米尔·维索茨基上将（Vladimir Vysotskii），包括普京在内的最高政治领导人也都支持发展"老海军学派"主张的大型舰队。[40]他们决心从根本上增强俄罗斯海军的全球投送手段，并强化海军在实现核心对外政策目标中的作用，这个目标就是恢复俄罗斯的大国地位。

在普京的第二个总统任期内，发展具有全球抵达能力的海军构想得以清晰化，其首次明确表述是在2006年。虽然仅在两年之前，最高军事领导层曾根据"新海军学派"的观念准备好了一个比较温和的海军计划。这一计划主张拥有一支较小规模的海军，主要用来应对可能在当地或地区内出现的威胁，以保护俄罗斯领土，其能力限于在沿海地区实施警戒行动。

2004年1月在圣彼得堡举行的海军领导人年会上，库罗耶多夫上将宣布国防部已经制订了一个至2040～2050年的海军发展计划。他宣布俄罗斯正在放弃从苏联时代继承的大型军舰，这些军舰对于俄罗斯的安全需求来说已经过时，而且从较长期的角度来看是无法维持的，俄罗斯正在转向发展多用途的舰艇。[41]这个造舰计划以发展较小型的绿水海军而非远洋海军为中心，侧重海岸防御和发展采用先进技术的小型舰艇。[42]对于库罗耶多夫来说，这一计划象征着一支现代化和"均衡的"舰队[43]。

该造舰计划的首个项目是"守卫者"（Steregushchii）级轻型巡洋舰，它是用来实施多种军事行动的近海战舰。第二个步骤是建造新型护卫舰，第三个步骤是建造驱逐舰。后两个步骤预计在 2014 年启动，这个时间与苏联时期建造的同级别大型水面舰只退役的时间相吻合。[44]

作为主张发展"有限"规模海军的依据，库罗耶多夫认为其他主要世界大国的海军的发展都倾向于放弃为大规模核冲突所设计的远洋海军，而转向注重局部或常规对抗和沿海行动。[45]这样的取向符合俄罗斯的军事学说，该学说强调未来最可能发生的战争类型是局部冲突和地区战争。[46]

这项海军计划建立在相对节制的雄心以及根据国家经济潜力和海军所承担的任务对俄罗斯可能实现的目标进行评估的基础之上。[47]该构想并不意味着俄罗斯完全放弃了拥有航空母舰的企图，但是库罗耶多夫提倡更强烈的现实主义态度和稳步前进的做法。他声称，在 2008～2010 年之前，保卫俄罗斯国家利益并不需要航母，航母的使命应是下一个 10 年才考虑的问题，现在谈此问题"有些为时过早"。[48]

然而，2005 年 9 月库罗耶多夫退休了，其继任者马索林海军上将很快就呼吁扩大水面舰艇建造计划。他在 2006 年 2 月提出，对近年来军事冲突的分析表明，在空中击败敌人是军事胜利的新趋势。马索林强调"俄罗斯不像美国那样需要 12 艘航母"，但拥有"1～2 艘"航母是保卫国家安全的需要，他呼吁当年即启动概念设计工作。[49]俄罗斯政治领导人赞同需要航母的意见，尽管国防部长伊万诺夫在 2006 年 6 月还承认讨论航母建造的时机还未成熟。[50]

这样的看法在一年后发生了变化。2007 年，俄罗斯海军的雄心得以拓展，其提出了再造大型蓝水海军的目标，企图超越戈尔什科夫取得的成就。新计划设想建立世界第二大航母舰队，使北方舰队和太平洋舰队在今后 20~30 年里拥有 5~6 个航母编队。[51]在海外基地的开设计划中，这些设想的全球性质得到进一步强化，计划设立基地的地点包括亚丁湾中的索科特拉（Sokotra）岛、利比亚的的黎波里和叙利亚的塔尔图斯（Tartus），其目的是支持俄罗斯海军的全球部署。[52]

除了若干航母战斗群之外（每个航母战斗群均由多达 6 艘护航舰艇，包括导弹巡洋舰、驱逐舰和护卫舰），[53]俄罗斯海军的计划还包括建设一整套的基地、后勤和社会保障系统。[54]俄罗斯海军企图避免戈尔什科夫元帅领导时发生的问题：在发展庞大的海军时没有足够的基础设施保障维修和支持数百艘各型舰船的有效使用，以致作战能力下降，机械和系统过早磨损，燃料过度消耗。[55]据海军总司令维索茨基称，"如果有利情况同时出现"，最早在 2020 年首艘航母可以下水。[56]

在解释青睐航空母舰的理由时，俄罗斯领导层谈及了外国武装力量，特别是美国海军的经历及航母在各种冲突中成功使用的情况。[57]马索林提到的另外一个支持航母建造的"强有力的根据"是"拥有航母能力的俱乐部在不断扩展"[58]。

航母还被视为完成海军所肩负使命的必要条件，如保卫经济利益和在远离本土基地的地方开展活动，保护公海航行自由和延伸 370 公里的大陆架，而如果没有空中掩护，俄罗斯的水面战舰、潜艇和海军航空兵的效能将下降。[59]在前沿区域缺乏适当的空防能力一直被视为一个大问题。在俄罗斯当前 1500~2000 公里的防御圈内，空军陆基飞机仅能为最多 300 公里范围之内的作战行动提供支持。[60]此外，航母还被视为有助于俄罗斯参加全球海军伙伴行动，包括努力开展维和行动与进行人道主义救援。[61]

梅德韦杰夫声称，为提供空中掩护，航母应与新型弹道导弹核潜艇一道发展，因为没有航母，"潜艇无法完成所担负的任务，尤其是考虑到俄罗斯是个幅员辽阔的国家，要保卫其所有的边界"。[62]然而，这些理由更多的是说辞而不是实质性依据。虽然航空母舰能够增强关键区域的纵深防御，并能够更有力地展现国家承诺，但它对于确保海基核威慑的有效性并非不可或缺。新航母的其他使命尚未得到阐述，正如下文将论述的那样，其使命还有待明确。

俄罗斯造船计划在较短时期内的突然膨胀，难以通过威胁认知的改变来解释，因为俄罗斯的外部环境并未发生需要调整海军战略的重大变化。俄罗斯海军雄心的壮大，与能源出口所带来的国家财富的巨大增长相吻合，正是在 2003~2008 年，油气价格飙升到了高点。结果，极大增加了的财政能力被投入到军力发展之中。在普京总统任期的最后几年中，军事力量特别是海军被频繁地用作实现对外政策议程的工具。[63] 对国际声望及对成为拥有航母国家排他性俱乐部成员的渴望，亦在俄罗斯谋求海权方式的演变中发挥了作用。能够有效保证国际关注度和国际地位的航空母舰，被俄罗斯视为大国身份的关键要素。[64]

海军的骨干力量

毫无疑问，俄罗斯海军最基本的使命，仍然是在作战巡逻中通过提供可靠的掩护和稳定的海基核力量部署来加强核威慑。[65] 尽管冷战结束后安全环境发生了根本性的变化，俄罗斯仍然依赖弹道导弹核潜艇的运行。核威慑在俄罗斯军事战略中仍起着根本性的作用。其重要性更因常规作战能力的衰落而得到加强，对俄罗斯的任何大规模入侵都可能遭受其报复性核打击。[66] 此外，核武库依然是俄罗斯保持大国地位及影响世界事务的保证。[67]

随两洋舰队部署的战略核力量构成了俄罗斯海军的骨干，其维护和现代化被视为最优先的事项。将"堡垒"功能与主要针对邻近海域的力量投送及有限的域外作战能力（包括将主力舰从一个遥远的海军战区快速调动至另一区域的能力）相结合，俄罗斯近年来在这方面开展了越来越多的演练。[68]

核威慑的重要性还应被放到正在广泛开展的俄罗斯军事改革和创建"新面貌"（novyi oblik）军队的背景下来认识。除了其他根本性变化之外，俄罗斯军事现代化的努力还包括将大规模调动的陆军和以师为基础的结构转向较小规模、具有高度机动性和非固定的一级戒备旅结构，重组指挥系统（从四级调整为三级），大幅度削减军官数量，保持更好的官兵比例以及大规模缩编教育系统等。[69]。这一现代化努力依赖于这样的评估，即俄罗斯不可能面临多条战线、多梯次防御的大规模常规战争。但是，在理论上还不能完全将这种可能性从战略规划中排除。因此，战略和战术核武器仍然是在遭受具有极大常规优势强敌侵略时的终极保证。[70]

对战略威慑的格外重视还体现在军费的分配上。在接连几年的政府军备计划中，海基核力量的发展都是海军最优先的项目。[71]因此，俄罗斯海军预算的一大部分被用于弹道导弹核潜艇的维护、运行和现代化，特别是用于建造第四代"北风之神"（Borei）潜艇的计划中，该型潜艇是俄罗斯未来海军战略力量的基础。采购 8 艘该型潜艇的时间期限已经从 2015 年延迟至 2020 年。[72]潜艇装备的"布拉瓦"（Bulava）海基弹道导弹出现的问题造成了潜艇计划的拖延，但该计划仍在稳步推进中。[73]俄罗斯政治和军事领导人决定继续实施这项无可替代的计划。[74]俄罗斯现有海基核力量的基础——6 艘"德尔塔 – IV"级弹道导弹核潜艇的现代化改装计划完成后，它们的服役期限预期可以延长至 2015～2020 年。

俄罗斯还将优先建造较小型的潜艇，作为对较大型的弹道导弹核潜艇特别是第四代核动力攻击潜艇（SSN）"雅森"（Yasen）级潜艇的补充，到 2020 年该型潜艇的建造数量将"不会低于 8 艘"。[75]然而，建造速度一直很缓慢。1993 年开始建造的旗舰"北德文斯克"（Severodvinsk）号到 2011 年才出海航行，而"喀山"（Kazan）号的改进型则要到 2015 年才能完成。[76]此外，俄海军的其他潜艇通过武器系统的重要升级完成了检修，其中包括较新的"奥斯卡"级核动力巡航导弹潜艇。俄罗斯正在建造的"拉达"级柴油潜艇，首艘潜艇在 2010 年加入波罗的海舰队，其他 2 艘仍在建造之中。由于这一项目因若干舰载系统出问题也出现了延迟，俄罗斯已经订购了 6 艘改进的"基洛"级潜艇，这是较老的、得到验证的"帕尔图斯"（Paltus）的改进型，可以较迅速地增强海军实力。[77]

俄罗斯绝大多数弹道导弹核潜艇配属位于北冰洋西侧的北方舰队，该舰队的重要性因俄罗斯海军实力的削减和其接近波罗的海和黑海而变得更为突出。这一地区作为俄弹道导弹核潜艇主要的驻扎与作战地点，一直具有重要的军事战略意义。它为核潜艇进入大西洋和北冰洋提供了便利、直接的通道，还确保其能利用地区内的重要国防工业和基础设施。[78]20 世纪 90 年代，北方舰队的作战潜艇数量急剧下降，从 1991 年的 153 艘（其中包括 37 艘战略核潜艇）下降到 2011 年的 41 艘（包括 6 艘"德尔塔－IV"级战略核潜艇）。作战序列中的另外一艘弹道导弹核潜艇"台风"号仅仅被作为"布拉瓦"（Bulava）导弹的试验发射平台。俄罗斯宣布有意对另外两艘该型潜艇进行大修，使其能够装载新型巡航导弹。然而，现在还不清楚该项计划能否得以实施，因为只能有限延长其使用期（到 2019 年），但要付出高昂的成本。[79]

俄罗斯军事战略中核威慑的重要作用在其潜艇部队的演习方式中得到证实。日益增加的演练活动包括恢复在北极冰盖下的航行能力，这对于保护弹道导弹核潜艇有关键作用。在极地环境发射导弹被确定为俄罗斯海军的优先使命。[80]2006 年 9 月，在中止 11 年之后，"德尔塔－IV"级弹道导弹核潜艇恢复了在极地冰盖下的例行发射，这反映出俄罗斯运用战略核潜艇的能力及执行"堡垒"战略的能力的提高。[81]

气候变化和冰盖的快速融化导致北极自然环境的变迁，这种情况可能在经济和军事上进一步提高该地区对俄罗斯的重要性。北极地区人类活动的增加可能为北方舰队及地区内的其他安全力量提供新的驱动力，与此特别相关的是保卫俄罗斯在北冰洋的漫长边界，以及为经济和其他活动提供安全保障。[82]该地区形势的变化还影响到俄罗斯对整体安全威胁的认知。北极航线的开通可能加强外国海军部署的灵活性，增加外国在此地区的军事存在以及向俄罗斯邻近地区的兵力投送能力，因而已成为俄罗斯的安全关切。在此情况下，可靠的军事存在被视为加强本国在该地区地位的关键因素。[83]

在远东地区，太平洋舰队仍是俄罗斯国防体系的重要支点。与苏联时期相比，它现在更具有防御性，虽然其潜艇部队和水面舰艇部队仍然保持在某些地区之外作战的能力[84]，但其首要和主要的任务是保卫沿海地区。如同俄罗斯海军的其他组成部分一样，太平洋舰队的装备采购也经历了急剧的削减，到 2000 年年中，其总体实力仅是 1991 年的 60%。[85]太平洋舰队的海基核力量规模较小，其 4 艘服役近 30 年的老旧"德尔塔－III"型弹道导弹核潜艇计划在今后几年内退役。因此，推进"北风之神"建造计划和解决"布拉瓦"导弹的技术问题，对俄罗斯确保在太平洋地区的战略威慑能力至关重要。

俄罗斯的政治和海军领导人已越来越多地提到保持和提高太平洋舰队水下作战能力的问题。东部地区的战略不确定性要求俄罗斯对亚太地区的安全和经济优先事项给予更多关注，并通过在这个越来越重要的地区显示其存在来增加威慑和"心理影响"。[86]该地区正在出现的挑战或许真的会使增加更多应对能力的要求得以实现。北方舰队和太平洋舰队都是俄罗斯海军新采购计划的受益者。

但也应看到，由于地域遥远，供应链漫长，人口稀少，再加上发展落后的远东地区缺少基础设施，太平洋舰队的发展与维护是海军计划中最昂贵的内容之一。[87]此外，俄罗斯不愿公开表达对中国不断增长的军事能力的担忧。因此，并不意外的是，俄罗斯 2009 年的安全战略在讨论挑战时用的是最宽泛的安全概念，其中很少提到中国，即使提及也是以国际合作为背景。[88]然而，有迹象表明，俄罗斯对来自东方挑战的关切一直在上升。[89]尽管如此，在规划这一地区的海军态势时，大力加强进攻性海军作战能力需要付出的高昂外交和政治代价，仍是俄罗斯必须考虑的因素。[90]

现实并非一帆风顺：水面舰艇制造计划

俄罗斯海军重新武装计划的目标是用新一代技术替代仍在沿用苏联时代水面作战武器系统的、已有 20～25 年寿命的大多数现役舰船，为可持续使用到 2050 年的俄罗斯海军奠定基础。[91]

后苏联时代的战舰将是多用途的，与新的战略概念相适应，可以实施广泛的进攻和防御任务，既可以独立作战，也可以作为未来航母战斗群的组成部分和护卫力量。[92]水面战舰现代化计划第一阶段的重点是加强沿海作战能力，即发展各种级别的轻型巡洋舰和导弹舰及反潜舰、扫雷舰。沿海作战军舰的主力——新型"守卫者"级轻巡洋舰的建造将继续：计划建造 20 艘，其中 2 艘已经服役，另外 4 艘正在建造中，将于 2020 ~ 2030 年投入使用。[93]

舰艇现代化计划的第二阶段则是发展远程作战力量。主要的新项目是"戈尔什科夫元帅级"护卫舰，计划建造 20 艘，2 艘已经在建。然而，由于建造过程缓慢而昂贵，俄罗斯海军订购了 6 艘较便宜的"格里高利海军上将（Admiral Grigorovich）级"护卫舰，这是为印度海军建造的"塔尔瓦（Talwar）级"护卫舰的改进型。时常有报告宣称，俄罗斯海军正在设计新型驱逐舰，这预示了俄海军现代化计划的后续阶段。第 1 艘驱逐舰在 2012 年开始建造，预计 4 年后完成。[94]

此外，俄罗斯海军还在建造"伊万·格伦级"（Ivan Gren-class）登陆舰和较小型的巡逻舰。2014 ~ 2015 年，2 艘法国制造的"西北风"（Mistral）级大型两栖攻击舰将加入俄罗斯海军作战序列，随后另外 2 艘也将加入。[95]当唯一保留下来的重型载机"库兹涅佐夫上将"（Kuznetsov）号巡洋舰因大修从海上撤回的时候（原计划使用至 2012 ~ 2017 年）[96]，该型两栖攻击舰将作为远程部署的指挥控制平台，增加俄罗斯的国际关注度与力量投送能力。

俄罗斯的政治和军事领导人承认，国家需要能以有效方式应对 21 世纪安全挑战的舰艇和武器。然而，尽管海军现代化计划似乎得到了强有力的政治支持，雄心勃勃的海军计划仍然面临巨大的挑战和制约。军事采购在俄罗斯还是国家机密，造船计划缺少后续的细节（如在哪段时间将对什么具体项目投入多少经费等），但还是有一系列的指标显示，至少在宣布的期限之内，俄罗斯很可能无法将海军的战略目标完全变为现实。若干重大约束可能妨碍俄罗斯海军愿望的实现。

首先是有限的国家经济潜力。尽管对新建造计划的拨款增加了，但大量因素显示，现有预算并不足以在同一时间里既执行大规模的新建计划又对现有舰队进行维护、维修和现代化改造。[97]。正如全球经济危机所显示的，海军的现代化计划在脆弱的俄罗斯经济中极易受损。2009 年年初，俄罗斯政治领导人重申，海军现代化将根据计划获得足够的经费。然而，一年之后俄海军总司令维索茨基上将承认，由于经济下滑俄罗斯海军的财政能力不如 2008 年。[98]俄罗斯当局也承认，缺乏实施获得海外基地计划所需要的资源。[99]

随后，国家财政状况的好转反映在 2010 年 12 月批准的新的国家装备计划（2011～2020 年）中，该计划在总计 20 万亿卢布的拨款中为俄罗斯海军拨款 5 万亿（约为 1770 亿美元）。[100]按照普京总理的说法，与此前的 GPV－2015 计划相比，投入增加了三倍，GPV－2015 计划为整个武器装备的投入为 5 万亿卢布。[101]然而，这些经费是否能切实用于海军，如果是的话，经费又将怎样使用，仍然不得而知。

俄罗斯军事工业复合体内部的结构性约束是海军现代化计划的另一个重大障碍。长期以来，俄罗斯造船工业一直遭受指责，认为它不能按时以可承受的价格提供数量和质量达标的必要的武器装备。[102]在 20 世纪 90 年代，俄罗斯失去了许多重要的专业技能、技术和职业技巧，目前这一情况仍在继续。部分造船工业通过接受民用订单，特别是能源部门的订单等多样化运营活动维持生产能力。然而，许多工厂衰败了，许多公司破产。影响造船工业的其他问题包括对研究开发、基本建设、人员培训的投资不足，低下的劳动生产率，落后的工艺和机械工具以及老化的工作队伍（平均年龄超过 50 岁）等。[103]国防部门内外广泛存在的腐败和低效更增加了问题的复杂性。造船工业要从这一系列盘根错节的问题中恢复过来需要大量的时间和资源。

俄罗斯聚焦于水面舰船的现代化计划不仅反映了其政治领导人的愿望，同时这也是海军作为一支远洋舰队生存下去的必要条件。俄罗斯海军绝大多数现存舰船的能力正在快速跌落至执行任务的最低水平。[104]大量舰船或是在进行大修或是计划进行大修[105]，尽管俄罗斯海军总司令维索茨基上将提出，为顶多再服役 10 年的舰船投入数十亿美元进行维修毫无意义。[106]事实上，许多舰船更可能被拆解。[107]因此，在今后几年，俄罗斯海军，尤其是其远洋作战能力将面临大规模衰落。俄罗斯联邦委员会国家海洋政策委员会主席维亚切斯拉夫·波波夫（Vyacheslav Popov）警告说，如果资金不增加，俄罗斯海军将变成一支沿海舰队，其作战能力将大幅下降。根据波波夫做出的威胁评估，当前俄罗斯海军劣于许多国家的海军，如在波罗的海要劣于瑞典和荷兰（2∶1）；在黑海劣于土耳其（2∶1）；在远东劣于日本（3∶1）；更劣于法国、英国（5～6∶1）和美国（20～30∶1）。[108]

如同过去一样，俄罗斯海军高层认为"陆军将领"应为海军的持续衰落负责。[109]这一看法被正在进行的军事变革的若干方面所强化，因为这些变革与官方提出的建设大规模的拥有航母的蓝水海军的目标并不一致。当前，虽然舰队仍然接受舰队司令的命令，但海军已听命于 2010 年设立的战略司令部的指挥官。[110]此外，俄罗斯国防部计划将海军司令部从莫斯科迁到圣彼得堡。到目前为止海军一直设法予以抵制，担心这会削减海军对政治中心的影响。这进一步激发了人们对海军在武装部队中所占地位的质疑。[111]总参谋长和海军司令的未来职能仍不确定。[112]不排除俄罗斯陆军和空军所采用的模式也将适用于海军。如果是这样，海军总司令的职责将仅限于战略规划和发展，监督造船计划，与研究机构联系与协调合作等。[113]

在过去 5 年里，由于对采购新舰船和对较老舰船进行现代化改造提出了太多的数字和期限，官方宣示的海军力量结构令人困惑。因此，完全有理由认为，当前的计划并不是最终计划。目前关于未来俄罗斯海军的构成规划，特别是对于最需要的蓝海能力的规划，应被允许有较大的误差。

在俄罗斯伟大的海军雄心中，可行性最不确定的是航空母舰。尽管官方多次宣布要在未来采购航母，但一直未做出建造决定。虽然有一些关于开展航母设计工作的报道，但无论是建造时间还是建造的地点都没有确定。苏联时期建造过航母的"尼克拉耶夫"（Nikolaev）黑海造船厂现在属于乌克兰，连同该厂归属乌克兰的还有俄罗斯唯一的海军飞行员训练机构。俄罗斯正在考虑改建在北德文斯克或圣彼得堡的船厂，并在本土设立一个训练中心，但这同样需要时间和资源。[114]然而，更严重的是，俄罗斯至今还没有为建造航空母舰拨款。[115]对于将要采购的这一级别航母的数量有许多说法，有的说"1～2艘"，有的说"5～6艘"，还有的说"2～3艘"。这些形形色色的说法从某个方面表明，俄罗斯的雄心到目前为止仅是想法而已。[116]即使出现最有利的条件，建造一艘航母也需要许多年。俄罗斯海军要在2020年拥有一艘具备作战能力的航母，在目前的条件下似乎是极不可能的。

历史上，如在彼得一世和叶卡捷琳娜二世时期，俄罗斯依靠外国的技术与观念建设和使用海军。[117]在当前也是一样，为加速对其陈旧的技术基础进行现代化，俄罗斯领导层呼吁使用西方的技术与观念，因为本国的工业难以在短期内迎头赶上。获取现代技术知识一直是俄罗斯对采购法国"西北风"两栖舰感兴趣的主要原因。俄罗斯海军总司令维索茨基甚至提出，技术比军舰本身更重要。[118]的确，引进国外技术将为俄罗斯发展自己的技术与观念节省许多时间。然而，技术所能起的作用仍然有限。

像其他国家的海军一样，为应对各种挑战和威胁，俄罗斯试图平衡不同的能力需求，但面临两难境地。对西部和东部战区所需远洋舰队的关注，被南部特别是高加索地区紧迫而现实的威胁的压力所分散，后者需要的是近海舰队和向邻近地区进行力量投送的能力。俄罗斯黑海舰队迫切需要进行现代化改造，因为该舰队只有1艘"基洛级"潜艇、1艘导弹巡洋舰和2艘轻巡洋舰被认为具有作战能力。[119]由于不稳定的南部地区在军事战略、政治和经济上的重要性，黑海舰队可能成功地赢得对有限资源的竞争。一个相对低成本的计划——利用现有批量生产的舰船设计使黑海舰队核心部分快速现代化——将在2015年实施。[120]然而，根据当前的国民经济状况和新建项目的进展速度，同时关注北极、远东和欧洲将是难以做到的，俄罗斯需要做出选择。

结　论

俄罗斯追求强大海军的途径在两个主要海军学派之间摇摆：一个学派渴望发展大型进攻性的海军，另一个学派主张发展较小型以防御为主的海军。发展前者的雄心周期性地出现是由于受到多种因素的影响，如适宜的政治经济形势，对国际声望和影响的追求，以及不时改变的威胁认知。相关计划的最终失败和向第二种选择的转变则受到下列因素的驱动：地理条件、战略文化传统、缺少需求，以及有限的经济和资源潜力。

在普京第二任总统的最后几年，发展具有强大远洋作战能力的大型进攻性海军被确定为军事战略的优先事项。此时海军雄心的扩展主要被渴望拥有全球影响的对外政策的扩展所驱动。俄罗斯不时地公然展示其复兴的力量，并伴以有效吸引国际国内注意力的咄咄逼人的说辞，这构成了俄罗斯"归来"战略的重要组成部分。在寻求声望和国际地位时依赖对力量的显示，是俄罗斯战略文化的典型特征。[121] 这些努力显然也有着国内考虑。大型战舰带来的国际关注度和对国家自豪感的加强，能唤起公众舆论对领导层的支持，可以直接转化为政治资本。

民族主义、恢复俄罗斯地位和影响的努力，为海军的舰船发展提供了强大的动力。然而，在不利的经济环境里仅靠这些因素是不够的。[122] 当前，俄罗斯的政治制度虽然还存在多种缺陷并仍有威权特征，但以民众利益为代价推行大规模军事化已不可行。

毫无疑问，一支强大的具有航母作战能力的蓝水海军是一个很不错的工具，可以增强军事和政治实力，为赢得未来战争的胜利创造条件。然而，俄罗斯政治领导层对未来海军不连贯的构想，使人们质疑海军是否已被视为俄罗斯生存的先决条件。尽管在政治和说辞上对远洋水面舰队有强有力的关注，最优先的仍然是现实中被视为确保俄罗斯安全的关键：核威慑。这个选择影响了俄罗斯海军非核能力的发展与作用，占用了大量海军预算，限制了对其他愿景的资源投入。

因此，俄罗斯看来仍然是一个主要以陆地为战略重心的国家。正如彼得·瑟拉斯（Peter Tsouras）所指出的，各国或者认为自己是陆权国家或者认为自己是海权国家，却很难同时认为自己既是陆权也是海权国家。[123]历史上有几个案例，陆权国家一时为发展大型海军的益处所诱惑，如西班牙、法国和德国就是这样。然而，当基本问题转向怎样的军事力量才能确保国家生存时，这些努力最终不断地在危机中被放弃。这些国家的战略利益主要在大陆，因而注意力很快又会转回陆地，尽管获得海权的可能性曾一时分散了政治领导人的注意力。[124]

国际环境的变化将是决定俄罗斯海军最终结局的另一重大因素。威胁认知的变化可能为海军发展提供强大的动力。当前还不能完全排除这样的可能性，即俄罗斯在北方和远东两大战区海上事态的发展可能会提供这样的动力。然而，虽然我们将会看到俄罗斯在数量和质量上有选择地加强这些地区的海军力量，但从近中期看，海上事态的发展不可能对俄罗斯构成生死存亡的威胁，从而促使其启动大规模海军建设计划。因此，俄罗斯海军可能继续以执行沿海任务为重点，同时通过改装较旧的战舰和逐步引入新一代战舰保持有限的远程部署能力。

尽管俄罗斯海军总司令维索茨基上将在 2010 年声称，政府已经制定了在新战略环境中使用海军的战略，但他承认还没有确定建设舰队的战略。[125]毫无疑问，俄罗斯宏大的海军计划一直建立在脆弱的基础之上，在指定的时间框架内及在上文提及的主要决定因素的合力下，这个计划不太可能变成现实。鉴于有限的国民经济潜力，以及与国内造船业的设计和制造能力相关的结构性制约和不确定性，俄罗斯能否将海军计划转变为现实尚不得而知。

近年来，在恢复海军活动、改装和建造新舰船等方面俄罗斯取得了进展，其海军舰队处于 1991 年以来的最好状态。考虑到俄罗斯面临的巨大困难，这些进展的确引人注目。然而，如果在经费投入上没有实质性增加以解决资金匮乏的问题，对战略环境的认知也不发生重大变化，俄罗斯企图建设仅次于美国海军的骄人计划可能会成为纸上谈兵：它们将一直是愿望和说辞而非现实。

[吕德宏/译　张沱生/校]

注释

［1］ 有大量 1991 年以后有关俄罗斯军队发展的文献。见 Dale R. Herspring, *The Kremlin and the High Command. Presidential Impact on the Russian Military from Gorbachev to Putin* (Lawrence：University Press of Kansas, 2006)；Carolina Vendil Pallin, *Russian Military Reform：A Failed Exercise in Defence Decision Making* (London：Routledge, 2009)。

［2］ Paul J. Murphy, ed., *Naval Power in Soviet Policy*, *Studies in Communist Affairs：1978*, Vol. 2.

［3］ 俄罗斯海军司令维索茨基（V. Vysotskii）上将，"我们在最重要的战略方向提供安全"。［My obespechivaem bezopasnost' Rossii na vazhneishem strategicheskom napravlenii］, *Orientir*, June 2007；Interview with Vladimir Masorin, "Russian Navy and World Ocean," *Russian Military Review*, No. 7 (July 2007)。

［4］ 对俄罗斯海军总司令维索茨基上将的采访："The Navy Should Reflect the National Interests and Economic Potential of Our Country," *Moscow Defence Brief* (*MDB*), 2010/1；Idem, "My obespechivaem bezopasnost"；对 Masorin 的采访，"Russian Navy and World Ocean"；Admiral Mikhail Abramov, Deputy CINC of the Russian Navy, address at a conference organized by the Maritime Board, Moscow, June 13, 2007, http：//www. morskayakollegiya. ru.

［5］ Fritz W. Ermarth, *Russia's Strategic Culture：Past, Present, and... in Transition?*, Defense Threat Reduction Agency, Advanced Systems and Concepts Office, SAIC, October 2006. For additional reading on the Russian strategic culture, see：William E. Odom, *The Collapse of the Soviet Military* (New Haven：Yale University Press, 1998)；Dale R. Herspring, op. cit.；Stephen J. Blank, "Potemkin's Treadmill：Russian Military Modernization," National Bureau of Asian Research, September 2005；William C. Fuller, *Strategy and Power in Russia, 1600 – 1914* (New York：Free Press, 1992)。

［6］ George E. Hudson, "Soviet Naval Doctrine under Lenin and Stalin," *Soviet Studies*, Vol. 28, No. 1 (January 1976), pp. 42 – 65.

［7］ George E. Hudson, "Soviet Naval Doctrine under Lenin and Stalin," *Soviet Studies*, Vol. 28, No. 1 (January 1976), pp. 48 – 55.

［8］ 关于地理与海权关系的分析，见本书雅库布·格利吉尔所撰写的那章。

［9］ 见 Norman Cigar 对此做出的分析："The Soviet/Russian Sea Power, Land Power Debate in the Era of Perestroyka," *Journal of Slavic Military Studies*, Vol. 22, No. 4 (2009), pp. 463 – 464。

［10］ 见 Norman Cigar 对此做出的分析："The Soviet/Russian Sea Power, Land Power

Debate in the Era of Perestroyka," *Journal of Slavic Military Studies*, Vol. 22, No. 4 (2009), pp. 463 - 464。

[11] 见 Norman Cigar 对此做出的分析："The Soviet/Russian Sea Power, Land Power Debate in the Era of Perestroyka," *Journal of Slavic Military Studies*, Vol. 22, No. 4 (2009), pp. 463 - 464。

[12] Nikolai Kuznetsov, 引自 Sergei Chernyavskii, "The Era of Gorshkov: Triumph and Contradictions," *Journal of Strategic Studies*, Vol. 28, No. 2 (April 2005), p. 287。

[13] I. Ludri, "Krasnyi Flot v sostave Vooruzhennykh Sil Respubliki" [Red Army within the Armed Forces of the Republic], Morskoi Sbornik, No. 10 (1927), 引自 Andrei A. Kokoshin, *Armiya i politika. Sovetskaya voenno-politicheskaya i voenno-strategicheskaya mysl'*, *1918 - 1991* [Army and Policy. Soviet military-political and military-strategic thought] (Moskva: Mezhdunarodnye otnosheniya, 1995), pp. 91 - 92.

[14] Kokoshin, Armiya i politika, p. 157.

[15] Olkhovsky, *Russia's Navy from Peter to Stalin: Themes, Trends, and Debates*, Center for Naval Analyses, June 1992.

[16] Olkhovsky, *Russia's Navy from Peter to Stalin: Themes, Trends, and Debates*; 有关沙皇时期俄国海军的更多情况，参见 Donald W. Mitchel, *A History of the Russian and Soviet Sea Power* (New York: Macmillan Publishing, 1974); Jacob W. Kipp, "The Imperial Russian Navy 1696 - 1900: The Ambiguous Legacy of Peter's 'Second Arm,'" in F. Kagan and R. Higham, eds., *The Military History of Tsarist Russia* (New York: Palgrave, 2002), pp. 151 - 181。

[17] Olkhovsky, *Russia's Navy*, p. 18; Kokoshin, *Armiya i politika*, pp. 90 - 92.

[18] 引自 Sergei Gorshkov, *Morskaya moshch' gosudarstva* [The Seapower of the State], (Moscow: Voennoe izdatel'stvo Ministerstva oborony SSSR, 1979), pp. 192 - 193。

[19] 引自 Sergei Gorshkov, *Morskaya moshch' gosudarstva* [The Seapower of the State], (Moscow: Voennoe izdatel'stvo Ministerstva oborony SSSR, 1979), pp. 192 - 193。 Hudson, op. cit., pp. 55 - 57. See also Robert W. Herrick, *Soviet Naval Strategy: Fifty Years of Theory and Practice* (Annapolis: U. S. Naval Institute, 1968), pp. xxvii, 21 - 22.

[20] Gorshkov, op. cit., p. 196; Hudson, op. cit., pp. 48 - 51.

[21] Natalia Yegorova, "Stalin's Conception of Maritime Power: Revelations from the Russian Archives," *Journal of Strategic Studies*, Vol. 28, No. 2 (April 2005), p. 158.

[22] Natalia Yegorova, "Stalin's Conception of Maritime Power: Revelations from the Russian Archives"; Kuznetsov 引述自 Kokoshin, *Armiya i politika*, p. 197.

[23] Yegorova, op. cit., p. 158.

[24] Olkhovsky, *Russia's Navy*, p. 24; Kokoshin, *Armiya i politika*, pp. 196 - 198.

[25] Watson, "The Evolution of Soviet Naval Strategy," pp. 113 - 114.

[26] V. Kuzin, V. I. Nikol'skii, *Voenno-morskoi flot SSSR, 1945 – 1991* [The SSSR's Navy] (Sankt-Peterburg: Istoricheskoe Morskoe Obshchestvo, 1996), p. 13; Yegorova, op. cit. , p. 162; Kokoshin, Armiya i politika, p. 208.

[27] Yegorova, op. cit. , p. 162.

[28] Yegorova, op. cit. , p. 162; *Osnovy voenno-morskoi nauki* [Fundamentals of the naval science] (Moskva: Voennoe Izdatel'stvo, 2008), p. 132.

[29] Chernyavskii, "The Era of Gorshkov," pp. 287 – 291.

[30] Chernyavskii, "The Era of Gorshkov," p. 291.

[31] Watson, "The Evolution of Soviet Naval Strategy," p. 117.

[32] V. Kuzin and S. Chernyavskii, "Russian Reactions to Reagan's 'Maritime Strategy,'" *Journal of Strategic Studies*, Vol. 28, No. 2 (April 2005), p. 431.

[33] V. Kuzin and S. Chernyavskii, "Russian Reactions to Reagan's 'Maritime Strategy,'" *Journal of Strategic Studies*, Vol. 28, No. 2 (April 2005), p. 431.

[34] 本书罗伯特·鲁贝尔撰写的那章讨论了大陆模式和海洋模式，以及第三种选择——体系保卫。

[35] Odom, op. cit. , pp. 80 – 81.

[36] Ronald J. Kurth, "Gorshkov's Gambit," *Journal of Strategic Studies*, Vol. 28, No. 2 (April 2005), p. 267; S. Chernyavskii, "The Era of Gorshkov," p. 285; Yegorova, op. cit. , p. 158.

[37] Chernyavskii, "The Era of Gorshkov," pp. 282 – 283.

[38] Radii A. Zubkov, "What will the Russian Naval Forces Look Like in the Beginning of the 21st Century?" in Ingmar Oldberg, ed. , *The Russian Navy Facing the 21st Century: Proceedings of a Conference in Stockholm*, December 2, 1996 (Stockholm: Defence Research Establishment, 1997), p. 22.

[39] V. Denisov, "U Rossii dva soyuznika-Armya i Flot" [Russia has two allies-The Navy and the Army], *Krasnaya zvezda*, January 29, 2009.

[40] "Gruppirovku krupnykh korabl ei VMF sokhraniat do 2020 goda" [The group of large ships of the Russian Navy will be preserved up to 2020], *RIA Novosti*, July 24, 2004; Roman Fomishenko, "Rossii bez flota ne byt'" [Russia cannot exist without the Navy], *Krasnaya zvezda*, September 6, 2005; Viktor Myasnikov, "Smena morskoi doktriny dorogo oboidetsya byudzhetu" [The change of maritime doctrine will be expensive for the budget], *Nezavisimaya gazeta*, February 3, 2006; Denisov, op. cit.

[41] "O provedenii ezhegodnogo operativno-mobilitsionnogo sbora rukovodiashchego sostava Voenno-morskogo flota Rossii" [About the annual operative-mobilisation assembly for commanders of the Russian Navy], *The Russian Navy's News*; Andrei Gavrilenko, *Krasnaya zvezda*, January 29, 2004; "Glavkom VMF Vladimir Kuroedov nadeetsya, chto k 2015 v Rossii budet novyi flot" [CINC Vladimir Kuroedov hopes that Russia

will have a new Navy by 2015], *RIA Novosti*, January 27, 2004; Myasnikov, op. cit.; "Voennoe stroichel'stvo. Perspektivy Flota Rossii" [The Naval Shipbuilding. Perspectives for the Russian Navy], *Flag Rodiny*, January 31, 2004.

[42] Ivan Yegorov, "Rossiiskie avainostsy poidut na dno" [Russian aircraft carriers will go down], *Gazeta. ru*, January 28, 2004; Andrei Kisliakov, "Will Russia Create the World's Largest Surface Navy?" *RIA Novosti*, November 13, 2007.

[43] Myasnikov, op. cit.

[44] A. Gavrilenko, "Bol'shoi sbor v Sankt-Peterburge" [Big assembly in Sankt Petersburg], *Krasnaya zvezda*, January 29, 2004; "Gruppirovku krupnykh korablei VMF sokhraniat"; Interview with Kuroedov, *RIA Novosti*, July 24, 2004; "Russian Navy to Maintain Surface Ship Fleet Intact for 10 – 15 Years," *RIA Novosti*, May 10, 2005.

[45] "Gruppirovku krupnykh korablei VMF sokhraniat."

[46] "V sovremennykh uslovyakh" [In modern conditions], *Strazh Baltiki*, January 31, 2004.

[47] "Voennoe stroichel'stvo."

[48] "Gruppirovku krupnykh korablei VMF sokhraniat"; Mikhal Khodarenok, "Epokha stal' nykh gigantov zavershilas'" [The epoch of steel giants ended], *NVO*, August 29, 2003.

[49] 对 V. Masorin 的采访, *Krasnaya zvezda*, June 29, 2006; V. Masorin, "Military Development: New Navy's Objectives," *Russian Military Review*, January 31, 2006; Idem, "Kuda i kak idët rossiiski flot" [Where and how does the Russian Navy go], *Rossiiskoe voennoe obozrenie*, July 2006; V. Myasnikov, op. cit.

[50] Dmitrii Litovkin, "Pochemu Rossii ne nuzhny avianostsy" [Why Russia does not need aircraft carriers], *Izvestya*, June 8, 2006.

[51] "Russia to Finalize Plans for New Aircraft Carrier by 2012," *RIA Novosti*, April 28, 2009; "Nazvany parametry rossiiskogo avianostsa novogo pokoleniia" [Parameters of the Russian aircraft carrier of new generation identified], February 27, 2009; Nikita Petrov, "Russia's Navy gets ambitious," July 31, 2007; Mikhail Barabanov, "Kuda idët rossiiskii flot" [Where does the Russian Navy go], *Kommersant*, February 25, 2008; "Glavkom VMF: Rossiya nachala raboty po stroichel'stvu avianostsev" [CINC of the Russian Navy: Russia has started works on construction of aircraft carriers], *Vedomosti*, July 25, 2008.

[52] *D&S WPS*: "Russia Conducts Negotiations of Access to New Points of Basing of its Navy Abroad," January 19, 2009, "Russian Navy in Syria," July 21, 2009, "Russia will Have a Naval Base in Syria," November 6, 2009, Y. Vyatkin, "Does RF Navy has a Future," August 7, 2009; Interview with Burtsev; interview with V. Vysotskii, *MDB*, 2010/1.

[53] "Medvedev: RF nachnët stroit avianesushchie kreisery v blizhaishe dva goda" [Medvedev: The Russian Federation (RF) will start construction of aircraft-carrying cruisers in the next two years], *RIA Novosti*, October 11, 2008; "Nazvany parametry".

[54] Interview with Vice-Admiral Oleg Burtsev, Deputy Chief of the Navy Main Staff, *Voennyi Sovet*, *Radio Ekho Moskvy*, October 31, 2009.

[55] Chernyavskii, "The Era of Gorshkov," p. 305.

[56] "Techproekt avianostsa razrabotayut k kontsu 2010 – glavkom VMF RF" [Technical project of aircraft carrier will be ready by the end of 2010], *RIA Novosti*, February 26, 2010.

[57] V. Masorin, "The Navy and Russia's Security," *Military Thought*, March 31, 2006; "Medvedev: RF nachnět stroit' avianesushchie kreisery".

[58] Masorin, "Military Development"; Idem, "The Navy and Russia's Security".

[59] For the Navy's missions see *Morskaya doktrina RF na period do 2020 goda*, July 27, 2001 [The Maritime Doctrine of the RF for the period up to 2020] available at the Security Council of the Russian Federation (SCRF), http://www. scrf. gov. ru; *Concept for Use of the Russian Navy in Peacetime for the Period Up to 2020*, MoD, January 2007, unpublished, referred in: Rear Admiral, A. Yakovlev, "Kto vladaet Arktikoi, tot upravlaet mirom" [Who rules the Arctic, rules the world], *Morskoi sbornik*, September 2008; Abramov, op. cit. See also Pavel Pushkin, "Political claim of the Main Command of the Navy," *Defence&Security*, WPS Agency Bulletin Moscow (D&S WPS), February 8, 2008; Masorin, "Military Development"; Vladimir Gundarov and Viktor Yuzbashev, "Milliardy dlya dlinnoi ruki v okeane" [Billions for the long arm in the ocean], *Nezavisimoe voennoe obozrenie* (*NVO*), June 29, 2007; Rear Admiral Lyakin, quoted in Gundarov and Yuzbashev, op. cit.

[60] Alexey Muraviev, "Russian Naval Power in the Pacific: Today and Tomorrow," Sea Power Centre Australia, Working Paper No. 15, 2003.

[61] *Morskaya doktrina RF*, 2001.

[62] "Medvedev: RF nachnět stroit' avianesushchie kreisery." Similar arguments were used by Masorin, currently adviser to the Russian MoD, "Avianostsy dolzhny zashchishchat' podlodki VMF RF-admiral Masorin" [Aircraft carriers should defend submarines of the Russian Navy-admiral Masorin], *RIA Novosti*, February 26, 2010; Gundarov and Yuzbashev, op. cit. ; V. Masorin, "The Navy and Russia's Security," *Military Thought*, March 31, 2006.

[63] Fomishenko, op. cit. ; Myasnikov, op. cit.

[64] "Avianostsy dolzhny zashchishchat' podlodki. "

[65] Zubkov, op cit. , p. 19; "On condition of the Navy," *D&S WPS*, March 3, 2008.

[66] *Osnovnye polozheniya voennoi doktriny RF* [Fundamental provisions of the military

doctrine of the RF〕，*Krasnaya zvezda*，November 19，1993；*Voennaya doktrina RF* 〔Military doctrine of the RF〕，February 5，2010，SCRF.

〔67〕 关于核武器总体作用和在俄罗斯军事战略中的作用的详细探讨，见 Alexei Arbatov，Vladimir Dvorkin，"Nuclear Deterrence：History, Current State, and Future Prospects，" in A. Arbatov and V. Dvorkin, eds.，*Nuclear Weapons after the Cold War* （Moscow：R. Elinin Publishing House，2008）. See also Stephen J. Cimbala，"Russia's Evolving Strategic Deterrent，" *Defence and Security Analysis*，Vol. 23，No. 3 （September 2007），pp. 257 - 279；D. Trenin，*Russia's Nuclear Policy in the 21st Century Environment*，IFRI，Paris，Autumn 2005.

〔68〕 这些机动体现为大规模军事演习，包括"稳定 - 2008""西方 - 2009""东方 - 2010"。

〔69〕 这些现代化计划于 2008 年 10~12 月提出。For an analysis of the recent developments, see Dale R. Herspring and Roger McDermott，"Serdyukov Promotes Systematic Russian Military Reform，" *Orbis*，Vol. 54，No. 2 （Spring 2010），pp. 284 - 301.

〔70〕 Interview with Vitaly Shlykov，Head of the Security Policy Commission of the MoD's Public Council，*RIA Novosti*，September 14，2009.

〔71〕 这一文献从未公开发表，但可在多种资料中找到，如：Abramov, op. cit.；A. Gavrilenko，"Morskie prioritety Rossii"〔Russia's maritime priorities〕，*Krasnaya zvezda*，February 10，2007；"L'vinaya dolya byudzheta MO idët VMF, v osnovnom yadernym silam-Ivanov"〔The lion's share of the MoD's budget goes to the Navy〕，*RIA Novosti*，June 3，2009；"Gosudarstvo potratit bole 13 trln rublei na programme vooruzhenii s 2011 po 2020 god"〔The state will spend more than 13 trillion rubles on the armament programme from 2011 to 2020〕，*Rossiiskaya gazeta*，August 12，2010；"Russia to boost defence budget with 60 percent，" *Barents Observer*，July 30，2010.

〔72〕 在早些时候的声明中，这 8 艘潜艇应于 2015 年完成，Vladimir Shcherbakov，op. cit.；"L'vinaya dolya byudzheta MO idët VMF"；Rear Admiral Lev Sidorenko，"Russian Navy future developments，" *Military Parade*，No. 3，2008。

〔73〕 2005 年以来，有关"布拉瓦"的 15 次实战测试中有 8 次失败。详情见此采访：*Russian Strategic Nuclear Forces*，http：//russianforces. org。

〔74〕 见此采访：V. Vysotskii，*MDB*，2010/1。

〔75〕 俄罗斯海军司令维索斯基上将在以下采访中提到的数目高于之前公布的 6 艘，I "VMF RF poluchit do 2020 goda ne menee vos' mi APL tipa Severodvinsk，" *RIA Novosti*，July 29，2011.

〔76〕 Mikhail Lukin，"Projects and Ships being Built，" *D&S WPS*，July 29，2009.

〔77〕 见以下采访：V. Vysotskii，*RIA Novosti*，July 31，2011.

〔78〕 K. Zysk，"Military Aspects of Russia's Arctic Policy：Hard Power and Natural Resources，" in James Kraska ed.，*Arctic Security in an Age of Climate Change* （Cambridge：Cambridge

University Press，2011），pp. 85 – 106.

［79］ "Russia Set To Keep Typhoon Class Nuclear Subs Until 2019 – Navy," *RIA Novosti*, May 7，2010.

［80］ V. Masorin，引自 A. Gavrilenko，"Rossiiskii flot vernulsya v Arktiku" ［The Russian Navy returned to the Arctic］，*Krasnaya zvezda*，September 26，2006；A. Shemetov, "O shturmanskoi sluzhbe Voenno-Morskogo Flota" ［On the navigational service of the Russian Navy］，*Morskoi sbornik*，January 2007.

［81］ V. Masorin，引自 A. Gavrilenko，"Rossiiskii flot vernulsya v Arktiku" ［The Russian Navy returned to the Arctic］，*Krasnaya zvezda*，September 26，2006；A. Shemetov, "O shturmanskoi sluzhbe Voenno-Morskogo Flota" ［On the navigational service of the Russian Navy］，*Morskoi sbornik*，January 2007.

［82］ Zysk，op. cit.

［83］ *Osnovy gosudarstvennoi politiki Rossiiskoi Federatsii v Arktike na period do 2020 goda i dalneishuiu perspektivu* ［Foundations of the state policy of the RF in the Arctic for the period up to 2020 and beyond］，September 18，2008，SCRF；Zysk，op. cit.；"Russia's Arctic Strategy：Ambitions and Constraints," *Joint Force Quarterly*，No. 57 (2010)，pp. 102 –110，http：//www. ndu. edu/press/lib/images/jfq −57/zysk. pdf.

［84］ Muraviev，"Russian Naval Power in the Pacific."

［85］ Muraviev，"Russian Naval Power in the Pacific." pp. 3 −4.

［86］ Sergei Viktorov，"Okeanskomu flotu byt'" ［The ocean fleet to be］，*Krasnaya zvezda*, October 3，2009.

［87］ A. Muraviev，*The Russian Pacific Fleet. From the Crimean War to Perestroika*，Papers in Australian Maritime Affairs，No. 20 (2007).

［88］ *Strategiya natsional' noi bezopasnosti RF do 2020 goda* ［Security strategy of the RF up to 2020］，May 12，2009，SCRF.

［89］ Aleksandr Khramchikhin，"Starye osnovy novoi doktriny" ［Old foundations of the new doctrine］，*Voenno-promyshlennyi kurier*，February 17，2010.

［90］ "Mistral-class Ships to Protect Kuril Islands," *Russia Today*，February 10，2011，http：// rt. com.

［91］ 见以下采访：Vysotskii，MDB，2010/1.

［92］ Sidorenko，op. cit.

［93］ V. Masorin，"The Navy and Russia's Security"；*Oruzhie Rossii*，http：//www. arms – expo. ru.

［94］ "RF nachnet stroit' novyi esminets okeanskogo tipa ne pozdnee 2012 goda," *RIA Novosti*，June 9，2009；"Stroichel'stvo okeanskogo esmintsa nachnëtsya v 2012 godu – glavkom," *RIA Novosti*，July 29，2011.

［95］ Roman Kretsul，"Dva iz chetyrekh," *Vzglyad*，June 17，2011.

［96］ "Perestroika avianostsa: Kakim stanet Admiral Kuznetsov," *RIA Novosti*, April 5, 2010.

［97］ "Perestroika avianostsa: Kakim stanet Admiral Kuznetsov," *RIA Novosti*, April 5, 2010; "Oslablenie flota real'no ugrozhaet bezopasnosti bezopasnosti Rossii"［Weakening of the Navy seriously threaten Russia's security］, *RIA novosti*, November 27, 2009.

［98］ "Sredstva na razvitie armii budut vydelyat'sya v polnom ob"emie-Medvedev"［Means for development of the army will be allotted in full volume］, *RIA Novosti*, January 27, 2009; Interview with Vysotskii, *MDB*, 2010/1.

［99］ "Russia has no plans for new military bases abroad-minister," *RIA Novosti*, June 9, 2010.

［100］ "Rossiya vtroe uvelichit finansirovanie VMF"［Russia will treefold the Navy's budget］, *Lenta. ru*, April 22, 2011; Also Yaroslav Vyatkin, "Rossiiskii flot poluchaet novye korabli"［The Russian Navy receives new ships］, *Argumenty nedeli*, December 15, 2010. On March 21 2011, Deputy Prime Minister Sergei Ivanov quoted in: Vladimir Shcherbakov, "Nash flot prevzoidët amerikanskii. No tol'ko po tipazhu"［Our Navy will exceed the American one. But only according to the quantity of ship types］, *NVO*, March 25 – 31, 2011.

［101］ 普京的发言原文："Rossiya vtroe uvelichit finansirovanie VMF"; Andrei Gavrilenko, "Morskie prioritety"; Rolf-Inge Vogt Andresen and Cecilie Sendstad, *Russisk forsvarsmakt og forsvarsøkonomi-mål og midler*, Forsvarets forskningsinstitutt, FFI-rapport, Kjeller 2007。

［102］ Khramchikhin, "VMF na zarubezhnykh korabl yakh".

［103］ 见以下采访：Vladimir Dvorkin in: Vladimir Mukhin, "Sistemnyi sboi rossiiskoi oboronki," *NVO*, March 2, 2011.

［104］ *Tseli i zadachi primeneniya VMF, sostoianie i rezultaty ego deyatel'nosti v 2007 godu*［Aims and tasks of use of the Navy, condition and results of its activity in 2007］, The Russian Government's Maritime Board, http://www. morskayakollegiya. ru.

［105］ 除其他计划外，两艘"基洛夫级"核动力导弹巡洋舰："尼基莫夫上将号"和"拉扎列夫上将号"。如果这些计划确实得以实施，它们原来奢侈的、仅仅用于对付航母的有限职能将扩展为多用途。

［106］ 引述自 A. Khramchikhin, "VMF na zarubezhnykh korabl yakh"［The Russian Navy on foreign ships］, NVO, July 3, 2009.

［107］ 引述自 A. Khramchikhin, "VMF na zarubezhnykh korabl yakh"［The Russian Navy on foreign ships］, NVO, July 3, 2009.

［108］ "VMF RF ozhidaet obval'nyi vyvod"; "Oslablenie flota realno ugrozhaet bezopasnosti".

［109］ V. Kuroedov, L. Sidorenko and M. Moskovenko, "Za flot Rossii nuzhno prodolzhat' borot'sya," *Morskoi sbornik*, August 2009.

［110］ 北方舰队和波罗的海舰队现隶属于西方战略司令部，太平洋舰队隶属于东方司

令部，黑海和里海舰队隶属于南方司令部。

［111］ Andrei Riskin，"Potopili bez Tsusimy," *Nezavisimaya gazeta*, September 6, 2010.

［112］ Dmitry Boltenkov，"Reform of the Russian Navy in 2008 – 2011," *MDB*, 2/2011.

［113］ Dmitry Boltenkov，"Reform of the Russian Navy in 2008 – 2011," *MDB*, 2/2011.

［114］ "Russia to Start Building Naval Pilot Training Centre in 2010," *RIA Novosti*, June 6, 2009；"Nazvany parametry".

［115］ 见以下采访：V. Popovkin；Interview with Vice-Admiral Anatoliy Shlemov, "Srisovannyi avianosets," *Vzglyad*, February 27, 2009。

［116］ 见以下采访：V. Masorin，*Krasnaya zvezda*, June 29, 2006；idem. ，"Kuda i kak idët rossiiskii flot"；Interview with Popovkin；Interview with the president of the United Shipbuilding Corporation，Roman Trotsenko，Konstantin Bogdanov，"Rossiyskii flot：chto delat' -yasno, teper' by reshit' kak"［The Russian Navy：what to do-is clear, now it should be decided how］, *RIA Novosti*, July 31, 2011. See also comments on the topic by Mikhail Tsypkin，"The Challenge of Understanding the Russian Navy," in Stephen J. Blank and Richard Weitz, eds. ，*The Russian Military Today and Tomorrow：Essays in Memory of Mary Fitzgerald* (Carlisle：Strategic Studies Institute, US Army War College, 2010)，pp. 331 – 357.

［117］ Olkhovsky，"*Russia's Navy.*"

［118］ 见以下采访：Vysotskii，*MDB*, 2010/1；See also *RIA Novosti*, July 31, 2011。

［119］ Barabanov，"Big Renovation Programme for Russia's Black Sea Fleet," *MDB*, 2010/3.

［120］ Barabanov，"Big Renovation Programme for Russia's Black Sea Fleet," *MDB*, 2010/3.

［121］ Ermarth, op. cit.

［122］ 见以下采访：Vysotskii，*MDB*, 2010/1.

［123］ Tsouras，"Soviet Naval Tradition," in Bruce Watson and Susan M. Watson, eds. ，*The Soviet Navy：Its Strengths and Liabilities* (Boulder：Westview Press, 1985)，p. 4.

［124］ Tsouras，"Soviet Naval Tradition," in Bruce Watson and Susan M. Watson, eds. ，*The Soviet Navy：Its Strengths and Liabilities* (Boulder：Westview Press, 1985)，p. 4.

［125］ 见以下采访：Vysotskii，*MDB*, 2010/1。

不得已的海上强国：
亚洲地缘政治与日本海上战略

小谷哲男 （Tetsuo Kotani）

2010 年，日本政府通过的《防卫计划大纲》制定了日本今后 10 年的防卫政策和自卫队建设基本方针。[1]新版《防卫计划大纲》反映出日本在变化的全球和地区安全环境下，放弃了长期坚持的"静态防卫"，提出了"机动防卫"的全新理念，目的是提高自卫队的作战能力和机动性。日本的战略重心从北部转向南部，以应对中国崛起的挑战，特别是实力不断增强的中国海军的挑战。这一调整强调日本在琉球群岛一线的防卫能力，并计划将现有的潜艇数量从 16 艘增加到 22 艘。面对中国反介入/区域拒止能力的不断增强，新版《防卫计划大纲》还提出要深化与韩国、澳大利亚、印度、东盟以及北约的伙伴关系，确保海上、外空和网络等公域的安全。

尽管新版《防卫计划大纲》有如上特点，但日本海上战略的核心仍保持不变，即把亚洲敌对的陆权国家遏制在日本列岛沿海，限制它们进入大洋。这是解决日本地缘战略困境的唯一出路——日本要合理分配其海上资产，既要保卫国土安全，也要保卫海上交通线的安全，一是从中东到日本的石油运输，二是一旦发生危机，美军可从本土增兵，但这两点不能以牺牲日本领土主权为代价。因此，只有通过将亚洲敌对海上强国遏制在周边海域，日本才能实现领土安全和海上交通线畅通。

二战之后，日本政府没有正式公布过海上战略。本文是对日本战后防卫政策和自卫队力量结构的解读。通过对日本防卫政策的分析，本文认为日本海上战略近年来的变化是不得已而为之。日本之所以没有采取强势的海上战略，部分原因是战后日本社会中"和平主义"的兴起，但地缘政治的局限性是首要原因。马六甲海峡把太平洋和印度洋连接起来，形成一个统一的战区。若日本采取强势的海上战略，势必要在两洋拥有海上力量，而日本负担不起这一野心勃勃的战略计划，因此其选择依赖美军保证其海上通道安全。近年来，日本勉为其难，不断扩充海上自卫队实力，以弥补美国海军力量的相对衰落。

本文分为六个部分，内容主要包括日本在亚洲地缘政治中的地位、从明治时期到二战前的日本海上战略、太平洋战争的教训、冷战期间日本的海上战略、日本海上战略与中国海军崛起以及结论。

日本在亚洲地缘政治中的地位

地缘政治是一个客观事实，不以任何国家的意志和兴趣为转移，一个国家只能在其所处的环境中行动。地缘政治的决定因素主要有两点：一是经济和自然资源中心的分布，二是海上交通线。这两个变量对地缘政治的限制影响着一国的对外事务。如果说地缘政治设置了一国行为的环境，地缘战略则是对一国运用其力量的描述。地缘战略的首要关切是领土安全。当一国领土主权处于危险时，只能集中力量保卫领土，这就限制了其军事投送能力，无法保护遥远却具有战略意义的目标或海上交通线。地缘战略并不一定反映出地缘政治的现实，其还会受到其他因素的影响，如意识形态、宗教、社会因素以及领导人的喜好等。不能反映出一国地缘政治现实的地缘战略可能导致该国实力的衰落。[2]

广阔的太平洋上有无数岛屿，很多岛屿对亚洲的地缘政治具有重要意义。日本列岛是太平洋系列岛链中的一部分，分隔了太平洋和欧亚大陆一系列边缘海，包括鄂霍茨克海、日本海、黄海、东海、南海和菲律宾海。这些边缘海使欧亚大陆的海上通道很容易连接起来，对欧亚的发展发挥了重要作用。[3] 对陆权国家来说，岛链是一把双刃剑，既保护了本国免受敌对海上强国的侵扰，又封锁阻断了本国通往大洋的通道。[4]

黑潮是经过台湾岛东部海域沿东北方向流经日本的全球第二大暖流。早期简陋的航船顺着黑潮的方向航行非常容易，逆黑潮而上或穿过黑潮却十分困难。黑潮把不同的民族及其文化从南部海域带到了日本并在此定居，但并没有从事商业活动。公元 600～894 年间，日本派使者到中国，把中国的文化和技术带回日本。不过，中日之间的航程充满着艰难险阻。由于种种限制，日本船只一般只能到达中国南方。[5] 13～16 世纪，日本因成为海盗的根据地而恶名远扬。这些海盗主要进行走私活动，并建立起连接日本、中国和东南亚的市场。[6]

19 世纪中叶之前，与日本隔海相望的大陆没有对日本构成实际威胁。虽然拥有 1.8 万千米长的海岸线以及大量适合通航的大江大河，但中国一直是自给自足的陆权国家，除了元初和明初曾分别出兵大洋，其对海上扩张几无兴趣。蒙古曾从海上进入亚洲沿海地区和一些岛屿，包括 1274 年和 1294 年两次攻打日本，但均告失败。[7] 1405 年，郑和率领强大的武装舰队首次出航，他七下西洋，到达了东南亚和印度洋，最远航行到非洲之角。然而，由于远航代价高昂且回报低下，中国并未继续施展其海上雄心。加之边境的游牧民族不断骚扰边界，对中央政府造成持续压力，也使中国的海上雄心难以维系。[8]

15 世纪初，当中国的视线离开海洋时，西方海上强国通过印度洋抵达日本。印度海上航线的"发现"使印度洋成为西方列强通往远东的走廊。"南方野蛮人"（葡萄牙和西班牙的传教士以及英国和荷兰的商人）给日本带来西方的文化技术，对丰臣秀吉统一下的日本产生了影响。丰臣秀吉统一日本后，曾于 1592 年和 1597 年两次从朝鲜入侵中国，但均被击败。在菲律宾成为西班牙的殖民地之后，1640 年德川幕府禁止对外贸易，试图消除西方对日本的影响。[9] 在闭关锁国的政策下，德川幕府禁止建造适合远洋航行的船只，严禁日本人出国，在国外的日本人也不准回国，否则将被处以死刑。

闭关锁国政策可以说是日本的第一个海上战略，尽管是不得已而为之。面对来自外国的威胁，出于本国安全的考虑，日本把从印度洋经东南亚到日本的海上贸易线的控制权让给了其他列强。[10] 德川幕府的孤立政策能够成功，是因为当时西方国家的投送能力仍处于初级阶段。在日本实行锁国政策的 250 年间，西方国家最终通过在南海和印度洋建立贸易站打通了远东走廊。经过多次战争，英国成为全球海上霸主，并于 1819 年在"东方的直布罗陀"——新加坡建立了贸易站。

在英国一直专注于印度和中国事务的时候，俄美敲开了日本的大门。19 世纪初，俄国通过西伯利亚进入黑龙江和阿拉斯加，并因千岛群岛和库页岛问题与日本发生冲突。俄国要求与日本在此通商，补给不断扩张的俄国据点，但遭到日本拒绝。随后俄国于 1806 年和 1807 年袭击了北方四岛的日本村庄。日本作家发出警告，俄国已对日本构成了威胁。[11] 另外，美国的捕鲸船在北海道以外的北太平洋地区作业，要求日本开放装煤港，并保护失事船只上的美国水手。加利福尼亚并入美国后，美国一跃成为跨大西洋和太平洋的大国。美国蒸汽船穿越太平洋，往返上海和加利福尼亚之间，要求在日本港口享有特权。[12]

1853 年 7 月，马修·佩里海军准将指挥美国东印度舰队来到日本。佩里的炮舰外交和"黑船"一举打开了日本国门。1854 年，日本被迫与美国签订了《神奈川条约》，开放了下田和函馆两个港口。俄国和其他西方国家很快援引美国先例，先后与日本签订了类似条约。一系列不平等条约的签订和西方国家军事入侵让幕府统治末期的中下层武士睁开双眼看世界，他们投入极大的热情开始发展海军。这些武士抛开仇外情绪，引进西方军事技术，推翻了幕府统治，建立起中央集权的政治体制。1868 年的明治维新使日本在"富国强兵"的口号下迅速开始工业化和现代化进程。

西方列强到达远东有三条战略通道：印度洋、欧亚大陆和太平洋。日本在向西方列强打开大门时就成为远东的经济中心。此时，日本地缘政治的当务之急是保护本国领土免受从这三条战略通道的入侵，而非保护海上贸易线。此后，日本正是在这一地缘政治环境下发展其地缘战略的。

从明治时期到二战前的日本海洋战略

中国海军的发展和俄国千方百计取得远东不冻港成为明治新政权的主要威胁。一位在日本外交部门任职的美国顾问建议，日本国家安全战略应该是在从库页岛到台湾岛之间建立"防御带"，并保证满洲和朝鲜桥头堡的安全。[13]这是日本海军在西太平洋反介入和区域拒止战略的首要任务。随着英日同盟、《华盛顿条约》和《德意日三国盟约》的签订，日本地缘战略进行了多次调整。对日本而言，前两次调整是成功的，最后一次则是致命的。

为了建立防御带，日本通过炮舰外交攫取了朝鲜——被称作"一把对准日本心脏的尖刀"。中日在朝鲜的矛盾和斗争最终在 1894 ~ 1895 年引发了两国战争。中国战败后，日本取得了台湾和澎湖列岛，朝鲜沦为日本保护国。日本还取得了中国东北的出海口——辽东半岛，但俄法德对此进行干涉。三国以战争相威胁，日本被迫归还辽东半岛。不久，俄国修通了中东铁路南满支线，1897 年占领了旅顺港，1900 年控制了东北三省。

日本在中国东北未实现的野心使日俄势同水火，埋下了战争的种子。日本为免受与俄国结盟的法国攻击，决定与英国结盟。英国海军基地遍布全球，实力远强于法俄德三国舰队之和。[14]日本希望借助英国的力量，在印度洋海上通道上阻截日本的西方敌手。[15]日俄战争期间，英国不向俄国出售燃煤。在英国的压力下，许多中立国家也不让俄国波罗的海舰队停泊加煤，俄舰队只能依靠德国的运煤船在海上进行后勤补给，从而耽误了到达远东的时间。东乡平八郎海军大将在对马海战中大败俄国舰队，取得了日俄战争的胜利。在整个战争过程中，美国总统西奥多·罗斯福给了日本很大支持，日本最终获得了库页岛南部、辽东半岛，并取得独霸朝鲜的特权，日本终于实现了在大陆建立防御带的战略计划。

英日联盟获得了战略上的成功。日本战胜俄国确立了日本海军在西太平洋的主导地位，而英国对印度洋的海上控制也加强了日本在东北亚地区的海上控制力。但是，在通向远东的三条战略通道中，太平洋通道仍不安全。1898 年，美国在美西战争中获胜，取得了菲律宾、关岛、夏威夷、东萨摩亚和威克岛，要求中国实行"门户开放"政策。在日俄谈判《朴茨茅斯条约》前后，罗斯福总统出面调停，不愿日本在东亚地区一家独大，恢复了该地区的势力均衡。这一时期，大量日本人移民美国，成为美国白人歧视和排斥的对象；美国"大白舰队"进行环球航行，对日本显示海上力量，使太平洋笼罩在战争的阴霾下，日本海军也将美国海军视为假想敌。

尽管日本在东北亚取得了优势地位，国家荣誉感大大增强，但日本领导人的勃勃野心却交织着不安全感。[16] 1905 年后，日本面对三个战略难题：俄国的复仇、中国民族主义情绪的高涨和美国海上力量在太平洋地区的崛起。[17]日本由此加强了在中国的影响力，准备与美国开战。1907 年，日本首次制订了军事战略计划，即《帝国国防方针》。该文件指出，日本陆军应在亚洲大陆建立前沿基地，海军组建"八八舰队"（即舰队包括八艘战列舰和八艘装甲巡洋舰）。[18] 1911 年中国爆发了辛亥革命，1914 年一战爆发，日本趁机夺取了德占青岛和美国通往菲律宾的海上交通线密克罗尼西亚群岛。

美国反对英日同盟，认为这一同盟有利于日本在中国的扩张，并威胁到美国在西太平洋的海上交通线，美国不得不扩充其海军力量。[19] 1921～1922 年，在美国的倡议下华盛顿会议召开。会议的结果主要有两个：一是签订了《九国公约》，即各国尊重中国的领土与主权完整；二是签订了《海军军备限制条约》，限制美英日三国的海军军备竞赛。

《华盛顿条约》的签订使日本暂时获得了安全，但代价是放弃英日同盟。这一条约体系对日本海军军备进行了限制，使其不能在印度洋和太平洋两条战略通道上为所欲为，这是通过条约而非武力实现的，维持了西太平洋的现状。条约规定美英日三国主力舰吨位比例为5∶5∶3，各国海军从此进入了十余年的"海军假日"时代。各国在中国继续保持势力均衡，日本同意从西伯利亚和库页岛北部撤军，将山东交还中国。华盛顿体系阻止了日本在远东获得主导权，日本海军对美国海军的不满日增。

尽管华盛顿体系维持了西太平洋的势力均衡，一定程度上改善了美日关系，但经过欧亚大陆到达日本的战略通道却门户大开。苏联未参加《华盛顿条约》，因此无须遵守在欧亚的势力均衡原则。当时苏联正忙于击退资本主义列强的进攻，保护其欧亚边界的安全。这一时期，来自苏联的军事威胁和意识形态威胁，混合着中国的民族主义情绪，再加上经济大萧条，刺激了原本支持《华盛顿条约》的温和派日本领导人，日本的军国主义开始孕育。[20]

1931年，日本的傀儡政权"伪满洲国"成立，日本陆军试图从此处阻断欧亚大陆通往日本的战略通道。中国国共两党形成统一战线，对日军进行了抵抗，日本随后将战争扩大到中国沿海地区。西方国家继续支持蒋介石，主要通过从南海经香港和印度支那地区，或从安达曼海经缅甸向中国提供后勤补给。1936年，为应对来自苏联的威胁，日德签订了《反共产国际协定》，但1939年苏德签订的《苏德互不侵犯条约》实际上破坏了《反共产国际协定》。1939年，日本与拥有先进装备的苏联在"伪满洲国"边界处于准战争状态。为了解除北方的后顾之忧，日本与苏联签订了《苏日中立条约》。

至此，《华盛顿条约》无法向日本提供安全保证了。到1934年，随着军事航空技术的进步以及美英在新加坡和夏威夷的军事基地日趋巩固，日本海军认为其过低的主力舰吨位比例已经妨碍了日本舰队在西太平洋的截击能力。[21]于是，日本宣布退出《海军军备限制条约》，着手打造强大的舰队，并建造"大和"号战列舰。日本陆军在中国的扩张行动导致日美关系持续恶化，日本海军对舰队和飞机可能的油料短缺非常担心，因为日本 80% 的石油、90% 的汽油和 70% 的铁矿砂进口来自美国。[22]

二战初期，德军在欧洲大陆节节胜利，日本认为英国战败指日可待，于 1940 年 9 月与德意签署了《德意日三国同盟条约》。日本希望这一条约能够阻止美国对英国的援助，支持德意在北非和地中海的作战行动，削弱英国对东南亚殖民地的控制。

三国同盟条约的签订对日本而言是致命的。这一条约不仅没有切断通往日本的三条战略通道，反而把欧洲战争与太平洋战争联系起来，英美海军对日本在公海上的贸易运输造成了极大威胁。德国希望与日本共同对付苏联，但苏日已于 1941 年签订了《苏日中立条约》。日本消除了后顾之忧，开始推行南下战略。

太平洋战争的教训

日本欲从荷属东印度群岛攫取资源，于是在 1939 年挥师东南亚，欲填补欧洲战事在东南亚地区造成的力量真空。1941 年夏，日本入侵中南半岛地区后，新加坡处于其空中打击范围内，美国、英国、荷兰对日本实施了贸易制裁，禁止从美国、海湾地区和东印度群岛向日本运输石油。

在太平洋战争中，日本的战略目标是在环日本列岛和南部资源供给区（从缅甸通过东印度群岛、拉包尔、吉尔伯特群岛、马绍尔群岛到威克岛）建立防御圈，同时迫使美国坐到谈判桌前。日本偷袭珍珠港后相继夺取了关岛、菲律宾、威克岛，90 天之内便建立起防御圈。日本的航母还袭击了英国在斯里兰卡的海军基地，削弱了英国在东印度洋的军事力量。日本海军还控制了印度尼西亚群岛的海峡，使得英国的太平洋舰队不得不穿过澳大利亚南部海域到达太平洋战区，这比从马六甲海峡走要远 7500 英里。[23]

但是，在千岛群岛和威克岛之间的日本防御圈存在巨大的漏洞。[24]中途岛战役中，日本损失了 4 艘航母、322 架飞机和很多一线飞行员。日本海军力量大大削弱，结束了其长期以来的攻势，同盟国则转守为攻。[25]同盟国分别从南太平洋和中太平洋两路进攻，逐渐瓦解了日本的防御圈。在印度洋，日本只有水面舰只和潜艇尚可作战。各国力量相继转移到太平洋战场。[26]美国在夺取了马里亚纳群岛之后出动轰炸机对日本城市发动攻击，同盟国的潜艇和飞机也封锁了日本、东南亚和中国之间的海上通道。[27]美国对日本的潜艇战摧毁了日本经济，切断了对日本海外陆军的后勤补给线。最终美国利用原子弹轰炸日本，苏联进攻中国东北的日军，日本被迫投降。

日本可以从太平洋战争中汲取很多教训。第一，新加坡的安全对美国至关重要。[28]在日本入侵中国时，美国并未准备与日本开战，但是航行自由对美国是根本利益所在。第二，同盟国通过无限制潜艇战孤立日本，而日本海军过于迷信马汉的"舰队决战"理论，对同盟国攻击日本商船准备不足。第三，太平洋战争揭示了太平洋是开放的战场，可多方位对敌攻击。[29]一旦太平洋被对手控制，西太平洋岛链根本无法对日提供防护。尽管日本一直控制着通往印度洋的门户，但太平洋战场对日本的防卫作用微乎其微。

冷战期间日本的海上战略

二战结束后，日本丧失了防卫能力，失去了对岛链的控制权，陆军和海军均被解散，新宪法也禁止其发动战争。随着冷战在亚洲爆发，美国将日本视为潜在盟友，认为日本在遏制苏联和中国方面具有战略意义，遂与其签订了非常宽大的《旧金山和约》。

美日同盟对日本而言是战略上的成功，其把通往日本的三条战略通道全部阻断，同时确保了海上交通线的安全。日本向美军提供基地，美国则向日本提供延伸威慑，保护其海上通道安全，并在西太平洋获得战略机动能力。

在《旧金山和约》签订后的 20 年间，日本经济高速发展，但在国家安全和海上通道方面严重依赖美国。美国鼓励日本与东南亚进行贸易，替代传统的中国市场。[30]从 20 世纪 50 年代初到 70 年代，日本能源消耗稳步上升。到 70 年代初，石油占日本能源需求的 80%，而 80% 的石油需要从中东进口。[31]因此，东南亚海上通道成为日本的生命线。

太平洋战争改变了日本海上自卫队的作战理论。海上自卫队的主要职责是保护海上交通线和周边海域。到 1971 年，日本在实施了三个中期防卫力量整备计划后已拥有一支中等规模的海上力量，具有很强的扫雷和反潜能力，并可控制对马、津轻和宗谷海峡，阻止苏联舰队进入太平洋。

二战之后印度洋成为美国的"内湖"，日本对印度洋的安全关切逐渐增加。[32]1967 年，英国从苏伊士运河撤军，苏联海军随即进入印度洋。苏联海军在印度洋的存在逐渐增加，威胁到了美国及其盟国的石油运输安全，当然也包括日本。[33]这迫使日本重新考虑其海上战略。

在进行第四次中期防卫力量整备计划规划时，日本基于太平洋战争的教训，对海上自卫队提出了两种截然不同的战略构想：一是远洋型，二是有限规模型。[34]第一个构想是海上自卫队的远景规划，其认为发生西太平洋海上交通线斗争的可能性比苏联入侵日本的可能性更大。[35]由于日本所处的地理位置和资源匮乏，战时日本若要保持经济能力，光靠现有的美日同盟难以保证印度洋海上通道的安全。为保证印尼北部海域安全，日本需要在两条岛链之间建立（东部岛链指从小笠原群岛到马里亚纳群岛，西部岛链指从琉球群岛到加里曼丹岛）"海上安全区"。日本的反潜能力很强，对对马、津轻和宗谷三个海峡的控制可对苏联的潜艇形成牵制。这些措施虽然在对苏作战时不会一举得胜，但可保持日本海上通道畅通。如果苏联贸然袭击这些海上通道，将付出巨大的代价。

第二个构想是防卫日本，其由防卫部门的文职官员提出，他们认为保护日本海上通道安全是"白日梦"。[36]对海上自卫队来说，首先，没有获得保护从太平洋到印度洋的海上通道的"授权"；其次，获得声呐、鱼雷等所需装备也不现实；最后，苏联在太平洋地区部署了约120 艘潜艇，日本想保护海上通道难上加难。尽管日本可以控制上述三个海峡，但难以重挫苏联潜艇部队。因此，文职官员坚持日本应发展小型高效的海军，具备有限的反侵略能力，同时向驻日美军提供基地，为美舰在太平洋活动提供支援。

詹姆斯·奥尔指出，直到 1971 年日本政府仍在上述两种构想之间举棋不定，"防卫政策没有立场"。日本政府赞同文职官员建立有限海军的想法，而保守政治家和商界人士则支持海上自卫队将领追求蓝水海军的目标，强势的财务省保持着低水平的防务预算。[37] 由于这三股力量相互牵制，加上反对党的作用，日本政府一直没有制定明确的防卫战略，海上自卫队也就没有明确的任务。

日本的海上战略最终保持了模糊政策。为了阻止苏联舰队从符拉迪沃斯托克进入印度洋或太平洋，日本在周边沿海地区加强了与美国的合作。[38] 横须贺成为美国航母母港具有重要的战略意义，其为美日海上同盟战略的形成创造了条件。[39]

1976 年日本首次公布了《防卫计划大纲》，以代替第四次中期防卫力量整备计划。《防卫计划大纲》规定了自卫队的兵力构成，目标是为了应对"有限的和小规模的入侵"。若遭大规模武力攻击，则依赖美军援助。美国希望日本多承担一些义务，以应对苏联在远东日益增长的威胁。美日军事合作大大加强，日本海上战略逐渐融入美日安保机制。1978 年，两国首次制定了美日《防卫合作指针》，对日本自卫队与美军的责任和义务进行了分工，即日本是"盾"，美国是"矛"。

这一时期，美国海军采取了更为进取的海上战略，航母战斗群的数量曾达到 15 个。[40] 苏联也加强了在远东地区的常规和核军事力量，部署了 140 艘潜艇、100 艘水面舰艇、图 – 22M "逆火" 轰炸机和 SS – 20 导弹，确保鄂霍次克海成为战略核潜艇的安全庇护所。1986 年的美国海上战略指出，一旦战争爆发，美国将在欧亚两线对苏联发动大规模海上攻击，以减轻苏联在欧洲前线对北约地面部队造成的压力。

美日海上同盟战略的核心是对苏联构成两面作战的威胁，因此日本需要拥有强大的防空能力和反潜能力。[41]1981 年，日本宣布海域保护范围从其海岸的几百英里（日本海）扩大到 1000 海里（菲律宾以北到关岛以西），并包括海上交通线。为加强其防空和反潜能力，日本将引入 100 架 P－3C 反潜巡逻机、"鱼叉"反舰导弹、"海麻雀"防空导弹、200 架 F－15 战斗机、"爱国者"地对空导弹、早期预警机等。此外，日本还决定引进"宙斯盾"防空系统。[42]

日本反潜和防空能力的发展提升了美国部署在横须贺的航母战斗群的作战能力，不仅将苏联舰队控制在日本海，而且限制了苏军在印度洋和太平洋的行动。日本通过加强西北太平洋反潜和防空能力，确保了本国领土和海上通道的安全。正如奥尔所说的，日本的战略是个"隐藏的成功故事"，对于冷战结束发挥了相当大的作用。

日本海上战略与中国海军崛起

随着苏联解体，日本海上战略时过境迁。冷战期间，日本之所以有助于西方安全，是因为其邻近苏联的地理位置，但日本防卫能力有限，难以保护海上生命线的安全。在 1990~1991 年的海湾危机和伊拉克战争中，日本的"支票外交"饱受批评，日本随即扩大了海上行动，包括保护海上交通线。1991 年，日本向波斯湾派遣了扫雷舰，第一次参加联合国在柬埔寨的维和行动，后来又参加了在莫桑比克、戈兰高地、东帝汶等地区的联合国维和行动。2001 年"9·11"事件发生后，日本向印度洋派出运油轮，支援美国领导的阿富汗多国军事行动。日本还向伊拉克派出陆上自卫队和航空自卫队。日本积极参加多项海上安全协议，包括《防扩散安全倡议》（PSI）。日本还参与了东南亚国家海岸警卫队的能力建设，为马六甲海峡的反海盗行动做出了贡献。2009 年 3 月起，日本向亚丁湾派出驱逐舰和 P－3C 反潜机，参加反海盗行动。

但是，冷战在东亚地区尚未结束。20 世纪 90 年代，朝鲜导弹和核计划首先对日本构成重大威胁。朝鲜违反了1994年框架协议，继续发展核力量，并于2006年首次进行了核试验。同时，朝鲜不断改进导弹技术，对日本构成重大安全威胁。中国大陆和台湾之间的潜在冲突也为日本所关切。1996年3月，中国大陆进行了导弹发射训练，美军派出两个航母战斗群到台湾附近水域游弋。这一事件表明，中美在台湾问题上存在发生冲突的可能性。

1995年，东北亚局势持续紧张，在此背景下，日本修订了《防卫计划大纲》，提出自卫队要对地区和全球安全做出更大贡献。1996年，美日重新确认了两国同盟体制；1997年，美日修改了《防卫合作指针》，规定日本在"周边有事"时可向美军提供后勤支援；2003年，日本决定引进海基导弹防御系统。

2004年，新版《防卫计划大纲》赋予了自卫队更广泛的任务，包括导弹防御、防扩散、救灾、人道主义援助等；通过加强信任措施和能力建设，加强与伙伴国的合作，共同保护海上交通线；要求自卫队加强对远离本土的岛屿的防卫，因为这些岛屿的战略意义不断增强。

中国海上雄心不断增强，日本对此严重关切。中国意在西太建立更大的缓冲区，应对美海军第七舰队。1991年，美军撤出菲律宾苏比克湾后，中国不断重申在东海和南海的领土要求。中国将第一和第二"岛链"视为海上防御带。[43]第一岛链包括琉球群岛、台湾岛、菲律宾和加里曼丹岛，距中国海岸线不超过200海里。中国不断加强在第一岛链的反介入／区域拒止能力，每年约花费10亿美元从俄罗斯购买苏－30飞机、"基洛"级攻击型潜艇、配有SS－N－22导弹的"现代"级导弹驱逐舰等。这些装备均是冷战时期苏联针对美航母战斗群发展的。[44]同时，中国也在研发低噪音的"商"级核动力攻击潜艇。

中国海军正将其作战范围扩大到远洋，欲突破第二岛链。第二岛链是从小笠原群岛到马里亚纳群岛。[45]2009年版日本《防卫白皮书》对中国海军在日本近海进行频繁活动表示关切，特别是在东海和菲律宾海。2004年11月，日本监测到一艘中国核潜艇在冲绳附近的海域活动。2006年10月，中国一艘"商"级核潜艇在游弋于冲绳的美国

"小鹰"号航母附近浮出水面。2008 年 10 月和 11 月，中国海军水面舰艇分别通过津轻海峡和琉球群岛。[46]

中国还特别重视通过"法律战"来支持其领土要求，推行反介入战略。例如，中国要求外国军舰在其领海无害通过时需得到批准，中国不承认专属经济区上空是国际空域。[47]

中国海军在西太平洋扩大缓冲区的同时，还注重在海上交通线建立落脚点，如在缅甸和巴基斯坦，以确保海上通道和能源安全。虽然"珍珠链战略"并非中国概念，[48]但其表明了中国对印度洋的兴趣。这一战略不仅对马六甲海峡两边的国家造成了压力，也对日美的战略利益构成挑战。[49]印度对此十分关切，因为这些"珍珠"散落在印度的东西海岸。[50]

全球经济的活力需要依赖各国提供自由公平的通道，不仅是海上通道，也包括航空、太空和网络空间。美国一直在维护这些公域的安全，美军也要求全球公域的稳定。另外，全球化使先进的军事技术和作战理论在世界范围内迅速传播，一些国家获取的非对称武器对美国的军事能力造成了威胁。中国不仅发展先进的常规武器，如第五代喷气式战斗机、先进的驱逐舰和航母等，也在研发不对称武器，如反舰弹道导弹、反卫星武器、水雷以及网络战和信息战能力。[51]

为了应对这些海上挑战，日本海上自卫队更新了作战条令。[52]新条令提出海上自卫队的三个目标：（1）保卫日本周边水域；（2）保护海上航行自由；（3）塑造稳定的安全环境。该文件指出，海上自卫队平时实施"接触战略"，战时实施"应急反应战略"。"接触战略"指和平时期塑造对日本有利的安全环境，防止和威慑对本国安全构成挑战的紧急事件发生；"应急反应战略"是在威慑失效后，面对军事威胁时需快速反应，消除对国家的直接威胁。

无论平时还是战时，在东京、关岛和台湾三角区（即"TGT 三角区"）的情报、监视和侦察（ISR）至关重要，因为大多数日本商船穿过该地区。这一三角区作为海上"桥头堡"，对来自美国本土的增援也至关重要。因此，日本海上自卫队加强了与美军在情报、监视和侦察方面特别是反潜能力的合作。日本还加强了与美国和其他国家的战略伙伴关系，保证在三角区以及东南亚、南亚、大洋洲和中东等海域的海上秩序。

为了应对中国海军崛起，日本在冷战期间针对苏联发展的能力仍然管用。美日联合海上力量可共同阻止中国海军到达印度洋，将中国海军舰船限制在西太平洋。横须贺港是美国"尼米兹"级航母"乔治·华盛顿"号的母港。在对抗中国方面，日本的地理位置不如对抗苏联。2010年版《防卫计划大纲》及时将日本的战略重点从北方转向了南方，重点是琉球群岛的岛链部分。自卫队将拥有48艘驱逐舰，其中6艘装有"宙斯盾"系统，可拦截弹道导弹，4艘13500吨的直升机驱逐舰、22艘潜艇、10架P-1反潜巡逻飞机和12架新型战机，大大增强控制TGT三角区的能力。日本自卫队也提升了对外空和网络态势感知的情报、监视和侦察能力。

在回应中国海军崛起的同时，日本海上自卫队继续参与全球安全活动，保护全球海上通道的畅通，特别是在亚丁湾的反海盗行动。但日本对其国土安全更为关切，这阻碍了日本对海上通道安全做出更大贡献。例如，2002年日本派遣"宙斯盾"驱逐舰前往印度洋支援反恐行动，但因朝鲜推进核计划而不得不中途返回，以保卫本国安全。中国海军在西太平洋地区实力的增强会进一步限制日本对维护海上通道做出贡献。自卫队预算不会增加，但海上自卫队必须要发展远距离快速部署能力。为了高效使用驱逐舰，海上自卫队将驱逐舰正式归属地方队，但实际置于日本护卫舰群之下，海上自卫队成为海上力量的提供者。为了更加有效地利用有限资源，海上自卫队不断加强与美国海军的关系，并增强与韩国、澳大利亚、印度、东盟、欧盟、北约等国家和组织的伙伴关系。

结　论

有三条战略通道可使日本遭受别国威胁：印度洋、太平洋和欧亚大陆。日本是个隔绝的岛国，大洋对面的中国一直没有海上野心，因此日本一直非常安全。19 世纪中叶，当面对西方列强的威胁时，日本制定了地缘战略。英日同盟和《华盛顿条约》均使日本在战略上取得了成功，因为这两个条约控制了两条战略通道，增进了日本的安全。《德意日三国同盟条约》的签订是日本的致命错误，这一条约无法保证任何一条战略通道的安全。它迫使日本不得不全面发展海军力量，与全球海军强国为敌。美日同盟是迄今日本最成功的地缘战略，因为它保证了日本三条战略通道的安全。美日同盟将继续成为日本海上战略的最好工具。由于地缘政治的限制，日本不可能全面发展海军力量，也不可能进行海军军备竞赛，在当前安全环境下，建立海军军控机制是不现实的。[53]因此，日本海上自卫队想要发挥更大作用，就要补足相对衰落的美国海上力量。

海盗横行是霸权兴衰的晴雨表。当一个霸权衰落时，海盗活动就会活跃起来，直到另一个霸权国家再次兴起。近年来，东南亚和非洲之角地区海盗的兴起就表明了美国海上力量的衰落。目前，美国海军实力仍称霸全球，相较于 1945 年的 6678 艘和 1990 年的 570 艘舰艇，美国海军现在只有 282 艘。[54]一般来说，要保持 1 艘舰艇在役，需要 3 艘舰艇：1 艘保养，1 艘训练或轮换，1 艘部署。因此，美国在海上部署的舰艇不会超过 100 艘，而且是全球部署，[55]美国不可能凭一己之力保证全球海上通道的安全。

在美日同盟的框架之下，美国向日本提供了延伸威慑和远距离海上通道保护，日本则通过提供基地保证了美国在该地区的存在和战略机动能力。美日同盟是以美国的霸权为前提的。尽管美国是不可或缺的力量，但它在太平洋和印度洋正逐渐丧失主导权。现有的自由贸易体系是在美国的领导下建立的，日本是主要受益者之一，因此日本应对维护海上秩序做出更大贡献。

美军在西太平洋存在着固有劣势，其位于日本和关岛的基地均在中国武器系统的射程之内。中国非对称作战能力的迅速发展使美前沿部署部队易遭到攻击。2010 年，美国国防部公布的《四年防务评估》报告指出了这一问题，美海空军同意推进空海一体战概念，保持常规武器的绝对优势，在反介入的条件下取得非对称作战的胜利。[56]

2009年8月，日本民主党上台，这是自1955年以来日本第一次执政党更迭。日本民主党提出与美国成为"平等的同盟"。美日同盟作为日本安全政策的基石已超过半个世纪，由于日本民主党缺乏执政经验，损害了美日同盟的合作，也使本地区其他国家对日本的外交走向产生了疑惑。2010年朝鲜半岛的"天安舰事件"和"延坪岛炮击事件"，以及中日在钓鱼岛的争端，都对日本民主党的执政能力造成了考验。日本民主党对美日同盟的处理失当也鼓励了俄罗斯的鲁莽举动，总统梅德维杰夫登上了北方四岛，自1945年以来俄罗斯一直占有这片土地。[57]

美国在西太平洋的军事优势一直是亚太地区稳定和繁荣的基础，美日同盟的再调整至关重要。日本海上战略的首要目标是在西太平洋地区保持有利于美国的军事平衡。尽管美日拥有前沿的常规军事能力，但两国仍需提升军事能力来应对非对称威胁。日本应与美国一起落实空海一体战概念，并采取措施确保在全球公域自由公平的出入。

2011年3月11日，日本东部海域发生强震并引发海啸，自卫队成立了联合司令部投入救灾，并与美军展开联合行动，这再次表明了美日同盟的重要性。2011年6月，美日共同修改了战略目标，强调维持海上安全和航行自由，深化美日同盟合作，并加强与韩国、澳大利亚、印度和东盟国家的战略合作。[58]这表明，虽然灾后重建工作的巨大花费会掣肘军费支出，日本仍将为海上安全做出贡献，并继续实施目前的海上战略。

[符晓/译　师小芹/校]

注释

[1] 英文版《防卫计划大纲》可见日本防卫省网站，http：//www. mod. go. jp/e/d_ act/d_ policy/national. html；防卫计划大纲于1976年首次公布，1995年和2004年

修订。

［2］有关地缘政治和地缘战略的定义，见 Jakub J. Grygiel，*Great Powers and Geopolitical Change*（Baltimore：Johns Hopkins University Press，2006），especially Chapter 2。

［3］Nicholas John Spykman，*The Geography of the Peace*（New York：Harcourt，Brace，1944），p. 24.

［4］Robyn Lim，*The Geopolitics of East Asia：The Search for Equilibrium*（NY：Routledge，2005），p. 7.

［5］Yasunobu Somura，*Umino Seijigaku：Umiwa Dareno Monoka*［*Politics of the sea：who owns the sea?*］（Tokyo：Chuo Koron Sha，1988），pp. 3 – 9.

［6］Yasunobu Somura，*Umino Seijigaku：Umiwa Dareno Monoka*［*Politics of the sea：who owns the sea?*］（Tokyo：Chuo Koron Sha，1988），pp. 18 – 20.

［7］1274 年和 1281 年，忽必烈两次意图从朝鲜半岛攻打日本，但途中遇到"神风"，即 *Kamikaze*，蒙古大部分舰只因此沉没。

［8］Lim，*The Geopolitics of East Asia*，pp. 4 – 5.

［9］在西方列强中，日本只允许荷兰在长崎河口的一个叫出马的小岛开展对日通商。

［10］Walter LaFeber，*The Clash：U. S. – Japan Relations throughout History*（New York：W. W. Norton，1997），p. 8.

［11］Lim，*The Geopolitics of East Asia*，p. 9.

［12］E. B. Potter，ed.，*Seapower：A Naval History*，2nd edn.（Annapolis：United States Naval Institute，1981），p. 164.

［13］Kiyoshi Ito，*Taiwan：Yonhyakunenno Rekishi to Tenbo*［*Taiwan：400 – year history and prospects*］（Tokyo：Chuo Koronsha，1993），p. 65；英文版参见 http：// www. china - institut. org/bibliothek/geschichte% 20taiwans. pdf。

［14］Lim，*The Geopolitics of East Asia*，p. 29.

［15］《英日同盟条约》的内容是：缔约国一方若遭第三国进攻时，另一方应严守中立。如果缔约国一方遭到两个或两个以上国家进攻时，日英将协同作战。

［16］Kenneth B. Pyle，*Japan Rising：The Resurgence of Japanese Power and Purpose*（New York：Public Affairs，2007），p. 96.

［17］Lim，*The Geopolitics of East Asia*，p. 38.

［18］Pyle，*Japan Rising*，p. 96.

［19］Sadao Asada，*From Mahan to Pearl Harbor：The Imperial Japanese Navy and the United States*（Annapolis：Naval Institute Press，2006），p. 67.

［20］Lim，*The Geopolitics of East Asia*，p. 37.

［21］Asada，*From Mahan to Pearl Harbor*，p. 187.

［22］Waldo Heinrichs，*Threshold of War：Franklin D. Roosevelt and American Entry into World War II*（Oxford：Oxford University Press，1988），p. 7.

［23］A. P. S. Bindra，"The Indian Ocean as Seen by an Indian," *U. S. Naval Institute*

Proceedings, Vol. 96, No. 5（May 1970）, p. 185.

［24］ Potter, *Sea Power*, p. 293.

［25］ Potter, *Sea Power*, p. 301.

［26］ Bindra, "The Indian Ocean," pp. 185, 187.

［27］ 在此战中，日本损失了总数达 810 万吨的商船和 490 万吨的潜艇，占日本全部潜艇的 60%。美国潜艇击沉日本总数 70 万吨的海军舰只，占全部损失的 30%，包括 8 艘航母、1 艘战列舰和 11 艘巡洋舰。

［28］ Lim, *The Geopolitics of East Asia*, p. 7.

［29］ Bindra, "The Indian Ocean," p. 187.

［30］ Michael Schaller, *Altered States: The United States and Japan Since the Occupation*（New York: Oxford University Press, 1997）, p. 49.

［31］ Agency for Natural Resources and Energy, Ministry of Economy, Technology, and Industry, *Energy in Japan 2006: Status and Policies*（March 2006）, pp. 5, 22.

［32］ Bindra, "The Indian Ocean," p. 200.

［33］ Lim, *The Geopolitics of East Asia*, p. 109.

［34］ James E. Auer, *The Postwar Rearmament of Japanese Maritime Forces, 1945 – 1971*（New York: Praeger Publishers, 1973）, p. 143.

［35］ 这一观点的代表人物是 Hideo Sekino。The "Sekino vision" is examined in Auer, *The Postwar Rearmament*, pp. 139 – 143.

［36］ 这一观点的代表人物是日本防卫厅文职官员海原治。The "Kaihara vision" is examined in Auer, *The Postwar Rearmament*, pp. 134 – 139.

［37］ Auer, *The Postwar Rearmament*, p. 145.

［38］ 有关日本海上战略的发展，见 Tetsuo Kotani, "Sea-Lane Defense: The Division of Roles and Missions between the Japan Maritime Self-Defense Force and the United States Navy," master's thesis, Graduate School of American Studies, Doshisha University（2001）.

［39］ 有关美航母在日本部署的战略意义，见 Tetsuo Kotani, "Presence and Credibility: Homeporting USS MIDWAY at Yokosuka," *The Journal of American-East Asian Relations*, No. 15（2008）.

［40］ See James D. Watkins, "The Maritime Strategy," *U. S. Naval Institute Proceedings*, No. 112（January 1986）.

［41］ Lim, *The Geopolitics of East Asia*, p. 135.

［42］ James E. Auer, "Japan's Defense Policy," *Current History*（April 1988）, p. 148.

［43］ Office of the Secretary of Defense, U. S. Department of Defense, "Military Power of the People's Republic of China 2007," p. 16.

［44］ Lim, *The Geopolitics of East Asia*, p. 7.

［45］ Russell Hsiao, "China's Expanding Naval Presence Troubles Neighbors," *China Brief*,

Vol. 8, No. 3（January 31, 2008）.

［46］ Japanese Ministry of Defense, *Nihon no Boei 2009*［Defense of Japan 2009］, pp. 55 – 57.

［47］ James Kraska, "The Law of the Sea Convention: A National Security Success-Global Strategic Mobility through the Rule of Law," *George Washington International Law Review*（2007）, p. 556.

［48］ Christopher J. Pehrson, "String of Pearls: Meeting the Challenge of China's Rising Power Across the Asian Littoral," Carlisle: Strategic Studies Institute, U. S. Army War College, 2006, p. 3.

［49］ Lim, *The Geopolitics of East Asia*, p. 141.

［50］ Robert D. Kaplan, "Center Stage for the Twenty-First Century: Power Plays in the India Ocean," *Foreign Affairs*, Vol. 88, No. 2（March/April 2009）, pp. 22 – 23.

［51］ See, for example, Barry Posen, "Command of the Commons: The Military Foundation of U. S. Hegemony," *International Security*, Vol. 21, No. 3（Summer 2003）; Michele Flournoy and Shawn Brimley, "The Contested Commons, *U. S. Naval Institute Proceedings*," Vol. 135, No. 7（July 2009）; Abraham M. Denmark, James Mulvenon, Frank Hoffman, Kelly Martin, Oliver Fritz, Eric Sterner, Dr. Greg Rattray, Chris Evans, Jason Healey, and Robert D. Kaplan, "Contested Commons: The Future of American Power in a Multipolar World," Center for a New American Security（January 2010）.

［52］ See Tomohisa Takei, "Kaiyo Shinjidai Niokeru Kaijo Jieitai"（JMSDF in the New Maritime Era）, *Hato*, No. 199（November 2008）, pp. 2 – 29.

［53］ 这一论断也许有不同意见，但中国不会接受任何海军军备的裁减。

［54］ Keiko Iizuka, "Japan-U. S. Sea Power Dialogue Special: Japan-U. S. Alliance Key to Maritime Peace," *Daily Yomiuri*, May 27, 2009.

［55］ James Kraska, "How the United States Lost the Naval War in 2015," *Orbis*, Vol. 54, No. 1（Winter 2010）, p. 39.

［56］ 有关空海一体战概念，见 Jan van Tol with Mark Gunzinger, Andrew Krepinevich, and Jim Thomas, "AirSea Battle: A Point-of-Departure Operational Concept," Center for Strategic and Budgetary Assessments（2010）.

［57］ Tetsuo Kotani, "Turbulent Change: The Democratic Party Government and Japan's Foreign Policy," *Russia in Global Affiars*, No. 4（October/December 2010）, http://eng. globalaffairs. ru/number/Turbulent – Changes – 15082 .

［58］ 美日安全磋商委员会联合声明，见 http://www. mofa. go. jp/region/n – america/us/security/scc/index. html。

第三篇
二十一世纪的新海洋战略

体系维护：改变大国竞争的
空间关系理论

罗伯特·卢贝尔（Robert C. Rubel）

> "使战争不可避免的真正原因是雅典势力的增长和因之而起的斯巴达的恐惧。"
>
> 修昔底德：《伯罗奔尼撒战争史》[1]

引　言

大国崛起总是带来不安与紧张，并且往往引发战争。既成大国将新兴国家经济与军事实力的加速发展视为威胁，采取措施加以防范。新兴国家认为这是对自己生存的威胁，于是更加努力去打破这些障碍。由此形成了战略挑战与反应的往复循环，并螺旋式地走向失控，直至爆发战争。中美两国发现它们可能正处在这种形势之中。尽管中国实行"和平崛起"的战略，并采取一系列政策向邻国及全世界表明其良好意愿，但中国的海军建设及其与邻国海上领土主张的冲突，还是引起了某些国家的恐惧与反应。许多美国分析家认为，中国的战略目标其实是有限的、和平的，它与世界各国广泛的经济联系使战争爆发的可能性很低。但也有不少人持完全不同的看法，他们认为中国不会自我克制，而会不断发展经济与军事实力，寻求领土扩张，直到某个或多个国家从外部对其加以约束为止。鉴于国家大战略的复杂性和中国社会的庞大与多样性，中国政策精英们可能尚未就战略目标达成一致。

危险在于，在战略挑战与反应的循环中，通过一个个以增强国家安全为目标的独立的政策与行动，中美两国可能在未来意外卷入一场双方都不希望看到的战争。因此，在提高自身国家安全的过程中，必须找到一种明智的方法，摆脱不断引发对方惊慌和不信任的安全困境。本文将建议采取一种特别的海上战略指导原则——"全球商业与安全体系维护"，将此作为避免安全困境的易为各方接受的起点。当前，美国各支海上力量（指美国海军、海军陆战队和海岸警卫队——编者注）[2]已经认可并采用了这一原则，加拿大海军司令也已宣示了这一原则。[3]虽然"体系维护"尚未取代战争计划与军事力量发展中的两面下注战略，但它作为指导原则可以改变国际环境，并可能减缓对对方军事努力的猜忌。尽管这一原则并不能完全避免安全困境，但各国迈出这一小步将没有多少战略风险。如果在海上合作领域中被证明是有用的，它可能为实施更具雄心的"战略再保证"（strategic assurance）措施指明方向。

在一次由中国学者与美国海军战争学院专家共同召开的关于海上战略的会议上，北京大学国际关系学院院长王缉思博士明确指出了"战略再保证"的重要性。他认为，在海上实现中美之间的良好关系既应自下而上，也应自上而下进行。[4]对于前者，他提到了防止海上事故协议、热线等机制；对于后者，则提到了"战略再保证"。这一术语可以有多种解释，更准确地说，它有多个侧面。在那次会议上，一位中国学者抱怨说，最近美印日举行的联合海军演习表明，美国正在试图"包围"中国。显然，至少有一些中国人认为，美国有一种独特的战略指导原则或方法，就是它曾用来战胜轴心国与苏联的那一套。而美国也有许多人认为，中国人具有扩张性，试图在海上建立类似陆上那样的缓冲区。如果两国都坚持认为对方在采取这类传统的战略模式，"战略再保证"就无法实现。但同样清楚的是，双方实际上都想从对方那里得到并不打算这样做的保证。

提出一种战略指导原则较为容易，贯彻执行则另当别论。事后回顾总结一个国家在战时、在斗争中和在某一特定时期实施怎样的战略规划、方法和原则比较容易，但若要指明某项具体政策或行动就是某种特定的战略模式则比较困难。大战略是在相当长一段时间内，经常是历经几届政府或政权而渐渐形成的决策与行动模式。而且，领导人并不必然按照正式制定的战略原则处理个案。通常，随时间推移所呈现出的某种决策模式，并非源于遵守事先做好的计划，而是应对刺激、压力、价值观和观点等决策环境的产物。最近，瓦尔特·麦克杜加尔（Walter A. McDougall）教授指出：

> 当奥古斯特·孔德（Auguste Comte）坚称人口状况（demography）就是命运或者当史特劳兹－胡比（Robert Strausz-Hupe）强调你无法与地理抗争时，他们是否正确呢？为达到良好效果我们引用这些警句，但在实际运作中它们真是驱动事件发展的客观力量吗？尤其是在回顾历史时，即使你不是坚定的决定论者，你也会承认，常常有一种博弈双方都意识到的甚至是本能地意识到的战略互动的逻辑。[5]

这种战略互动逻辑中的一个因素是由地理关系而来的冲突的空间关系。这种空间关系历来具有全球视野，其认为在地球上存在内外两种位置，位于中心位置的欧亚陆权国家向外扩展，位于外缘的海洋国家则向内包围、挤压。这种模式至少自拿破仑时代起就已存在，已成为大国战略决策的一种默认的背景。然而，冷战后全球化进程的加速发展正在改变经济地理和与之关联的世界地缘政治的空间关系，从而为大国摆脱传统的冲突循环提供了机遇。如果要制定一个易于掌握的支撑大战略的指导原则，地缘政治的空间关系是一个便利的基础。这方面的一个例子就是乔治·凯南（George Kennan）在他署名"X 先生"的著名文章中提出的遏制主张。

本文尝试提出"全球商业与安全体系维护"（以下简称"体系维护"）这一指导原则，作为两种传统的指导原则或模式——大陆模式和海洋模式的可替代选项。大陆模式和海洋模式皆以地缘政治空间学为基础。本文也将审视若"体系维护"原则被中美两国接受并用以指导战略与政策制定的前景。

战略再保证

鉴于"战略再保证"是新的战略指导原则要达到的目标，我们必须关注这一术语的含义及其构成要素。这一提法出现的时间不长，在刊发于 2001 年 3 月《今日军备控制》杂志的一篇文章中，班宁·加勒特（Banning Garret）首次对其做了如下定义：

> 对两个相互提防的国家来说，为了解决政策难题，它们可能需要首先尽力表明，尽管双方在具体问题上存在分歧，但长期意图是善意的。换句话说，它们需要向对方提供战略再保证。[6]

这也许是个过于雄心勃勃的定义，因为两个利益有所交汇的大国可能对自己都难以做出明确而长期的判断，更不要说向对方表示充分的善意了。根据本文的目的，讨论将限于国家安全政策、规划和决策的范围。在此范围内，"战略再保证"将意味着这样一种状况：各国的安全领导层有足够的信心，至少可以理解对方真实的短期战略目标，从而能正确地解读对方行动背后的意图，并且可以克制己方，不采取引发或加剧安全困境的行动。

在其文章中，加勒特集中阐述了美国应采取怎样的措施来消除部署弹道导弹防御系统所引发的战略不信任。在核武器领域，在"共同确保摧毁"的时代，"战略再保证"是一个关键问题，在此问题上，冷战双方都对挟持对方有合理的信心。然而，美国可能部署高精度的"三叉戟 D4"导弹及实施"战略防御倡议"（亦称"星球大战计划"——编者注），被苏联视为美国敌意的证据，因此是破坏战略稳定的因素。中国对美国的弹道导弹防御系统及美国海军在南海的情报活动也存在着类似的关切。如果美国免除了对核报复的担忧，中国领导人一定会担心，美国将可以无所顾忌地煽动"台独"，并可能对华实施战略包围，使中国再次受西方大国的支配。因此，在核威慑领域，可以通过一项有限部署导弹防御系统的协定来进行"战略再保证"，这样做既可以确保美国拦截到任何朝鲜向其发射的导弹，又可以让至少一枚中国的核弹头突破美国防线。

"战略再保证"是目前奥巴马政府对华实行的一项政策。常务副国务卿约翰·斯坦伯格（John B. Steinberg）曾对其做出概括：

> ……战略再保证取决于一个核心的，或许是不言自明的约定（默契的交易）。正如我们与我们的盟友必须明确表示，我们已经准备好迎接中国的"到来"……作为一个繁荣而成功的大国，中国也必须向世界保证，它的发展与日益增长的全球作用将不会以他国的安全和福祉为代价。

斯坦伯格还列举了中美双方可以采取行动（包括资源和货币政策）进行"战略再保证"的诸多领域。除了详述导弹防御问题之外，他在后续的讲话中还谈到了安全规划涉及的更广泛的议题：

> 在面对不确定性时，任何政府的决策者都倾向于做最坏的打算，专注于未来道路上的潜在威胁，其中有些当然是必要的。但我们也要确保在做最坏打算时不排除积极的结果，我们要对积极的方面敞开胸怀，避免陷入自我实现的恐惧之中。[7]

当美国政府的对华政策可能是"战略再保证"的时候，政府内所有的决策和战略规划组织都须执行这一政策，这在某些情况下意味着承担风险和做出文化上的转变。而如果转变不发生，美国将言行不一，中国人很快就会察觉这种相悖的现象。于是，在中国眼中，美国的所作所为就是霸权主义，企图以削弱中国的发展来维护其全球优势地位。在此种情况下，中国人将会根据最坏前景制订行动计划，从而进一步加剧双方互不信任的循环。

当然，中国也同样需要遵守这一默契。从理论上说，中国一直奉行"和平崛起"的原则，为谋求发展，由衷地需要一个和平稳定的时代。因此，中国提出的"和平崛起"原则在一定程度上是可信的。然而，随着经济的成功发展，中国感到自己已有足够资源进行包括海军在内的武装力量的现代化和军力扩张。海军实力给了中国一定程度的安全感与自信，在南海及其他中国近海，中国的领土主张变得更加咄咄逼人。无论如何，这些主权主张与中国的"资源战略"密不可分，而这一战略已经越来越多地体现为重商主义的政策，其目的是能够无须通过全球商品市场即可独立获得各种资源。例如，关于南沙群岛下蕴藏着丰富的能源资源的预测，使一些外部人士认为中国对南沙群岛的主权主张似乎更是为了扩张而非因其具有历史依据。这让不少国家对中国产生战略猜忌，怀疑其和平崛起的方针实际上只是在拥有足够实力成为霸权国家和潜在帝国之前的缓兵之计。

"战略再保证"最需要的不仅仅是公开政策，而是一种新的战略文化，即抛弃与特定国家的战略目标相应的为最坏前景做打算的国家安全战略规划文化。具体而言，对于陆权国来说，这意味着能够把遭受入侵和包围的场景放在一旁，并放弃寻求地缘政治缓冲区和重商主义的经济"堡垒"。对于海权国来说，面临的挑战是接受陆权国实力的不断增长，而不对其采取制衡或遏制战略。这些承担战略风险的行动将面临保守派和鹰派人士的强烈反对，就如奥巴马的"战略再保证"政策已遭到来自右翼学者的批评一样。[8] 保守派的论据有一定的影响力。因为"战略再保证"政策，如其当前被定义和阐明的那样，需要战略规划者的某种不作为，而这是以相信对方即将做出回报为基础的。总之，提出一个可以取代大陆模式或海洋模式并为决策者提供风险控制管理的明确概念或指导原则并不容易。

地缘政治与安全规划

一旦人类获得了能够往来全球的能力，对于那些足以拥有强大海军的国家来说，国家战略的性质就发生了变化。两个早期的全球强国西班牙与葡萄牙之间的竞争，促使教皇亚历山大六世设立了一条分界线，这条分界线后来由南向北划分了整个地球，为的是能够和平地分配新发现的陆地。这一人为设定的边界线是必要的，因为海洋相互连通，每个强国的船只都可以在海上自由往来，冲突在所难免。从那时起，大陆与海洋两种战略模式的互动就一直表现为运动（包围）和前线（阻斥）的对立。在今天的世界，大陆模式和海洋模式的核心特征——战略机动，仍然十分明显。但是，技术进步亦为之增添了新维度。核武器、太空和互联网带来了新的虚拟空间，必须与全球自然地理空间等同视之。例如，对于威权主义的陆权国来说，仅建立地理缓冲区已不够，它还必须审查互联网以建立起信息缓冲区。同样，太空技术的发展也削弱了公海为海上机动提供的隐蔽性。这些新因素增大了战略机动的难度，但将这些要素考虑进来的大战略尚未制定出来，尽管本文提出的新战略途径已整合了这些因素。在新的战略模式形成之前，战略家们仍将按照他们能够娴熟运用的传统方法工作。

陆权国从不需要地理学家告诉它们需要缓冲与扩张，海权国也无须被提醒某一个陆权国变得太强势是危险的。不过，地缘政治理论家提出了这两种战略模式，就是供人们分析和讨论的。其实，地理环境与国家力量上升态势的关系及这种关系造成的战略家的观念，才是最重要的，它们是理解应该如何构想新的关系和创造新的观念体系的核心所在。

大陆模式

从欧亚"世界岛"崛起的陆权强国普遍拥有高度集权的政府。因此，大陆模式——其理念、方针、政策、行动的网状传播——均由首都开始并向周边辐射，维护政权是首要任务。由于欧亚强国无论大小都必然是某种帝国—— 由许多较小的、互不相连的文化"飞地"组成的集合体——其内部安全与外部安全的逻辑并无本质不同。因此，在国家周边建立中立缓冲国和控制棘手的国内动荡也并无多大差异。虽然外部强国的侵略一直是很真实的威胁，以至形成"随时会遭受攻击的精神紧张"，[9]但内部瓦解也始终是大陆模式关注的一个主要因素。因此，大陆模式是向心的，以首都为中心，安全利益由中心向边缘辐射。其内部安全建立在对各文化"飞地"驻军（形成强有力的支撑点）、控制甚至镇压民众运动的基础上。这一总体逻辑一直延续到陆权国的境外缓冲区，包括海上缓冲区。

除了高度集权，陆权国还倾向于实行排他性的经济制度，如拿破仑的大陆体系和苏联的指令经济，又如现代中国的重商主义。经济手段反映政治安全手段——归根结底是具有排外性。重商主义垄断市场资源或在许多经济领域排挤竞争对手的企图，可以被视为强支点或"堡垒"逻辑的一种形式。根据这一逻辑，每一份与资源供应商的专属性协议都将他方排斥在特定的矿山、矿井或其他资源之外。这是一种不许他人接近对自己有价值的东西的做法。

在大多数情况下，大陆强国都是内陆国家，德国和苏联是两个主要例子。另外，虽然拿破仑统治下的法国有绵长的海岸线并拥有实力强大的舰队，但它还是采取了大陆式的战略。也许最显著的例子是日本帝国。作为一个类似大不列颠的岛国，尽管拥有精良的舰队，但是日本采取了大陆式的从中心向外扩张的战略，并试图依赖岛屿支点体系保卫其在南部与东部海上获得的领土。

正如地缘政治理论家哈尔福德·麦金德（Halford Mackinder）对"海权的优势"[10]所做的解读，陆权国也关注通向海洋的权利。然而，根据战略缓冲与驻守的逻辑，通往海洋也会带来麻烦，因为那可能成为敌人入侵的通途，这种情况也确有发生。这就导致陆权国试图建立各种支点来保障其通向海洋的通道，同时防止对手进犯。此外，诸如日本帝国的"大东亚共荣圈"以及苏联的"华沙条约组织"这类集权性或排他性区域经济体所建立的经济堡垒，都含有并且支持由内向外的安全堡垒逻辑，而这正是大陆模式的核心之所在。

现代中国的政策表明，其安全战略设定正在遵循大陆模式。中国是一个威权大国，内部存在台湾统一问题，并与主要的地缘政治竞争者印度和俄罗斯接壤。在其讨论海洋战略的现代文献中，"第一和第二岛链"或被视为自由进入海洋的地理障碍，或被视为可将美国海军阻挡在外的屏障。[11]以这种方式讨论地理特征与大陆模式相符。[12]

虽然已经采取了市场经济的经济结构，但中国继续实行重商主义政策以获取资源。在历史上几次遭受海上入侵之后，如今的中国正在试图通过广泛的海上领土声索和对《联合国海洋法公约》进行排他性解释建立海上缓冲区。这些政策使其与地区内的国家发生争端，并与美国这个海上霸主形成海上冲突。

海洋模式

自拿破仑时代以来，遵循海洋模式的都是资本主义民主制的国家，最显著的是英国和美国。它们基本上解决了内部的统一问题，拥有强大的、足以保证其与外部世界隔离的海军，它们以与陆权国完全相反的地理视角看待安全问题。由于依赖国际贸易发展经济，海权国的安全基础是海洋。由于海洋联成一体，其主要威胁又来自陆权国，海权国都从外线位置出发来思考问题。以广泛的全球商业和盟国网络为基础，外线位置更注重机动而非强大的据点。海权国总能找到这样一类盟国，其位置能让陆权国面临多线作战的处境，并在机会到来时利用海权长于机动的优势。作为自由市场经济体，海权国比集权的陆权国更容易吸引同盟者，不论这些盟国有怎样的政府。制海权使它们能与盟国保持可信、有效的联系。

在它存在的第一个世纪里，当完全巩固了对北美领土的控制时，美国曾是一个陆权国家。"门罗主义"是一种大陆主义的政策，意在把欧洲强国排除在西半球之外。美西战争标志着美国向海洋模式的转变，第一次世界大战进一步推动了这一转变。虽然在两次世界大战之间美国公民仍然持有强烈的孤立主义观点，日本偷袭珍珠港却一举将美国推上了海洋模式的道路。后来冷战中美国对苏联采取的遏制政策可能是这一模式的终极体现。

全球化与体系

苏联垮台后，美国发现自己已居于海上超级强国的地位，不再有任何对抗性的欧亚大陆强国能与之竞争。作为一个遵循海洋模式、实行自由贸易的民主国家，虽然第二次世界大战、冷战及 1990 年的海湾战争使它在全球驻防，但美国没有对世界实行大陆式控制的计划。美国政策的主旨是鼓励那些冷战期间被称为"第三世界"的国家实现工业化和发展经济。随之而来的经济发展的全球扩散被称为"全球化"。全球化对地缘政治最显著的影响或许就是各国间出现的经济相互依存。尽管受到包括布雷顿森林体系在内的一系列国际经济协议——其目标是应对共产主义挑战和维护民主制度——的支持，当前的全球体系还是应更多地被理解为一种现象而非一项工程。江泽民抓住了问题的本质，他指出："经济全球化作为世界经济发展的客观趋势，是不以人们的意志为转移的，任何国家也回避不了。"[13]经济发展的扩展及全球经济的总体增长形成了新的经济地理格局，它需要新的战略方法。

部分是因为工业化，19 世纪的后几十年与 20 世纪的头十年见证了一个日益活跃的全球商业体系的出现。然而，这是在政治权力几乎只属于主权国家的国际背景下发生的。第一次世界大战使全球化进程陷入停顿，接踵而来的是长达 76 年的"黑暗年代"。在此期间，两大相互竞争的经济制度引领世界，陆权国与海权国以传统方式进行角逐。[14]1990 年后，在美国享有"单极世界的时刻"，各国开始走上经济相互依存的道路，国家也开始失去对政治权力的垄断。欧盟、世界贸易组织这样的国际机构，跨国公司和"基地"组织这样的跨国组织，在一定程度上已经掌握了过去只有国家才正式拥有的权力。新出现的全球体系促使各国在一系列与安全相关的问题上进行更紧密的协调与合作。

较之1914年的全球体系，现存全球商业与安全体系的有效运行几乎对所有国家的未来都显得更为重要。虽然这一体系十分复杂，但可简化为资源开发、生产和消费三大中心环节，贸易、金融和信息经由这三大环节运转不息。这些环节通过商业海运、航空、大众传媒、移动电话和互联网相互连接。尽管在不少情况下资源开发、生产和消费都集中在同一片地域，但更多的情况是，某些地理区域偏重发展某一项功能，因此，拥有不同环节的国家如果要想成功，必须实现各个环节之间的流通。

美国的海上战略宣称，全球体系易于受到各种潜在因素的破坏。一个恰当的例子是冰岛火山爆发导致的欧洲航空旅行中断及其连带效应。还应注意的是，虽然像"21世纪海上合作战略"（A Cooperative Strategy for 21 Century Seapower，简称CS21——编者注）这样的海上战略聚焦于通联（connector）尤其是商业航运是顺理成章的，但在现实中，对流动性的重大威胁并不多见，除非出现封闭霍尔木兹海峡这样的重大例外。亚丁湾的海盗问题令人苦恼，但它还远未达到能对体系造成实质性破坏的程度。中心环节内部及各环节之间的不稳定与冲突才是可能破坏系统的最大威胁，其中最主要的是大国间的战争。此外，对美国或其他主要消费国进行"9·11"式的袭击，将会极大地抑制市场需求，并波及制造业；如果中东与非洲陷入动荡，则会阻碍体系获取必要的资源。出于对维持流动的重要性及世界各国都与体系正常运转利害攸关的认识，美国海军战略家将维护体系作为制定战略的基础。

"体系维护"作为一种地缘政治战略方法，一方面它与大陆模式和海洋模式一样，也是一个贯穿平战时期的持续过程。此外，"体系维护"除了如同另外两者一样融合了经济、政治和地理因素，它还可以超越特定政府或政权的政策，作为国家的长远战略方向。

另一方面，这一模式与另外两个模式的一些根本差异使它有可能促成中美实现相互战略再保证。第一个差异是，大陆模式与海洋模式具有天生的排他性，而"体系维护"则天生具有包容性。举例来说，海上安全对于"体系维护"至关重要（对其他两者却远非如此），这项任务如此庞大、广泛以至没有任何海军——不管拥有怎样的实力——能够独立承担。因此，需要尽可能广泛的海上合作。此外，海洋空间感知、抢险救灾和其他体系性的海上使命都是"体系维护"的固有组成部分，而非强大的海军或有组织的联盟的专有职责。每一支海军，不论其规模或构成，在体系性的海上安全中都可以发挥重要作用。同样，合作过程也已发生了变化，过去是正式的、等级制的联盟结构，加入成本较高；现在是松散的、协作式的网络系统，只需一个笔记本电脑和一部手机就可以加入。

"体系维护"与另外两种模式的第二个重要区别在于它不是一场零和博弈。大陆模式和海洋模式是为了限制和削弱竞争对手，一方的获益往往以另一方受损为代价。而"体系维护"所保卫的流动性是公共产品，受益的不仅包括大国，而且包括体系中的所有成员。尽管"体系维护"模式不能根除竞争，但它至少可以减少冲突的一个特定根源：一种固有的对抗性的战略规划结构。

共享一种模式可行吗？

乍一看，"体系维护"似乎是人为的，不切实际。虽然它可能有助于促使较小的国家加入海上安全合作，但对有足够能力实行强权政治的国家来说，将其作为战略规划的基础容易被认为风险太大。它的另一个不利方面在于它是新的，而且是由美国人倡议的。这些因素可能使天性保守的安全规划者产生怀疑，成为对世界秉持传统观点的专家嘲笑的目标。再加上其他一些因素的影响，美国和中国共同采取这一模式似乎只是一种幻想。然而，对于现代世界地缘政治现状变化的细致观察却揭示了采取大陆模式或海洋模式的基本困难，这些困难使"体系维护"可能更为实用，更具吸引力。

任何采用大陆模式的国家都面临着扩张限度与何时止步的固有难题。在古代，对本土安全的需求演变为建立帝国。正如布兰德利·沃马克（Brantly Womack）所指出的，成功是一位具有局限性的蹩脚老师。[15]如果一个陆权国成功地在其周围建立起缓冲区，那么它该如何去保护这些缓冲区呢？以古罗马为例，缓冲区之外还需要缓冲区，最终就是统治全世界。拿破仑与希特勒都无法容忍一个强大的俄国潜伏在东方，从而最后走向了侵略。撇开历史不谈，即使一个陆权大国选择止步不前和维持现状的立场，它仍面临变动不居的难题。外面的世界在不断改变，日新月异的技术、变动的人口结构和新的政治、宗教运动都在侵蚀和破坏地缘政治屏障。

保持屏障遇到的问题还涉及手段的使用与维持，这一问题在海上尤甚。海战的全部历史表明，进攻胜过防御，[16]反舰导弹的问世也未能改变这一趋势。因此，任何大国要阻止别国海军进入与其接壤的广阔海域都会遇到极大的困难。在水下更是如此，因为即使在当今的技术条件下，大海也绝非透明的世界。无人系统与纳米技术的出现使难题更为突出。在网络空间领域，虽然中国试图对信息流动建立类似物理屏障的电子屏障，但从长远看其是否可行并不清晰。历史上的屏障，不论是城堡、要塞还是马其诺防线，都败在了进攻与机动技术的脚下。现代的屏障与据点，无论是地缘政治的还是其他方面的，可能遭受同样的命运。在一个体系化的世界里，需要体系性的防御。

大陆模式的第三个难题在于它将不可避免地造成大国与其邻国的冲突。美国在大陆主义期间发布的"门罗宣言"是受到英国皇家海军支持的，是出于保护新兴拉美民主国家的愿望而非出自称霸的意愿。苏联在第二次世界大战后将东欧国家纳入势力范围，使它们成为自己的缓冲国，则完全是另一回事。最近俄罗斯入侵格鲁吉亚的事件表明，大陆主义还远未消亡。中国面临一些不同的难题，虽然它一直尝试以较为精密细致及和平的方式建立缓冲区，但还是与邻国和美国产生了冲突。中国在南海和东海的领土主张已经带来了与日本、菲律宾、越南及其他一些国家的争端。中国关于在专属经济区拥有权力的政策造成了其与美国军事力量之间的海上事件。更广泛地看，中国的经济崛起及其改善地区经济结构以支持经济增长的需求，增加了邻国的风险感与脆弱感。对于中国来说，这样做的危险是可能与美国迎头相撞，因为后者开始感到有必要通过海洋模式制衡与包围中国。

尽管陆权国面临着一系列现代地缘政治困难，海洋模式也同样不堪重负。首先，恰如大陆主义者承诺的屏障日益漏洞百出一样，海洋模式依赖的对外隔绝也已成为当代条件的牺牲品，"9·11"事件引人注目地表明了这一点。恐怖分子在周边海上暗中使用大规模杀伤性武器的可怕情景是完全可以想象的。小布什政府被贴上大陆模式的标签，因其希望将恐怖威胁消除在起源地并通过侵入阿富汗和伊拉克建立缓冲区。当时，没有任何海军将领能让小布什政府确信——就像圣·文森特（St. Vencent）勋爵在 1801 年对神经质的英国议会所说的那样，"虽然敌人可能自海上而来，但他们不会来"。今天，海上安全在迅速改善，但永不会再出现在舰队与制海权时代或可出现的安全岛。

海洋模式的另一块基石是同盟。历史上，共同的威胁使国家结盟，即使原本相互竞争的大国也会这样做；较小的国家则"搭便车"。由于扩张性的陆权国家通常也奉行不同的经济制度，这有助于大多数国家区分好坏。而在今天连成一体的世界上，已难以划清界限。大多数国家都是全球经济体系的一部分，即使是中国，也不再像当年的苏联那样黩武和信奉敌对的意识形态。这使海洋模式难以获得战略支持。中国的状况尤为突出，它对全球经济体系及美国的经济福祉贡献巨大，试图包围和孤立中国将付出极大的代价。

与大陆模式一样，实行海洋模式也有海上障碍。构建包围的一项重要内容是封锁商业海运。在全球化开始之前，海上贸易主要是由货物拥有国的船队进行的，对其封锁与袭击相对简单。今日的情况已大不相同。海上到处航行着为了便利而悬挂他国国旗的船只，船员与船长可能拥有另外一些国家的国籍，至于谁实际拥有船只和货物，也是模糊不清的。此外，油轮上的巨额货物通常来自全球石油现货市场，这些货物可能在海运途中几经转手。集装箱海运也已经形成了一个由中心向外辐射的系统，其意味着任何船上的货物都可能具有多国属性。如果再加上其他各种海军作战上的原因，要根据马汉的理论阻击敌人的海上贸易，即使不是完全行不通，至少也已变得更加复杂难办。

两种传统战略模式在当前遇到的多种麻烦，至少会使战略家愿意听一听采取"体系维护"思路的理由。这一途径并非没有风险与困难，但与前两者遇到的麻烦不同，它的麻烦是较能容忍的。

"体系维护"途径的最大困难也许在于它难以完全自主做出决定。没有一个国家可以单独做到这一点，作为全球体系的一部分，国家必须牺牲某些主权，尤其是在经济领域。在海事领域，海上安全需要全球合作。海洋如此广阔以至没有哪支海军——无论多么强大，可以单独对之进行有效管理。其他海上使命，如救灾与人道主义援助等，已经成为合作性的国际事业。在维护体系时，许多合作项目的性质往往使参与者处于平等地位。在海上安全事务中，与冷战中作为军事同盟的领导者不同，美国不再具有压倒一切的影响力，它必须逐渐习惯于平等待人，这不是因为美国的权力已经衰落，而是因为事务的性质发生了变化。意大利、新加坡、巴西等形形色色的国家已经成为海上安全领域中新的关键参与者。

"体系维护"还受到敌人不明确的困扰（虽然这也是它的一个优点）。当然，"基地"组织及其他类似团体是体系的威胁，但它们十分隐秘并难以界定。大国战争将是体系的主要威胁，但战争是一种状态，现在已经越来越难以确定它什么时候存在，什么时候不存在。我们处于与恐怖主义的战争中吗？我们已经在进行网络战吗？气候变化、资源短缺、火山爆发、海啸、地震、洪水、流行病都是这一体系的威胁，但它们在多大程度上形成了威胁？谁又知道它们下一次会侵袭哪里以及将如何侵袭？进行维护体系的规划将比进行战争规划更难。除了缺少可清晰确定的"恶棍"，还需要制定系统的而非传统的应变战略。战争是不定期的，而对体系的威胁却是持续不断的，这使战略规划者进入了一个令人不适的智力上的未知领域。

最后，"体系维护"还使强大的国家陷入囚徒困境。囚徒困境是博弈论中两个囚徒分别受审的一种状况。如果双方合作，每一方都拒绝出卖另一方，因为没有违法证据，两人都将获释。但是如果一方交代，一方抗供，坦白者会得到宽大处理，抗供者则会吃苦头。显而易见的是，如果审讯期间两个囚徒有机会通气，他们将确保获得最佳结果，因为每一方都可以确信另一方没有交代。而另一种情况是，如果两人都交代了，虽然每一方都会获罪，但比拒不开口受到的惩罚要轻。如果中国和美国能够合作维护体系，那么双方可能遭受的地缘政治风险将会大幅减少。然而，如果一方决定不这么做，秘密追求大陆模式或海洋模式，它可能会暂时获取对另一方的战略优势。摆脱囚徒困境的方法是让信息自由流通，从而使每一方都知道对方打算做什么。在一个战略规划保密层级通常很高的世界里，这一点并不容易做到。美国已经通过发表"21 世纪海上合作战略"迈出了第一步。在这一文件中，美国不仅宣布"体系维护"是其思路，而且避免将中国称为"特定的威胁"。如果中国能通过类似的公开的战略文件对美国做出回报，那么至少两国都已经对新的思路做出了公开的宣示，这是世界要求它们负起的责任。然而，中国最新发表的国防白皮书似乎并未朝着这一方向前进。[17]

如果我们画一个中美两国战略博弈的矩阵图，为双方列出战略选项，并将它们放在一起进行对比。分析的关键是做出这样的判断，即不管建立多么强大的海军，海上途径对于中国的大战略来说是不可行的。实行海上途径需要结盟，但中国显然不是他国结盟的对象，且中国一直奉行不结盟政策。同样，虽然美国可以坚持一种进攻性的大陆模式（在伊拉克与阿富汗战争中的新战争样式），但它已不可能重返防御性的孤立主义。

因此，中国或者可以继续奉行大陆模式，与此同时其海上能力不断增长，或者采取"体系维护"的思路。美国可以继续事实上的进攻性的大陆模式或海洋模式（有时亦称为"离岸平衡"）或者"体系维护"思路。如果在内心对比两国上述选择的互动（具体的结果留给读者去想象），我们将会发现，在两国都将维护体系作为最有利选项

（每个囚徒都不出卖对方）时，有些结果可能较利于美国，有些结果则较利于中国。然而，如果从总体上观察矩阵图推测的结果，作为对中国持续而咄咄逼人的大陆主义的默认反应，美国似乎有一种从"维护体系"回归海洋主义的倾向；而作为对感受到的美国包围的反应，中国则有从"体系维护"重返大陆主义的倾向。换句话说，如果仅有一方采取"体系维护"模式，或者只要一方感到另一方在采取其他模式，这一途径将难以持续下去，这恰如一个囚徒如果认为他的同伙正在交代问题，他可能很快也会向审问者开口。为了避免出现对自己最不利的后果，两个囚徒将互相揭发。这样做的结果是导致冲突与战争，使美中双方都付出高昂的代价。最后的胜利者可能是美国，但它将遭受重创和变得贫穷。中国内部是否会发生致命的变化则不得而知，但其经济发展将结束，内部的不稳定将会折磨它几十年。

毫无疑问，大国都将采取某种形式的两面下注战略，也就是为最坏的前景做准备。再次以囚徒困境来类比：如果两面下注被对方解读为向审问者"交代"，互不信任就开始了。问题是怎样才能使谨慎、适当的两面下注行为不被视为向审问者"交代"。对美国和中国来说，两面下注无疑都涉及建立和保持强大的海军。这本身不应成为惊恐的理由。如何使用海军才是一个国家采取何种战略模式的指示器。大陆主义的海军将试图建立屏障，并尽可能地使他国海军远离自己；海洋主义的海军将试图围堵与之对立的海军。而在双方都实行"体系维护"时，博弈的结果将是每一方的海军都欢迎另一方进入其领地。从两面下注的观点来看，美国必须接受中国有权拥有一支强大的海军，以保卫其领土不受侵略，并在全球发挥作用以支持"体系维护"的要求和中国的合法主权权益。作为回报，中国必须接受美国海军在东亚水域的存在，这是美国支持现存同盟安排及"体系维护"的需要。美国在临近中国的地方搜集情报、派遣航母，必然被中国视为包围行动。中国威胁用导弹应对海上碰撞事件及美国军事力量，则会发出中国在公海建立排他区域的信息。如果"体系维护"确实是两国选择的战略思路，那么上述的做法将不再必要，海军战术冲突也将得以避免。

公开声明的海上政策仅是"体系维护"的起点，但随着时间的推移，它将形成一种行动与政策模式，实现或者损害"战略再保证"。就此而言，"体系维护"面临的主要困难在于它必须是合作性的，因而美国与东亚国家在海上安全问题上的合作关系，就易于被中国视为包围行动。[18]同样，中国坚持其关于专属经济区的权利及排他性的立场，也会被美国解读为谋求建立缓冲区。美中两国必须发展真正坚持"体系维护"的信任措施。可以采取的一项措施是，对于美国与第三方举行的任何联合军演，如果中国不参加，其也至少应被允许作为观察员。中国则须调整其对《联合国海洋法》关于专属经济区条款的解释，争取使之与美国及其他大多数国家的理解相一致。这些措施将不会对中国的岛屿主张或台湾的地位有任何重大影响。只要任何一方都不想包围或排斥对方，这样的规定将不会产生战略危害。然而，这些措施能否被两国军事领导人所接受，地区内的其他国家将会做怎样的反应，仍然存在争议。

如果说采用"体系维护"模式存在巨大困难，那么其潜在的益处也同样明显。正如前文所述——它能避免零和博弈。这一体系是全球性的，虽然并非所有的国家都能作为其成员顺利地发挥作用，全球化也并不是所有民族一致的福祉，但对大多数国家和地区而言，它的益处非常真切和巨大。世界各地的生活水平因它得到提高与增长。任何一个国家如果想脱离或破坏这一体系，将付出比从前大得多的甚至可能是致命的代价。世界上的传统大国与新兴大国谁也离不开谁，"体系维护"可以使战略规划与经济现实相匹配。

对于中国来说，采取"体系维护"思路还有另一个潜在的好处。历史记录显示，除了罗马帝国与波斯帝国（它们也只是部分的、短暂的成功过），没有任何陆权国家在发展海军力量上获得过成功。问题主要不在于这些国家未发展起强大的海军（一些国家曾经拥有强大的海军），而在于它们未能制定出有效使用海军的战略。[19]这也许在一定程度上是由国家的历史造成的。即使有的国家实现了从大陆模式向海洋模式的成功转变——美国是一个主要的例子，其领导阶层也极易进退失据并重蹈覆辙。[20] "体系维护"可以是一个战略的"中转站"，它能为一个没有资源或政治意愿充分采取海洋模式的国家创造条件和保持连贯性。此外，作为一种"反马汉"的理念，它既不需要强大的主力舰队，也不需要一连串的军事基地，而允许一种渐进的方式。在制定执行策略方面——这一直是试图走向海洋的陆权国的一个传统弱点，"体系维护"对于失误更加宽容，因为这是一项集体的、合作的事业，允许有更多的战略灵活性。正如本文开始所提到的，加拿大——其陆地面积世界第二但只拥有一支规模相对较小的海军——正在采用"体系维护"模式。加拿大既缺少人口也没有足够的经济实力发展庞大的海军，在20世纪的大部分时间里，它都是大不列颠和美国海洋战略的参与者。将"体系维护"作为指导原则，加拿大既有充分理由保留一支规模适度、可在全球范围部署的海军，同时又不必在发挥作用时追随他国的对外政策。为了保持战略一致性和战略效益，"体系维护"甚至允许一些临时性的初步努力，中国海军在亚丁湾开展反海盗行动就是一个例子。

结论：采用"体系维护"原则的前景

尽管在当今时代采取大陆模式和海洋模式困难重重，而将"体系维护"作为战略规划的指导原则能带来实际利益，但这样做仍然需要克服相当大的阻力。在美国，有影响力的声音已经在反对实行"战略再保证"，像罗伯特·卡普兰（Robert Kaplan）这样的权威人士最近提出：

> （东亚）的每一个国家都在均势游戏中寻求优势。这就是为什么美国国务卿希拉里·克林顿反对均势政策的原因。她认为这样的政策已经过时，是不真诚的，容易领人入歧途。军备竞赛正在亚洲出现，美国在大幅减少阿富汗和伊拉克驻军时必须面对这一现实。[21]

相似的辩论无疑也出现在中国政府内部。最重要的一点是，转向"体系维护"需要改变战略规划文化，这对于美国和中国来说都不容易。

美国还要面对周期性反复的挑战，这不仅包括政府的轮换，还包括其政治哲学在自由与保守之间的摇摆。

尽管面临文化惯性和各种反对意见，还是有理由认为，通过努力奋斗，这一新思路有获得采纳的机会。首先，它已被美国海军、海军陆战队和海岸警卫队这三个世界同类组织中最大并最具实力的力量采纳。此外，小布什执政期间制定的美国海洋战略在奥巴马政府上台后得以保持。该战略在国际范围内获得广泛赞同，这可能会限制内部官僚的影响，使他们难以为了升职及打下个人印记而对之任意修改。加拿大对这一政策的采纳也很重要，这可能带来各国海军连锁反应的势头，并引起中国的注意。虽然中国肯定不希望被视为追随美国的政策，但施加自身影响的机会及这一途径的合作属性，将可能给中国带来益处。

当然，各国采取这一模式并不能根除冲突。中国仍将坚持其视为合法的权利和主张，仍要获取对其大国地位的承认和接受，使其利益和主张受到尊重。美国则将继续推动民主和人权，从而令中国感到担忧与不快。然而，通过采取"体系维护"，冲突的地缘政治结构将会发生改变，先前被大陆模式与海洋模式互动所排除的解决争议的方法可能变得可行。

"全球体系维护"只是一种思想，尽管它反映了陆地与海洋的新现实。如同其历史上的同类——大陆模式和海洋模式，它也是站在树木之巅眺望森林的方法。然而，思想绝非小事，正如《联合国教科文组织章程》序言所述："战争起源于人之思想，故务须于人之思想中筑起保卫和平之屏障。"

[王汝予/译　张沱生/校]

注释

［1］见 Robert B. Strassler ed. , *The Landmark Thucydides*：*A Comprehensive Guide to the*

Peloponnesian War（New York：Simon and Schuster，1996），p. 16。

［2］见 U. S. Navy, *A Cooperative Strategy for 21st Century Seapower*, http：//www. navy. mil/ mariti – mestrategy. pdf, reprinted in *Naval War College Review*, Vol. 61, No. 1（Winter 2008），http：// www. usnwc. edu/getattachment/6d93cea8 – fb1c – 446f – abc3 – a7892c。

［3］见 Dean McFadden, "The Navy and Canada's National Interests in This Maritime Century," *Canadian Naval Review*, Vol. 6, No. 1（Spring 2010），pp. 4 – 5。

［4］见王缉思在"北京大学与美国海军战争学院海上安全对话"开幕式上的讲话，中国北京，2010 年 3 月 10 ~ 11 日。

［5］见 Walter A. MacDougall, "Can the United States Do Grand Strategy?" *Telegram*, No. 3, Philadelphia：Foreign Policy Research Institute，2010。

［6］见 Banning Garrett, "The Need for Strategic Reassurance," *Arms Control Today*, March 2001, http：//www. armscontrol. org/act/2001_ 03/garrett。

［7］见 John B. Steinberg, "Keynote Address," Center for a New American Security, September 14, 2009, http：//www. state. gov/s/d/2009/129686. htm, http：//www. state. gov/s/d/ 2009/129686. htm。

［8］见 Dan Blumenthal and Robert Kagan, "Strategic Reassurance That isn't," *Washington Post*, November 10, 2009, http：//www. aei. org/article/101292。

［9］见 Clark Reynolds, *Command of the Sea*（Malabar, Fl：Robert E. Krieger, 1983），p. 5。

［10］见 Halford J. Mackinder, *Britain and the British Seas*（London：D. Appleton ，1914），p. 12。

［11］见刘华清《刘华清回忆录》，解放军出版社，2004，第 16 章；Xu Qi, "Maritime Geostrategy and the Development of the Chinese Navy in the Early Twenty-first Century," *Naval War College Review*, Vol. 59, No. 2, 144 – 169。

［12］见 Wolfgang Wegener, *The Naval Strategy of the World War*（Annapolis：Naval Institute Press, 1989）Chapters 1, 6。当在指出海上贸易在海军作战中的危险性时，他着重强调了中心地带向海洋方面的外延。

［13］见 "Jiang Zemin, Zhang Wannian Meet Diplomats," *Xinhua*, August 28, 1998, FBIS – CHI – 98 – 242。

［14］见 Niall Ferguson, *The War of the World*（New York：Penguin Press, 2006）。其中，第 1 ~ 2 章勾勒了第一次世界大战前的世界格局，包括日益加深的经济整合，而第 73 页则描述了其对大国间战争全球化的影响。

［15］见 Brantly Womack, "The South China Sea：Symbolic Conflicts, Common Interests," remarks delivered at the U. S. Naval War College, April 15, 2010。

［16］见 Wayne Hughes, *Fleet Tactics and Coastal Combat*（Annapolis：U. S. Naval Institute, 2001）。

［17］"China's National Defense in 2010," Information Office of the State Council of the

People's Republic of China, March 31, 2011, http：//merln. ndu. edu/white –
papers/China_ English2010. pdf.

［18］万佩华：《美印日"马拉巴尔 09"军演耐人寻味》，《当代海军》2009 年 12 月，
第 15 ~ 18 页。

［19］见 Andrew Erickson, Lyle Goldstein, and Carnes Lord, "China Sets Sail," *American
Interest*, Vol. 5, No. 5, （May – June 2010）, p. 30。

［20］见 Andrew Erickson, Lyle Goldstein, and Carnes Lord, "China Sets Sail," *American
Interest*, Vol. 5, No. 5, （May – June 2010）, p. 34。

［21］见 Robert D. Kaplan, "The Geography of Chinese Power," *Foreign Affairs*, Vol. 3,
No. 89 （May – June 2010）, p. 38。

北约：作战、海军外交
和海上多边合作

杰弗里·蒂尔（Geoffrey Till）

　　本书在"崛起的海军大国"部分将重点放在"新东方"的海军扩张上，这是当然的、必然的。在扩张中的"新东方"的海军与表面上缩减的被称为"老西方"的海军之间的比较层出不穷。尽管如此，美国、英国、法国、加拿大以及其他北约国家的海军不仅仅为亚洲乃至巴西以及其他非传统海军强国的海军实力不可阻挡的崛起树立了一个对比的基准，同时，在一定程度上，它们也为海军应如何发展提供了另一种视野。特别是在欧洲，关于未来海军实力的概念越来越少关注于震慑或者执行国家之间的战争，而将重点放在处理骚乱、"无赖国家"及不法分子、恐怖主义和海盗、毒品、人口走私等形式的海上犯罪之上。

　　此外，它们是作为一个将重心放在培育成员国与成员国和成员国与其他国家的海上协调与合作，甚至在某种意义上扮演着世界其他国家多边的海上协调与合作典范的独特的世界组织的成员国而这样做的。在这一背景下，北大西洋公约组织，这个现在已有六十余年历史的机构，正经历一个历史性的重新制定它的海洋战略的进程，以更好地适应 21 世纪的时代背景和为成员国提供一定程度的未来海军发展的引导，而这些成员国无论如何，眼下至少仍在主导着世界海军舞台。那么，北约海军的主要目的和形态的这一重大概念重构是如何通过调整进行下去的，其又会对世界其他国家产生什么样的影响呢？

影响甚至决定这些问题的答案的将是北约所处的战略环境及其成员国的决策制定者所面临的彼此迥异的政治现实。

战略和政治背景

虽然"从阿富汗到巴尔干半岛，从地中海到非洲之角，目前北约行动的地理外延在其充满传奇色彩的历史中是空前的"，但用以完成这些任务的可用资源明显不是这样。世界已与过去发生了翻天覆地的变化，北约自己同样也是如此：其成员国由 16 个增长为 28 个，有大量的新增领土和海岸线需要守卫。基于以上种种原因，很多人认为，北约亟须重新定位和制定前进的蓝图，以面对与解决 21 世纪的挑战。[1]这种需求最终形成了一场行动，制定了一个新的《联盟战略概念》取代 1999 年的旧战略概念。[2]与此同时，也制定了一个《联盟海洋战略》，填补了 1984 年类似战略终止后的空缺。然而，在这一战略得以通过以及付诸实施之前，我们应对北约的战略和政治的背景给予关注和考虑。

尽管当时看来并非如此，相比 2010 年 5 月玛德琳·奥尔布赖特和她的 12 位国际问题专家团队为北约未来战略提出意见时的复杂形势，冷战时期的北约战略现在看来显得十分简单。[3]虽然在未来的十年中，北约不会面对一个整体的威胁来源，但世界形势可能会迫使北约陷入一种战略困惑之中。[4]为了防止这样局面的发生，奥尔布赖特 12 人团队为北约提出了四项首要任务：

- 保卫成员国以抵抗任何形式的危险。
- 在欧洲 – 大西洋区域确保更广泛意义的安全而不仅仅是形式上的防御。

- 保持跨大西洋区域的联系。
- 扩大合作领域。

这四大任务看上去是从当今国际舞台的四大特征演绎而来的，因而每一项都经得起推敲。

全球化及其挑战

全球化是当今国际社会最为显著的特点，它有赖于海上贸易体系的发展壮大。海上贸易促进了工业生产和消费社会的联系、协调和相互合作。这个体系的拥护者深信世界都将从此获益匪浅，尽管收益的程度不必然相同。因此，正如马汉提醒我们注意的那样，全球海上贸易体系在各种挑战面前仍是极其脆弱的。

> 随着信息沟通速度的大幅提升，国与国之间的利益纽带不仅越来越多，而且越来越强，直到其完整地形成一个组织缜密的体系，这个体系不仅在规模和活跃程度上是不同寻常的，其高度敏感性也非往昔可比。[5]

因此，马汉呼吁建立一个利益与公正的理想共存的共同体来保卫他所熟知的这一体系。[6]美国海军的《21世纪海权合作战略》清楚地表明，马汉今天的后继者们对这些结论应该不会有怀疑。[7]

确实，北约看上去的确是这样的一个共同体。它的成员在科尔尼咨询公司世界全球化指数排名中高居前列。[8]世界其他地方发生的变化迟早都会对北约产生影响，且此影响相较其他国家而言往往更加显著。因威胁贸易和贸易环境而对这个体系产生危险的情况包括：

- 如2007~2009年信贷危机所揭示的体系内部矛盾。
- 出产关键商品或重要航线途经之地的海上或陆上动乱。
- 国与国之间的战争。中美在台湾问题上倘若产生冲突，对世界经济的破坏程度将是不可想象的。

- 来自敌视全球化的意愿、价值和成果的国家或非国家的武力攻击。
- 灾难性事件（流行病或者极端气候变化）。

《联盟海洋战略》称："航行自由、海上贸易路线、重要基础设施、渔权、能源流动和环境安全的维护代表着联盟的重大安全利益。"[9]由于此体系是基于海洋的，对其保卫就意味着需要来自于海洋和海洋之上的行动，以保护贸易和更重要的——保护陆上使贸易成为可能的各种条件。如果海洋不安全，那其他什么都不安全。

不但如此，对北约而言，参与这一体系和承担保卫这一体系的共同国际责任，还应以加强国与国之间的关系，降低国与国之间的冲突的可能性为目标。尽管恐怖主义和海上动乱是当前的重点，国与国之间的冲突仍是该体系所面临的最大挑战。"保卫体系"所涉及的远不止于一套开明的军事反应。社会、经济以及越来越多的环境考量也在这方面发挥作用。一个双重的战略需要也应运而生。它的第一部分就是在共同利益的保卫问题上鼓励集体行动，这部分问题的威胁程度较低，如海盗、海上以及沿海地区的动乱和国际恐怖主义。它的第二部分是威慑和防止战争及其他形式的国际性冲突。

由于海军本身的特点使其在预防国内和国家之间的冲突、控制世界各地沿海地区对稳定具有破坏作用的动乱以及体系保护上十分合适，因而体系保护将毫无疑问地成为北约新战略概念的海洋维度的主要决定性因素。

防止冲突要远比冲突发生后再赢得冲突并随后投入旷日持久的恢复工作更加经济和有益。今日巧妙地防止冲突能避免明日昂贵的冲突反应行动。海军，部分是因其固有的特点，在防止战争发生和稳定局势上尤其具有优势：海军机动灵活、基本不会依赖易受攻击的陆上设备。相较于陆军，它们没有那么强的政治侵入性并不易受到攻击。此外，全球沿海岸线地区也是居住人口最多，同时也是不稳定因素出现最为频繁的地区。正如几内亚湾和亚丁湾如今的麻烦所显示的，岸上和沿海岸线地区的不稳定性是紧密联系的。

另外，对基于国家的攻击的威慑，仍然是冲突防范的一个重要方面。多数国家将国家安全置于国家防卫日程的首要位置，将潜在的国家级别的战争危险视为自己面对的最严重威胁。与此同时，各国也指望其以维持高级防御措施为形式的反应措施，能将基于国家的威胁发生的可能性降到最低。之后，相对安全的国家就可以转向维护更广泛意义的国家利益。在这个意义上，"国家防御"是"体系防御"的前提而不是替代。

成功的震慑一部分依赖于《联盟海洋战略》中所谓的"质的优势"。[10]然而问题是，在对称与不对称的威胁方面，相较于它所面临的不断扩大和种类繁多的威胁，北约在质和量上的优势都在不断地消磨。无论哪一国的海军都老生常谈地抱怨自己掌握的资源不足以支持自己的使命，而这种抱怨在北约欧洲成员国内尤其突出。这加剧了一个正在浮现出来的新难题：北约应如何在传统和非传统威胁之间，以及解决它们所需的高强度和低强度能力之间寻找适当平衡？这些问题虽然出现在全世界各国海军的思想理论建构和作战序列中，但在北约内部尤其尖锐。

将解决阿富汗问题作为"头等大事"

阿富汗和驻阿富汗国际维和部队是北约目前的"头等大事"。然而，作为北约的一种战略模式，这一战争却日益被看作是一种麻烦，且在日后的计划中将不占据过于重要的位置。这一战争的批评者说，即便阿富汗问题需要妥善的解决，这也并不是北约应加入的战争，因为它显然给予北约对手的利益要远远多于北约本身。北约成员国最核心的特点——自由的媒体（能够报道每一个差错与失误）、法律（在阿富汗守法者受到的约束要远远大于不守法者）、对伤亡的反感、[11]有限的真正投入战事的人力资源、成员国24小时全方位民主对形成稳定持续的长期战略的阻碍等，这些都不利于北约并限制其实现目标的能力。优秀的战略之所以优秀，是因为它能最好地利用自己的优势，同时阻碍对手利用其优势。而在反叛乱的情形下，这是极难做到的。更糟糕的是，北约的存在总是产生适得其反的结果，成为问题的一部分而非问题的解决办法，尤其是当地人已经将北约的存在等同于错误情报所导致的造成无辜平民伤亡的一次次不精确的空袭。在这种地区，北约部队越是长时间地驻守，就会带来越多的麻烦。[12]

这并不是说北约内部已经有（或应该有）要求"一撤了之"的势头，但这的确也表明北约在近期内将无意置身于相同的处境。这样的战略的成本（人员、财政和政治上的），对照其效果，至少在怀疑论者眼中，对于北约而言越来越难以承担，特别是在一个成功难以度量[13]且经济不景气对防卫开支造成严重打击的时代。单就英国而言，在阿富汗行动上的开销估计已达 180 亿英镑。[14]28 个北约成员国之中，只有 5 个国家达到了全国 GDP 2% 的开支的要求。"因此，首要的问题是，我们没有足够的金钱，而在各盟国可确实拨付的预算之内，在能力和装备上投资的数额也是不够的。"[15]相应的结果就是，北约快速反应部队未能按原计划发展。[16]从国家层面上来看，通过英国 2010 年《国防和安全评估报告》可以看出，对阿富汗战争的人员和预算成本的政治关注反而不利于更加划算并重视海军开支的新战略。[17]一般而言，战争的成本还不均匀地由北约成员国和国际贸易体系中的其他成员分担着，与前者相比，后者似乎无异于"搭便车"。[18]

越来越大的使命范围和不断缩减的资源之间的不平衡造成了三个后果。第一，对资源的有效管理提出了更高的要求；第二，有必要找到一个在有限责任内获得最大效益的战略；第三，关注考察过程对结果十分重要。这三个方面我们都将在后文谈到。

亚洲的崛起和西方优势地位的终结

尽管这一事实被过分渲染，它仍是当今甚至未来世界的主要特征。经济的发展在这一转变中具有至关重要的作用。相较于美欧，亚太地区，尤其是中国，成功地比美欧更好地抵御了 2007 ~ 2009 年的经济危机，近期中国已取代德国成为世界最大的出口国。[19]在解决当今经济衰退这一问题上，G20（其中 9 个经济体来自于亚太地区）有着比 G8 更为显著的作用便是明显的证据。[20]欧洲的财政危机、美国的国债问题和经济发展缓慢同时也确认了这一事实。

亚太地区的崛起在很大程度上是因为这些国家利用海洋运输的能力越来越强。亚太的地理位置、海上贸易、能源流动、安全关注都显示这一地域的战略重点应该在其海洋之上，同时它们的防卫准备也显示了这一点。美国海军咨询公司"AMI 国际"预计亚太地区的海军开支截至 2030 年将达到 1730 亿美元，亚太海军市场总体上"将有望超过北约国家成为继美国之后的第二大海军开支地区"。亚洲目前的防务开支水平总体上已经超越欧洲。根据法国海军军备公司 DCNS 的报道，亚太地区将被认为是未来防卫市场的中心，亚太地区的防卫市场在 2016 年将成为主要市场，甚至超越美国，[21]这点值得关注。400 年来东方在海军上的开支首次多于它的"老西方"——这是一个重大的飞跃。未来西方将不再可能像过去它所希望的那样塑造这个世界了。

亚洲的海洋影响力和海军开支的激增给美国和世界其他国家带来了一些实质性的影响。尽管目前中美海军实力的平衡似乎能在未来几十年内保持下去，[22]然而，无论是在实质上还是地域上，美国海军使命范围分散的这一显著特点，当与其国内正面临的财政困难联系起来时，必定使其目前在海军上的优势在长远的未来受到质疑。这些发展变化将在一个迄今为止一直被美国海军力量所控制的地理区域内挑战美国战略的重点；这些重大的发展变化，将很容易退化变性成为较为低等的一类竞争和冲突，这类冲突和竞争迄今为止一直是大国相对力量发生重大变化的标志。[23]

自然，问题也就随之而来了。首先，美国可能会深感有必要对传统海军威胁的出现进行遏制，并同时处理保卫体系所需要的各种后现代任务（反海盗、反恐怖主义、人道主义工作、能力建设）。

因而，美国将越来越专注于太平洋地区的发展动态，而这些发展动态在未来将比眼下带有更多的海洋成分，正如印度的前外交部部长所说的："从地缘政治的角度说，亚洲稳定的关键是海上的平衡。"[24]

最近有人提出，在太平洋和印度洋管理这些海军和大国之间的平衡，应置于安全日程的重中之重。[25] 为了维持平衡和保持和平，美国及其海军都有可能越来越专注于亚太地区。这样的预期和美国海军要求获得更多资源的呼吁和独立专家小组四年防务报告的结论是基本一致的。[26]

北约需要考虑这样的战略后果。它是否应该在亚太区域之外寻求承担更多的体系防卫责任？是否应该为维护该区域内的稳定贡献力量？是否应在北大西洋水域降低对美国支持的期望？美国海军界越来越多的人倾向于认为，大西洋不再是世界的中心，而是通过其可以到达别处的通道。尽管美国对利比亚行动的参与是不情愿的，但关于这些关键问题的讨论还没有启动。

雾里看花

有关未来之战的一个报告的编辑不久前引用了 J. B. 霍尔丹的话："这是我对未来的预言，未发生之事终将发生，无人幸免。"他进一步概括指出，"在这个动态的安全环境里，对未来的评估的价值，取决于这种评估的更新能力"。[27] 描绘防务规划者需要应对的未来图景从来都是极其困难的，现在更是如此，因为除了通常与国家实力增减相关的一系列挑战和往往由此引发的致命纷争（某些人预见 21 世纪 30 年代发生的能源、水、食物的全面短缺将大大加重这些纷争）之外，我们还需要和来自于非国家行为体（包括恐怖分子和海盗）的一系列不对称威胁做斗争。此外还有由气候变化引起的各种无形的威胁和挑战，比如说，灾难性气候事件发生可能性的激增和高北极地区无冰水域的逐渐增加等都将给北约安全带来直接和间接的影响。的确，对北极地区的战略和资源潜力的兴趣目前在欧洲正日趋强烈，这也已经变成一大关注点甚至可能是竞争点。[28] 套用英国前首相萨尔斯堡勋爵的名言，我们可以说，如果你相信国防分析家的结论，那么没有什么是安全的。因为情况就是这样，很难确定哪些能力是可以削减而不会造成不良后果的。

因此，防务计划者们需要不断地调整策略适应新的情况和环境。美国国务卿希拉里·克林顿近期指出："胜利不是仅靠最后一战取得的。北约不能依靠盯着后视镜保持不败。"[29] 其实盯着侧窗也不行。

北约的新海洋战略：需要做什么？

威慑力和集体防御仍然是北约战略的首要目标和保持团结的前提条件。正如北约秘书长安诺斯·福格·拉斯穆森指出的："第五条所规定的集体防御，追根究底，是北约存在的基础，60 年来一直如此。"[30] 现在它依然是北约的核心使命，因为其成员国的安全仍会直接或者间接地受到重复发作的基于国家的威胁和/或国家间战争的损害。不加抑制的军备竞赛，局部冲突（如 20 世纪 80 年代的伊朗和伊拉克问题、2008 年俄罗斯－格鲁吉亚冲突和 2010 年朝韩半岛问题等），或者对北约本身的直接进攻，都可能证明有深远的破坏稳定的作用，并需要北约团结一致的反应。

由于这个原因，北约各国海军持续对高性能、高质量的军备的投资，如航空母舰、防空舰只、高端潜艇等。的确，当今北约内部争论的焦点之一是建立海基导弹防御系统的缓急问题。拉斯穆森秘书长最近还指出，除去传统的潜在威胁不论，导弹防御可能是一个关键领域，在这个领域中欧洲各国可以向美国公众证明，北约联盟的存在是有意义的。[31] 的确，北约现在考虑的是如何最好地保护其成员免受一种"现实存在并逐渐增大的对欧洲－大西洋地区的威胁"——即使用弹道导弹携带大规模杀伤性武器的威胁——的技术细节，而非政治细节。答案似乎是将现有的各北约－欧洲方案与海基的"宙斯盾"弹道导弹防御系统相结合。一部分人更认为这一方案具有在亚洲和其他地方发展全球性伙伴关系的潜力。[32] 然而，弹道导弹防御体系对于北约而言，依旧是个不小的挑战。

但是，除了这些较为传统的关切之外，《联盟海洋战略》将更多的关注点放在一系列相比较而言更不为人所熟知的后冷战时代的威胁之上，这些威胁的存在感和强度虽然较低，但就其本身而言，依旧是很棘手的问题。北约创立了"新安全挑战应对部"来处理恐怖主义、大规模杀伤性武器扩散、网络安全和能源安全等问题。[33]这样，三个高度联系的非传统[34]海军功能随之浮出水面：

- 海上安全行动；
- 远征行动；
- 伙伴关系合作履行合约。

然而，意识到这样一点是十分重要的：即便这些使命的完成可能需要多少有些不同的体系或者程序，它们仍是依赖于较传统的海军功能和能力而实现的，并非取而代之。如同蒂亚戈·鲁伊兹·帕尔默（北约作战部计划处处长）所指出的："海上安全行动只有在更广的、跨越大洋的海上能力的覆盖下，才能够真正有效，才能实现范围及于全球并在全世界范围内掌握信息优势。"[35]

海上安全

当然，当前的争论更多地关注于北约从较狭窄的国家防御概念到更一般化的安全考量的转化范围的扩大。对于第五条的解读正在被扩大，涵盖了几乎可能威胁到成员国安全的一切潜在的威胁。对许多国家而言，这个过程极具争议性，特别是当其被认为是稀释了它们在自己的地理邻近地区内针对较直接、较传统的威胁的安全保障能力时。

正如北约前秘书长夏侯雅伯所提出的那样，这就必然会将更多的重点放在海军实力之上。

关于陆海空三方平衡的问题，我们需要进行一番严肃的辩论。在我做秘书长期间，随着我们越来越将重点放在海盗、北极、海上能源运输线路保护和防止导弹技术和大规模杀伤性武器的秘密运输之上时，我亲眼看到海军重要性的迅速提高。21世纪的北约在海洋之上的作为与陆地之上同样重要。[36]

体系防卫的海上安全行动（MSO）涉及对抗一些级别较低的威胁，例如海上动乱、海盗或者其他形式的海上犯罪。在此范围之内，重点在于提高对海上局势的警觉性（MSA）。从这个角度来讲，多国海洋信息系统（MMIS）内部的改善是一项亟待解决的事项。当然，在这方面要做的工作还很多，因为北约各成员国之间在一些方面差别很大，如在海上安全行动中部署军队的能力、涉海法律的解释和实施、分享信息的意愿和关于欧洲外海安全行动的必要性的见解等。此外，与欧盟之间的协调也明显是需要改善的。

远征行动

夏侯雅伯同时也提出了一点，他说："新的战略概念将最终消除国内与国际安全之间有差别的认识。"与危机发生地之间的边界或地理隔绝在过去能提供的保护现在已经因全球化而荡然无存。这也就是说，北约需要保护人民及其利益，而不仅仅是领土。[37]在这一点上，北约已经取得实质性进展，秘书长盖茨最近谈到，北约已经由一个防卫联盟转变为安全联盟，"……从一个静止的、防御性的力量转变为有远征能力的力量"。[38]这一转变的动力来源于对国际稳定和北约战略性物资获取通道所受威胁的认识。比如，毒品贸易、非法捕鱼、人口贩卖都对非洲大片地域的稳定产生着威胁，这就为有关的接触互动提供了非常现实的动因。这是建立"非洲合作站"的一个有力的基础思想。该合作站旨在培育在海域感知（domain awareness）、海洋专业水准、基础设施建设和执行力方面的本地化能力。

防止战争发生和保卫体系免受各种低等级安全威胁和挑战，需要采取一种先发性的而不是应对性的姿态。北约秘书长夏侯雅伯曾说过："北约非常善于在事后做出回应，但不善于预见和防范，而这种能力是必要的。"[39]这就要求北约在事情变糟之前就在那里，不管这个"那里"是哪里，而不是当事情发生之后迅速地反应。这种战略，要求北约在确信自己因贸易、资源或一般安全理由应出现的地区，有接触互动（engagement）和存在（presence）。用美国的话说，就是北约应成为在所有有特殊关切的地区"以柔和的方式"对环境进行"舒筋活血"的风景的一部分——以求影响事态、防止事态恶化、监视事态、为是否有必要采取更重大的举措提供早期预警[40]，以及培育本地化能力以应当务之急。无论怎样强调本地化能力培育的重要性都不过分，因为这可以降低干预的必要、减少干预可能涉及的范围。《联盟海洋战略》的确非常重视这种"多股线，一条绳"式的综合反应，以提供北约所需要的一种远征型处理模式，这种处理模式旨在"确立一种新的和持久的安全任务，以强化海上安全、反制海上安全威胁并减轻可能对全球化的贸易体系造成威胁的风险"。[41]这种综合处理模式力求将军事力量、文职建设（重建）、外交和人道主义援助融合成一个协调一致的整体。

在这里应提到以下几次行动：针对恐怖主义的"积极奋进"行动，在亚丁湾针对海盗的"联合守护"行动以及欧盟的"亚特兰大"行动。北约响应联合国秘书长为世界粮农组织赈济索马里饥民的工作提供保护的请求，参与索马里海域的反海盗行动，正是北约愿意承担保卫全球贸易体系的长期承诺的鲜活例证。这些行动的效益不仅仅在于它们减轻了目标威胁，而且通过海军伙伴关系与合作对培育一种可用的技能发挥了作用。这些伙伴关系与合作在其他地方也是被广泛羡慕和得到参与的。[42]

这就需要一种长期持久的非承诺性存在（presence of a non-committing），这种存在方式可以限制责任，但取得最大的效果。它也意味着要意识到，无异于在冲突发生之后收拾烂摊子的所谓"稳定"行动，这种存在实际上等于承认了失败。高程度的海军存在可以极大地促进有效的危机应对，如英国通过其在该地区的海军迅速对塞拉利昂局势的恶化做出反应就是明显的证据。[43]但对于北约面临急剧下降的船只数量和来自对其现有的各海运集团的维护工作的越来越大的压力，这种程度的海军存在正越来越成问题。部分地由于这一原因，有人认为很有必要把"积极奋进"行动由一种基于平台的系统转化为一种基于网络的系统。

然而，在确需行动之处时刻准备着开展行动、用有限责任介入的方式保卫国际贸易体系，这意味着要自觉地使人力财力的成本与预期利益相一致。这可能意味着北约应尽量避免介入那些可能使自己陷入别人的麻烦之中甚至是变成麻烦的一部分的情形。同时这也意味着，必须有意识地接受这样的事实，即有些情形下的麻烦对于北约而言是无法解决的，有些事情是根本不应试图通过军事手段加以处理的。这还意味着一种更多实用主义而较少意识形态化的行事风格。

卡斯珀·温伯格常常谈到一种退路策略——承诺的程度不要过高，以至于欲求全身而退而不得。不管是好事还是坏事，伊拉克和阿富汗战事已注定将降低媒体和公众在近期内的可接受成本的底线。让人感到担忧的是，这可能会形成一种不良传统，即北约不再去执行它有能力并应该去执行的小规模行动，因为大家都担心北约只要一出手就会把所有的事情都搞砸。对此的一种回应是，要对认为接触互动（engagement）无非是使用其他手段的"介入"这一短视的观念提出挑战。实际上，发挥作用的是同盟（coalition）和能力建设这一对形影不离的政策。

北约欧洲成员国已表现出自己愿意（这种意愿远远超过对其通常的认识）为一种强调远征行动的海军支持功能提供其所需的适当军力，特别是在对多用途巡洋舰、驱逐舰、护卫舰、各种多用途供应船、两栖运输和轻型航母方面的投入上。欧洲巡洋舰、驱逐舰、护卫舰的平均排水量（通常被视为能够衡量作战能力）目前为是 4663 吨，如果不考虑美国的超级航母与欧洲较之轻得多的大型航母，大西洋两岸之间的海军差距近年来正在逐渐缩小，这主要在于欧洲已经认识到对更宽广的世界保持兴趣是有必要的。[44]

伙伴关系与接触互动

相关联的，另一个问题也应运而生了，即北约应在哪里发挥更为全球化的作用。在这一点上，似乎存在着一个清晰的、以 1999 年

《战略概念》所围绕的"欧洲－大西洋地区"这一重心向外的转移。北约有充分的理由继续加大在非洲的能力建设——这主要是出于显而易见的人道主义理由，同时也是出于一种实用主义的认识：在物资越发短缺的 21 世纪，非洲资源的重要性将与日俱增。正是在这一背景之下，"非洲合作站"概念应运而生。"非洲合作站"指环绕非洲大陆航行的各种医疗船和类似船只，再加上一套有决心、有重点的能力建设方案，以帮助那些在行使自己的海上责任方面越来越感到无力的国家。[45] 在这一点上，历史和文化的联系意味着一些主要的北约欧洲成员国应该在发挥这种能力上有着特殊的优势，其海军和文职机构应在鼓励良好的跨国海上治理上发挥清晰而明确的作用。的确，采用一种互补模式是值得考虑的。在这种模式中，北约协助发展非洲的军事－海洋能力，而欧盟则协助发展民用/商用基础设施建设和治理。

考虑到亚洲的崛起所带来的不同寻常的战略意义上的影响，北约如果确实应在亚太地区有所作为的话，应该有哪些作为呢？毋庸置疑，北约的繁荣和（有理由认为的）安全与该区域是紧密联系的，但问题是，既然美国可能增强自己在该地区的承诺的程度，北约欧洲成员国是否还应该甚至是否还可能为确保这些利益而有所作为呢？正如经济上的发展态势要求其在该地区有更大程度的现实接触互动一样，同样有理由认为，地缘政治的发展态势也提出了同样的要求。大西洋欧洲国家与该地区仍然保持着重要的历史、文化、经济甚至军事上的联系，保持着对该地区的些许的影响力，这就可以通过政治上的对话和在必要时通过能力建设和伙伴关系来柔化环境。

目前，这一地区仍不适合高调的介入行动，因为这既不必要，也会引起反感。[46] 但即便如此，从较为开明的自身利益角度来看，在如此重要的一场比赛中亲自上阵，并以此在一定程度上影响比赛结果，也要大大强于作为观众在场外毫无作为地静候结果。鉴于这一区域的海洋性，慎重地使用海军似乎是维持适度欧洲影响力的明显选择。其中最主要的原因是，很多当地人或由于对事态的可能发展方向感到不安，或由于本身视野的不断开阔，其未必是怀有敌意的。经济联系、剩余权益和颇出人意料地从殖民时代保留至今的种种联系、法国在本地区仍牢固存留的国家利益、英联邦联系和环太平洋军演、《五国防卫协议》等大量现行演习安排，都为这类接触互动提供了舞台。而在海上，北约的标准、通信系统和程序、指挥体系（如美国南方跨部门联合特遣部队）、演习、人员对话和交流都是现成的机制。

更加积极地寻求伙伴关系，以实现北约在海上的力量外展，似乎也是形势的要求。事实上，前北约秘书长曾经要求重新审视北约组织的各个正式以及非正式伙伴关系。这种伙伴关系的数量在冷战结束后大量增加。[47]可以肯定的是，目前更受重视的是诸如"和平伙伴关系计划"、"地中海对话"和"伊斯坦布尔合作倡议"等区域协作组织，或者与诸如澳大利亚、巴西、巴基斯坦、新加坡、新西兰等国家的一对一"接触国"项目。在这一地区开展针对恐怖主义和海盗行为的联合与协调的海上合作，可以为存在共同利益的世界其他地区的专门性伙伴关系提供范例和促进因素。

但是，这些安排的多样化也提出了一个新的问题——众口难调，而且复杂程度与日俱增的合作伙伴关系计划使本已经处于巨大工作压力之下的北约工作人员难以有效地进行管理。一些国家对整个理念存在疑虑，担心它会冲淡之前已存在的北约成员国之间的关系。[48]由于在全球性接触互动的目的、优先事项甚至是可取性方面缺乏共识，当前的合作伙伴关系建设工作已经陷入迟疑不决和混沌不清的泥潭之中。这种多样化在当前形成了一种宽松的模式，在该模式下，具有接触国地位的重要国家可以将自己所希望的合作类型和合作程度列入议程，但很难奢望北约做出协调一致的回应。而多样性组织结构使得这样一种行为应当被宽容与允许。在这一情况下，北约能够做的可能只有鼓励有意向的成员国以国对国、具体情形具体处理的方式寻求这种合作。基于此，"外展改革"（Outreach Reform）很可能将成为北约新的海洋工作方法的一部分。

核实现实情况

不管《联盟海洋战略》所制定的目标如何明智，它仍在几个领域遭到现实的挑战。首要的、最明显的问题是，由于欧洲正在努力摆脱近年来的经济衰退，整个欧洲的军费都在承受严重的压力。因此，一种现实的可能性是，防务政策以及军购决定将取决于财政，而非战略。事实上，本文所谈到的一类战略问题充其量也只是与现实决策间接相关。[49]一直存在的一种担忧是，大规模地裁减军费开支将大大削弱北约执行一些出于政治需要而应进行的军事行动的实际能力。即便是最坚定忠诚于北约的英国也存在这样的担忧。秘书长盖茨在最近对北约欧洲成员国的离任讲话中谈到了这一点，并引起了极大反响。[50]

这种局面的结果就是虽勉强具有远征性质，但完全出人意料的利比亚海－空作战行动。在这次行动中，北约欧洲成员国对于一场它们全部支持的冲突表现出彼此迥异的态度和目标，以及令人沮丧的能力不足。盖茨在讲话中说："坦率地讲，很多盟国之所以置身局外，并不是因为它们不想参与，而是它们无法参与。它们根本不具备必要的军事能力。"他最后总结说，除非北约能有所作为，否则它将有一个"暗淡甚至是令人沮丧的未来"。[51]

由于这一原因，有些人提出一个全新的"现实的"处理战略制定的工作方法：北约将首先对自己能做什么做一个现实性评估，然后根据这一评估确定各战略优先事项[52]，而不是像以前那样在确定需要后再寻求必要的资源。这一方法将把资源管理和北约成员间的负担分摊问题提高到最优先项目之一的地位。

前文提到的应对对世界和平与繁荣造成损害的以国家为中心的传统的和以贸易体系为中心的非传统的海洋威胁的责任，很大程度上落到了美国海军身上。甚至马凯硕（Kishore Mahbubani）也承认说：

大多数国际水道保持安全与开放从而使得国际贸易爆炸性增长的真实原因是美国海军充当了保证这些水道开放的最后一道保

障。如果没有美国海军在全球范围内的存在，世界秩序将变得不像现在这么井然有序。[53]

美国海军未来不得不将重心放在维持亚太地区平衡上，因而，这可能会削弱其保卫国际贸易体系的角色。因此，美国海军可能有必要通过比目前更进一步加强与区域性盟国或合作伙伴的海军的接触互动，对此做出弥补。

经常被人们忘记的是，在位列美国之后的总吨位居世界前20强的舰队中，至少有18个是美国的正式盟国（其中13个来自于北约的欧洲成员国）或友好国家（5个）。北约欧洲成员国的舰队与美国海军之间已经达到很高水平的合作程度，而后者的新海军战略——《21世纪海权合作战略》[54]明确指出要将这种水平的合作进行延伸拓展。

在未来，由于美国针对各种潜在对手所保持的战略优势程度将大大小于以往，因而其对世界其他地区能够投入的资源将无法达到理想水平。这提出了一个问题，即其他北约盟国是否应当"回填"美军在世界各地留下的漏洞，还是应当各尽其力地影响亚太地区的事态发展？无论是其中哪一种，华盛顿都需要甚至应要求北约其他成员在政治上和军事上做出更多承诺。在海上和空中领域的形势，对这一论断的支持尤其有力，因为正是在这些领域，美国在亚太地区的海上优势正在面临最大的挑战。

与此同时，后现代的欧洲人似乎正在逐渐意识到，世界上其他遥远地区也绝非是无关紧要的——其中相当重要的一个原因是在这些地区存在着很多至关重要的矿产资源——而且至少有些人已经认识到，应该在这方面有所作为，哪怕只是出于自身的长远利益。尽管北约欧洲成员国在介入阿富汗的问题上有诸多不尽如人意之处，但至少其朝着这一方向迈出了一步。[55]

战略的制定实质上是协调目的与手段的过程。北约应以成本效益比更佳的方式管理其事务，这是奥尔布赖特带领的专家小组在2010年5月17日发表的报告《北约2020：确保安全、积极接触》的主要建议之一。该报告呼吁采纳一套影响深远的制度改革方案，以便提供"北约的就绪性和行动能力"[56]所需的资源，因为在当前这种拮据窘迫的时期，这种资源管理和负担分摊战略必然有一部分内容是强调加强北约决策程序和机构的成本效益的。

进一步加强北约与欧盟的关系也将是十分有帮助的。在战术或行动层面上，更好的 C4ISR 系统、强化的海上局势警觉性和更理性的指挥体系〔如"积极奋进"行动与欧盟外部边境安全局（Frontex）之间的〕将可能大大提高两个组织在地中海地区的协调，尽管仍存在一些政治问题。除此之外，在亚丁湾，欧盟海军陆战队的"亚特兰大行动"与北约的"海洋之盾行动"之间的协调程度已经得到显著提高。[57]然而，一些人提出，关于未来北约和欧盟之间的协同增效，真正应该讨论的问题实际上存在于战略层面上。或许北约的新战略概念应当更加强调一种合作性的面向安全的工作方式。通过这种方式，北约可以"缓和与其他组织之间的潜在竞争，尤其是欧盟"。[58]

整合和协调欧洲的国防工业也十分必要。[59]这一转化的组成部分之一涉及对北约防务工业基地进行精简增效。在这方面，需要一套清晰的政策来指导欧洲各防务市场和各种工业能力的整合。虽然由于受经济危机的影响，近年来这一改革的推动力有所减弱，但是人们越来越意识到这方面的工作有必要重整旗鼓。[60]英国与法国海上防务工业在航空母舰项目上的密切合作被视为朝着正确的方向迈进了一大步。[61]

对《联盟海洋战略》的实际执行造成困难的另一个关键问题是更为宽泛的关于北约本身的未来的争议。在这方面，进展受限于对新战略概念应包含哪些关键内容的持续异议。按道理说，它应对成员国海军的任务做出明确规定。特别是，在什么样的程度上，北约应从原来的集体领土防卫概念转向自由度较大的欧洲－大西洋区域以外的远征式模式？在软安全（soft-security）领域内，应涉入多深？北约应在何种程度上发展其全球接触互动以及对安全部门改革的兴趣？

对于一些北约欧洲成员国，变革的呼声并没有得到热情的响应。

基于各种历史、政治或者宪法上的原因，这些国家更倾向于关注本土事务，它们认为防务应是始于国内、止于国内的。[62]这些分歧大部分可以归结到关于俄罗斯未来所扮演的角色的争论——对于北约成员国来说，俄罗斯不仅是一个伙伴，同时也是担忧的来源。有些国家将俄罗斯视为潜在的威胁，特别是在其入侵格鲁吉亚之后，它们认为俄罗斯海军有计划的发展及其当前的活跃程度足以证明，真正的重点应该是欧洲本身的海上防卫，而不是其他地方的较为稀松的欧洲利益。[63]

斯塔夫里迪斯上将认为北约是"一支为世界利益而存在的军事力量"。[64]但是正如一位记者近来指出的，北约至今仍是能够通过多国部队组建能力，军力指挥、控制和管理，共同的程序和装备等针对世界上的诸多问题展示"智能型肌肉"（intelligent muscle）的唯一国际组织。[65]在阿富汗行动之后，是否要继续在全球范围内发挥这种更为广泛的作用，是北约21世纪海洋战略中的一个具有决定性意义的主要议题，但这一争论至今仍未有结论。

结　论

本文指出了在评估其未来海洋战略上，北约正经历着一场真正历史性的关于其在未来世界上的角色的辩论。通过北约的言辞表述及其带领成员国海军的所作所为，北约新的战略正在逐渐浮现于世人面前，这一战略将在很大程度上取决于上述辩论的结果。除了传统上对北约成员国领土及其国民防卫的专注之外，海军问题将在很大程度上围绕着与海上安全行动、远征行动以及为更广泛的世界范围内的伙伴关系和接触互动所规定的北约战略中的海军角色等相关的角色和活动而展开。

北约能否在该领域制定出清晰而有效的政策，将受限于成员国之间的政治差异，尤其是将受限于当前这一轮剧烈的预算削减，受限于盖茨秘书长最近对之表示惋惜的相当部分的欧洲人轻军废武的总体思想倾向[66]，受限于所谓的"海盲"现象。这一情况，无论是在公众中、媒体中还是政府中，都是一个全球性的问题——不过这种现象在亚太地区远没有欧洲这么严重，因为那个地区的海洋意识正在增强。基于所提到的这些原因，北约目前似乎不太可能"重露头角"而再度成为一个居于主导地位的海军力量群体，对于逆转当前热炒中的世界海军力量平衡将在 21 世纪较晚期由西方向东方转移的势头，其恐怕也难以有所作为。

最后仍存在的一个问题是，北约是否为其他地区的多边海军合作提供了一个可供借鉴的模式？从很多方面上看，北约都应当担此重任，因为北约毕竟依然是 28 个国家的自由联合，这些国家在行动上全方位地通力合作，并取得了卓越的成绩。这些成绩最明显地表现在地中海、亚丁湾以及阿拉伯海的海上安全行动中。北约的操演对任何国家都是开放的，同时北约的大多数重要政策文件都在短时间内可以通过互联网免费下载。通过这种方式，北约提供了一个近乎完美的透明度和信任培育典范。尽管如此，本文也试图展示这样一个事实，那便是，北约在作战、海军外交以及海上多边合作等方面的模式绝非其他国家和地区可以简单效仿的，即使它们愿意如此。

[朱林燕/译　汪一/校]

注释

[1] James Stavridis, "Change of Command Speech," *SHAPE Officer's Association News*, No. 139, March 2009; James Stavrides, "SACEUR in NATO: Taking a Fix: Charting a Course," *RUSI Journal*, December 2009, pp. 44 – 47.

[2] The 1999 Concept is accessible at: http: // www. nato. int/cps/en/natolive/official_ texts_ 27433. htm. The 2010 version, *NATO 2020 Strategic Concept: Active Engagement, Modern Defence*, http: //www. nato. int/strategic – concept/index. html. The Alliance Maritime Strategy itself is at: http: //www. nato. int/nato_ static/assets/pdf/odf_ 2101_ 03/20110318_ alliance_ maritime_ straegy_ CM_ 2.

[3] Their paper, "NATO 2020 – Assured Security and Dynamic Engagement," released on

May 17, 2010, http：//www. nato. int/cps/en/natolive/official_ texts_ 63654. htm.

［4］ Riccardo Alcaro, *Combining Realism with Vision：Options for NATO's New Strategic Concept* (Rome：Istituto Affari Internazionali, Doc IAI 10/07, May 2010), p. 17.

［5］ Alfred Thayer Mahan, *Retrospect and Prospect* (London：Sampson, Low, Marston, 1902), p. 144.

［6］ Alfred Thayer Mahan, *Retrospect and Prospect* (London：Sampson, Low, Marston, 1902), pp. 177 – 178.

［7］ James T. Conway, Gary Roughead and Thad W. Allen, *A Cooperative Strategy for 21st Century Seapower* (Washington：Department of the Navy, 2007) (hereafter CS21).

［8］ "The Globalization Index," Foreign Policy, November/December 2007.

［9］ *Alliance Maritime Strategy*, NATO Enclosure 1 to SH/J5 – 206867, dated January 29, 2010, p. 5. Incidents such as the Chinese harassing of the USNS *Impeccable* in 2009 could put the traditional concept of the freedom of navigation under threat at least as much as do Somali or Indonesian pirates.

［10］ *Alliance Maritime Strategy*, p. 14.

［11］ "U. S. Troop Buildup Carries High Costs," AFP (Washington), November 25, 2009. Surveys of military forces reveal declining morale and increased marital problems among returning veterans. Reportedly one in five lower-ranking soldiers serving in Afghanistan are suffer from acute stress, anxiety or depression. Iraq and Afghanistan have so far cost the U. S. MYM768. 8 billion. Movement costs in Afghanistan include 83 liters of fuel per soldier per day, which is an expensive but unavoidable source operational vulnerability. "Militants Destroy NATO Oil Tanker in Pakistan：Police," AFP (Washington), November 25, 2009. Major General Jeff Mason remarked "You couldn't select a worse place to fight as a logistician. Landlocked significantly far from a port, a country (with facilities) not even the third world regards as infrastructure overall distance and the environment really affect what we do there." "Coping with the Unexpected," *Military Logistics International*, July/August 2010；"Two Killed As NATO Tankers, Containers Blown Up in Pakistan," AFP (Peshawar), September 23, 2010.

［12］ Doug Badow, "U. S Should Resist Temptation to Stay Put in Afghanistan," *Straits Times*, January 4, 2010.

［13］ Alex P. Schmid and Rashmi Singh provide a good review of this issue in their "Measuring Success and Failure in Terrorism and Counter-Terrorism：U. S. Government metrics of the Global War on Terror" provide some useful insights into this issue in *After the War on Terror：Regional and Multilateral Perspectives on Counter-Terrorism Strategy* (London：RUSI Books, 2009), pp. 33 – 61.

［14］ "Cost of British military operation in Afghanistan reaches £18bn," *Guardian*, 20 July 2011.

［15］ Peter Flory, NATO Assistant Secretary General of Defence Investment, quoted in Brooks Tigner, "Financial Crisis Leaves NATO Counting the Cost," *Jane's Defence Weekly*, January 6, 2010.

［16］ Jens Ringsmose, "Taking Stock of NATO's Response Force," Research Paper No. 54 (Rome: NATO Defence College, 2010).

［17］ "Security Council to Delay Trident Decision As Defence Cuts Agreed," *Guardian*, September 25, 2010.

［18］ China's acquisition of a large strategically valuable copper mine in Afghanistan, and subsequent request for ISAF protection is seen a classic example of this.

［19］ "China's Trade Figures Bounce Back from Crisis," *Straits Times*, January 11, 2010.

［20］ For an introduction to this Asia-Rising debate see, Kishore Mahbubani, *The New Asian Hemisphere: The Irresistible Shift of Global Power to the East* (New York, Public Affairs, 2008) and Martin Jacques, *When China Rules the World* (New York: Penguin, 2009), pp. 409 – 413. Minxin Pei, "Think Again: Asia's Rise," *Foreign Policy*, June 22, 2009, provides a corrective. Hugh White, "The Geostrategic Implications of China's Growth," in Ross Garnaut and Liang Song, eds. , *China's New Place in a World of Crisis* (Canberra: ANU E-Press, 2009), gives a realist perspective on the possible strategic consequences of this.

［21］ Robert Karniol, "Boom Time Ahead for Asia-Pacific Navis," *Straits Times*, November 9, 2009. I am indebted to Bob Nugent Vice-President (Advisory) of AMI International for these figures and for his personal support of this project. "DCNS Plans To Expand Business In Asia Pacific," *Jane's Defence Weekly*, November 11, 2009.

［22］ Robert Work, *The U. S. Navy: Charting a Course for Tomorrow's Fleet* (Washington: CSBA, 2008), pp. 6 – 14. This provides a generally optimistic account of the present and future balance.

［23］ For the dangers of such a "power transition" see Steve Chan, "Exploring Puzzles in Power-transition Theory: Implications for Sino-American relations," *Security Studies*, Vol. 3, No. 13, pp. 103 – 141.

［24］ Shiv Shankar Menon, "The Evolving Balance of Power in Asia," Address at IISS Global Strategic Review, Geneva, September 13, 2009, p. 4.

［25］ Robert D. Kaplan, "Center Stage for the Twenty-first Century: Power Plays in the Indian Ocean," *Foreign Affairs*, Vol. 88, No. 2 (March/April 2009). See also his *Monsoon: The Indian Ocean and the Future of American Power* (New York: Random House, 2010).

［26］ Robert Gates, letter to the Chairman of the House Armed Services Committee, August 11, 2010, http: //www. usiorg/files/qdr/qdrreport. pdf.

［27］ Tangredi, op. cit. , pp. 145 and 59.

［28］ Duncan Depledge and Klaus Dodds, "The UK and the Arctic: The Strategic Gap," *Journal of the RUSI*, June/July 2011, pp. 72 – 79.

［29］ Hilary Rodham Clinton, "Remarks at the NATO Strategic Concept Seminar," February 22, 2010, http://www. state. gov/secretary/rm/2010/02/137118. htm.

［30］ Remarks by NATO Secretary General Jaap de Hoop Scheffer, "Launching NATO's New Strategic Concept," July 7, 2009, p. 5, http://www. nato. int/cps/en/nato – live/opinions_ 56153. htm.

［31］ Quoted in "NATO Chief Urges 'Paper Tiger' Europe to Boost Defence Spending," AFP (Brussels), March 27, 2010. Alcaro, *Combing Realism with Vision*, pp. 7 – 8.

［32］ NATO Strategic Concept, op. cit. ; George V. Galdorisi, "European Ballistic Missile Defence: Moving to a New Level," *RUSI Defence System*, 2011.

［33］ AFP (Brussels), August 4, 2010, "NATO Unveils New Division to Tackle 'Emerging' Threats. "

［34］ *Maritime strategy suffers, here as elsewhere, from an absence of an agreed lexicon. Arguably "non-traditional" maritime security, expeditionary operations and partnership and engagement (in the guise of naval diplomacy) are as traditional as navies themselves. For this reason some have used the phrase "post-modern" instead, as I have in my Seapower: A Guide for the 21st Century*, 2nd edition.

［35］ Diego A. Ruiz Palmer, "Maritime Security: Sink or Swim: The End of the Naval Era?" http://www. nato. int/docu/review2010/Maritime_ Security/end_ of_ naval_ era/ \ en/index. htm, accessed January 5, 2010.

［36］ Scheffer, op. cit. , p. 5.

［37］ Remarks by NATO Secretary General Jaap de Hoop Scheffer.

［38］ Robert M. Gates, Remarks delivered to NATO Strategic seminar, National Defense University, February 23, 2010, http://www. defense. gov/speeches/speech. aspx? speechid = 1423.

［39］ Scheffer, op. cit. , p. 5.

［40］ Daniel Goure and Rebecca Grant, "U. S. Naval Options for Influencing Iran," *U. S. Naval War College Review*, Vol. 62, No. 4 (Autumn 2009) is a useful, if particular, application of such thinking. The article emphasizes the value of naval forces for such operations but makes the point that "It is important that the U. S. government articulate the general strategy and purpose behind its long-term force deployment plans. Also, the United States should make explicit the kinds of conditions that would alter those plans," p. 19.

［41］ AMS, quoted in "World in Action: New NATO Maritime Strategy Outlines Expeditionary Posture," *Jane's International Defence Review*, May 2010.

［42］ Lee Willett "An Awakening at Sea? NATO and Maritime Security," *RUSI Commentary*, http：//www. rusi. org.

［43］ Andrew Dorman, *Blair's Successful War：British Military Intervention in Sierra Leone* (London：Ashgate, 2009).

［44］ M. F. Kluth and Jess Pilegaard, "Balancing Beyond the Horizon? Explaining Aggregate EU Naval Military Capability Changes in a Neo-Realist Perspective," *European Security*, Vol. 20, No. 1 (March 2011), pp. 45 – 64.

［45］ Even the Continent's Strongest Navy The South African Navy Seems to Be In Difficulty："Air Force, Navy 'Just ForShow,'" *News 24*, March 4, 2010.

［46］ "Brazil Opposed to NATO Role in S. Atlantic," UPI (Brasilia), September 16, 2010.

［47］ Stephan Fruhling and Benjamin Schreer, "Creating the Next Generation of NATO Partnerships," *RUSI Journal*, February/March 2010.

［48］ Alcaro, *Combining Realism with Vision*, p. 3. While such nations agree in principle with NATO's need to engage with the wider world, in practice they struggle to provide it with the necessary priority.

［49］ This would certainly seem likely to be the case in Britain, but see also "Financial Crisis Hits EU Defence Budgets," *Jane's Defence Weekly*, January 20, 2010, "Italian Defense Minister Hits Back at Funding Cuts" and "Budget Pressures Push UK, French Cooperation," *Defense News*, June 7, 2010. Nor is the United States immune：Daniel Whiteneck, et al., "The Navy at a Tipping Point：Maritime Dominance at Stake?" *CNA Paper*, CAB D0022262 (Washington, D. C.：Center for Naval Analyses, 2010).

［50］ "NATO Chief Warns Europe Over Danger of Cuts," *Jane's Defence Weekly*, February 16, 2011; "Cuts will Stop Armed Forces from Carrying out Operations, Say Mps," *The Guardian*, August 3, 2011. Robert Gates, "Reflections on the Status and Future of the Transatlantic Alliance," *Security and Defence Agenda*, June 10, 2011; "Gates Hits Out at Europe Over NATO," *Guardian*, June 11, 2011.

［51］ "NATO Chief Warns Europe Over Danger of Cuts," *Jane's Defence Weekly*, February 16, 2011; "Cuts will Stop Armed Forces from Carrying out Operations, Say Mps," *The Guardian*, August 3, 2011. Robert Gates, "Reflections on the Status and Future of the Transatlantic Alliance," *Security and Defence Agenda*, June 10, 2011; "Gates Hits out at Europe over NATO," *Guardian*, June 11, 2011.

［52］ Alcaro, *Combining Realism with Vision*, op. cit., pp. 13, 17.

［53］ Mahbubani, (2008) op. cit., p. 105.

［54］ James T. Conway, Gary Roughead and Thad W. Allen, *A Cooperative Strategy for 21st Century Seapower* (hereafter ACS21) (Washington：Department of the Navy, 2007).

［55］ Stephan Fruhling and Benjamin Schreer, "NATO's New Strategic Concept and U. S. Commitments in the Asia-Pacific," *Journal of the RUSI*, October 2009, pp. 98 –

103.

[56] "Report Calls for Streamlined NATO" and "Experts Outline Strategic Vision for NATO," *Jane's Defence Weekly*, May 26, 2010.

[57] Rear Adm Peter Hudson RN, Operation Commander EU Naval Force, interview in *Jane's Defence Weekly*, April 28, 2010.

[58] Alcaro, *Combining Realism with Vision*, op. cit., p. 14. The 2010 Online Security Jam jointly organized by the two organizations came to much the same conclusions about the need for them to move together. "NATO and Europeans Plot Path Ahead," *The New York Times*, May 5, 2010.

[59] The issues and the difficulties are discussed in Brooks Tigner, "Bridging the Gaps," *Jane's Defence Weekly*, December 2, 2009.

[60] "Transatlantic M&A Slump Belies European Appetite for U. S. Targets," *Jane's Defence Weekly*, May 5, 2010.

[61] "Achieving Economies of Scale across the British and French Naval Industries," *RUSI Defence Systems*, 2011.

[62] Ringmose, op. cit., p. 7.

[63] Howard Jarvis, "Baltic States Seek Clarification about NATO Security Guarantees," *Jane's Defence Weekly*, June 16, 2010. For the Russian Navy see, James Bosbotinis, *The Russian Federation Navy*, October 2010, Research and Assessment Branch, Defence Academy of the United Kingdom, "Russian Subs Stalk Trident in Echo of Cold War," *Daily Telegraph*, August 28, 2010.

[64] Harlan Ullmann, "Outside View: NATO Needs a Slogan," UPI (Washington), May 26, 2010.

[65] Graham Robertson, Letters, *RUSI Journal*, April/May 2010, p. 4.

[66] Gates, speech, op. cit. .

亚太地区海洋安全
与中国海上力量发展

张 炜

传统的亚太地区是指东经 160 度以西的亚洲和太平洋地区，主要包括东北亚、东南亚和西太平洋地区国家。但从 20 世纪 80～90 年代以来，特别是进入新世纪后，亚太地区的概念不断泛化，以亚太经合组织为例，已经发展成为包含 21 个经济体、28 亿人口的环太平洋地区。近一两年又出现了"印－太"地区概念，将印度洋与太平洋地区国家联系在一起。这种地区概念的发展变化，一方面说明在全球经济一体化的今天，开放的海洋把地球变小，世界各国联系得更加紧密；另一方面说明亚太地区在世界经济发展与国际安全中的地位日益重要，开放的海洋把亚太地区放大，各种矛盾凸显，成为全球焦点。

本文主要立足于东经 160 度以西传统的亚太地区，就地区海洋安全形势和中国海上力量的发展谈一些个人的观点。

关于亚太地区的海洋安全形势

亚太地区主要国家濒海，海洋安全在地区事务中扮演着极其重要的角色。亚太地区聚集了中、日、美、俄、东盟五大战略力量，东北亚、东南亚各国相邻相近，是地缘经济活跃和地缘政治复杂的地区。一个硬币有两面，评估当前的地区海洋安全形势，既应当看到矛盾争议的一面，也应当看到积极和谐的一面；既要找到各国的利益共同点，也要找到问题的根源。如此方能趋利避害，争取和平稳定的地区安全环境。

和平、发展与合作仍旧是地区海洋安全形势的主流

和平。二战以来，世界建立了以《联合国宪章》摒弃战争、维护和平为主基调的国际秩序，虽有过冷战的紧张，但避免了"热战"；虽有过一些局部冲突，但规模小、影响小。特别是20世纪90年代冷战结束以后，亚太地区国家间二十多年无战事。当前，这种和平稳定的地区安全态势总体上没有改变。各大国之间、有利益冲突的绝大多数国家之间，都在认真、小心地处理双边关系和海上安全问题。迄今为止，即使是矛盾冲突十分突出的国家，也在尽量避免擦枪走火，并寻找危机管控方式。

发展。战后的亚太地区一直是经济上充满活力的地区。先是日本经济的重新崛起，后是亚洲"四小龙"的腾飞，然后是中国改革开放注入新的活力和地区新兴市场经济体的发展。亚太地区国家，特别是西太平洋沿岸东北亚、东南亚的大部分国家，利用海洋连通性密切了经济联系，互利互惠地实现了经济的共同发展和繁荣。在当前世界经济形势不确定因素依然突出、亚太新兴市场经济体面临的外部风险和压力增大的情况下，地区各国联手应对的趋势进一步发展。东盟自由贸易区的建立、推进东亚经济一体化的酝酿、加强地区金融安全网建设的开启等，使这一地区的经济发展仍旧保持着活力，在推动世界经济复苏方面发挥着引擎作用。

合作。冷战后，合作取代对抗成为国家（地区）间关系的主流。在海洋方向，各国在加强经济合作的同时，加强了海上安全合作。除了国家间的双边合作，许多地区性官方、非官方多边安全合作机制发挥了重要作用。如东盟地区论坛、亚太安全理事会、西太平洋海军论

坛、东盟 10 + 8 国防部长会议等，都越来越把海上安全合作作为论坛的重要议题，取得了一些积极进展和成果。而一些次地区、区域性、专门性的海上安全合作和安全合作会议就更多得不可胜数。亚太地区始终保持着旺盛的经济活力和应对经济风险的能力，得益于和平，得益于合作，更得益于通过和平合作带来的安全红利。其中，海上安全合作功不可没。

地区海洋安全面临传统和非传统安全问题的双重挑战

第一，岛礁主权和海洋权益争端升温。由于历史和现实的复杂原因，亚太地区存在多处海洋争议区。2010 年以来，东北亚和东南亚海域的争议明显升温。一是中日钓鱼岛主权争议形势紧张，双方海上执法力量时常形成对峙；二是中国与南海有关国家的岛礁主权和海域划界争议没有解决的迹象，特别是中菲黄岩岛、仁爱礁争议还在发展；三是韩日独岛（日称竹岛）主权争议，双方时有宣示领土主权的动作；四是俄日南千岛群岛（日称北方四岛）主权争议，双方亦坚称各自拥有领土主权。此外，在东北亚和东南亚海域，由海域划界争议引发的渔业纠纷不断，时有暴力执法现象发生。

第二，海上存在发生意外事件的风险。中美 1998 年建立了海上军事安全磋商机制，但双方在专属经济区军事利用及《联合国海洋法公约》相关条款的解释适用问题上存在分歧，集中在美舰机抵近中国近海、在专属经济区内侦察的合法性问题上，由此引起对发生海上意外事件的担忧。近年来，日本时常就中国海军进出第一岛链海峡水道和进入东海海域训练提出质疑，双方舰机在海上相遇的可能性大大增加，再加上钓鱼岛争议因素，就显得更加危险。

第三，海上交通线安全威胁严重。亚太大多数国家都是外向型经济，原料、能源进口与产品出口大都需要经过海上。目前，经马六甲海峡进入南海的油轮数量是通过苏伊士运河的 3 倍，巴拿马运河的 5 倍，海盗、海上恐怖主义和其他跨国犯罪问题是海上交通线的主要威胁。2011 年第一季度，全球海上总共发生了 142 起攻击和扣押商船和渔船事件，多数发生在亚丁湾、索马里海域，东南亚海域也时有类似事件发生，大多数以抢劫和索要赎金为目的，严重威胁海上交通线及各国航运安全。

第四，重大海洋自然灾害频发。亚太地区近年来地震、海啸、飓风、热带风暴等严重自然灾害不断。2004 年年底的印度洋大海啸波及多个国家，死亡人数超过 22.7 万；2008 年的缅甸强热带风暴造成 8 万人死亡；2012 年 3 月日本发生地震和海啸，死亡人数达 2.6 万；最近发生的"海燕"超强台风也给菲律宾造成重大伤亡，给越南和中国海南、广西等造成重大损害。此外，海洋环境污染造成的重大灾害也有上升趋势，如日本福岛核事故引发的海洋环境污染的危害还在发展。

小　结

鉴于以上的分析，我认为，正确评估亚太地区海洋安全形势应当说两个方面。

其一，和平、发展与合作仍是地区海洋安全形势的主流。地区各国都充分认识到共同利益所在，追求和平、发展与合作是共同的战略选择，因而无论是传统友好国家还是曾经的意识形态对立国家，无论是有利益冲突的国家还是没有利益冲突的国家，都能认真、小心地处理双边和多边关系，坚持谈判解决问题，和平化解危机。

其二，地区海洋安全面临传统和非传统安全问题的双重挑战。由于复杂的历史原因和现实原因，亚太地区国家间还存在着尖锐的利益矛盾，既有传统的军事安全问题，更有不断发展上升的非传统安全问题。应对这双重挑战，亚太国家还有很长的路要走。而正确判断和评估形势，是应对挑战、做出正确战略选择的基础。

两相权衡，我们既要正视亚太地区面临的尖锐问题和挑战，也不应有意渲染和放大这些挑战，尤其不应渲染和放大传统安全威胁和利益矛盾。因为，所有双边的利益矛盾并不是当事双方国家关系的全部，就共同利益与利益矛盾比较，前者比后者更重要。从这一点说，政治家的头脑应当，也一定比媒体清醒。

关于中国海上力量的发展

中国历史上是一个大陆国家，尽管有漫长的海岸线，但从来没有把海洋作为生财之道，更没有通过海洋殖民的想法。1978 年实施改革开放以后，中国才开始真正走向海洋，走进海洋时代，融入国际经济大循环，与世界各国共同分享海洋带来的利益。中国 1986 年才尝试提出近海防御的海军战略，1999 年才正式组建中国海监总队，直到不久前的中共十八大才提出建设海洋强国的口号。所以，中国一直以来都是一个海洋意识、海权意识薄弱的国家。进入 21 世纪后，尤其是进入 21 世纪第二个十年，随着中国综合国力的发展，中国的海上力量有了很大的发展，中国海上力量的运用也有了一些新的变化，引起国际社会的普遍关注。中国为什么要加强海上力量建设？中国要建设一支怎样的海上力量？中国将如何运用这支力量？笔者的看法如下。

中国为什么要加强海上力量建设？

中国海上力量的构成主要是中国海警和中国海军。中国海警是国家海上执法力量，主要围绕保卫国家海上领土主权、专属经济区和大陆架管辖权及其利益，开展海上维权执法和海洋综合管理活动。中国海军是国家海上武装力量，根本任务是根据国家海上安全需求，着眼维护和平、遏制危机和打赢战争，随时应对和坚决制止一切危害国家海上安全的挑衅行为，维护国家海上利益。中国加强海上力量建设基于以下几个方面。

第一，国家领土主权和海洋权益安全需求。中国大陆东邻太平洋西岸边缘海，中国近代遭受的外来入侵大都来自海上，以至于中国至今还不是一个统一的国家，台湾问题、钓鱼岛问题、南海问题都与这段历史有关。近年来两岸关系发展势头良好，但"台独"势力还存在，国际干预因素还存在，中国的统一大业仍然任重道远。中国是一个海洋地缘条件不利的国家，当面海域是一个半闭海，与相邻相近的

8 个海上国家专属经济区重叠，进出海洋的海峡水道容易与沿岸国家发生纠葛，这也是中国近年来周边海上安全问题频出的客观原因。中国一贯主张与周边国家谈判解决海上领土和海洋权益争端，在争端解决前"搁置争议，共同开发"。中国不会要别国一寸领土，但属于自己国家的领土主权和海洋权益一定会坚决保卫。

第二，国家海上经济安全需求。1978 年改革开放以后，中国的海外贸易量和商业运输船队逐年增长。1978 年中国的进出口贸易总额 381.4 亿美元，至 2012 年达到 38667.6 亿美元，进出口贸易 90% 左右通过海上运输实现；主要能源资源对外依存度高达 50%，其中约 45% 来自中东，32.5% 来自非洲，3.5% 来自亚太，这使海上交通线成为国家经济和社会发展的"生命线"。丰富的近海海洋资源将成为中国陆上资源的重要接替，远洋渔业、远洋运输、海洋和海底资源开发等海洋经济是国民经济新的增长点，预计 2030 年海洋产值将占中国 GDP 的 15%。中国海外投资迅速增长，海外机构、人员和资产遍布全球，海外经济安全和人员安全也越来越需要海上力量去维护。

第三，国家履行国际义务的政治需求。在经济全球化背景下，海上安全问题是全球性的。当前，海盗、恐怖主义、跨国犯罪、重大自然灾害、环境污染等非传统海上安全问题对地区安全的影响越来越突出。作为一个新兴大国，中国越来越认识到自己的国际责任，越来越认识到一个政治大国在国际事务中应有的作用和应尽的义务。正如苏联海军总司令戈尔什科夫所说的："国家海上力量在一定程度上标志着一个国家的经济和军事实力。因而，也标志着一个国家在世界舞台上的作用。"

以上都应当是中国发展海上力量的刚性要求。

中国要建设一支怎样的海上力量？

第一，中国海上力量贯彻积极防御的战略思想。《中国的和平发展》白皮书明确指出中国坚持和平发展道路，明确指出中国的核心国家利益包括"国家主权，国家安全，领土完整，国家统一，中国宪法确立的国家政治制度和社会大局稳定，经济社会可持续发展的基本保障"，再次重申中国坚持奉行防御性国防政策。[1]受国家战略和国防战略的指导，中国海上力量发展的战略指导也必定是防御性的。如何体现防御性，简单表述就是"人不犯我，我不犯人；人若犯我，我必犯人"。而积极的防御，就是基于正确的战略判断，做好战略预制和战争准备。

第二，中国海上力量要有足够能力维护国家海上安全。在近海，中国海上力量的主要任务是维护国家主权安全和海洋权益。中国海警必须发展足够的海上维权执法能力；中国海军按照近海防御的战略要求，瞄准世界先进水平，注重提高近海综合作战力量的现代化水平，发展先进潜艇、驱逐舰、护卫舰等装备，完善综合电子信息系统装备体系。同时，中国海军还必须提高远海机动作战、远海合作与应对非传统安全威胁能力，包括发展航母、增强战略威慑与反击能力，[2]切实维护国家海上安全。

第三，中国海上力量要有足够能力履行国际义务。20 世纪 80 年代以后，中国交通部海事局就承担了北纬 10 度以北地区的国际搜救任务；公安海警、海关与周边国家也有不少打击海上犯罪、缉私的合作。2008 年以来，中国海军根据联合国决议派舰艇编队赴亚丁湾、索马里海域执行护航任务；2010 年以来，中国海军"和平方舟"号医院船赴亚洲、非洲、拉美地区开展了人道主义医疗援助行动；2014 年，中国海军派出舰艇参与为叙利亚销毁化学武器护航。中国依据自身实力发展努力履行国际主义义务，但深知力量还不足够，这也是中国发展海上力量的重要动因。

中国将如何运用这支海上力量？

中国发展海上力量，目的是维护国家海上安全。其中，中国海警主要以海上巡航和海洋管理的方式，在近海维护海洋权益和海洋秩序。中国海军在近海和远海应对多种安全威胁、完成多样化军事任务。主要是：[3]

保卫海防安全。加强海区的控制与管理，有效掌握周边海域情况，严密防范各类窜扰和渗透破坏活动，及时处置各种海空情况和突发事件。推进海上安全合作，维护海洋和平与稳定、海上航行自由与安全。

日常战备巡逻。以维护国家领土主权和海洋权益为重点，组织海军舰艇部队和航空兵实施常态化战备巡逻，在相关海域保持军事存在。

开展实战化演习演练。组织由新型驱护舰、远洋综合补给舰和舰载直升机混合编成的远海作战编队编组训练，深化复杂战场环境下多种使命任务的课题研练。

维护海洋权益。海军结合日常战备为国家海上执法、渔业生产和油气开发等活动提供安全保障，与中国海警建立协调配合机制，举行海上联合维权执法演习演练，不断提高军地海上联合维权斗争指挥协同和应急处置能力。

维护海外利益。开展海上护航、撤离海外公民、应急救援等海外行动，成为人民解放军及其海军维护国家利益和履行国际义务的重要方式。

参与国际灾难救援和人道主义援助。2010～2013 年，海军"和平方舟"号医院船先后赴亚非 5 国、拉美 4 国、亚洲 8 国和亚丁湾，执行"和谐使命"人道主义医疗服务任务。当前，中国海军正在积极加强训练，准备更多地参与国际灾难救援和人道主义援助。

维护国际海上通道安全。中国海军在亚丁湾、索马里海域开展常态化护航行动，与多国护航力量共同维护国际海上通道安全。截至 2012 年 12 月，中国海军护航编队共为 4 艘世界粮食计划署船舶、2455 艘外国船舶提供护航，占护航船舶总数的 49%；同时救助外国船舶 4 艘，接护被海盗释放的外国船舶 4 艘，解救被海盗追击的外国船舶 20 艘。

加强与外军海上合作。中国海军护航编队在联合护航、信息共享、协调联络等方面与多国海军建立了良好的沟通机制，进行了多方面合作。从 2005 年起，中越海军和海警一直坚持每年在北部湾进行联合巡逻。中国海军与外军的双边多边联演联训也在不断发展。

小　结

中国海上力量的发展，是基于维护国家日益拓展的海洋利益的安全需求。

中国海上力量的发展，是贯彻和平发展的国家战略和积极防御的国防政策。其意图，一是在海上方向维护国家主权、安全和发展利益，二是履行国际义务为世界和地区和平做应有的贡献。

中国海上力量的运用，就海军而言，主要围绕国家海上安全需求，以多样化的非战争军事行动方式、以开放合作方式进行，同时依据自身实力发展努力履行国际义务。

亚太各国应当致力于共同维护地区海洋安全和稳定

有一种说法，当前亚太地区海洋安全形势的和平稳定还是紧张冲突，取决于两大因素：一个是美国的再平衡战略；另一个是中国是不是和平发展。这种说法有一定道理，但并不正确。我认为，亚太地区海洋安全与否，不是取决于一两个大国，而是取决于地区所有国家消除误解、隔阂、紧张的共同努力。

亚太国家间产生误解、隔阂、紧张的原因分析

一段时期以来，亚太地区由于局部海洋权益争端陷于紧张，不断有"中国威胁论"和"中国海上力量威胁论"的舆论，弱化了地区各国的共同利益，加剧了紧张气氛。破解这些问题，首先应当找出造成这些问题的主客观原因。笔者认为有以下五点。

第一，特殊的地缘条件。亚太地区海洋国家地理上相邻相近造成了地缘难题。其一，许多国家的海岸线相距不超过 400 海里，按照《联合国海洋法公约》确立的 200 海里专属经济区制度，必然造成国家间管辖海域的重叠和海域划界争端。中国与周边国家、中国周边国家之间的一些海洋权益矛盾，许多缘于此。其二，西太平洋海上客观

形成的岛链及其海峡水道，也极容易造成沿岸国和通过国之间的矛盾和摩擦。如中国当面海域横亘着第一岛链，中国商船和军用船舶必须通过相关的海峡水道才能走向大洋，这无疑增加了问题发生概率。

第二，特殊的历史条件。亚太地区曾经遭受过殖民侵略，有过重大的战争劫难，尤其是二战的灾难，这造成了一些复杂的历史问题。其一，被日本侵略过的亚洲国家对日本侵略历史以及日本对侵略历史拒不道歉的问题很在意，这种历史积怨在人民中间根深蒂固。由此，一些国家及其人民期望坚持二战后建立的国际秩序，包括对南千岛群岛、钓鱼岛、南海诸岛等领土问题做出的规定，以至于当事双方有根本分歧。其二，《联合国海洋法公约》是 1982 年通过、1994 年生效的当代国际法，但有些问题如南海诸岛和南海断续线等是《公约》产生前的历史问题，历史问题与现实问题混淆，陆地领土与海洋权益问题混淆，传统国际法与当代海洋法的法律适用有重大分歧，增加了达成共识的难度。

第三，特殊的地区特点。本地区国家政治经济制度多样，意识形态和价值观念不同，地区国家间关系多元、交叉、复杂，至今没有形成成熟的安全架构。20 世纪 50 年代美国沿第一岛链建立起的军事同盟体制至今影响深远，冷战思维与新安全观并存，海上军事同盟与新型海上安全合作并行发展，而且还特别容易用传统的冷战思维看对方的行为和处理双方的关系，从而产生误解、隔阂和紧张。

第四，国际力量格局的调整。2008 年以来的国际金融危机、新兴市场经济体的崛起、国际经济中心向亚太转移，整个世界和地区处在大发展、大变革、大调整时期。一些重要的时间节点集中在一起，如2009 年美国进行全球军事部署调整，实施亚太再平衡战略；2010 年中国经济总量（GDP）首次超过日本跃居世界第二，2012 年中国提出建设海洋强国的目标等。这一系列的变化使世界及地区经济政治形势和国际关系进入了一个深刻的调整期。调整期容易产生错觉，一些地区国家以为中美重新对垒，想利用大国间隙带来的机会；调整期容易产生战略误判，个别国家或许想重新将中国树立为敌人，借机达成一些重要目的；调整期容易产生焦虑，一些国家担心中国将在地区称霸，想在中国将强未强之时解决历史遗留问题。

第五，国家间缺乏相互信任。以上种种问题，归根结底反映了地区国家间由利益矛盾带来的相互理解和信任的缺乏，包括疑虑中国强必称霸、与美国争霸，疑虑中国要发展进攻性海上力量，疑虑中国要武力收复南海全部岛礁、要独吞断续线内的全部海域，等等。这种不理解、不信任，容易导致疑虑、猜忌，乃至误解和误判。而这种不理解、不信任的累积，这种误解和误判的累积，是导致海上突发事件甚至冲突发生的重要因素。

中国将致力于亚太地区的和平与稳定

从 2012 年中共十八大，到刚刚结束的十八届三中全会，以习近平为首的中国新一届领导人的内外政策已经很明晰，简言之就是以一系列新举措进一步深化改革开放。中国要展开新一轮的改革开放，中国要建设海洋强国，要进一步走向海洋、发展与国家地位相适应的现代化海上力量。那么，面对地区矛盾和周边国家的疑虑，中国将怎么办？笔者想根据个人的理解，用中国领导人近一段的工作和讲话，概括一下今后中国的对外政策。

第一，在和平发展中实现强国梦是中国的既定目标。习近平以为，我们将坚定维护亚洲和世界的和平与稳定。中国人民对战争和动荡带来的苦难有着刻骨铭心的记忆，对和平有着孜孜不倦的追求。中国将通过争取和平国际环境发展自己，又以自身发展维护和促进世界和平。中国将继续妥善处理同有关国家的分歧和摩擦，在坚定捍卫国家主权、安全、领土完整的基础上，努力维护同周边国家关系和地区和平稳定大局。中国将在国际和地区热点问题上继续发挥建设性作用，坚持劝和促谈，为通过对话谈判妥善处理有关问题做出不懈努力。[4]

第二，"亲、诚、惠、容"是中国的周边外交政策。习近平认为，周边外交的基本方针，就是坚持与邻为善、以邻为伴，坚持睦邻、安邻、富邻，突出体现亲、诚、惠、容的理念。要坚持睦邻友好，守望相助。要诚心诚意对待周边国家，争取更多朋友和伙伴。要本着互惠互利的原则同周边国家开展合作，编织更加紧密的共同利益网络，把双方利益融合提升到更高水平。要倡导包容的思想，强调亚太之大容得下大家共同发展，以更加开放的胸襟和更加积极的态度促进地区合作。[5]

第三，和平合作是中国实现战略目标的主要手段。习近平说，我们将积极推动亚洲和世界范围的地区合作。中国将加快同周边国家的互联互通建设，积极探讨搭建地区性融资平台，促进区域内经济融合，提高地区竞争力。中国将积极参与亚洲区域合作进程，坚持推进同亚洲之外其他地区和国家的区域次区域合作。中国将继续倡导并推动贸易和投资自由化便利化，加强同各国的双向投资，打造合作新亮点。中国将坚定支持亚洲地区对其他地区的开放合作，更好促进本地区和世界其他地区共同发展。[6]

笔者相信这不是口号。2013 年的中国外交已经贯彻了上述主张：中国领导人访问美国，通过两国首脑"庄园会晤"，确立了建设新型大国关系和两军关系的共识；中国领导人近期访问东南亚国家，提出加强合作、携手建设更为紧密的中国－东盟命运共同体的一系列措施；中越两党两国高层频繁接触，李克强总理正式访问越南，双方发表《新时期深化中越全面战略合作的联合声明》。此外，中国与南海有关国家建立《南海行为准则》、中国为主办 2014 年西太平洋海军论坛并推进讨论通过《海上意外相遇规则》的努力也都在进行中。

总之，中国新一代领导人"坚定不移走和平发展道路，坚定不移奉行独立自主的和平外交政策，坚定不移奉行互利共赢的开放战略"[7]的对外政策已经形成，中国及其海上力量将是维护地区和平的正能量，将为亚太地区带来的是发展机遇而不是威胁。

在加强相互信任的基础上促进和平解决矛盾和争议

在地区各国总体上和平发展、合作共赢的大环境下，有关领土和海洋权益争议无疑是负能量、是地区内耗，应当致力于缓和和有所突破。笔者认为，可以从推进以下共识方面着手。

第一，基于海洋在经济全球化方面的重要作用和海上非传统安全威胁总体上升的大趋势，加强和平合作以维护地区安全、促进发展是地区各国的共同利益。

第二，地区内国家间的岛礁主权和海洋权益之争有着复杂的地缘和历史原因，应当坚持国际法包括《联合国海洋法公约》的基本准则，充分讨论各方权利主张的法理依据，分析其合理性和不合理性，推进分歧弥合，建立解决问题的基础。

第三，考虑到分歧弥合的困难性和长期性，应当建立承认争议、搁置争议的前提，致力于推进相关海域的共同开发，共同发展，合作共赢。

第四，地区国家间海上对抗没有出路，应当全力增进战略互信，推进海上安全机制和安全规则的建立和制定，防止海上意外事故，加强危机管控。

第五，在条件成熟的海域，可以尝试海域划界的谈判，彻底解决权益争端。

在达成上述共识的过程中，相信专家学者可以也应该发挥重要作用。

注释

[1] 中华人民共和国国务院新闻办公室：《中国的和平发展》，2011 年 9 月，http：//politics. people. com. cn/GB/1026/15598619. html。

[2] 中华人民共和国国务院新闻办公室：《2010 年中国的国防》，http：//www. gov. cn/jrzg/2011 -03/31/content_ 1835289. htm。

[3] 以下内容参见中华人民共和国国务院新闻办公室《中国武装力量的多样化运用》，http：//news. xinhuanet. com/politics/2013 -04/16/c_ 115403491_ 4. htm。

[4] 习近平 2013 年 4 月 7 日在博鳌亚洲论坛《共同创造亚洲和世界的美好未来》的主旨演讲，http：//www. gov. cn/ldhd/2013 -04/07/content_ 2371801. htm。

[5] 习近平 2013 年 10 月 24 日在周边外交工作座谈会上的讲话，http：//www. gov. cn/jrzg/2013 -10/25/content_ 2515555. htm。

[6] 中华人民共和国国务院新闻办公室：《中国的和平发展》，2011 年 9 月，http：//politics. people. com. cn/GB/1026/15598619. html。

[7] 习近平 2013 年 10 月 3 日在印度尼西亚国会的演讲《携手建设中国 - 东盟命运共同体》，http：//www. gov. cn/ldhd/2013 -10/03/content_ 2500118. htm。

亚洲打击海盗和武装劫船活动：
两个区域的研究

凯瑟琳·查拉·雷蒙德（Catherine Zara Raymond）

2010 年，世界范围内记录在案的海盗袭击事件总数达到了近七年来的最高峰。[1]海盗活动如此频繁，主要是因为索马里海盗在索马里东海岸、塞舌尔附近和阿曼海岸等西印度洋海域很活跃。2010 年，该海域海盗袭击事件共计 219 起，是全球海盗活动最猖狂的地区。[2]

全球海盗袭击事件数量上一次达到如此高水平是在 2003 年，不过当时海盗主要集中在东南亚，尤其是马六甲海峡和印度尼西亚附近海域。[3]尽管目前马六甲海峡海盗活动大幅减少，对过往商船不再构成重要威胁，但在印度尼西亚、马来西亚水域和马六甲海峡南部入口处仍有海盗活动。海峡沿岸三国——印度尼西亚、新加坡和马来西亚的行动是海盗减少的重要原因。从目前来看，这些措施对防止海盗重回马六甲海峡仍至关重要。

考虑到上述两个海域都囊括了沿岸国领海和重要的海上交通线，也都是区域内国家和区域外大国战略考虑的焦点，因此可作为考察亚洲在应对海盗威胁、发展海上安全合作方面的重要研究案例。当然，这两个海域达成目的的方式各不相同。在索马里海域，即西印度洋海域，迄今为止尚没有任何应对海盗威胁的海上安全合作措施。虽然提出了一些区域性计划，但还处于非常初级的阶段，该海域目前的打击海盗行动仍然由区域外大国主导，这些区域外大国第一时间对索马里沿岸日益增多的海盗威胁做出反应，而索马里自 1991 年内战以来一直没有有效的政府机构来主持解决该问题。因此，西印度洋海域是研究分析区域海上安全合作机制如何建设和区域外大国如何发挥作用的理想案例。与之相反，马六甲海峡则是分析如何在次区域框架内打击海盗、克服了哪些问题和挑战，以及何处尚需改善的合适案例。

考虑到两个海域的差异，对二者进行直接比较并不适宜。不过，虽然其中一个的区域海上安全合作水平远超另一个，但两者间仍有不少有趣的共同点。马六甲海峡打击海盗的经验可以帮助我们更好地理解西印度洋区域正在进行的反海盗进程。因而，本文第一部分从分析马六甲海峡着手，先对海峡的海盗活动进行全盘考察，然后讨论目前已实施的可有效减少海盗威胁的海上安全合作措施，最后再讨论提升合作水平的前景，以及可能给西印度洋海域打击海盗行动提供的经验教训。

本文第二部分将考察西印度洋海域的反海盗行动，不过有时也需要将印度洋作为一个整体进行讨论。在这部分，同样先评估该区域的海盗问题，然后分析近期国际社会在该区域实施的打击海盗计划，再讨论进行更多区域和次区域海上安全合作的前景，以及区域外大国在未来海上安全合作安排中扮演的角色，最后再讨论如何将马六甲海峡的经验和已实施的计划运用于印度洋海域。

案例分析：马六甲海峡

马六甲海峡是从印度洋安达曼海到南海的一条长约 600 海里的狭长水道，位于马来西亚和印度尼西亚之间。这是一条十分重要的海上交通线，每年大约有 60000 艘船舶经该海峡从欧洲和中东驶往东亚，此外还有大量在区域内航行的小型船舶。因此，当 2004 年国际海事管理局（IMB）发布报告称当年该区域共发生 38 起海盗袭击事件时，自然引起了国际社会对通行海峡的船舶安全的关注。国际社会对海峡不安全问题的日益关注，促使对海峡水域拥有领海权的三个沿岸国——印度尼西亚、马来西亚和新加坡——开展了一系列多边合作，使海盗活动频率稳步降低。结果，去年（应指 2009 年——译者注）海峡一起成功的海盗袭击都没有，只发生了 2 起未遂袭击。[4]

马六甲海峡海盗和武装劫船活动

国际海事管理局收集的近二十年马六甲海峡相关数据显示，海盗袭击通常采取以下几种形式：在海上劫持船舶；袭击停靠在港口锚地的船舶，抢劫现金、船员财产、贵重物品和设备等；绑架船舶索要货物或抢夺船舶本身；进行绑架以获取赎金。在绑架过程中，海盗先控制整个船舶，然后劫持 2～3 名高级船员上岸进行谈判。在雇主交纳赎金后，被劫持的船员通常会毫发无损地被释放。

就袭击目标来讲，到目前为止，速度慢、吨位小的船舶如拖船、驳船和小型渔船最易受袭。但这种模式正在改变，海盗越来越将散装货轮、油轮和小型集装箱船作为袭击的目标。[5]不过，进行国际航行的大型船舶在通过马六甲海峡时仍较少受到袭击。这些大型船舶"以超过 14 节的速度航行，小艇试图接近它们非常困难，且十分危险"。[6]不论是否如此，海盗袭击大型船舶的潜在可能引起了国际社会对海峡安全的关注。

国际社会的另一个担心是海盗可能与宗教性恐怖团体相勾结，因为印度尼西亚和菲律宾的宗教激进分子的活动区域十分靠近海盗的活动区域。恐怖分子有可能配合海盗袭击活动，或者利用其知识和惯用伎俩，对马六甲海峡的船舶或新加坡这样的繁忙港口实施海上恐怖袭击。[7]这种担心随着"9·11"事件的发生而愈加明显，因为恐怖分子已经证明其有能力利用运输工具实施袭击，从而造成毁灭性的后果。

尽管存在宗教极端分子与海盗相勾结的可能性，但地区内的海盗犯罪依然是小规模的团伙犯罪，大部分成员是印度尼西亚人和马来西亚人，还有一些可能是泰国人。同配备自动武器、重重武装的西印度洋海域的海盗相比，马六甲海峡的海盗通常只进行了轻度武装，大部分海盗只携带刀具或其他非正规的武器。[8]虽然报告中也有一些武装得更齐备的袭击者，但这种现象并不普遍，而且很少有直接针对船员的攻击。

武装劫持袭击所获取的货物价值通常不超过几百美元，通过绑架获取赎金的海盗袭击则可以获得 1 万 ~ 2 万美元。[9]而在西印度洋海域，海盗劫持和绑架的赎金要求却可以达到数百万美元。西印度洋海域的海盗之所以能够要求更多的赎金，原因在于他们劫持了更大的船舶，控制了船上的货物和全体船员。被劫船舶通常被挟持到岸边没有有效政府和法律约束的区域。这种情况在马六甲海峡是不可能存在的，因为海峡内没有这样的安身之处。

虽然马六甲海峡和西印度洋海域海盗袭击的目标和伎俩各不相同，但袭击的跨国性质是共同的。比如，在马六甲海峡，海盗可能在马来西亚海域实施袭击，然后逃到印度尼西亚海域。因此，沿岸国的跨国合作是确保成功打击海盗的关键。虽然这是一个显而易见的道理，但合作并不容易。

马六甲海峡海上安全合作：起步和需要克服的困难

2004 年，在日益增大的国际压力下，印度尼西亚、马来西亚和新加坡提出了马六甲海峡第一个打击海盗多边合作计划（MALSINDO）。在该计划下，"参与国联合巡逻，并推动船舶和监控与行动机构（MAA）间的信息共享"。[10]虽然联合巡逻因为马六甲海峡沿岸三国无权进入邻国领海而受到限制，但该计划的提出本身就代表了一种转变，它表明沿岸国愿意共同努力打击海峡内的海盗活动，并为出台更多的多边措施铺平了道路。

在提出联合巡逻计划之前，印度尼西亚和马来西亚不愿合作，并反对同新加坡一起应对海盗问题。它们抱持传统观点，认为海盗问题纯属国内事务，并反复强调希望维护其领海主权，特别是当它们认为

"使用国"试图借机控制海峡时更是如此。[11]的确，在寻求建立地区合作之初，印度尼西亚根本不愿意承认该国面临海盗问题。马来西亚尽管承认海峡存在问题，但也明确反对区域外大国参与维护海峡安全。正如以下新闻所证实的那样，"美国希望加入，印度、中国和其他国家可能正在等待加入，但马来西亚仍然坚持没有必要让区域外国家在马六甲海峡巡逻"。[12]相比之下，新加坡更愿意合作，无论是同区域内国家还是与区域外大国。在新加坡召开的海上安全会议上，当讨论海峡联合巡逻问题时，新加坡副总理托尼·唐（Tony Tan）明确表示："将联合巡逻仅仅限于区域内国家是不现实的……如果我们调动区域外国家的资源，就可以做得更多。"[13]

克服马来西亚和印度尼西亚的担心是达成打击海盗合作协议的关键，MALSINDO联合巡逻就是一个成功的范例。虽然是多边计划，但联合巡逻的各国船舶不会定期进入另一国的领海，因此仍然保留了对沿岸国领海主权的尊重。该计划的参与国一开始也仅限于马六甲海峡沿岸三国，这也体现了马来西亚和印度尼西亚对区域外国家参与的高度敏感。不过，或许正是由于对区域外国家参与维护海峡安全的敏感，才最终促使沿岸三国采取联合行动。在沿岸三国于2004年7月实施MALSINDO联合巡逻之前几个月，美国太平洋总部司令托马斯·法戈（Thomas B. Fargo）在2004年3月31日国会演讲时提出了美国所谓的"区域海上安全计划"（RMSI）。在演讲中，他提出，"我们正在考虑高速船。给特种部队配备高速船，从而在恐怖分子出没的海上交通要道实施有效的封锁……"[14]对此，马来西亚总理阿普杜拉·艾阿迈德·巴达维表示（Abdullah Ahmed Badawi）回应说："我想我们能够照看好我们自己的区域。"[15]四个月后，MALSINDO联合巡逻便宣布开始实施。

2005年，国际海事组织（IMO）举行了以"马六甲海峡和新加坡海峡：促进安全和环境保护"为题的讨论，讨论结果再次确认了沿岸国的立场。在这次讨论开始时，有人曾猜测会议将通过各国分担海峡安全维护费用的计划，这样使用国就可以通过资金或援助的方式实现

最低程度的参与。这一猜测并非空穴来风，因为当时会议曾宣布，希望能通过讨论建立起合作机制，让沿岸国

> 能与使用国、造船业和其他与马六甲海峡和新加坡海峡的航海安全利益相关的各方定期会面……讨论安保、安全[16]和环境保护等问题……[17]

然而，后来国家安全问题从讨论内容和沿岸国最后列出的六个项目清单中剥离了出来，最后公布的合作机制内容包括：

> （1）根据海峡分道通航计划清理航道沉船；
> （2）在海峡危险有害物质预备与应对方案方面加强合作，提高能力；
> （3）完成小型船舶自动识别系统（AIS）应答器 B 级示范项目；
> （4）建设海峡潮汐、水流和风向测定系统，增进航行安全和海洋环境保护；
> （5）更新与维护海峡的助航标志；
> （6）更新因海啸受损的助航标志。[18]

合作机制被称为是"具有里程碑意义的自愿协议"，[19]这是第一次把《联合国海洋法公约》（UNCLOS）第 43 条的责任共担原则付诸实践。由于合作机制中的责任共担部分缺少关于促进海峡国家安全方面的相关条款，因此合作机制只就增进航行安全进行了规定。这再一次表明，海峡沿岸国尤其是印度尼西亚和马来西亚，不愿意与使用国一起分担维护海峡安全的责任。同时，沿岸国曾经接受，并将继续欢迎区域外国家以双边方式进行的以维护海峡安全为目的的临时援助，如 2006 年日本向印度尼西亚捐赠的三艘巡逻艇。目前，沿岸国的意愿似乎是拒绝任何长期制度化安排，[20]正如印度尼西亚前议长哈特·拉贾萨

（Hatta Radjasa）所说的，这样的安排可能会给外国军队提供插足海峡安全的机会。[21]

从某种程度上讲，西印度洋海域的情况与马六甲海峡不同，因为海盗活动区域并不仅限于沿岸国的领海，而是扩大到了印度洋的公海。这给予区域外国家和非沿岸国在海上安全合作方面更大的空间。世界集装箱运输的一半都要通过印度洋海域，大约有23个国家被认定为与增进该区域海上安全有直接利益关系，[22]因此，在维护海上安全方面提高使用国的参与程度似乎已成必然。

然而，从马六甲海峡案例中得出的一个经验就是要对沿岸国的关切保持敏感，尤其是它们希望维护主权的愿望，这是影响使用国试图达成任何合作计划的关键因素。此外，地区主导、提升地区能力的合作措施应该被优先考虑，因为这些措施在政治上更易被接受，从而更可持续。的确，澳大利亚国家海洋资源与安全中心（ANCORS）举办的印度洋海上安全研讨会在讨论中也得出了类似结论："区域外国家应对区域内国家的关切保持敏感，倡导并促进区域内国家在维护海上安全方面发挥主导作用，包括加强条件较差的国家的能力建设。"[23]

尽管在责任共担方面缺少正式的多边计划，但双边框架下的能力建设对于促进马六甲海峡通行安全仍发挥了重要作用，这一点对印度尼西亚来说尤为重要。最初，印度尼西亚并不想使用本就稀缺的海军资源在海峡进行反海盗巡逻。近年来，印度尼西亚的军费开支一直较低。据海军前参谋长斯拉米特·苏比建（Slamet Soebijanto）上将所说，2007年印尼海军需要新增262艘巡逻艇，使其总数达到376艘，才能满足保卫印尼17000个岛屿的需要。[24]还有另外一种推测，其怀疑印度尼西亚不愿处理海盗问题是因为1997年金融危机后只有25%～30%的国防费用来源于军事预算，其余资金可能来自海盗等非法活动。[25]

2006年6月，日本向印度尼西亚海军捐赠了3艘巡逻艇。2007年，日本又宣布向印尼海上安全协调委员会（Bakorkamla）提供3亿美元的援助。[26]中国和美国也提供了援助。据2007年的报道，"中国政府向印尼海上安全协调机构捐赠了10台计算机，并向印尼海军人员提供在中国培训的机会"。[27]在过去的三年（应指 2006～2008 年——译者注）中，美国向印尼提供了 4.71 亿美元的援助，[28]以促进印尼海域的海上区域感知系统建设。

马来西亚和新加坡为了加强能力建设，同样也和区域外国家签署了双边协议。和印度尼西亚一样，马来西亚也接受了来自日本的帮助：日本向马来西亚海上执法机构海岸警卫队捐赠了一艘训练艇。此外，2008 年 1 月，日本宣布将向沿岸国提供一项重大援助计划，以实现沿马六甲海峡海上监视系统的升级换代。三个海峡沿岸国都和美国进行了联合演习，印度尼西亚和新加坡与印度也开展了联合演习。

马六甲海峡案例表明，利用现有的国家间关系，通过双边途径加强能力建设，可以取得显著的成效。在缺乏责任共担多边框架的情况下，需要进一步挖掘其他的可能途径。

继续维持马六甲海峡安全

在马来西亚和印度尼西亚实施 MALSINDO 联合巡逻后不久，马六甲海峡沿岸国又提出了一系列增进海峡安全的合作计划。第一个合作计划是 2005 年 9 月开始实施的联合空中巡逻，泰国也参加了该计划。每个参与国提供 2 架飞机进行巡逻，这就是众所周知的"空中之眼"（EiS）计划。[29]参与国的飞机可以飞入沿岸国领海以内 3 海里，这一措施是对海上联合巡逻十分重要的补充，因为海上联合巡逻仅限于沿岸国在各自领海内进行巡逻。

"空中之眼"行动的政治意义显著，因为这是沿岸国首次愿意将对领海主权的担心放在一旁，允许外国军队穿越其边界线。这样的妥协之所以能达成，是因为各方同意每一架巡逻飞机上都派驻沿岸三国的代表。为了加强三国军队间的联合行动能力，沿岸国还专门成立了联合协调委员会对"空中之眼"和 MALSINDO 联合巡逻进行监督。同年，泰国还加入了马来西亚与印尼的 MALSINDO 海上联合巡逻。三国同意，当追捕可疑海盗船时，允许巡逻艇拥有有限的紧追权，进入参与国领海追击。

最具广泛共识的计划是《亚洲地区打击海盗及武装劫船合作协议》（ReCAAP），该协议于 2006 年正式生效。协议覆盖了整个亚洲地区，于 2004 年起草，需要至少 10 个以上参加国签署和批准才能生效。这也就是说，只有在所有东盟国家，加上日本、中国、韩国、印度、孟加拉、斯里兰卡都参与的情况下，该协议方能生效。作为第一个政府级别的打击海盗合作计划，协议的目的就是要推动地区多边合作，有效应对海盗和武装劫船活动。该合作协议以信息分享、能力建设和其他领域的合作为主要内容。

到目前为止总共有 14 个国家签署并批准了该协议。为促进缔约国间的情报和信息交换，有关国家还在新加坡设立了信息共享中心（ISC），定期发布区域内海盗袭击报告。[30]缔约国要指定信息交换的联络点，并通过安全的信息网络系统进行全天候信息交换。联络点除开展信息交换外，还要管控本国领海内的海盗袭击事件，为国家执法机构的调查提供便利，与邻国联络点合作进行监控和执法行动。[31]

印度尼西亚和马来西亚最初对《亚洲地区打击海盗及武装劫船合作协议》持保留态度。马来西亚认为信息共享中心应设在其首都而不是新加坡，而印度尼西亚则因为许多原因对合作犹豫不决，这些原因包括：

> 投票程序没有采取协商一致原则，而是采取投票制（该协议是日本和新加坡推动的）；对印尼没有明显的好处；协议与国际海事组织已有的信息共享多边框架的关系尚不明确；由于众多相关机构间争夺权限，无法指定国家联络点；担心因公开关于非法活动和腐败行为严重程度的真实信息而引发国内不满和国际反响。[32]

虽然两国现在仍不是协议缔约国，但是其目前在操作层面上已经参与了合作。这表明，最初未能吸引大量国家参与的地区协议，可以在晚些时候争取让更多的国家加入。对于整个地区来讲，有意愿国家间的多边合作是非常重要的建立互信的措施。

合作展望

任何一项打击海盗的措施都曾招致批评，但即便如此，仍然有通过深化合作、吸纳更多国家参与现有计划以促进海峡海上安全的空间。比如，对 MALSINDO 联合巡逻的诸多批评指出，该巡逻只能算"协调"而非"联合"，巡逻艇即便拥有穿越国家领海边界进行有限紧追的权利，但也很少使用这一机制。不受领海边界限制的、整合程度更高的巡逻，无疑将更加有效，不过沿岸国仍然试图避免进行这一水平的合作。

但现在，各方已经成功地大幅降低了海峡内的海盗袭击数量，因而更广泛而深入的合作似乎已无必要，甚至可能还会出现减少海峡内巡逻频率的动向。然而，海峡沿岸国必须继续合作，保持海盗行为低发趋势，避免给外国势力的介入以任何口实。美国和中国都认识到了海峡的战略意义，它们一有机会就会试图在此建立永久据点。中国对马六甲海峡的主要关注点是要确保在发生诸如中美关系因台湾问题倒退等危机时，海峡仍是开放的。此外，由于中国从中东进口原油的 80% 以上都要通过马六甲海峡运送，一些中国安全问题专家对海峡通行也感到担心：

> 石油进口依存是中国潜在的压力点，这可能成为中国未来敌人和对手的施压点。美国、印度、日本都被视为潜在的封锁者，但是中国的观察家们更倾向于认为只有美国才有封锁中国石油运输的能力和意愿。[33]

海峡沿岸国仍然希望避免外部势力的介入，这意味着它们也密切关注索马里沿岸的形势，因为其可能影响马六甲海峡将来的方向。印度尼西亚表达了对当前形势的关心，表示在索马里沿岸采取的海盗拦截措施，不应成为在沿岸国管辖海域进行国际介入的先例。目前，虽然马六甲海峡的打击海盗措施很成功，但印尼领海海域仍然面临着海盗威胁。事实上，印尼海域内的海盗袭击事件正呈上升趋势。2010 年的报告指出，在该海域共有 40 起成功及未遂的海盗袭击事件，与 2009 年同期的 15 起相比，出现了大幅增长。[34]尤其值得担心的是针对海峡内船舶的袭击事件数量的上升，2009 年印尼水域没有一起船舶受袭报告，而 2010 年有 9 起。[35]更让人不安的是，在此种背景下，2011 年 6 月印尼运输部部长弗莱迪·纳姆比瑞（Freddy Numberi）却宣布印尼不再存在海盗问题。[36]

马来西亚领海海域的海盗袭击事件也呈缓慢上升趋势，2010 年报告了 18 起，而 2007 年只有 9 起。[37]南海是本地区另一个海盗袭击事件数量增加的海域，2009 年只有 13 起，2010 年达到了 31 起（其中 22 起成功，9 起未遂）。[38]此外，2011 年上半年，该海域还发生了三起劫持事件，这显示出在此区域活动的海盗可能有了新的伎俩。在南海发生的海盗袭击事件，有一半以上发生在印度尼西亚芒凯岛（Pulau Mangkai）海域附近，该岛设有灯塔，是指示船舶驶向新加坡以及进入马六甲海峡的必经之地。2008 年，该区域尚没有任何海盗袭击事件的报告，这足以说明此海域转变成高风险区域的惊人速度。海盗袭击模式新变化的另一种可能的解释是，由于马六甲海峡打击海盗的力度加大，海盗将活动区域转向了巡逻密度较低的印尼水域。因此，有必要将在马六甲海峡采取的打击海盗措施在周边其他水域同样加以实施。相关国家间合作的重要性再一次凸显。芒凯岛非常靠近马来西亚水域，因此，打击海盗的巡逻要想成功，马来西亚和印度尼西亚最好能达成合作协议，以协调它们的巡逻行动。

案例研究：西印度洋海域

2010 年，国际海事组织总共接到 445 起海盗袭击事件的报告，其中 219 起与西印度洋海域活动的索马里海盗有关。[39]据估算，2010 年索马里海盗收取了 1 亿美元的赎金，比 2009 年的 6000 万美元大幅增加。2011 年上半年的统计数据表明，尽管这一海域有不间断的反海盗巡逻，但无论是成功袭击还是袭击未遂事件的数量都有明显增加。海盗成功袭击事件的数量从 2010 年上半年的 28 起增加到 2011 年同期的 35 起。海盗袭击未遂事件数量的增加更加明显，2011 年上半年报告了 128 起，而 2010 年同期只有 72 起。这表明，在该区域的活动的海盗组织数量正在增加。[40]

目前，印度洋发生的海盗袭击事件大多是在印度洋公海、索马里东部海岸、塞舌尔附近和阿曼沿海海域。尤其值得担心的是，当前发生海盗袭击事件的地点距索马里海岸越来越远，一些袭击甚至发生在距岸 1200 公里的地方，因此在这一高风险海域进行执法正变得更加困难。随着越来越多的年轻人加入获利丰厚的"海盗事业"，随着船东继续支付高额赎金，未来海盗袭击事件有可能继续增加。

由于每年大约有超过 20000 艘船舶通过亚丁湾（GOA）及其附近海域，海盗在该区域的存在对国际贸易造成了严重威胁。然而，目前该地区的反海盗措施主要由美国和欧盟领导，缺乏区域和次区域的海上安全计划。尽管采取了一些补救措施试图促进沿岸国加强海上安全合作，但这一过程仍处于初期阶段，前景不明。

西印度洋海域的海盗和武装劫船活动

在西印度洋海域，海盗通常采取绑架、获取赎金的袭击方式，这种方式更为复杂，风险更大，但是与东南亚海盗的做法相比收益更高。当实施袭击时，海盗组成 20～30 人的团伙，使用被称为"母船"的大船放出高速小艇。海盗通常会对被袭船舶使用自动武器甚至是火箭发射器。如果攻击顺利，海盗之后会用绳梯登上船只，绑架船员，把船舶开回沿索马里沿岸的某处基地，在那里安全地和船东谈判赎金。最近，海盗还开始把劫持来的船舶作为"母船"，迫使被关押在船上的船员与其合作。海盗可以使用船上雷达为其下一个袭击目标定位，这不仅扩大了其活动海域，而且使反海盗一方的侦察变得更加困难。

2010 年有 8 名船员被海盗杀害，2011 年上半年又有 7 名船员被害，这使得人们担心海盗的暴力倾向正在增加。[41]一般情况下，大部分被劫持人质在拘禁期间不会受到伤害，但往往会因赎金谈判而被关押数月之久。海盗赎金要求从 200 万美元到 2500 万美元以上不等。[42]截至目前，该地区的最高赎金达到了 1400 万美元。[43]目前，仍有超过 20 艘船舶、约 600 名船员被劫持。[44]

在马六甲海峡，低干舷的慢速船舶更容易遭到海盗的袭击。但是，当船舶通过高风险海域时，所有船舶都存在被袭击的危险。分析 2010 年国际海事组织所记录的索马里、亚丁湾海盗袭击事件细节，并将被海盗成功袭击的船舶类型进行分类，可以明显看出，散装货轮、杂货船和渔船最容易遭受袭击，而更大、更快的集装箱船通常较少遭受袭击。但与此同时，这类船舶曾被成功袭击的事实也非常令人担心。2010 年大约发生了 30 起针对集装箱船的未遂袭击，[45]这表明海盗正在相对频繁地试图登上这些更大的船舶，而并没有因为这些船舶的高干舷而放弃袭击，即使他们可使用的工具只有绳梯和其他自制攀爬工具。截至目前，被劫持的最大船舶是 2010 年 1 月被劫持的"亚洲光荣号"（Asian Glory）汽车货轮，该船携带了 2000 多辆汽车，拥有 20 米高的干舷。[46]

起因

自 1991 年爆发内战以来，索马里就失去了有效的政府。常年的内战、饥荒和疾病致使死亡人数达到了 100 万人。国际社会认可的政府——索马里过渡联邦政府——根本无力控制首都以外的地区。超过 100 万人民流离失所，干旱和食物短缺则意味着约 280 万索马里人处于饥饿之中。[47]

某些国家的报告，包括英国皇家事务研究所的报告指出，索马里海盗最初是对利用该国混乱在索马里沿岸倾倒有毒废物和非法捕鱼的欧洲与亚洲部分国家做出的回应。[48]索马里渔民组成武装团伙，与在索马里海域内进行以上活动的团体进行对抗，同时收取费用作为补偿。虽然开始时是合法行动，但很快演变为一个纯粹的犯罪团伙。现在大多数从事海盗袭击的人，都是来自索马里内陆的民兵，他们极有兴趣开发这一获利丰厚的"产业"。

据说至少有 1500 名经常参与袭击的海盗，大约有 7 个大型团伙。许多海盗占据邦特兰（Puntland）尤其是格马大革（Galmadug）地区的基地进而展开活动，也有部分出没在索马里中部的穆杜格（Mudug）等地区。大规模海盗组织通常由几个小的团伙组成，每个团伙轮流出海袭击船舶。赎金通常在海盗内部、与海盗串通一气的地区官员，以及提供海盗装备的有组织犯罪团伙间分配。还有报道说，支持海盗活动的一部分资金来自海外。

影响

每年大约有数千艘船舶通过苏伊士运河、红海区域、霍尔木兹海峡以及阿拉伯海和印度洋之间的繁忙海道。由于绕道好望角费时费力，绝大多数船舶别无选择，只能通过高风险海域。

据估算，全球造船业每年因索马里海盗事件耗费的赎金、保险和一些额外的船舶安保费用总共大约在 1 亿~4 亿美元。[49]一艘大型船舶每次航行的平均保险费从 6000 美元左右上涨到了约 23000 美元，而如果在船上配备武装警卫，费用将达到 25000 美元以上。[50]而配备武装警卫是否合法，仍未有定论。

除应对海盗的成本外，海盗袭击事件还对船员产生了巨大影响。这些船员在整个工作过程中都面临着被绑架、拷问、受伤害甚至是死亡的风险。曾有报告称，被索马里海盗作为人质的部分船员出现了创伤后压力后遗症。[51]虽然许多船舶公司和一些政府向海盗受害者提供了援助，但是根据船员权利中心（CSR）的报告，[52]仍有大部分船员"由于在其回归普通生活后没有得到任何针对受袭后遗症的跟踪治疗而直接消失了。"[53]

海上恐怖主义威胁

宗教叛乱分子控制了索马里南部和中部的大部分地区。其主要组织——青年党（al-Shabab）是伊斯兰法庭联盟（Union of Islamic Courts）的一个分支，该联盟于 2006 年被埃塞俄比亚支持的过渡政府部队赶下台。青年党被一些西方政府视为恐怖主义组织，并被描述为与"基地"组织有联系。据报道，青年党利用海盗活动筹款，以支持其沿岸活动，它们为该地区的海盗提供武器、训练和保护，然后在海盗的赎金里分一杯羹。

目前，该组织正专注于在索马里建立伊斯兰教法制度，但该组织从海盗获取大量资金的能力、与"基地"组织的联系，以及其邻近具有战略重要性的海上交通线，已经引起人们的警惕。目前，人们正在讨论海盗和宗教激进主义者是否有可能联合起来在海上发动毁灭性袭击。然而，不论海盗或宗教激进主义者是否联合起来，发动类似袭击的威胁似乎是存在的。"基地"组织曾经在海上成功发动了数次袭击，青年党与"基地"组织的联系则表明存在发动类似袭击的可能性。关键问题是，青年党是否愿意使他们本地的宗教激进主义运动成为"基地"组织针对西方的伊斯兰圣战的一部分。

国际反应

随着 2008 年以来亚丁湾海域海盗袭击事件数量的显著增长，联合国安理会通过决议，授权成员国采取行动，包括：进入索马里领海，使用所有必要手段在海上打击索马里沿岸的海盗和武装劫船活动，开展索马里陆上行动以支持海上的打击海盗行动。用中国大使张业遂的话讲，联合国的决议表明"国际社会高度关注索马里海盗形势的严峻性和紧迫性"。[54] 这是该区域打击海盗行动的重要转折点，因为国际法规定，若没有联合国的决议以及索马里政府对进入其领土的许可，任何国家打击海盗行动都只能限于公海。

在联合国通过决议后，三支海上联合部队从 2008 年下半年开始在索马里沿岸、亚丁湾和印度洋实施反海盗巡逻，它们是北约海上部队、151 联合部队和欧盟索马里海军部队。个别国家如日本、印度、中国也已经向该区域派遣了巡逻舰艇。目前，这里有约 30 艘舰艇以及一定数量的空中部队在行动。尽管联合国决议授权成员国可以在陆上实施作战，但目前联合部队还没有进行这样的尝试。

自从三支海上联合部队部署在该区域后，保持高水平的合作和协调就成为优先事项。北约司令部和欧盟作战司令部都位于英国的诺斯伍德（Northwood），而 151 联合部队和欧盟索马里海军部队目前正在讨论在两支部队之间交流军官的问题。另外，联合部队和进行打击海盗巡逻的单个国家间的合作也存在较大的拓展空间，当然，国家间的合作层次不尽相同。[55]

尽管如此，三支联合部队和单个国家的海上部队的确在信息共享与防止冲突会议（SHADE）框架下进行了协调行动和交换信息的活动。这是一个自愿参加的国际军事组织，最早于 2008 年 12 月成立，每月在巴林召开一次会议，目标是提供一个分享"最佳实践"的平台，展开非官方的讨论，避免在该地区进行打击海盗军事行动的国家和组织间发生冲突。[56]最近的一次会议有 26 个国家参加，包括三支联合部队和来自工业界的代表。

舰艇巡逻在阻止海盗袭击方面取得了很大成绩，尤其是在亚丁湾国际推荐通行走廊区域。然而，这却无意间导致了印度洋海域海盗行动的增加。为了应对这一趋势，欧盟索马里海军部队将其巡逻范围向东扩展，将巡逻面积扩大至相当于英格兰的 30 倍。然而问题是，这远远超过了舰队目前的巡逻能力。

另一个问题是起诉被捕海盗的能力严重不足，许多北约盟国不得不采取"抓了又放"的政策，即先摧毁被捕海盗的装备和母船，再用小船将海盗送到岸上。欧盟和美国以及其他一些国家试图与肯尼亚、塞舌尔签署备忘录和协议，将抓捕的海盗嫌疑人移交给这些国家起诉。但是，去年（应指 2009 年——译者注）肯尼亚政府宣布不再延长与欧盟于 2010 年 9 月到期的协议，因为他们认为这一协议危害了国家安全。[57]

即使是协议还在实施的时候也出现了很多问题。起诉前，被捕海盗在肯尼亚监狱要被关押数月，而且起诉的证据不足，缺乏目击证人，或目击证人不愿作证。2009 年，海军巡逻部队抓获了 250 多名海盗送到肯尼亚审判，但是只有 46 人被关入监狱。[58]另一个问题是，肯尼亚政府缺少将海盗嫌疑人无罪释放的正式程序。如果他们被释放，既没有将其留在肯尼亚也没有将其送回索马里的机制。

选择审讯海盗嫌疑人的地点也存在争议，因为一艘船舶可能悬挂一个国家的国旗，在另一个国家的领海被劫持，在另一个国家的海岸被扣押，又在另一个国家获得海军巡逻舰艇的援救。

2010 年 5 月在荷兰受审的 5 名索马里海盗就是一例。这些海盗在袭击荷兰安第列斯群岛籍的船舶时被荷兰的巡逻舰艇抓获。审判在荷兰进行，但索马里的辩护律师质疑法庭的司法权，认为荷兰安第列斯群岛有其独立的司法系统，因此审判应该在那里进行。[59]然而，这一看法似乎与《联合国海洋法公约》（UNCLOS）相矛盾，《公约》规定：

> 在公海上，或在任何国家管辖范围以外的任何其他地方，每个国家均可扣押海盗船舶或飞机或为海盗所夺取并在海盗控制下的船舶或飞机，可逮捕船上或机上人员并扣押船上或机上财物。扣押国的法院可判定应处的刑罚，并可决定对船舶、飞机或财产应如何处理，但受善意第三者权利的限制。[60]

也门也曾对在其领海抓获的海盗嫌疑人进行审判。2010 年 5 月 25 日，也门判处 6 名 2009 年 4 月劫持也门油轮的索马里人死刑。[61]

地区海上安全计划——更光明的前景？

到目前为止，西印度洋海域乃至印度洋区域更广泛的地区海上安全合作仍局限于联合演习和双边协议，如印度与塞舌尔和毛里求斯的紧密联系。印度向这些国家提供了巡逻艇，印度海军多次在毛里求斯海域巡逻，其舰艇定期访问塞舌尔。[62]尽管区域安全组织常被宣称为治理海上安全问题的万能药，但我们也不能低估或忽视对现有国家关系的有效利用。事实上，正如来自澳大利亚罗利研究院（Lowy Institute）的罗伊·梅得卡夫（Rory Medcalf）所指出的，在该区域，双边关系证明比"宏伟且高高在上的"多边计划更加有效。[63]马六甲海峡的案例似乎也证明了他的观点，虽然受到了其他国家要求参与和敦促创建区域范围的海上安全制度的压力，但起初只有海峡沿岸三国参与的维护海峡安全的措施取得了实质性进展。这有助于缓解沿岸国对于合作可能损害其主权的担忧。到目前为止，所有外来的参与国都以双边为基础，并局限于能力建设领域。

尽管双边协议有其价值，但是索马里海盗的活动范围更为广泛，其涉及的国家数量远远超出了马六甲海峡。因此，该区域的海上安全协议应囊括更多的参与国以发挥最大效能。然而，许多西印度洋正在实施的多边计划必须克服印度和巴基斯坦之间的敌对状态，这种敌对关系也影响到它们与海湾国家之间的关系。

目前，比较成功的地区安全计划是"印度洋海军论坛"（IONS）。该论坛由印度海军于 2008 年发起，借用了西太平洋海军论坛（WPNS）的模式。[64]印度海军网站称印度洋海军论坛：

> 提供了让印度洋地区沿岸国海军领导人定期会晤的平台，以建设性地讨论关于建立和促进地区相关机制、事件和活动等问题。[65]

巴基斯坦最初反对这一组织，认为这是一个反对伊斯兰世界的联盟，其海军领导人没有参加 2008 年在新德里首次举行的印度洋海军论坛。然而，2010 年 5 月，巴基斯坦海军领导人最终出席了论坛。伊朗同样没有出席论坛第一次会议，但出席了 2010 年的会议，这表明伊朗参与地区海上事务的意愿有所增加。

最近一次（应指 2010 年——译者注）印度洋海军论坛的主题是"合作维护海上安全"，会议关注加大信息共享和技能分享的需求，还讨论了在印度洋地区成立类似当前在该区域进行巡逻的国际联合部队的区域特遣部队或安全保障舰队（security fleet）的问题。前印度海军领导人阿兰·普拉卡什（Arun Prakash）上将提出了"地区海上和谐"计划，希望印度洋海军论坛成员国共同提供舰艇、支援和后勤，组成一个多国部队。而意大利海军参谋长布鲁诺·布兰斯福特（Bruno Branciforte）上将则建议成立地区海上安全保障舰队联盟。[66]

但是，由于印度洋沿岸国在海上监视、执法和情报等方面的资源有限，近期还不太可能建立类似的区域多国部队。另外，许多国家还在为有效管控自己的海上区域而努力，显然没有余力为任何区域海上部队提供资源和装备。

来自新德里国防研究与分析研究所（Institute for Defence Studies and Analysis）的格普利特·库拉纳（Gurpreet Khurana）认识到了这一点，在2008年召开第一次印度洋海军论坛会议时就断定：

> 印度洋海军论坛初期应专注沿岸小国的能力建设，不仅是硬件方面的建设，而且要向海上空间感知（MDA）等信息共享方向发展，对海上部队和执法机构进行培训，交流标准操作程序（SoP）和最佳做法。[67]

然而一年之后，新德里国家海上基金会（National Maritime Foundation）原秘书长拉吉夫·斯沃尼（Rajeev Sawhney）注意到，对印度洋海军论坛的最初反响十分积极，但之后的进展则令人失望。[68]

对于本地区任何可能成立的海上安全组织而言，一方面需要具备足够的区域能力，另一方面要平衡国家利益和更广泛的区域利益，这是一件十分困难的任务。新加坡南洋理工大学拉惹勒南国际研究院（S. Rajaratnam School of International Studies）的萨姆·贝特曼（Sam Bateman）认为，印度是类似印度洋海军论坛计划能否成功的关键，"过去在促进地区合作方面的努力大部分都失败了，如果印度洋海军论坛要继续下去，印度必须提供更多的资源和努力"。[69]考虑到印度海军是地区内最强大的海上力量，这一评估看起来是正确的。然而，印度对此非常敏感，不希望被看作整个地区的主导。印度海军参谋长尼莫·福玛（Nirmal Verma）明确表示，印度不希望在任何未来印度洋海上安全组织中充当领袖，他说："我们正在讨论进行建设性的合作，但印度海军不打算成为领头羊。"[70]

增强地区能力最有效的方法是采取区域或次区域的"费用分担"方式，这样有关方和使用国就可以援助资金，或提供装备及培训。如果这一计划得以实现，实施类似马六甲海峡的多国联合巡逻就可能成为现实。但是如上所述，由于沿岸国对主权的担心，东南亚地区的所有来自区域外国家的援助都是以双边为基础安排的。而且，即便是把范围限制在西印度洋沿岸国之间，要想形成类似的多边安排也是一个十分困难的任务。最重要的问题是，谁来进行援助？援助到什么程度？

美国、中国和俄罗斯是印度洋之外的三个大国，为了保卫其战略利益它们渴望保持在该地区的存在。如果给这些国家机会，它们都具有向任何区域计划提供巨大援助的能力。然而，一些印度洋国家的代表已经公开表示，区域海上安全的责任应主要由沿岸国承担。在最近的印度洋海军论坛会议上，伊朗海军少将哈比布拉·萨亚瑞（Habibollah Sayyari）明确表示，印度洋安全机制应只包括区域内国家，"本区域不需要外国势力的存在"。[71]虽然伊朗的观点不能代表西印度洋所有国家，甚至一些国家还正在积极寻求获得美国等国的援助，[72]但在这方面显然缺少共识，而缺少共识通常意味着情况将会与马六甲海峡类似，即沿岸国各自与外国签署协议以获得援助。有迹象表明，有关国家已经开始这样做了。欧盟最近表示愿意向也门——特别是也门海岸警卫队——提供援助，并已于 2010 年 5 月向也门派出了一个代表团，评估其海上安全需求。[73]想在印度洋保持势力的一些国家也和沿岸国达成了海岸后勤基地的使用协议，以便为其海军在该地区的行动提供支援，其中包括打击海盗的行动。[74]

虽然现阶段印度洋各沿岸国还没有做好实施联合打击海盗的巡逻的准备，但在信息共享方面已经取得了新进展。2009 年 1 月，国际海事组织参考《亚洲地区打击海盗及武装劫船合作协议》起草了一份《西印度洋和亚丁湾海域打击海盗和武装劫船行动准则》（Code of Conduct Concerning the Repression of Piracy and Armed Robbery against Ships in the Western Indian Ocean and the Gulf of Aden），目前已经有 17 个西印度洋沿岸国签署了该协议，其中大部分是非洲和亚丁湾沿岸国家。[75]

该准则涉及了一系列问题，并呼吁"建立对抗海盗和武装劫船的国家联络点，共享相关袭击信息"。[76]这将通过肯尼亚、坦桑尼亚和也门的海盗信息交换中心实现，三国的信息中心分别是位于蒙巴萨岛的地区海上搜救中心、达累斯萨拉姆的次区域协调中心，以及建在萨那的地区海上信息中心。[77]

准则签署后，国际海事组织总干事长伊夫斯米斯·E. 米特普罗斯（Efthimios E. Mitropoulos）评论道：

> 如同 2004 年 11 月亚洲 16 个国家建立的地区合作机制《亚洲地区打击海盗及武装劫船合作协议》一样，我坚信此行为准则将成为本区域各国成功合作与协调的起点，并将在打击海盗和武装劫船的过程中取得丰硕成果。[78]

下一步需要巴基斯坦、印度等南亚沿岸国签署该准则，不过它们目前还没有相关的具体计划。

地区合作另一种可能的模式是类似亚太安全合作理事会（CSCAP）这样的"二轨"组织。亚太安全合作理事会是"为了辅助发展安全合作的政府机制（一轨）而产生的组织，主要由专家、学者和私人身份的政府官员参加，通常讨论不适宜一轨讨论的问题"。[79]与亚太安全合作理事会相对应的"一轨"是东盟地区论坛。如果印度洋地区也成立类似亚太安全合作理事会这样的组织，其对应的"一轨"很可能是印度洋海军论坛。

印度洋地区促进合作的另一条完全不同的路径是，扩大现有合作机制和组织的授权范围，将海上安全列入其中。环印度洋地区合作联盟（IOR-ARC）就是这样的组织，它的会员包括除巴基斯坦之外的大部分印度洋沿岸国家。该组织的主要职责是促进成员国间的经济与贸易合作，但由于海上交通线对国际贸易的重要性，已有建议将其职责扩大到海上安全合作领域。但是，最近已有人指出"澳大利亚试图引入安全议题的努力并未成功。的确，该组织忽视了海上安全合作的问题"。[80] 而且，该组织也因最近几年进展有限而备受批评。印度最近表示，"一些具体项目没有取得太大进展，需要重新评估该组织的性质"。[81] 的确，任何扩大现有区域组织授权的努力，都应评估该组织已经取得的成就，并对成员国对组织走向的关切保持敏感。

结　论

通过对亚洲两个次区域反海盗案例的分析以及对促进地区合作以打击海盗的展望，可以得出几个值得强调的重要结论。第一个也是最重要的结论是，达成地区海上安全合作困难重重。只有当面临外部势力可能干预自己"后院"的情况时，马六甲海峡沿岸国才开始合作，而且这些合作也仅限于一个很小的区域和极少数参与国。对主权受侵犯的担心、能力不足、不同的国家利益诉求都成为影响合作深入发展的重要因素。

西印度洋乃至印度洋地区面临着同样的挑战，只不过情况更糟。海盗出没的海上区域十分广阔，区域内许多国家是不发达国家，缺少有能力的海上力量，印度和巴基斯坦一直处于敌对状态，索马里这个犯罪的发源地则似乎仍是一个没有未来的"失败国家"。虽然有多种不同的方式可供选择，但不管进行哪种合作，最终都需面对这些挑战。

第二个结论是，即便为了打击海盗建立了合作机制，通常也只会将海盗问题驱赶到附近的另一个区域。这一点在马六甲海峡和亚丁湾都已经被证实。这也形成了第三个也是最后一个在某种程度上一直被忽视的结论，那就是要想真正解决海盗问题，只有根除这一问题产生的根源，即该区域人民的贫困问题。尤其是索马里，由于没有有效的政府，其国内局势一直缺乏稳定与安全。正如联合国秘书长潘基文所讲的那样，"没有陆上的稳定，就没有海上的安全"。[82]然而，从根源上解决海盗问题在大国眼中似乎并非好办法。它们更倾向于向这些海上区域增派军队，同时谋求自己的战略利益。

[郑宏/译　陈雍容/校]

注释

[1] 国际海事组织 2010 年度海盗及武装劫船报告。

[2] 国际海事组织 2010 年度海盗及武装劫船报告。

[3] 国际海事组织 2003 年度海盗及武装劫船报告。

[4] 尽管本文讨论的多边合作措施在降低马六甲海峡海盗发生率方面发挥了作用，但还有其他一些因素也对海盗袭击事件的减少做出了贡献：2005 年印尼政府和分裂势力签署和平协议，改善了国内政治形势；2004 年年底的印度洋海啸对该地区造成了巨大破坏，许多海盗控制的沿岸设施被毁；沿岸国的海岸执法能力有所改进。

[5] 杰姆·德特蒙：《各国组成联合部队打击海盗》，《亚太防务论坛》2011 年 8 月 18 日，见 http：//apdforum. com/en_ GB/article/rmiap/articles/online/features/2011/08/18/asia－seapiracy－battle。

[6] 萨姆·贝特曼：《超越印度尼西亚的群岛水域：群岛国家管理》，见 R. B. 克瑞伯和迈克尔·福特编《印度尼西亚水域的海盗和武装劫船活动》，新加坡：ISEAS，2009，第 124 页。

[7] 凯瑞·胡斯：《海盗复苏引发恐怖危险》，2005 年 7 月 26 日，http：//www. msnbc. msn. com/id/8487337/。

[8] 马克·迈当那：《亚洲：曾经的海盗热点成为平静的水域》，《纽约时报》2008 年 11 月 18 日，http：//www. nytimes. com/2008/11/18/word/asia/18iht － RISK. 1. 17920210. html。

[9] 马克·迈当那：《亚洲：曾经的海盗热点成为平静的水域》，《纽约时报》2008 年 11 月 18 日，http：//www. nytimes. com/2008/11/18/word/asia/18iht － RISK. 1. 17920210. html。

[10] 《字幕新闻：马六甲海峡巡逻的里程碑》，http：//www. mindef. gov. sg/imindef/news_ and_ events/nr/2008/mar08_ nr/28mar08_ fs. html。

［11］使用国是指有船舶通过海峡，海峡安全与其有关的国家。

［12］马汉卓·韦德，《"区外国家"无需在马六甲海峡巡逻：马来西亚》，*Indo-Asian News Service*，见 http：//www. iiss. org/whats－new/iiss－in－the－press/press－coverage－2007/june－2007/outsiders－not－needed－to－patrol－malacca－strait。

［13］《新加坡寻求可包括日本在内的马六甲海峡联合巡逻》，《亚洲政治新闻》2004 年 5 月 24 日。

［14］大卫·罗森伯格：《可怕的海峡：南海安全优势竞争（2005）》，http：//www. zmag. org/content/ showarticle. cfm？ ItemID ＝7632。

［15］苏哈·拉姆哈丹：《马六甲海峡对恐怖威胁的分歧》，《亚洲时报》2004 年 6 月 16 日，http：//www. atimes. com/atimes/Southeast_ Asia/FF16Ae01. html。

［16］斜体为原作者所用。

［17］国际海事组织/SGP 2.1/1，2007 年 8 月 16 日，第 1 页。

［18］http：//www. mpa. gov. sg/infocentre/pdfs/fact－sheet－4－070904. pdf.

［19］约叔亚·何：《马六甲和新加坡海峡：确保安全和有效航运》，《南洋理工大学拉惹勒南国际研究院评论》2009 年第 3 期。

［20］该观点最近被重申是在 2010 年：印度尼西亚外交部的官员表示，"马六甲海峡安全事务不能被国际化，因为海峡沿岸领土毗邻的三国已同意由自己解决问题"。《人民日报》2010 年 9 月 21 日，http：// english. peopledaily. com. cn/90001/90777/90851/7147561. html。

［21］《反对将马六甲海峡国际化的任何努力》，《安塔拉新闻》2007 年 8 月 29 日。

［22］李·科德勒：《来自印度洋海上安全论坛的记录》，2009 年 4 月 17 日，第 17 页。

［23］李·科德勒：《来自印度洋海上安全论坛的记录》，2009 年 4 月 17 日，第 54 页。

［24］《海军需要超过 262 艘的舰艇保卫印度尼西亚水域》，《安塔拉新闻》2007 年 9 月 18 日。

［25］卡罗琳·李斯：《东南亚海域的海盗威胁和澳大利亚的作用》，《澳大利亚政策论坛》，07－19A，2007。

［26］安·斯托瑞：《中国和印度尼西亚：军事关系难有真正的动力》，《詹姆斯敦基金会中国报告》2009 年 2 月 20 日，http：//www. jamestown. org/single/？ no_ cache ＝1&tx_ ttnews［tt_ news］＝34531。

［27］安·斯托瑞：《中国和印度尼西亚：军事关系难有真正的动力》，《詹姆斯敦基金会中国报告》2009 年 2 月 20 日，http：//www. jamestown. org/single/？ no_ cache ＝1&tx_ ttnews［tt_ news］＝34531。

［28］安·斯托瑞：《中国和印度尼西亚：军事关系难有真正的动力》，《詹姆斯敦基金会中国报告》2009 年 2 月 20 日，http：//www. jamestown. org/single/？ no_ cache ＝1&tx_ ttnews［tt_ news］＝34531。

［29］《发起"空中之眼（EiS）"倡议》，2005 年 9 月 13 日，http：//www. mindef. gov. sg/imindef/news_ and_ events/ nr/2005/sep/13sep05_ nr. html。

［30］报告可见亚洲地区反海盗和武装劫船协议网站，http：//www. recaorg。

［31］http：//www. intertanko. com/upload/piracyForumReCAApdf。

［32］佐藤洋一郎：《东南亚国家同意与日本开展海上安全合作》，*APCSS*，2007 年 9 月，http：//www. apcss. org/Publications/Maritime% 20security% 20cooperation% 20Japan －SE% 20Asia% 20Sato. pdf。

［33］嘉贝瑞·B. 科林斯和威廉·S. 穆瑞：《中国无油？》，《海军战争学院评论》2008 年第 61 卷第 2 集，第 1 页。科林斯和穆瑞驳斥了认为对海峡实施封锁将掐断中国进口石油线路的传统观点："虽然远程能源封锁的战术风险只是中低程度，但可能无法阻止中国通过其他海上交通线、伪造货物清单运输石油，或通过第三国转运石油等方式获取石油。"

［34］国际海事组织 2010 年海盗与武装劫船年度报告。

［35］国际海事组织 2009 年和 2010 年海盗与武装劫船年度报告。

［36］BMP3 会议（BMP3 是指打击索马里沿岸和阿拉伯海域海盗的最佳管理实践），2011 年 6 月，雅加达。

［37］国际海事组织 2010 年海盗与武装劫船年度报告。

［38］国际海事组织 2010 年海盗与武装劫船年度报告。

［39］国际海事组织 2010 年海盗与武装劫船年度报告。

［40］国际海事组织 2010 年海盗与武装劫船第二季度报告和 2011 年第二季度报告。

［41］国际海事组织 2010 年海盗与武装劫船年度报告和 2011 年第二季度报告。

［42］迈克尔·福罗德：《超大型油轮被劫表明能源供应的脆弱性》，《国家防务》2009 年 3 月，http：//www. nationaldefensemagazine. org/archive/2009/March/Pages/HijackedSuperTankerExposesVulnerabilityofEnergySupplies. aspx。

［43］《联合起来打击海盗的时代》，《环球邮报》2010 年 9 月 22 日，http：//www. globalpost. com/webblog/ commerce/time －join －the －fight －against －maritime －piracy。

［44］凯瑟琳·霍瑞尔德：《欧盟：索马里海盗劫持了包括 15 名印度船员的船舶》，*AP*，http：//news. yahoo. com/s/ap/piracy。

［45］国际海事组织 2009 年度海盗与武装劫船报告。

［46］《海盗将亚洲光荣号汽车运载船作为母船》，《亚洲海上贸易》2010 年 2 月 1 日，http：//www. seatradeasia －online. com/News/5162. html。

［47］http：//www. fsausomali. org。

［48］罗杰·米德顿：《索马里海盗：威胁全球贸易，造成地区战争》，英国皇家事务研究所论文简介，2008 年 10 月。

［49］J. 彼得·汉姆：《索马里海域的考虑》，《世界防务评论》2009 年 4 月 23 日，http：//worlddefensereview. com/ pham042309. shtml；and "Somali Piracy Q&A," *RUSI*，http：//www. rusi. org/analysis/commentary/ref：C4A26436289B1F/。

［50］本文作者对造船业代表的访谈，伦敦，2010 年 4 月。

［51］《国内问题：海盗》，http：//www. itfseafarers. org/ITI －piracy. cfm。

［52］该权利中心属于海员教会学院。

［53］《海员教会学院发表精神创伤研究报告》，2009 年 7 月 15 日，http：//www.
seamenschurch. org/ seamens－church－institute－news/128－sci－announces－trauma－
study。

［54］《联合国通过新的索马里海盗决议》，*AFP*，2008 年 10 月 8 日。

［55］《欧盟海上部队和联合海上部队 151 编队的合作正在发展》，2010 年 6 月 1 日，
http：//www. eunavfor. eu/2010/06/co－operationbetween－eu－navfor－and－the－
combined－maritime－force－tf－151－is－developing/。

［56］欧盟海上部队网站，http：//www. eunavfor. eu/2009/10/8th－shade－meeting－
sees－largest－international－participation－so－far/。

［57］《肯尼亚取消海盗审判死刑》，《国家》2010 年 9 月 30 日，http：//www. nation.
co. ke/News/Kenya% 20cancels% 20piracy% 20trial% 20deals/－/1056/1021740/－/
u7eds2z/－/。

［58］罗伯特·罗特伯格：《打击海盗》，《世界和平基金会政策简报》2010 年 1 月 26 日，
第 2 页，http：//www. worldpeacefoundation. org/WPF＿ Piracy＿ Policy－Brief＿
11. pdf。

［59］大卫·查特：《索马里海盗在荷兰接受审判》，《时代》网络版，2010 年 5 月 25
日，http：//www. timesonline. co. uk/tol/news/world/europe/article7135952. ece。

［60］《联合国海洋法公约》第 105 条，http：//www. un. org/Depts/los/convention＿
agreements/ texts/unclos/UNCLOS－TOC. htm。

［61］《也门判处索马里海盗十年徒刑》，IC 出版物，2010 年 5 月 25 日，http：//www.
africasia. com/services/ news＿ africa/article. php? ID＝CNG。

［62］萨德哈·拉玛查干：《印度静悄悄的海权》，《亚洲时报》，http：//www. atimes.
com/atimes/South＿ Asia/ IH02Df01. html。

［63］罗伊·梅德卡夫：《印度洋伙伴关系的局限——中国与印度的作用》，印度洋海
上安全论坛，2009 年 4 月 17 日。

［64］西太平洋海军论坛成立于1988 年，其成员包括领土在西太平洋地区或邻近西太
地区国家的海军，论坛已成为增进相互理解、促进合作、提高海上安全互通性的
重要平台。

［65］http：//indiannavy. nic. in/ion. htm.

［66］朗德·莫里斯：《32 个国家海军领导人同意合作是令印度更安全的途径》，《国家》
2010 年 5 月 12 日，http：//www. thenational. ae/apps/pbcs. dll/article? AID ＝/
20100513/NATIONAL/705129839/1010。

［67］格普利特·S. 库拉那：《印度洋海军论坛：从哪里来……到哪里去？》，《IDSA 评论》，
http：//www. idsa. in/ idsastrategiccomments/IndianOceanNavalSymposium （IONS）＿
GSKhurana＿ 220208。

［68］拉吉夫·斯沃尼：《印度洋海上安全问题与展望》，印度洋海上安全论坛，2009

年 4 月 17 日。

［69］萨姆·贝特曼：《印度洋海军论坛——印度洋地区海军将联合起来？》，南洋理工大学拉惹勒南国际研究院，2008 年 3 月 17 日。

［70］S·福克特·纳兰燕：《印度不想成为印度洋的地区警察》，http：//www. island. lk。

［71］《呼吁世界范围的反海盗合作》，《马尼拉时报》2010 年 5 月 17 日，http：//www. manilatimes. net/index. php/ news/nation/17503 － rp － calls － for － worldwidecooperation － vs －piracy。

［72］例如，2009 年塞舌尔要求国际社会帮助打击其管辖海域的海盗。见《美国帮助塞舌尔打击海盗》，BBC 新闻，2009 年 10 月 22 日，http：//news. bbc. co. uk/1/hi/8318181. stm。

［73］《欧盟讨论支持也门反海盗措施》，*SABA*，2010 年 5 月 2 日，http：//www. sabanews. net/en/news213195. htm。

［74］丹尼尔·克斯塔克：《中国海军正在印度洋打造支撑网络》，《詹姆斯唐基金会中国简报》第 10 期，第 15 页（2010 年 7 月 22 日），http：//www. jamestown. org/single/？no_ cache = 1&tx_ ttnews［tt_ news］=36659&tx_ ttnews［backPid］= 13&cHash =5a0d8bd639。

［75］行为准则的签署国怕得吉布提、埃塞俄比亚、肯尼亚、马达加斯加、马尔代夫、塞舌尔、索马里、坦桑尼亚合众国、也门、法国、科摩罗、南非、阿曼、约旦、埃及、苏丹和沙特阿拉伯。

［76］《吉布提高级别会晤通过行为准则以打击海盗和武装劫船活动》，2009 年 1 月 30 日，http：//www. imo. org/ newsroom/mainframe. asp？ topic_ id =1773&doc_ id = 10933。

［77］《吉布提高级别会晤通过行为准则以打击海盗和武装劫船活动》，2009 年 1 月 30 日，http：//www. imo. org/ newsroom/mainframe. asp？ topic_ id =1773&doc_ id = 10933。

［78］《吉布提高级别会晤通过行为准则以打击海盗和武装劫船活动》，2009 年 1 月 30 日，http：//www. imo. org/ newsroom/mainframe. asp？ topic_ id =1773&doc_ id = 10933。

［79］http：//www. victoria. ac. nz/css/pages/cscap/index. aspx.

［80］K. 格什：《南亚海上安全挑战与印度洋：反应战略》，美国太平洋海上交通线安全研究所会议论文，2004 年 1 月 18 ~20 日。

［81］《印度寻求在印度洋—亚洲的结构性变化》，《一个印度》，2010 年 5 月 4 日，见http：//news. oneindia. in/2008/05/04/india －seeks － structural － changes － in －iorarc － 1209915220. html。

［82］《联合国呼吁索马里当局加强能力建设》，http：//www. banadir24. com/english － n3506. html。

第四篇
管理当代海洋冲突

为西太平洋海上军备竞争降温：
美中海上伙伴关系议程

莱尔·戈德斯坦（Lyle Goldstein）

迈克尔·蔡斯（Michael Chase）[1]

　　避免西太平洋地区潜在的不稳定海上竞争，是摆在美国和中国政治决策者面前的关键性问题。防止恶性竞争符合两国利益，但是利益冲突和缺乏信任等障碍不利于建立一个更稳定的建设性关系。很多人认为中国在解决其周边海洋争端时变得越来越具有"侵略性"，美国分析家对此表示担忧。[2]他们旁引佐证，试图证明一个更强大的中国将可能以危险的方式耀武扬威，比如：中国人民解放军海军和中国民事执法队伍能力的持续增强；中国对那些与其在南海存在争端的国家采取更为强硬的立场；中国渔船与日本海上保安厅船只在钓鱼岛附近海域发生撞船事件后，中国对日本的强硬态度等。对此，中方日益增长的担忧则是：美国寻求利用中国与其邻国海上安全问题的紧张态势，以巩固美国在西太平洋地区的地位，增强其与潜在的中国对手（特别是日本、越南和菲律宾）之间的外交和军事联系。一些中国学者和安全分析家甚至认为，美国"重返亚洲"是美国试图遏制中国的策略中的一部分。[3]

　　美国和中国要解决彼此之间的分歧并非易事，但是，建立信任措施和开展两国在非传统安全问题上的合作有助于在美中之间建立一个更具合作性的海上安全关系。这种关系反过来也可以推动两国建立相互信任，从而减少美中海上安全关系中那种由相互怀疑和竞争关系主导的倾向，降低亚太地区潜在的新海上冷战的可能性。

寻找建立信任的途径——这将有助于决策者在海洋安全领域选择合作而非竞争——至关重要，不仅因为这样做可以减轻美中之间近期在海上安全方面的紧张态势，而且也因为历史经验告诉我们，海上竞争可能极其危险。海战几乎不依赖于自然防御，如山脉、茂密的雨林或沙漠等，从而杜绝了以防守为主导的作战的可能性。[4]因为地理影响较少，所以科学技术具有更高的地位，其中，各种平台、海面和水下传感器的探测参数和隐蔽性，以及反舰武器的射程和杀伤力成为决定性因素。海军平台都极其昂贵，然而海战却很少，这留给战略家和科学家很大的想象空间。一方面，海军竞赛展示出一种特定的清晰度，在某种程度上可以用客观标准衡量，比如吨位、接触范围和导弹发射器的数量等；[5]另一方面，从水雷到潜水艇到航空母舰，技术的演变持续不断地颠覆二战前对海军实力的评估。在当代历史中，海军竞赛是如此不稳定，以至于其与大国冲突的诱因之间的密切联系是如此显而易见。冷战期间，一些最危险的危机，如古巴导弹危机和赎罪日战争危机，均涉及公海上战舰之间的互动接触。

如今，西太平洋上令人担忧的现象表明，一场海军竞赛正在进行。在过去 20 年里，中国聚焦于台湾问题，军事现代化将海军发展放在了优先地位。新一代达到世界标准的巡逻艇、护卫舰、驱逐舰和潜水艇的出现对周边其他国家对中国的实力和雄心的认知产生了重大影响。更近些时候，中国对两栖船坞登陆舰的部署和对 20 世纪 90 年代末从乌克兰购买的航空母舰的翻新，都引发了本地区新的担忧。[6]为了应对中国快速的军事现代化进程，美国已经致力于加强地区同盟，在关岛部署军力作为美国在西太平洋进攻力量的中心。日本已经逐渐转变了它的战略姿态，由北向（面向俄罗斯）转为南向（面向中国）。区域范围内的海军建设已经开始，包括作为中级海军力量的韩国以及作为更小的海军力量的越南和新加坡。2010 年 4 月末，当中国和日本就海军舰群的过分靠近及行动事件交换外交抗议后，海军活动已经频繁地成了"常规"。但是，涉及海军的重大危机已经出现，包括 1996 年的台湾海峡危机、2001 年的"EP－3"撞机事件，以及最近的 2009 年的"无瑕"号事件。令人不安的是，不仅每一个危机都出现了军队调动和令局势升级的因素，如人员的死亡（2001 年"EP－3"撞机事件中有中国飞行员死亡），而且每一个新的危机都为军备竞赛注入了新的动力，潜在地影响了太平洋地区甚至更大区域内的队伍结构、预算、基地和训练等。

美国和中国之间已经达成了一项广泛共识，即：美中关系将对 21 世纪及更加深远的国际安全产生巨大影响——美中两国学者常常将两国关系描述成世界上最重要的双边关系。而且，两国政府也都认识到，如果一方将另一方当作潜在竞争者，那么，结果很可能造成对抗，也就成了如同很多人所说的"自我实现的预言"。本文致力于阐述限制海上军备竞赛的有效措施。之所以认为在海洋领域开展限制对抗的努力的时机已经成熟，是因为，如上所述，海上对抗已经非常不稳定。在过去二十余年里，美国和中国之间已经存在着特定形式的海上危机。最后，因为两国之间的利益问题最可能在海洋领域引发大的摩擦，美中海上安全合作成为世界上最重要的双边关系中的关键环节。美中之间存在着巨大的障碍，其主要来自于国内政治的挑战，同时，双方互信的缺乏也阻碍了合作。然而，我们认为，美中之间仍有宽敞的空间来推动在非敏感领域的合作，如人道主义援助和灾难救助、打击海盗和海上搜救等。此类合作活动可以帮助美中双方建立互信，进而可能为不断增长的、潜在的、极端危险的海上竞争提供缓冲。

本文用三个部分来阐释这一观点。第一部分进一步阐述相关历史案例以及近期美中之间在海洋领域里存在的摩擦。第二部分，也是本文笔墨最多的部分，阐述美中海上合作可以出现重大进步的八个关键领域。第三部分，也是最后一部分，简要陈述推动与美中海洋合作相关的几个注意事项。

海军竞赛的形式

近代史上的海军竞赛——三种可能结果

简单回顾近代史上的海军竞赛，可以发现三种结果：缓和紧张局势、大国冲突和海上冷战。毫无疑问地，最完美的结果当然是逐步缓和紧张局势，取而代之的是向海军竞赛完全消失的方向发展。这样的情况很罕见，因此也值得分析。简言之，只有一个例子，即 19 世纪发生在美英之间的海军竞赛。我们很容易忘掉两国关系曾经有过的敌对和怀疑。但事实上，在 1812 年的战争中，年轻的美国非常害怕英国扩张性的海军力量——一种使英国可以攻击和烧毁美国首都的远征能力。时至今日，分布在美国东海岸的大量岸防堡垒依然清晰可见，它们充分证明了美国军事策略家对英国舰队曾经持有的巨大担忧。大量的历史档案记载显示，美英在 19 世纪曾经无数次接近战争边缘。最严重的危机涉及西北部的边境划分、美国内战以及对圭亚那的处置。值得注意的是，这些"危机时刻"并没有因为两个政权同属民主政体而得到解决。[7]

相对的，我们可以从这个有着"圆满结局"的竞争中找到能够作为正面范例的三个主要因素。第一，英国虽被利益所诱惑，但最终还是决定不再严重干预美国的内部斗争。第二，其与海军领域关系更加密切，英美找到了双方海上共同利益的关键领域，包括打击海盗、打击贩卖奴隶、保护传教士，甚至还有科学探险，这些让它们的海上力量密切合作。第三，也是最重要的，英国大体接受了美国舰队的扩张及其在美洲的影响力，甚至没有阻止美国在亚洲建立主要的军事据点。然而，一个广泛承认的事实是，直到 20 世纪，美国战略家仍然在策划与英国的战争。不过，早在巨大的德日共同威胁完全显现之前，高层明智的决策伴随着双方舰队一系列共同任务的实施，帮助美英两国建立起持久的伙伴关系。

一个反面的例子（类似的例子还有很多）则是在两次世界大战的间歇期，美国和日本的竞争最终走向了太平洋战争，这证明了海军竞争的第二种结果就是灾难性的大国战争。值得忆及的是，19世纪末美国曾经对日本相当友好，这一方面是由于受到日本努力向现代制度靠拢的鼓舞，另一方面是由于感谢日本在20世纪初期在亚洲东北方向遏制俄罗斯力量方面所发挥的作用。事实上，华盛顿军备限制协定确实表明了美国在太平洋和其他地区控制海军竞争的努力。不过，另一个事实是，协议制定者的设计过于简单，对悲剧的最终发生也应承担部分责任。美日双方都产生了错误的期待，协议被破坏后的失望又引发了爱国主义者的反弹。现今关注西太平洋海军竞争的决策者们可以从这个竞争例子中吸取三点教训。第一点涉及透明性。从这点上看，很明显这是华盛顿海军条约系统的重大失败，因此，后来出现大范围的欺骗行为并不奇怪。实际上，在太平洋战争初期，美国对日本海军能力的了解非常欠缺，结果导致了"珍珠港综合征"，华盛顿持续了一种注重防御建设的心态。但在今天，核查程序得到了极大发展，更为重要的是，核查手段（主要为卫星侦测）在大国之间不断普及。这样，在过往海军竞争中极度缺乏的透明度，无疑可为美中之间建立互信发挥重要作用。第二点涉及西太平洋地缘战略。即使太平洋幅员辽阔，但是，建立可控岛屿防卫据点的动向将可能发挥有害的作用，会加速战备升级。因此，美国在美西战争中获得的在菲律宾的据点，最终被日本当作一个不可接受的对日本国家安全的威胁。第三点是在能源安全和国家安全之间存在着一定的关联性。目前中国所面临的"马六甲困境"有些类似于日本在20世纪30年代面临的能源供应紧张的局面，这相当麻烦。当然，两者之间也存在着一些重大差别，至少重商主义在今天不再那么猖獗，但与此同时，若想妥善管控海军竞争，应慎重对待中国对能源安全的关切。

最后一个值得简单概括的历史案例就是海上冷战。我们认为它产生了一个模糊的结果，其中，双方就构建框架达成共识，避免了直接冲突；但是，核扩散的风险增强了，甚至偶发性的战争风险一直存在着，在一些情况下，试图增强威慑力的举措还可能导致局势恶化。冒着采用"冷战思维"的风险，一些相似之处值得我们识别清楚。首先，海军竞争具有极端不对称性的特征。这种不对称可能引发弱势一方的迅速发展（特别是在像古巴导弹危机这样的海上危机之后），以及重大的海军军备创新——能想到的如苏联案例中的反舰巡航导弹以及中国案例中的反舰弹道导弹。其次，竞赛中的强权一方，也就是美国，可能通过建立岛屿基地网络来寻求遏制对方不断增强的海军力量。因此，格陵兰—冰岛—英国缺口就类似于当前战略重点关注的"第一岛链"。最后，到目前为止海上冷战可以认为是成功的，因为它没有导致灾难性的冲突。海上冷战通常教给我们两点。首先，海上意外碰撞规则（INCSEA）程序最终确实成了水手们的"行为准则"，也似乎在很大程度上缓解了冷战后期的紧张局势。其次，双方建立有效威慑力的努力无疑让各自的领导层都更加审慎。然而，这些努力，包括战略性海军核武器、所谓的对核潜艇的追踪与跟踪，以及水平及垂直方向的升级可能，同样有一个预期之外的、不稳定的影响：海上事故持续不断发生的情形增加了冷战的一触即发性。因此，海上冷战最终应作为西太平洋要避免的典型，不应复制。

西太平洋的竞技状况

美国领导者对中国的快速崛起越来越警觉。这种观点不断地受到美国头条新闻的刺激。这些新闻细述着中国的每一个进步，从微型芯片到高速列车，从非洲到拉丁美洲的每一个区域。美国普遍认为，中国正积极寻求利用美国的弱点，因为美国在应对中东地区的战争和国内的经济衰退时感到捉襟见肘。试图将中国作为负责任的利益相关者的"实验案例"缺乏具体进展，正在持续的朝鲜危机证明双方合作的稳定根基尚未形成。当国防部部长罗伯特·盖茨（Robert Gates）努力使其部门的精力集中于"我们现在正在进行的战争"时，一些防御专家指出，帮助打击恐怖分子的能力（如特殊部队）并不适用于针对中国的各种可能的意外事件。国防部的政策试图在中国海军现代化问题上保持相对中立，将中国描述成"正站在战略十字路口"，偶尔还会否决重量级武器，如 F - 22，声称缺少来自竞争对手的威胁。一系列的"冲击事件"——再加上 1996 年、2001 年和 2009 年的危机——增长了美国对中国的军事发展的担忧。这些发展包括但不限于 2005 年出现的先前未知的潜水艇系列，2006 年未被侦查到的接近美国航空母舰的中国潜水艇，2007 年反卫星导弹试验和 2010 年中程导弹拦截测试。事实上，向议会提交的中国年度海军报告，正在关岛建设的主要防御工事，在太平洋举行的展示美军实力的年度演习，以及对保持和推进与日本之间的特殊防御关系的高度关注都完全证明了美国对中国崛起的重大担心。另外，抗衡中国的努力已经进入更广阔的领域，如在 2005 年对建立美军非洲司令部（AFRICOM）决定的影响，以及美国医疗船驶向东南亚和大洋洲的新一波动向。

中国已经招致许多严重关切，诸如军费开支、军事研究和军事项目缺乏透明度。尽管已经取得了显著进步（如设立了新的中国军队官网），但中国在军事透明度的标准上依然远远落后于大多数拥有现代军事能力的发达国家的标准。另外，应当注意到与中国海军现代化项目有关的几个要点。首先，中国军队在质的方面取得重大进步，不过，舰只数量还是相对稳定的。例如，在过去的十年里，中国海军保留了 60～70 艘潜艇在役。这些数目是稳定的，因为尽管中国每年增加 3 艘以上现代化潜艇，但同时也退役了大量的废旧海上舰船。事实上，更普遍的观点是中国军事现代化看起来发展迅速，其实完全是因为中国军事水平在 20 世纪 90 年代时太过落后。中国的军事发展在某些领域其实是比预期的要缓慢。因此，当中国最终拥有一艘航空母舰时，其仍然弱于大量拥有中等海军力量的国家，包括法国、巴西、俄罗斯和印度。然而，即使是提高透明度，也不应减轻对中国快速发展的军事的所有担忧。事实上，有不少系统——如柴油动力潜水艇、繁多的反舰巡航导弹、先进的海洋水雷，特别是反舰弹道导弹——似乎刚好能给美国海军带来大麻烦。中国作为一个主要的商业海上力量，无须任何特殊理由就能建立起一支通往大洋的舰队。有几起事件很可能极大地推动了中国建设强大海军的努力：1996 年的台湾海峡危机，以及之前不那么闻名的 1993 年"银河"号事件。当时一艘中国船只被美国海军错误地拦截，因为美国怀疑该船试图将制造化学武器的原料运往伊朗。台湾岛位于"第一岛链"的中央——常常被认为是中国海军战略的瓶颈——也使得中国必须增强打破"包围"和"遏制"的能力。

简言之，太平洋上的紧张局势越来越严重，中国和美国之间正在出现竞争。双方已经采取了一些措施来改变这种结果，包括一些高层访问和一些低层交流，也出现了一些高级官员的互访。2007 年，海军上将吴胜利对美国进行了访问。2009 年 4 月，加里·罗赫德上校在中国人民解放军海军建立 60 周年之际也对中国进行了访问。罗赫德的访问开启了 2009 年 6 月一个更为重要的事件，即 4 位中国海军医生飞往拉丁美洲，在海军医疗舰"安慰号"上度过了一周，以在该区域内进行人道主义救援巡逻。2006 年，两国海军举行了一场搜救演习。当时，中国海军船只向美国大陆发出了仅有的一次进港停靠请求。但是，这些独立的事件事实上仅属例外，并非常规。在美国一方，其对于推动与中国的军事合作实际上存在着非常严重的法律障碍，比如，有法律规定，此类交流不可帮助提高中国海军的某些能力。而中国似乎也并没有太大的兴趣与美军开展密切合作。由于美国向台湾地区出售武器，中国多次暂停与美国的军事关系。这似乎表明，美中军事关系不被重视，因此才会在处理复杂的台湾问题时被当作制约的砝码。因此，事情变得前所未有的清晰：如果没有双方高层保持高度关注，美中军事关系将继续向危险的方向发展。最近，美中领导人已经通过"战略经济对话"的方式实现了及时的经济合作，在金融危机之中挽救世界经济，这也是发展中的美中合作的佐证。也许的确如此，但同时美中还没有完全理解这对双边关系的战略实质，其中之一就是重叠和冲突的利益，还有对合作必要性的不断增长的认识却被怀疑和不信任浇灭，以及太平洋两岸的政策都是在一边承诺，一边做"两手准备"。同时，在西太平洋，拥有日益增长的破坏力的船舰继续频繁地逼近危险边界。

推动海军合作的议程

本部分着重分析美中双方可以推进海军安全合作的领域。我们讨论建立互信和控制危机的机制、海上搜救、人道主义援助和灾难救助、环境管理、区域安全和海道安全问题，所有这些皆有可能为开展合作和建立信任措施提供机会，并有助于避免海军竞赛愈演愈烈。

建立信任和控制危机

建立信任和控制危机的措施，如建立热线和提前进行演习告知，是解决海军竞赛潜在危险的核心内容。国际冲突有时源于错误认知或错误估计，单个的战术事件可能引发意外的、无意识的战略后果。这一点美中双方都应当严肃对待。建立互信和控制危机在美中关系中的重要性表现在近年来几次本可能引发严重美中海军危机的事件当中。最突出的是发生在 2006 年和 2009 年的两次中国海军潜艇与美国水面舰船的近距离接触，以及 2009 年 3 月的美国海军"无瑕"号事件。前者的接触发生在 2006 年 10 月，当美军航母"小鹰"号在日本附近水域活动时，中国海军"宋"级柴电潜水艇在其身边浮出水面。[8]第二次事件发生在 2009 年 7 月，当时一艘中国潜水艇在菲律宾周边海域意外撞上了美军"约翰·麦凯恩"号驱逐舰的拖曳线列阵声呐。[9]

据美国国防部表示，"宋"级潜艇靠近美国"小鹰"号航母的事件"说明美国一直致力于提高美中军队空军和海军近距离运行时的安全问题的努力十分重要。"[10]尽管涉及美军"约翰·麦凯恩"号驱逐舰的事件看起来并非故意，它仍然表明了当美国海军与中国海军开始近距离运行时可能存在的危机。可能比这两件涉及中国人民解放军潜水艇事件更为严重的是 2009 年 3 月在海南岛水域的"无瑕"号事件。该事件可算是自 2001 年美军"EP－3"飞机与中国战斗机相撞事件之后发生的一起最严重的事件。而且，因为它反映了双方对在专属经济区的军事活动的不同立场，似乎也预示了美国海军和中国海军之间在南海区域或其他具有重要战略意义的区域不断升级的紧张局势。

幸运的是，错误认知和错误估计的风险可以部分地通过建立互信和控制危机的机制得到缓解。建立互信的措施有许多种类，包括高级官员和军事组织之间的直接交流，对可能存在的敏感问题的定期磋商，私人交流和私人关系，以及双方在能力和目的方面更大的透明度等。所有这些方式都可以帮助建立互信，减少对立。美国和中国在其中某些领域已经取得实质性成果。直接交流方面的一个重要的成果就是在美国国防部与中华人民共和国国防部之间建立了专线。美国国防部长罗伯特·盖茨于 2007 年 6 月曾表示，同意建立专线是"双方朝着建立进一步关系迈出的一大步"。盖茨解释说，专线可以帮助防止危机由于交流错误或者缺乏理解而失控：

> 专线的建立主要为了避免误解和错误估计的产生，有了直接的联系，万一事件发生或将要发生，双方可以直接联络，从而了解事态的实际进展。[11]

美中军事海事磋商协议（MMCA）是建立信任措施中的又一显著成就。MMCA 签订于 1998 年 1 月，为海上安全和信息交流问题提供了年度会议和工作组讨论的议事机制。[12]

除了帮助减少由错误估计和错误理解引发冲突的风险，建立互信和控制危机的机制也是美中在其他领域进行更广泛的海上合作议程的关键组成部分，有助于双方建立广泛深入合作时所需的信任感。未来在直接沟通方面的步骤可能包括建立操作层面和战术层面的联系，以帮助化解紧张局势，避免因某一事件导致误解和误判。

美国和中国也应该考虑在海事学院、海战学校及其他海军教育机构开展学术和教育交流。这非常重要，因为频繁的双方政府领导轮换意味着高层的联系尽管至关重要，但也容易迅速消失。如果下级官员在军事学校时就已经和对方的同级人员有过交流，就可促进工作层面人员之间的交流和相互理解。近年来，极少有中国解放军院校的学生在美军教育机构中学习，很遗憾的是，美国学生在中国解放军学校中的情况也一样。这种情况非常危险，因为这些学生各自代表着两国海军的未来领导者，一个极好的建立重大关系的机会被浪费了。另外，中国和美国的海军教育中心都承担着海军战略的智库角色，帮助各自海军制定未来的架构和战略。如果这些中心能被纳入常规化的双边军事对话中，美中海上关系将在很大范围内受益。因此，美国海军战争学院的领导已经给南京海军指挥学院的领导发送了邀请函（通过大使个人），邀请他们在 2007 年和 2010 年去访问，旨在建立实质的学院间联系。遗憾的是，由于当时两国整体军事关系趋紧，两次邀请都遭到拒绝。军事教育机构之间确实存在着一些良好关系。最值得一提的是双方国防大学的年度交流，在两国关系动荡的时候也坚持了下来。在军事领域之外，一些海事教育机构之间也已经建立联系，例如，海警学院之间的交流。但是，海军教育机构交流的缺失是双方建立海上伙伴关系框架的一个空白。另外，海军长官在互相尊重和职业化的基础上建立牢固的关系并非不可能，因为海军常常在外交和人道主义事务中扮演角色。起初从小而专的问题开始，使双方能够建立信任关系，这种信任也许某天能创造出更广泛的互信，从而解决更加敏感的战略性问题。

美中双方也应当考虑提高透明度的措施，从而有助于展现更加开放的态度，帮助增加互信。最近的一项来自国防大学的研究发现，中国今年来已经在透明度上取得了稳步增长，反映在它最近的国防白皮书里。旨在提高双方都关心的特定区域的透明度的进一步对话可以帮助消除相互之间在能力和目的方面的猜疑。

此外，未来的措施还可包括提前告知和演习观察，设施和船舰参观以及双边战略对话。美中海上关系对 21 世纪的国际安全具有举足轻重的意义。21 世纪需要两国海军和更广泛意义上的海事机构在各个方面建立关系。从海军将领、舰队司令直到军舰舵手，甚至学院学生的高度参与，将为美中海上合作提供坚实的基础。

搜寻和营救

全世界的海员都面临着海洋上的一些共同挑战。这是一个共同的问题，因此，在推进美中海上伙伴关系中形成了一个合理的初步关注点。事实上，美中海军在过去十年中举行的一系列重大的联合演习包含了搜查和营救联合演习（SAREX），这一点也不奇怪。美国海军和美国海岸警卫队已经在海上搜寻和营救中形成了先进的技术。这来源于在数十年的海难中吸取教训的漫长过程，这些灾难直到 20 世纪中期在美国海岸还很常见。搜寻和营救并不是中国海军或其他民间海事机构的强项。然而，现在的中国正发生着一个重要的文化转变，它们开始对各种营救活动产生兴趣。这是一种社会规范的转变，是从严格的共产主义道德观向对个体生命价值的重视的转变。这种转变发生在中国是一种自然结果。中国社会变得更富有，第一次有能力将资源投入搜寻和营救之中。这也是全球规范传入中国的一种表现，成为中国政府的一项重要声望项目。

中国发生的文化转变也反映在其能力的进步上。1999 年，中国见证了一场恐怖的"泰坦尼克"号一般的海事灾难。当时在来大连和烟台的航船"大顺"号在白天焚毁沉没，造成了数百名乘客的死亡。灾难发生在距离中国海岸仅几十公里的地方，使得灾难加倍地令人羞愧和痛苦。从那之后，中国立志于振兴海上搜寻和营救网络。现在，每年都有成千上万的中国人和外国航海者在中国海岸获救。考虑到西太平洋海道航运繁忙拥堵的特点，这一网络是国际海事整体安全的关键环节，而不仅仅对中国具有意义。这些由中国海事服务机构做出的营救表现得越来越专业，例如，可在晚上进行营救，现在还常常利用航空设备。过去十年，美国海岸警卫队和中国海事机构的关系越来越密切，为中国在这一重要领域的技术发展做出了贡献。美中两国在该领域的海上合作为萨德·艾伦（Thad Allen）和柯林斯（X. X. Collins）两任指挥官所重视。美国海岸警卫队和中国海事安全局正在一同探讨在搜寻与营救领域加强合作的机会。搜寻与营救合作的另一个重要组成部分是在公海救助生命的合作行动，在 2007 年有两起这样的意外：美国海岸警卫队（USCG）和美国海军的船只与中国民间组织的成员一起在关岛附近营救了一艘沉落的散装船"海通7号"上的中国水手；同年，美国海岸警卫队商船船位自动报告系统发挥重要作用，引导一艘救援船在出事的"Unicorn Ace"货轮上救出了很多中国人。没有什么海上合作比营救另外一国国民更能帮助彼此产生好感的了。这些事件被中国媒体广泛报道。这种合作可以产生广泛的影响，将之前的敌对观点引导向更积极的地方，同时，也有利于建立互信和相互尊重的持久关系。

展望未来，美中海上搜寻与营救合作应当谋求更大空间，既包括地理范围的扩大，也包括发展双方海军的参与——之前的合作主要是涉及双方的海岸警卫队。作为一个海上商业巨头，拥有世界第二大商船队和一个非常大的捕鱼船队，可以预见，中国的海上搜寻与营救范围将超出西太平洋。如能建立美国海岸警卫队的全球性自动化船舶报告系统（Amver network）和与之类似的中国船只报告系统（CHISREP）之间的互用性，将是在世界范围内的海上搜寻与营救活动中获得重大效率的一大步。中国海军自从成立起就涉及搜寻与营救，并持续进行这方面的能力建设。舰载航空力量的壮大，特别是包括直升机和远程巡逻机的配置，可以极大地增加中国人民解放军海军在这方面的能力。随着不断的合作，离美国航海者被中国海军营救的日子将不会太远。最后，搜寻与营救工作在潜艇营救领域将仍然受到限制。随着潜艇力量迅速现代化，以及2003年又因潜艇事故而遭受巨大损失，解放军海军已经在潜艇营救方面进行投资，包括2009年购买英国制造的"LR7"。中国海军司令吴胜利在2007年访问美国时听取了一些与潜艇营救相关的简报，简报内容建议在该领域进行合作。美国海军在搜寻与营救领域有着丰富的经验，也常常和其他海军就这些能力进行演习，包括俄罗斯海军。在潜艇营救方面建立合作关系将标志着美中海军在精英部队上建立互信的重大突破。

人道主义援助和灾难救助

灾难救助也是另一个美中海上合作硕果累累的区域。2007年，美国海军将灾难营救的任务写入条例，将它作为新的海洋战略《21 世纪海军合作战略》中的核心任务。这很可能是美军 2004 年成功在印度尼西亚海啸中营救受害者的直接产物。此次营救被看作一个重大成功，因为在营救之后，印度尼西亚逐渐对美国持有一种更友好的看法。这样就移转掉了一部分因全球反恐战争而在这个伊斯兰国家留下的消极印象。然而，当面对 2005 年卡特里娜飓风中的营救活动时，美国军队整体经历了重大的困难，这就对提高此种能力提出了更大的需求。

中国海军人道主义援助则源于一个非常不同的角度。历史上，中国人民解放军早已很好地融入中国国内人道主义援助之中。然而，在 20 世纪 90 年代不断增强的中国武警最近在某种程度上发生了分化，即中国人民解放军主要负责战争，而中国武警负责国内稳定，包括灾难救援。但是，这个分化并不是完全稳定的。例如，中国人民解放军的海军部队在汶川地震营救活动中发挥了重要作用，其不仅提供了海事和医疗设施，而且提供了独有的侦测系统和有效的通信平台。

之前的一些证据表明，中国在解决特定海事人道主义援助的类型上是非常有效率的，例如，周期性影响中国东南海岸的大台风。另外，毫无疑问，中国将在这类型任务上投入更多。如上所述，船载航空设备对于困难营救，摆渡伤患到医疗船舶上，以及摆渡必需品到海岸都很重要，在解放军海军和民间海事机构的工作中都普遍应用。然而，值得注意的是，中国缺乏船载重型吊运直升机。"Z-8"号直升机用在大部分中国战船或海岸警卫船上都太大，而"Z-9"号直升机可能对于许多灾难营救任务来说都太小。因此，中国相对较新的型号 071 型船坞登陆舰（LPD）预示着中国海上灾难营救可能开启新纪元。同样，大型医院船"和平方舟"（Peace Ark）在 2008 年的工作也展示了众多新的可能性。到目前为止，这两艘船并没有在中国的"近海"之外停留，但有传言说中国在这方面有着宏大计划，可能和美国以海事为基础的灾难救助理念相似。

这种观点和能力的契合可能带来两个相反的模式。首先是一个竞争的模式，美中逐渐建立人道主义援助的软实力来提高它们的国际形象和威望，而这主要是在发展中国家。目前美国和中国可能被拖入争夺战，双方都希望赢取具有战略意义的国家的人民和他们的领导人的好感，这会导致某些人可能从这种竞争中获利显著，也有人可能嘲讽地认为这场"大戏"早在中国开始主动"玩"之前就已上演。同时，这个过程可能既浪费，又危险。例如，在冷战期间，美国和苏联相互竞争地向发展中国家提供更多的公共物品，但是这些给予往往与军事－政治问题或者各种战略利益相连，从而丧失了它们意图获得的在国际关系中的好影响。另一种选择则是在这类海上灾难救济事件的早期开始联合美国和中国（或者至少参与多边架构）合作，以避免双方的零和博弈，或是以实现特定战略目标作为明确目的。这种方式可以节约资源，允许每个国家发展互补的能力。最重要的是，可以通过将中国和美国军队拉入频繁的合作任务而建立相互信任。很容易想到的是，在2008年台风袭击缅甸的时候，理论上有这样一个美中合作进行人道主义营救的机会。不幸的是，事实上，汶川地震几乎同时袭击了四川，中国政府更关注国内情形也是可以理解的，因此中国在缅甸台风救援活动中没有发挥积极作用。这里有一个有用的反事实推测，其预测到目前为止，美中海军的人道主义援助和灾难营救活动本可以：（1）在缅甸救死扶伤；（2）展示正面的中国外交和军事领导力；（3）在美中海上安全关系上制造新的突破，对整个亚洲产生促进稳定的影响。对于在中国和美国海军建设中的相关的工作人员、策划人和教育者来说，现在开始模拟这样的假设情境并不为时过早。希望这样的模拟情境可以作为海军与海军之间的部分交流内容。

2007年，美国第一次推出新的海上策略，给予人道主义援助和灾难营救以重要的地位，这是一次了不起的进步。仅仅一年之后，中国推出了据说是有史以来第一艘专用的大型医院船。这些发展如果能适度运用，就会形成一个非同寻常的纠正太平洋周边危险误解的机会，从而阻止现在在亚洲太平洋区域不断升级的海军军备竞赛。

环境管理

在经历了长时间的环境恶化之后，现在这个问题确实成为摆在中国政府领导人面前的中心问题，部分原因是领导层认识到了这种恶化可能导致社会产生不满。事实上，环境危机和消耗的问题在此时间节点上在领导层眼中可能比大部分传统的国家安全问题排名更靠前，这么判断并不牵强。美国人可以对过去 100 年来自己环境的进步感到十分满足，尽管他们也理解中国目前的处境，因为美国环境在其经济迅速现代化时也一样遭受了巨大的破坏。2010 年 4 月，英国石油公司在墨西哥湾的严重漏油事件让我们清晰地认识到，海洋环境管理在美国依然存在重大瑕疵。当论及海洋保护时，美国和中国有着共同的经历，面对着共同的挑战，并各自承担着保持和发展国际海洋环境规则的责任。

事实上，存在着一些小规模但令人印象深刻的环境方面的美中海上合作，此合作发生在渔业管理的关键领域。全世界科学家都认为海洋正面临着过度捕捞的严重危机。在这个案例中，自 20 世纪 90 年代以来，中国渔政指挥中心（FLEG）和美国海岸警卫队一直开展密切合作，推动联合国对流网的禁令。巨大的流网特别具有破坏力，这主要是由于它们的尺寸大，也因为流网捕捞的副渔获物可能是已经被过度捕捞的品种，甚至是保护级的海洋哺乳动物。因为中国渔政指挥中心缺乏在太平洋中部和北部执法所需的远程巡逻艇，从而在过去的十余年里采取了一项特别的措施，即在美国海岸警卫队的舰艇上设立随船观察员。这种做法使得中国渔政指挥中心在必要的范围内，用所需的先进的监督力量执行任务。它也给予美国海岸警卫队对中国在公海的违禁船只进行执法的权限。这个创造性的和共生关系的合作形式需要被推广，也需要被作为在海洋环境管理领域中加强合作的案例予以分析。实际上，这个案例在中国已经被仔细研究过。[13] 中国近海和远海捕鱼船队规模都很大，因此，中国渔民遵守可持续发展的国际环境规则十分重要。美国在该领域有着几十年经验，取得了一些可喜的成绩。另外，渔业管理问题在令人头疼的区域争端（如南海）中的非常微妙的角色说明解放军海军也可能参与其中。因此，尽管美国海军在世界渔业政策中角色较小，但在此合作中建立的双方海军和海岸警卫部门建设性的对话，在美中整体关系中非常重要。

不过，美中海上合作范围应该远远超出环境管理范围内的渔业管理。非常明显，原油泄漏的减轻和补救措施是摆在美国和中国海事部门面前的巨大挑战。中国海域的大量原油泄漏事件，中国在世界海洋范围内往来航行的大量油轮，以及不断增长的中国海上钻井活动等，都表明在该领域开展积极合作的重要意义。至少，常规性地交换经验和教训是合适的。此外，2010 年墨西哥湾漏油事件说明，海军必须时刻准备好在重大泄漏事故中对海岸警卫部门提供支持。因此，如同渔业问题一样，该问题也不应该以任何一种方式从海军深度对话中删除。在更高层次的合作上，双方海事服务机构也可以考虑开展在"绿色海军"运作和装备方面的对话。这样，绿色科技和绿色操作也可以构成一个对话领域。无论是关于海军基地的风力涡轮功能的讨论，或是关于研究船舶和飞机可使用的生物燃料的对话，这样的对话定会增加信任和透明度。显然，一些主题可能是在对话范围之外的——电池推动力对于潜水艇、无人潜水艇是很关键的，这就可能需要避免讨论。然而，在讨论环保技术和实践的主旨下，这样的敏感领域很可能成为规则的例外。另外，正如在搜寻和营救方面可能动用双方海军的精英型潜艇力量一样，类似的逻辑可能在环境保护方面也适用。核动力潜艇带来了一系列独特的环境威胁，世界上大部分海军还尚未面对此问题。在这方面，随着中国核潜艇数量的增加，关于核问题、减轻环境污染和治理措施也可能进入更广泛的海军安全合作议程之中。最后，关于气候变化的海上政策问题也开启了另一个至关重要的对话和合作领域。在极地政策领域已经存在一些小的合作步骤——中国科学家在2009 年登上美国海岸警卫队破冰船从极地地区浮标上收集数据。但是，还可以也应该做更多的事情。例如，中国和美国海事部门应该开始持续讨论，在气候变化引发的重大灾害面前，人类应如何共同努力。这样的对话不能仅仅留给学者，而应该更主动地由美中双方的海事规划者所关注，这样，今天的措施便可以为应对明天的气候变化挑战奠定基础。

地区安全

海上安全对于美中区域安全合作来讲是一个关键促成者。目前，这样的合作似乎非常有限，这主要是受限于美国需要中国的援助来在某些情境下施加压力的情形，例如，伊朗核扩散问题。然而，一个更有用的范例可能出现在一个不太可能的角落：非洲的苏丹。[14] 在该案例中，无论是中国还是美国都没有相关的核心利益，但双方关于冲突的根本原因有着非常尖锐的不同看法。然而，耐心和创造性的外交使美国和中国成功地达成了双方支持的方案，一个双方都能接受的务实的解决方案。通过采取不同利益之间的折中方案，中美之间的广泛共同利益得以维持，同时可能失控的危险冲突也得到控制。虽然在遥远的未来可能存在更广泛的全球规模下的合作，但眼下增强的海军合作对减少在东北亚和东南亚这两个地区的冲突极为重要。

美中之间的区域海上安全合作的重要性已经为 2010 年 3 月韩国"天安"号沉没事件所证明。鉴于中国是朝鲜最重要的支持者，而美国是韩国的盟友，双方理应有一定程度的协作，至少，中国和美国的外交官之间正在进行对话。但我们在此所提议的海上区域安全协作远远超出外交磋商范畴。在一个理想的（假设的）世界里，美国太平洋舰队司令和中国北海舰队指挥官彼此认识，他们可以轻松交流，他们不仅讨论过朝鲜半岛的局势，而且他们的手下（其中有些曾经在各自的海军参谋学院一起学习）已经一起预演了各种情况下的应对方案。如果两个指挥官同意，他们可以立刻交换数据来设计一个共同操作的图景。迄今为止，美国和中国在朝鲜半岛有同样的根本利益：避免或限制朝鲜半岛的冲突爆发。上述措施在理论上非常有效，但是，目前离实现还有很长一段路要走，我们必须循序渐进地进行。在海军领导人之间，一般工作人员，以及海军的教育和研究机构之间开展持续的对话，这将为针对区域安全交换意见创造合适的环境。"天安"号沉没事件严重凸显了对于这样的对话和规划流程的需要。如果在朝鲜海岸爆发海战，美国和中国舰队显然会在附近。至少，为避免误解和交流障碍，对话是必要的。在朝鲜半岛海滨这个快速的、复杂的而又范围狭窄的"热"战中，没有所谓的小危机。然而，在未来的朝鲜半岛区域内，两国海军可以朝着更紧密的协作努力。因为，尽管有些舆论唱反调，但双方有着共同的根本利益，那就是避免以及在需要的时刻遏制主要冲突。

东南亚也提供了近乎无限的区域海上合作的机会。很明显，这样的合作受限于现存的中国和其他国家的海上主权争议。然而，这一系列的问题不应阻止现有的对共同海上利益的探索，其中包括：执行海上环境规范，打击海盗和反恐行动。在这方面有一项重要任务，与朝鲜半岛局势有一定相似性，就是共同控制东南亚各国之间的海上冲突。例如，在过去的几年内，泰国和柬埔寨边界出现了紧张局势。对此举措的一个合理的反对理由是，大国参与这样的局部冲突实际上可能使冲突升级。这是一个真正的风险，但鉴于目前的局势，不可避免地需要大国海军参与。因此，目前面临的挑战是建立海上合作机构和框架，预测此类事件，将大国的参与引导至积极的方向，以维持地区的稳定和安全。正如上面提到的，在2008年缅甸的台风灾害中，美中不幸错过了在人道主义救援和灾难营救方面进行海上合作的机会。联合回应会使各方面都受益，特别是缅甸人民。事实上，一个不寻常的低调而关键的合作的例子是美国海岸警卫队和中国海事局在2006年的合作。应马六甲海峡当地国家通过国际海事组织发出的要求，两国对该地区进行了水道测量，对导航设备进行了升级，从而形成了一个松散的为增进关键的马六甲海峡地区的海上安全所进行的共同行动。虽然规模很小，但这恰恰正是我们所需要的区域海上安全合作。除了提供一般的海上安全，这种联合行动可以进一步建立美中之间的信任和信心，还可以让区域内的国家感到放心：因为大国会为了维持国际安全而相互配合，而不是为了扩大自己的影响进行危险的大国竞赛。

海道安全

中国海军和美国海军有着共同的目标，即保护全球公海海域，以确保国际贸易和交换的安全。最引人注目的保护海道安全共同利益的例子就是中国人民解放军在亚丁湾参与跨国打击海盗行动。从 2008 年 12 月开始，中国海军已经派出五个海军护航编队进入该区域。这些任务中出现了诸多后勤和协调方面的挑战。这个部署是中国海军第一次长时间的海外作战，面临着如何保持补给和给船只加油，以及在远离家乡的情况下如何处理紧急情况等问题。然而，中国海军表现得很好，展现了其在沿海水域以外的海域进行任务的能力以及其在国际反海盗方面做出的努力。

中国参与亚丁湾打击海盗任务同样也为美中军方之间的相互交流和安全合作创造了机会。美国欢迎中国进一步参与打击海盗行动。事实上，美国海军部长罗德上将将中国参与索马里海军行动形容为"一项极为重大的建立信任的举措"。[15]

也许最引人注目的进展是中国对多边协调组织的参与，此组织汇集了参与打击海盗行动的许多国家。中国现在有资格与美国、欧盟和北约一道成为信息共享与防止冲突（SHADE）组织的轮值主席。其他一些重要的成就包括美中海军之间在亚丁湾的交流互访以及信息交换。

中国参与海路安全保护是一项重要的成就，对于美中以及国际社会都有好处，但同时也产生了一些潜在的挑战。在打击海盗的行动中，为了如何组织国际力量——是美国首选的联合任务武装安排还是中国提出的另一种模式——双方产生了摩擦。此外，中国人民解放军海军部队对于在亚丁湾打击海盗的经验似乎引发了一场争论，争论围绕着中国再三申明的避免建立任何海外军事基地或其他能够支持军事行动的专用设施的长期政策。事实上，一些中国学者和军队官员正在呼吁建立这样的海外支持设施来帮助中国军方在国外发挥更积极的作用。中国引进新的建立海外基地的国家政策不一定会加剧美中的紧张局势。

毕竟，如果中国真的在海外建立基地，中国人民解放军海军部队也只会跟随一些包括美国海军在内的其他有野心的远洋舰队的足迹。此外，中国更有可能倾向于追求一般性的准入协议而不是建立正式的军事基地。不论怎样，透明度和对话将会成为消除从新的地缘政治环境中产生的不确定性和焦虑情绪的关键因素。

未来可能采取的步骤包括进一步整合国际反海盗的行动，联合培训以及成功经验交流，以及扩大保护海路安全活动的地理范围。

结 论

本文力图阐述中国和美国海军应考虑扩大海上合作的各个方面，从而尽力避免最糟糕的潜在后果，即不断增长的海上对抗。考虑到海上问题在关键双边关系中的紧要地位，本文认为这种扩大的海上安全合作应该成为 21 世纪国际安全的基石。

这种合作的主要目标应该是更广泛地促进建立双方互信及维护稳定的各种活动。重要的是，建立互信措施的益处不仅仅存在于军事层面。在国家战略层面上建立互信的措施也应包括在内，从而使得高级军事领袖和文职领袖致力于防止军备竞赛失控，并专注于更大的安全合作的利益。

然而，创建一个能够有利于减轻军备竞赛以及促进更为合作的双边关系的美中海上伙伴关系对双方都是一个巨大的政治挑战。美国方面在某些事务上不希望邀请中国插手，是因为他们担心更深入的安全合作可能导致中国在某些美国不希望看到的方面增强实力。许多观察者质疑中国可能在这种合作中学到什么东西，以及质疑在与美国军方的互动中可能不可避免地让中国自身的实力得以加强从而威胁到美国或是美国盟友的利益。事实上，这些问题已在 2000 年的《国防授权法案》中凸显出来，此法案限制与中华人民共和国进行军事交流。2000年的《国防授权法案》特别禁止国防部部长授权进行可能会在某些领域暴露信息从而影响美国国家安全的军事交流或是接触，包括战力投入作战、核操作、监视侦察行动、先进的物资运输运作、先进的联合作战、联合实战试验以及太空军事行动。担心无意中提升了中国的军事实力会损害到美国的安全利益，这一点是合理的，但是应该平等地看待这个问题，如果中国选择在应对地区和全球人道主义和海上安全挑战的问题时使用自己增强的实力来配合美国军方，那么帮助增强中国在某些领域，如人道主义援助和抗震救灾领域的能力可能对于美国来说是非常有帮助的。事实上，2000 年颁布的《国防授权法案》也将救援或人道主义援助设为例外情况。总之，美国在当前的国家指导方针下有充分的空间在非敏感、非传统的安全问题上与中国进行稳健的海上安全合作。

一些人争辩说美国和中国之间目前已有的建立互信的措施不能达到预期的结果是因为中国不愿配合。例如，热线的建立当然是一个重要的成果，但一些观察者已经指出，对于此热线能否在将来的危机中成功运用，或得到运用，并没有任何保证。中国军方可能因为怀疑和不信任，或仅仅由于缺乏相关权威指导或未得到高层决策者的特别指示而不愿与美国军方直接接触。的确，正如新美国安全中心的亚伯拉罕·丹马克（Abraham Denmark）所观察到的那样，"真正的考验在于他们是否会接听电话"。[16]冲突可能发生在不可预测的问题上，但在大多数情况下，美国和中国都将以促进战略稳定作为共同目标。因此，开放的交流渠道将成为创建一个更稳健的海上伙伴关系必不可少的基本步骤。

此外，一些分析师和官员已经指出了双方之间已开展的一些合作机制的固有局限性。例如，一些人认为海上军事安全磋商机制（MMCA）由于各种各样的缺点，没有实现其全部潜力。事实上，尽管海上军事安全磋商机制创造了讨论的机会，但并没有建立正式的"交通规则"。正如坎贝尔（Campbell）和维茨（Weitz）指出的那样，海上军事安全磋商机制创造了一个定期会议的机制，但是"它并未给双方军事行动设置限制，也没有规定在问题产生时双方交涉的具体程序"[17]。另外，会议并不总能产生期望的结果，有时甚至无法如期举行。因此，可以通过加强互动，在双方的操作者和计划者之间建立起更加密切的关系，这也会建立必要的信任，以使将来的海上军事安全磋商会议能够有更多的成果。

从更广泛的层面上来说，在某些情况下，美中关系的整体基调以及中国对美国的某些政策的担忧已经成为进一步发展美中海上安全关系的巨大障碍。事实上，两国间的合作因为双边关系的起伏常常被中断。正如大卫·兰普顿（David M. Lampton）所观察到的那样，"每次出现双边关系摩擦，第一个受到影响，甚至被中断的就是两国军方之间有意义的讨论和互动，而这些活动往往也是最晚被恢复的"。[18]为了报复美国对台军售，中国有时也会暂停与美国的军事合作。因此，军事合作关系的发展已经远远落后于美中两国之间其他方面的发展，从而限制了海上伙伴关系建立的可能性。如果美中双方希望避免相互猜忌，并避免危险的海上军备竞赛可能导致的糟糕后果，美国和中国必须共同努力来改变军事关系受制于曲折的双边关系的趋势。过去的一年里，中国政府冻结了许多军事行动来表达自己对美国对台军售的愤怒，最近双方军事关系已降到了谷底，这在更广的意义上体现了两国间存在的信任问题。尽管美中已经恢复了军事关系，中国军方总参谋长陈炳德上将已于2011年5月访问美国，美方参谋长联席会主席麦克·马伦（Mike Mullen）也已于2011年7月访华，但是仍有许多问题需要解决，这其中包括中国反对美国的对台军售、美国对中国沿海地带的侦查活动和美国及其盟友在此区域内的联合军演。[19]然而，在海事领域中传统区域安全合作之外的广泛领域也有很多进行低层合作的机会，这可以帮助扭转美中军事关系，使其在国际安全事务上朝着更积极的方向发展。第一步可以从不敏感的事务开始，如在人道主义援助、灾难救助以及打击海盗的行动上建立互信的措施，也可以先专注于东亚以外的地区的行动。在这方面，令人鼓舞的是美国和中国最近同意一起合作进行人道主义援助、救灾以及打击海盗的演习。[20]通过双方建立互信，不仅可以改善美中双方在全球共同关心的问题上的合作，也可以缓解东亚地区的战略竞争。

[王娟/译　陈雍容/校]

注释

［1］本文的观点为作者个人观点，不应被当作美国海军或其他美国政府机构的代表观点。

［2］Michael D. Swaine and M. Taylor Fravel，"China's Assertive Behavior，Part Two：The Maritime Periphery，" *China Leadership Monitor*，No. 35（Summer 2011），http：//www. carnegieendowment. org/files/Swaine_ Fravel_ CLM_ 35_ 0624111. pdf.

［3］For more on Chinese security specialists' perspectives on U. S. containment of China's rise，see Michael S. Chase，"Chinese Suspicion and U. S. Intentions，" *Survival*，Vol. 53，No. 3（June/July 2011），pp. 133 −150.

［4］这一表述的例外情况是在关键的海峡或"瓶颈"位置的海战。不过，依靠狭窄的海峡实施成功防御的历史案例在现代军事史上相对较少，最著名的是一战中的加利波利战役。

［5］Regarding poor U. S. estimates of Japanese naval power before World War II，see Thomas Mahnken，*Uncovering Ways of War：U. S. Intelligence and Foreign Military Innovation 1918 − 1941*（Ithaca：Cornell University Press，2002），pp. 42 −85.

［6］Daniel J. Kostecka，"From the Sea：PLA Doctrine and the Employment of Sea-Based Airpower，" *Naval War College Review*，Vol. 64，No. 3（Summer 2011），pp. 11 −30.

［7］Christopher Layne，"Kant or Cant：The Myth of the Democratic Peace，" *International Security*，Vol. 19，No. 2（Fall 1994），pp. 5 −49.

［8］*Military Power of the People's Republic of China，2007*（Washington，D. C.：U. S. Department of Defense，2007），p. 2.

［9］"Chinese Sub Collides with U. S. Destroyer's Sonar：Report，" *China Daily*，June 13，2009，http：//www. chinadaily. com. cn/china/2009. . ./content_ 8281490. htm.

［10］"Chinese Sub Collides with U. S. Destroyer's Sonar：Report，" *China Daily*，June 13，2009，p. 2.

［11］Donna Miles，"Gates：New U. S. -China Hotline Represents 'Step Forward' ，" June 2，2007，http：//www. defense. gov/news/newsarticle. aspx？id =46266.

［12］For the text of the agreement，see "Agreement between the Department of Defense of the United States of America and the Ministry of National Defense of the People's Republic of China on Establishing a Consultation Mechanism to Strengthen Military Maritime Safety，" Beijing，January 19，1998，http：// www. nti. org/db/china/engdocs/milmarag. htm.

［13］Zhejiang FLEC report.

［14］Edward Cody，"China Given Credit for Darfur Role：U. S. Official Cites New Willingness to Wield Influence in Sudan," *Washington Post*, January 13, 2007, http：//www. washingtonpost. com/wp－dyn/content/article/2007/01/12/AR2007011201924. html.

[15] Rebekah Blowers, "CNO Visits China, International Fleet Review," April 21, 2009, http：//www. navy. mil/search/display. asp? story_ id =44555.

[16] Olivia Hampton, "Xu Visit Puts Spotlight on Sino-U. S. Military Ties," *AFP*, October 24, 2009, http：//www. cnas. org/node/3659.

[17] See Kurt Campbell and Richard Weitz, "The Limits of U. S. -China Military Cooperation: Lessons from 1995 – 1999," *Washington Quarterly*, Vol. 29, No. 1 (Winter 2005 －2006), pp. 169 －186.

[18] David M. Lampton, "Power Constrained: Sources of Mutual Strategic Suspicion in U. S. -China Relations," *NBR Analysis*, June 2010, http：//www. nbr. org/ publications/analysis/pdf/2010_ U. S. _ China. pdf.

[19] Michael Wines, "Bumps Remain as Military Leaders of U. S. and China Meet," *The New York Times*, July 11, 2011, http：//www. nytimes. com/2011/07/12/world/asia/ 12china. html.

[20] "Joint Press Conference: Comments by Admiral Mike Mullen, Chairman of the Joint Chiefs of Staff and General Chen Bingde, Chief of the General Staff, People's Liberation Army," Washington, D. C., May 18, 2011, http：//www. jcs. mil/speech. aspx? ID =1597.

二十一世纪的海洋法

彼德·达顿 (Peter Dutton)

近年来，中国和美国就东亚管辖海域沿海国控制和国际自由之间的适当平衡产生摩擦。到底哪种准则体系最能保障新世纪的国家和国际安全？中国和美国迄今所持的不同答案很大程度上来自于各自的传统思维，包括地理位置、地理位置对一国战略利益的影响及形成国家海洋战略的各种政策。然而，尽管全球化使所有国家的经济利益超越地理位置紧密联系在一起，但其在为经济和政治发展提供机遇的同时也带来不少问题。面对这种现实，人们需要重新思考，如何从当前强调大国之间地理差异的安全体制，转而构建一个强调合作实现共同安全利益的体制。因此，作为二十一世纪海洋法基础的准则必须从其十九世纪和二十世纪的根源持续演变，以支持海洋领域变化和发展的新现实。这将需要大陆国家和海洋国家从地理学之外的视角思考国际法，通过以符合实际的方法实现新世纪安全来保障各国的共同利益。

地理分歧

1904 年 1 月 25 日，麦金德 (H. J. Mackinder) 在英国皇家地理学

会发表著名演讲。他描述了全球化时代的开始，即有关地理影响历史的统一理论。[1]麦金德意识到二十世纪的到来标志着一个"世界范围内的……封闭政治制度"的开始。他在演讲中描述了欧亚大陆的地理属性，认为这样的地理属性决定了中心国家或国家联盟占据欧亚大陆"中心战略地位"的举足轻重的作用。麦金德说，欧亚大陆的中枢地缘战略特征，将始终支撑强大的、核心的大陆强国或者强国联盟，这个强国或强国联盟有能力利用陆地机动性横跨开阔的、相对受保护的中央大陆。

麦金德还描述了环绕枢纽地区的周边国家的特征，包括构成内新月形地区的法国、土耳其、印度和中国以及构成外新月形地区的英国、南非、澳大利亚、美国、加拿大和日本。外新月形地区各国利用其天然优势，以海洋作为战略机动的来源加强了自身力量。因此，随着围绕中央大陆国家安全航行的技巧和技术的初步发展，外新月形地区的海上强国葡萄牙、西班牙、荷兰、英国、美国以及一定程度上的日本相继利用自身外部地理位置优势，以全球海上力量抵挡主导的大陆强国，从而确保为经济的持续和发展获取资源，并保卫自身及其内新月形地区的盟国免受大陆强国攻击。[2]鉴于行动自由对海上公域的强烈依赖，上述各国都试图用法律和武力维护其海上行动自由的权利也就不足为奇了。

麦金德也介绍了内新月形地区国家的地缘战略利益。他把中国也归于此类国家。麦金德相信，内新月形地区的一些国家作为桥头堡，外部的海军可以通过这些桥头堡支持陆上部队，迫使中央大陆国家"部署陆上部队，从而阻止它们集中全力去建立舰队"。换言之，由于其地理位置，内新月形地区的国家需要依赖大陆和海上力量的平衡以及稳定的外部关系来实现安全。鉴于这种战略需要，内新月形地区的许多国家主张享有使用法律和武力限制海洋强国行动自由的规范性权利。这种一分为二的地理安全利益形成了当前中国和美国法律争议的基础。

然而，自麦金德发表其理论以来的一个世纪，局势已发生巨大变化。所有国家都越来越依赖海洋资源、海上贸易路线和海洋所提供的自然资源。因此，整个二十世纪，国际法趋向于增强沿海国对邻接海域的主权权利和管辖权。一些中国人认识到，海洋在满足中国的庞大人口对资源的需求上发挥着日益重要的作用。因此，除地理位置外，这一点也是有关海洋空间国家管辖权的战略思考的重要组成部分。[3]这些中国战略家认为海洋将很快成为人类赖以生存的重要区域，中国大陆海岸线被日本、菲律宾和印尼群岛所包围这一事实使中国对内海及近海的控制更为关键。他们认为这些海域对未来的粮食生产和资源开采至关重要，并且相信大国的界定将很快不再仅以陆地领土而论，而应结合该国所控制的海洋和陆地空间。因此，正如中国国防大学的一位军事研究员所言，

> 海洋国界的出现将重塑国家概念。海洋国土的划分将导致海洋国界的出现，评定大国的标准将向海土面积倾斜。[4]

这种担心又反过来影响了对国际海洋法趋势的看法：

> 从现实法学上说，大陆架、专属经济区被框定在海洋权益范畴下，而不具备领土主权地位，但海洋"土地"开发活动将推动它们向更高层次的海洋国土转化。首先，海洋"土地"开发将推动经济主权在海洋活动中的地位的上升，从传统政治主权视角来看，不具有领土主权地位的海洋开发权、管辖权、海洋生态保护权，将加快构成国家实质性主权管理。因此……与陆地主权一样，这些海洋国土具有完全意义上的行政管理概念和完全意义上的经济领土概念，并由此形成完全意义上的领土防卫概念。

该中国战略家从日益增长的排他性角度探讨海洋空间控制问题，因而认为"海土争端已经到了白热化的程度"。资源和贸易并不是唯一的考虑因素。例如，中国的近海战略还具有安全和政治成分。事实上，

中国一贯宣称对南海的南沙群岛拥有"无可争辩的主权",并经常对周边沿海国家侵犯中国所画 U 型线内资源的任何行动提出抗议。[5]此外,中国似乎利用中美在海军舰艇和军用飞机航行自由方面的紧张局势作为其在大国竞争中的地位的晴雨表。正如一位中国分析员所言,

> 由于南海海域的地理位置具有极为重要的战略价值,该地区及岛屿注定要成为各国争夺的焦点,亦涉及大国之间战略利益的消长。[6]

> 在战略上,南沙群岛地处太平洋与印度洋之间的咽喉……这个区域具有重要的战略地位,不仅因为它是多条国际海运线和航空运输线的必经之地,也是扼守马六甲海峡的关键……是中国南方海防前哨……可以说,谁控制了南海,谁就可以控制东南亚,从而可以控制整个西北太平洋、东亚和东部澳洲……谁掌握了南海,谁才能掌握这一地区的主动权。[7]

似乎一个认知"曙光"正在出现,即排他性海洋空间主权和管辖权制度的"赢者通吃"规则,实际上可能并不能增强中国的整体安全。中国迄今未能在海洋边界和海上资源竞争方式两方面同邻国进行谈判,而这又造成了不稳定。按照一名中国观察员的说法,这导致了区域海军出现"逆裁军"现象,"鼓励"了中国周边国家考虑更多的合作,并将争端国际化,从而对中国施加外交压力;"激励"小的主权声索国对美国示好,以确保美国在东南亚的强大存在,从而保证多极的地区秩序。[8]

但是,中国意在主导南海的政策带来的竞争态势并不总是有利于中国更大的利益。特别是,中国外交部似乎认识到,在现实世界中,安全是通过以市场为基础获取全球资源而非通过独裁控制来实现的,世界体系更多地受到非传统、非国家行为体的威胁而不是其他国家的威胁。若此观点正确,则二十一世纪的安全应该较少关注赢得大国竞争,更多关注争取大国合作以抑制所有大国经济福祉所依赖的世界体

系受到的威胁。一些人认为，这将是中国扩大其全球影响的重要机会，尤其是在发展中国家中的影响。正如一位研究员所说的，

> 各国经济联系日益密切，全球化深入推进已成世界潮流。这对各国既是机遇，也是挑战……但全球化的好处主要由发达国家占据……致使全球贫富鸿沟越来越大。中国主张国际社会尤其是发达国家……使全球化的利益更多地向发展中国家倾斜，真正使各国在其中成果共享，利益均沾。[9]

因此，这位研究员提出"加强同发展中国家的团结、合作是（必须一直是）中国外交的基石"。这种方式也可能增强从源头上抑制非传统威胁的能力。

全球利益趋同

近期的美国历史表明，对中国安全构成最大威胁的可能不是正在崛起的国家实力，而是不断上升的非国家实力。罗伯特·卡普兰（Robert Kaplan）考虑到一个世纪以前未知的二十一世纪新情况，就麦金德对地理在安全事务中的作用的分析提出了令人深思的补充观点。[10]卡普兰同意麦金德的理论，认为二十一世纪与十九和二十世纪一样，地理仍将继续在拥有或缺乏安全上发挥中心作用。但在卡普兰看来，现代地理较少关注主权界限内的国家安全，而更关注非国家行为体破坏稳定的力量。按这种思路，卡普兰认为全球化"不是在削弱地理的重要性而是在不断强化它"，因为技术和人口增长导致的"地理压缩"，使欧亚大陆成为"一个有机整体（或者）……一个巨大连续体"，而不是容易分离的地缘战略区域。卡普兰称，海量信息、资源竞争、水资源枯竭、气候变化的灾难性影响及经济危机都将削弱某些脆弱的政府。[11]

卡普兰认为，随着政府的削弱，人们将倾向于通过社交网络获得

安全并更加受区域地理特征限制。在世界上的不稳定地区，"地貌特征可能是理解未来冲突的唯一可靠指南"。卡普兰预言未来冲突将沿着他所称的欧亚大陆"破碎区"发生——那些可能出现内爆或外爆的特别不稳定地区将影响整个大陆乃至全世界。卡普兰认为中东和印度次大陆及其组成部分是二十一世纪的重要"破碎区"。然而，与麦金德不同，卡普兰指出，这片广袤区域没有战略机动空间，但特别容易发生能够波及世界体系的不稳定性。卡普兰警告说，这种不稳定性可能由稀缺资源的引导性分配和高度精确、极为致命的武器的扩散带来。卡普兰的评估可能确显悲观，但美国安全界与他有同样的顾虑，其中包括美国海军。

早在 2000 年，美国国家情报委员会就对有全球战略影响的趋势进行了五年期的研究，当时就特别关注非传统安全威胁的影响。[12] 甚至在"9·11"事件之前，人们便已认为人口趋势、非均衡增长、粮食和资源分配挑战、淡水资源紧张、能源需求增加、信息技术扩散、有组织犯罪和不断变化的公共认同等问题将日益对有效治理构成挑战，尤其对那些因缺乏能力或合法性而已经很脆弱的国家更是如此。这些趋势可能会鼓励更多的非国家行为体勇于表现自己，特别是那些能够积累与东道国匹敌甚至超过东道国或者能产生战略效应的资产的非国家行为体。美国海军 2007 年的《21 世纪海上力量合作战略》考虑到了这些趋势对海上安全的影响并发现：

> 非国家行为体将创造性地同时采用简单的和复杂的技术。经常因不平衡且有时不受欢迎的全球化而激发的政府虚弱或腐败、被剥夺者的日益不满、宗教极端主义、民族主义以及人口结构变化等问题，都会加剧紧张局势并诱发冲突。[13]

美国海军作战部长考虑到了上述趋势对美国海军未来的影响。考虑到海军的存在是为了便利商务、通信和资源在海上航道的流动以及在我们的有生之年或可预见的将来需要从海上获取资源，美国海军战争学院进行了博弈演进研究，例如，一系列关于安全趋势如何影响全球航运的研究。海军必须做好准备，应对任何可能扰乱产品和资源在海上自由流动的传统或非传统威胁。

这股力量驱动并引领美国国防部"寻求新的合作架构，为美国与盟国及伙伴携手合作分享和分担地区及全球安全的机遇和挑战打开局面"。[14]合作，尤其是在所谓的破碎区和全球公域的合作，将确保资源和贸易可以运往世界各地。倘若卡普兰所言非虚，大中东地区的确是这样的破碎区，那么，尽管美国和中国有不同的地理环境，两国在安全合作上也会有共同利益。即使经过近一个世纪的开采，全球已探明石油和天然气储量的主要部分仍然蕴藏于这片不稳定的广袤区域。这些资源对美国和中国的整体经济（和军事）实力都至关重要。从海上进入中东石油和天然气市场受到导弹和大规模杀伤性武器技术扩散的威胁，同时，其还可能受到地区人口爆炸性增长所产生的不稳定力量的威胁。正如卡普兰指出，海陆油气运输线意味着"新"地理格局中的重大漏洞。

在资源自由流动、贸易和安全方面的共同利益，应使中国和美国在本地区或其他资源丰富的地区走到一起，容忍对方尽己所能去维持稳定，这符合双方的共同利益。然而，确保能从海上安全地获取资源及进行贸易的实施能力不仅是利益问题。长时间地保持成功执掌海上治安力量的能力，需要设立共同的规则和权威机构。因此，支持建立国际规则使海上强国发挥治安职能，应对当下传统和非传统安全威胁交织的复杂环境，保障全球安全，符合中美双方的共同利益。

合作与竞争

尽管存在共同利益，但中美两军之间的合作也面临一道长期的障碍，那就是信任问题。双方都宣称以合作为目标，但实际上不是彻底对立就是持怀疑态度。虽然如此，两国在稳定的海洋公域中的利益将激励双方加强信任，密切合作。

美国的政策和观点

美国政府的观点是，海洋从根本上具有国际性质，并且由于美国与全球海洋关系密切、利益深厚，美政府机构应与他国机构合作制定并实施开放的国际海洋政策。[15]换言之，美方认为，开放符合所有国家的利益。

美国的国民财富与经济生产力依赖海洋，其他大部分国家也是如此。海洋能够提供重要的粮食和能源供应，促进水路贸易，创造有价值的娱乐机会。与国际社会一道保持海洋生产力及海洋健康，同时确保各国合作并明智地管理海洋资产，符合美国的利益。[16]

几乎不受管制的开放海洋制度已演变为明确定义国家权力区域的海洋管理体系。国际社会制定了全球海洋制度，规定沿海国对其海岸外200海里专属经济区的权利和义务，同时维持了为安全及世界贸易所必需的航行自由几乎不受管制的状态。两个多世纪以来，美国参与制定了各国同意受其约束的统一适用的习惯性的国际海洋法。1982年《联合国海洋法公约》（以下简称《公约》）使大部分前述习惯法成为正式文本，并创造了解决尚无定论的难题的新规则，例如，航行自由与扩大的沿海国管辖权声索之间的平衡问题。[17]

尽管自比尔·克林顿以来，历任美国总统及军事和外交领导人一再呼吁加入《公约》，但美国迄今尚未正式成为缔约国。必须承认，美国可能因此遭到不少批评。即便如此，《公约》在美国得到了广泛的支持，联邦政府依据《公约》规定做出了各项政策决定。并且，自里根总统以来，美国军队一直根据总统指令按《公约》相关规定开展行动。[18]

中国的政策和观点

中国领导人将二十一世纪视为海洋世纪，并已开始大力发展海军，并提高民用海洋能力。就纯粹的战略而言，中国将"近海"视作"国土安全的战略屏障"，同时也是重要的"通道和战略支点"，海军部队在近海区域对抗外部威胁时，既能机动作战也可协同作战。[19]海洋也是中国"国家生存和发展所必需"的粮食或其他资源宝库。[20]中国人民解放军海军司令吴胜利上将认识到，海洋是中国经济崛起的组成部分。他注意到海洋是一条连接各大洋的高速路，可以影响所有国家的发展利益。因此，"中国海军（将）与世界各国海军加强合作，携手共进，建设和平的海洋、友谊的海洋"。[21]

机遇与障碍

由于美国和中国都承认海洋具有全球政治和经济的重要性，两国在东亚地区以外或许更容易找到合作途径，包括协商制定规则。在东亚，美国的介入则似乎与中国需要牢固建立防御缓冲地带的观点相冲突。陆伯彬（Robert S. Ross）在其经常被引用的《和平的地理学》中探讨了中美东亚关系的性质。他认为，中国和美国作为东亚地区的两个大国，永远不会实现真正的战略伙伴关系，将自然地成为"为（地区）安全和影响进行传统权力斗争的战略竞争者"。[22]在东亚地区所有潜在的权力竞争者中，陆伯彬认为只有中国和美国才有足够的战略纵深——主要是地理位置因素，再加上对外部资源和外部市场依赖较小——来建造必要的安全大本营，从而发展有效影响该地区所必需的陆上和海洋力量。因此，在他看来，东亚现在是并将继续是存在中国主导大陆和美国主导海洋的两极区域的。

然而，即使预测了区域竞争的两极化，陆伯彬仍看到了潜在的区域战略稳定性。这种稳定性源于以下事实：两国都强大到足以接受小国"搭便车"，并能够承担保障各自势力范围内的秩序的负担。此外，陆伯彬认为地理强化了这种稳定性，因为两国各自维持的势力范围不同，且两国在各自势力范围内拥有压倒性优势，以至于"一国在自身势力范围内的干预，看起来不会威胁到另一国在自己势力范围内的利益"。在陆伯彬看来，即便中国发展了实力不俗的海军，大陆性缺陷仍将阻止其发展在规模上足以直接与美国海上主导地位相匹敌的舰队；而海洋提供的战略纵深将允许美国满足保障区域合作伙伴的安全，确保区域市场和资源准入的核心利益。因此，陆伯彬最终得出结论认为，通过尊重彼此的核心战略利益，并以上述更广泛的战略关系为基础开展合作，双方都能获得更多好处；将尊重地区利益与全球合作相结合，就有可能实现和平的地区和全球关系。

尽管强大的军力有利于两极稳定，两个潜在的海洋区域爆发点仍然存在。长期以来，台湾都是中美关系的地缘战略绊脚石，否则双方本可进行更多的合作。最近，两岸关系趋于稳定。然而更近的情况是，虽然台海紧张局势有所缓和，南海及其零星岛屿紧张却在加剧。台湾和南海仍然是潜在爆发点，因为其因所处位置在海洋大国美国和需要分心保护海洋侧翼的陆地大国中国的核心地缘战略利益中发挥着不同的作用。此外，两极政治结构也有影响。新现实主义理论认为，即便存在必要的战略稳定，两极政治仍会发挥作用。陆伯彬认同这一观点。高度的威胁感知、不必要的高度紧张、代价高昂的外交政策、对声誉的关注和对意志的考验，都是两极大国关系的特征。因此，随着苏联解体，在俄罗斯从东亚淡出的这二十年间，针对美国在南海活动的紧张态势增加了，这一点也不出人意料。

虽然局势缓和，台湾的地位仍是中美地缘战略竞争的关键特征。关于台湾岛对中国的战略重要性，华安澜（Alan Wachman）描述了台湾在美国冷战遏制政策中发挥的作用以及中国战略家对台湾在防御大陆免受海上攻击方面作用的看法的演变。[23] 在华安澜看来，只要台湾仍在中国势力范围之外，或者仍在美国势力范围之内，其就会被看作位于从日本到菲律宾这条封闭警戒线西部边缘的威胁中国海上雄心的因素。但作为中国领土的一部分，台湾岛则是中国可以对沿海水域行使"海上控制"的海洋舞台的最东部边缘，中国还可以利用台湾岛穿越海上霸主美国用以遏制中国实力扩张的一系列占有战略位置的岛屿。

因此，华安澜认为，随着力量的不断增强，中国已经展示了对外围空间施加更多控制以保障其实质利益并实现更高地位的历史模式。因此，中国将不可避免地更加重视海洋，尤其是随着中国现代化及其工业基地由受保护的中部向更加脆弱的沿海地区转移，这种重视将更加明显。

二战后，美国曾希望与民族主义或共产主义中国建立战略关系，以对抗苏联的大陆强权。这个希望在朝鲜战争爆发时被暂时搁置。在剩下的冷战时期，对美国友善的台湾被视为潜在的战时基地，美国军队可以在此扎营，进行空中战略作战以及控制邻近的海上通道。正如林若彬（Robyn Lim）指出的：

> 冷战期间，尽管德国是全球战略紧张的焦点，但美国在东亚失去了 10 万士兵。战事更多地发生在东亚而不是欧洲，因为东亚的区域平衡更不稳定，更加脆弱。代理战争发生在欧亚大陆东部边缘的两个半岛——"韩国和越南……（同时在）东亚美国的根本利益……是日本的战略安全……维护台湾海峡的和平与安全也（被视为）最重要的因素"。

因此，中国和美国都将台湾岛视作较大防御圈——中国脆弱的大陆海岸线或者美国海上防御和盟国防务圈——的一部分，而同时该岛已成为陆伯彬所谓的应该从根本上稳定的那对关系中的战略摩擦点。因此，华安澜认为，台湾和大陆统一可能会更多地被视作中国同美国的竞争状态而不是中国内部政治冲突的解决。鉴于近期台海紧张局势有所缓和，或许中美在这个问题上的看法可以出现一些相互谅解的空间。但是，即便台海局势看似有所稳定，另一个区域爆发点——南海——的紧张局势却正在升温。

直到 2001 年，中美在南海的关系都相对平稳。不过，中国就南海一些岛礁与邻国存在分歧。2001 年，美国"EP-3"侦察机海南撞机事件使中美关系降到冰点。由于对有关在南海进行军事调查和情报搜集活动的国际法的不同理解，2009 年 3 月美国海军"无瑕"号的活动受到中国船只的监视，紧张再次爆发。2000 年以来，中国在南海抗议美国海军的活动稳步增长，这似乎反映了中国对该海域不断增加控制的政策。

那么，南海似乎是中国大陆战略定位和美国海洋战略定位之间潜在的危险断层线。尽管如此，鉴于两国存在许多共同的海上利益，中美之间仍然存在强大的海上合作动机。由于认识到所有国家相互关联，美国新的海上战略邀请所有国家合作以实现海上安全。

地理之外

美国呼吁合作无疑是革新全球安全的邀请函。麦金德放眼外部世界，认为安全由一国的地理和经济属性决定，而新的美国安全范式则假定"权力不再是零和博弈"。[24]纵观当今世界，2010年《国家安全战略报告》指出，尽管主权国家仍是全球最基本的行动单位，但是国家安全仍然是首要关切，同时，全球化也同样赋予个人和次国家团体足以摧毁其所带来的繁荣和安全的力量。对此，奥巴马政府向各国发出合作邀请，不只为实现安全，而且也重新定义了全球准则和机构，以迎接二十一世纪现实的新挑战。

奥巴马政府的《国家安全战略报告》认识到，

> 新世纪的重担不能只落在美国肩上……二十世纪国际架构在新威胁的重压下已经变形……一个国家无论如何强大也无法独自迎接全球性的挑战。（因此，）我们将在各地区建立新的、更深层次的合作伙伴关系，并加强国际标准和机构。[25]

该战略认识到，美国作为世界头号强国将继续发挥领导作用，同时邀请各国，尤其是作为少数崛起大国之一的中国，投身于构建满足新世纪条件的准则和机构体系。[26]

近期一位国防部高级官员解释说，美国的对华目标是建设合作能力、加强机构间的相互理解以及发展共同认识——或许这最后一点最为重要。这将使两军更好地抓住合作机遇、改善沟通并减少双方爆发冲突的风险。[27]与此同时，鉴于全球化从根本上改变了国家安全的性质，对一个国家的威胁会构成对所有国家的威胁，尽管美国承认与中国的关系是"复杂的，既有合作也有竞争"，美国仍致力于构建"积极、合作、全面"的中美关系。因此，美国特别关注中国的"反介入/区域拒止"军事和海洋战略，以及中国政府清楚表明支持这些战略的国际法观点。因为在美国听来，这些战略和观点回到了"国家安全不是全球一体化问题，而是纯粹基于操控国家权力牺牲他国以实现自身利益"的原始世界。[28]

2005 年 10 月，当时的海军作战部长迈克尔·马伦（Michael Mullen）上将在第 17 届国际海上力量研讨会上发表主旨演说，概述了新时代新的海洋战略。先前的海军战略是冷战时期针对心中特定的对手而打造的。马伦上将指示那些即将参与编写《21 世纪海上力量合作战略》的人为美国海上力量创造这样一种长期愿景：没有作为焦点的敌手，但可以通过国际伙伴关系与合作保障海洋秩序，威慑地区冲突并确保海洋成为日益全球化的经济高速公路。[29]

审视地缘政治世界，马伦上将认为，美国仍需支持受到其他国际社会成员威胁或攻击的友邦和盟国，并向它们保证美国军事力量将一直为它们保驾护航。他还认为，1941 年 12 月 7 日珍珠港遇袭事件或许是二十世纪美国的一个决定性时刻，而二十一世纪最明显的决定性时刻可能是 2001 年纽约和华盛顿遭遇的恐怖袭击事件。这反映在2005 年的四年审议报告为美国海军确定的四个任务领域里。该报告要求海军确保联合部队进入有争议的沿海区域，并从海上提供火力、机动性、情报和后勤等方面的支援，利用海上空间为美国本土提供积极的、分层次的防御，捍卫大陆靠海一岸免受"一系列传统和非传统威胁"。因此，马伦上将指出，相关战略要考虑如何最好地在同时饱受传统和非传统威胁烦扰的世界为海洋带来稳定和秩序。

新战略的基础是认为美国的安全、繁荣和切身利益越来越与其他国家的安全、繁荣和切身利益相关联，促成由贸易、财政、信息、法律、人民和治理网络构成的和平体系最符合美国的利益。全球海洋太过广袤，任何一个国家都不能为整个海域提供安全和保障。因此，为了抵抗正在抬头的威胁，需要建立基于共同利益的伙伴关系。

针对传统的国家间斗争，美国海上力量必须能利用前沿部署的决定性海上力量限制区域冲突；必须维持美国海上力量的相对优势以遏制大国战争；在战时，则准备通过实施局部海上控制，克服进入或强制进入的挑战，以及投送并维持岸上力量以来赢得战争。这些思路主要针对传统威胁，这些威胁来自于潜在的破坏性国家行动以及存在于第二战略概念的战略紧张。

与此同时，"遍布全球的、适合实际情况需要而部署的海上力量必须保证在全球范围的持久性存在"。这需要力量分散而不是集中，与先前要求的地区集中形成明显的矛盾。此外，推动海上力量分散到全球的战略必要性主要不是来自他国的威胁性行动，而是来自非国家或非传统威胁的破坏行为。遍布全球的海上力量被视作"（通过）识别并消除远离我国海岸的威胁，有助于国土纵深防御"。此外，它们应促进和维持与国际海上伙伴的关系，并防止和遏制局部破坏势力冲击世界体系。

传统主义者将在这一战略中看到一系列选择，其反映出外新月形地区大国的当代地缘政治关切：海洋针对传统威胁提供天然缓冲，是战略机动性的来源、进入友邦或盟国的途径和贸易高速公路。然而，《21世纪海上力量合作战略》也将超越传统安全方法，以解决卡普兰所称的当下后现代社会面临的非传统安全威胁：广泛获取信息可以推动巨大力量；具有战略重要性的破碎区面临的人类安全挑战迫使人们寻求替代性安全安排；在一些地区，虚弱的政府可能无法有效保障秩序和安全。对此，杰弗里·蒂尔（Geoffrey Till）认为，新海洋战略的最新颖之处在于国家和非国家主体优先利用海上力量，"对抗使不法行为更可能发生的社会、环境和经济条件"。[30]因此，在达成安全这一共同目标方面，这个战略肯定会更加全面，其必然地要整合所有的美国海上力量，整合整个国家的力量以及整合国际海上力量。

因此，促进和维持国际合作关系以及提供人道主义援助和救灾已经上升到与其他传统海军职能同等重要的地位。每个国家都有机会参与。事实上，美国海军战略承认，在许多情况下，美国舰队不会直接参与提供海上安全的过程，但这些进程仍然值得美国支持。

中国对美国战略的应对一直以来保持着积极和谨慎的平衡，但越来越持怀疑态度。[31]关键是使中国政治和军事领导人相信战略的目标和意图"是真实的，而不是像许多中国人担心的那样只是'装点门面'或变相'遏制'中国"。中国担心"所谓的'国际合作'仍然服务于美国海上力量的全球部署"。尽管此言不虚，但不应对美国海上力量从全球合作中受益感到关切，因为，除上文所述捍卫美国本土外，该战略明确指出其意图在于利用美国海上力量来防止战争、确保海上贸易通道、向有需要者提供人道主义援助和救灾，以及提升沿海国保卫地区安全的能力。这些价值应该与中国所表达的、作为其和平发展政策组成部分的目标不谋而合。"对预防冲突的强调与中国战略文化的许多元素遥相呼应……（并且）确保全球海洋与中国的战略利益高度契合。"

避免冲突和保障海上安全作为两国共同利益，将为中美提供合作的机会，以解决针对海上安全的传统和非传统威胁。亚丁湾的反海盗行动提供了抑制非传统威胁的良好合作蓝本。海军人员往往过分关注在水上的实际合作，但这会忽视海上行动开始前在联合国安理会发生的广泛政治合作。此外，如果没有也门和乌干达等沿海国在后勤保障、法院及信息等方面的合作与支持，只有中美合作恐怕也不够。因此，正如《21 世纪海上力量合作战略》设想的那样，在大国和小国之间、海洋国家和大陆国家之间、发达国家和发展中国家之间的更广泛的合作关系一直是实现非洲之角附近海域安全的关键因素。

类似的解决更传统威胁的合作机会已经出现。近期美国和中国在联合国安理会开展政治合作，通过了 1874 号决议，谴责朝鲜的核试验及核技术的扩散。该决议表示"极为关切（朝鲜）（近期）进行的核试验……以及区域内外国际和平与安全受到的明显威胁"。它用"最严厉的措辞"谴责朝鲜核试验，加强禁止朝鲜军事物资进出口，并呼吁各国协同在海港和机场检查所有进出朝鲜口岸的货物。尽管进展有限，该决议似乎也取得了一些成效。2009年，一艘从朝鲜南浦港驶离并据信前往缅甸的悬挂朝鲜国旗的货轮，在其发现不让航线上的港口检查船上的货物便不得入港补充燃料之后，即返回了朝鲜。

《联合国海洋法公约》和专属经济区

为什么美国及大部分《联合国海洋法公约》缔约国认为保卫海上安全免受传统和非传统威胁极其重要，进而执意认为在他国专属经济区内应享有进行军事活动的航行权利和自由？美国战略思想家从历史和地理中得出了怎样的教训？

第一个教训是，世界未曾有过长期的政治稳定，同时，维护国家安全和国际稳定仍需要海上力量，而使用海上力量只能从进入海洋开始。大约三十年前，埃利奥特·理查德森（Eliot Richardson）对于海上力量解决国家间不稳定的能力曾预见性地表示：

> 显然，海上力量的典型作用呈现出新的重要性……对支持友邦、警告潜在对手、制衡他国海军力量的类似部署、在含混不清的形势下发挥影响力、部署显而易见的力量彰显决心——所有这些任务只有海军力量才能执行。[32]

他这么说是为了表明那些有能力提供全球公域安全的国家需要有提供安全的权威。当前这一代承担保护空中和海上安全责任的领导人正在重新学习这一课，其中包括谨记军事情报搜集的好处。在整个冷战时期，美国和苏联进行了广泛的监测和情报搜集活动。这种活动带来一定程度的"强制透明"，并在危机时刻发挥了作用。在缺乏广泛军事合作或有意义的透明度时，常规的情报搜集尽管会造成摩擦，但其也可以是更广泛战略关系中的稳定性因素。因此，海上力量提供了实现国际安全所必需的灵活性、可见性以及普遍性，但这需要能够真正进入世界各地的海洋才能执行维护稳定的任务。

第二个教训是，当下的国家安全可能受到强大的非国家行为体力量的威胁。第三个教训是，在现今全球化世界中，国家的财富比以往任何时候都体现在穿越或飞越海洋的贸易中。这两个教训互相关联。因此，鉴于海洋稳定性受到利用海洋作为其破坏性活动庇护所的大量非传统威胁的影响，美国和其他国家反对通过解释《公约》来限制国际海军力量的某些权利，包括威慑国家间冲突和抑制有碍稳定的非国家威胁，如海盗活动、贩卖人口、贩毒和非法武器扩散等。

从严格的法律意义上讲，中国对海洋法的限制似在尝试对普遍接受的通行自由和海事通信权在部分区域做出例外。[33] 这些权利长期以来一直受国际法保护，因为各国早已认识到军事目的的航行自由能促进全球经济发展并加强国际政治稳定。然而，对这种创建区域例外的尝试，回应必须是，法律或者普遍适用，或者无法适用。换言之，在东亚地区对普遍接受的国际法规则做出例外，会削弱保障军用目的航行自由的法律在全世界发挥实现稳定的作用。那将对美国、中国及所有国家造成严重后果，因为各国的福祉都依赖于海洋所连接的世界体系。

此外，如果将国际海洋法普遍解释为剥夺各国为传统海军目的使用非主权海域的权利，那么，一个合乎逻辑且不可避免的后果便是不稳定海区数量的增加，如亚丁湾。鉴于世界海洋近 38% 的面积被专属经济区覆盖，这尤其令人担心。正如对陆地缺乏有效治理会导致"失败国家"对其周边国家产生破坏性外溢影响一样，缺少维持秩序的国际权威也会导致海洋区域不稳定。一些拥有漫长海岸线和宽广专属经济区的重要沿海国家和索马里一样很少或没有能力为海洋提供稳定和秩序。在该地区的秩序维护中，如果弃用国际法，则所有秩序都将消失殆尽。这将不符合美国或中国的战略利益。

总之，无论大陆国家抑或海洋国家，拥有海岸线的所有国家均是海上入侵或骚扰的潜在目标（历史上，美国和中国都遭受过此种屈辱）；而所有依赖海上贸易的国家、所有希望在危机时获得友邦援助的国家、所有渴望在发生政治危机时获得友好大国支持的国家都依赖于专属经济区内为军事目的的航行自由。将国际海洋法从整体上解释为促进海洋的军事用途是会推动和支持应对传统和非传统威胁并实现海上安全，还是会造成不稳定和不安全？这场斗争的结果对世界体系的健康有重大的长期影响，而包括美国和中国在内的所有国家均需依仗这样健康的世界体系以实现自身的经济健康和政治独立。

[王一惠/译　汪一/校]

注释

［1］ H. J. Mackinder，"The Geographical Pivot of History," *The Geographical Journal*, Vol. 23, No. 4（April 1904），pp. 421 –437.

［2］ 冯昭奎：《中国崛起不能只靠走向海洋》，《环球时报》2007 年 3 月 23 日（中文，公开信息源中心翻译，CPP20070402455001）。

［3］ 参见例如王淑梅、石家铸、徐明善《履行军队历史使命，树立科学海权观》，《中国军事科学》2007 年第 2 期，第 139～146 页。文章里，作者将海洋称为"资源宝库和经济产业"以及"未来解决粮食、能源和其他资源的重要战略空间"（中文，公开信息源中心翻译，CPP200707024360030）。

［4］ 林东：《历史的转向：拓海运动和海洋工业革命的兴起》，《中国军事科学》2010 年第 1 期（中文，公开信息源中心翻译，CPP20100604563001）。

［5］ See, for example, Letter from the Permanent Mission of the People's Republic of China to the United Nations to the Secretary General of the United Nations, CML 17 –2009, May 7, 2009, http：//www. un. org/Depts/los/clcs ＿ new/submissions ＿ files/mysvnm33＿ 09/chn＿ 2009re＿ mys＿ vnm＿ e. pdf.

［6］ 葛勇平：《南沙群岛主权争端及中国对策分析》，《太平洋学报》2009 年第 9 期，第 71～79 页（中文，公开信息源中心翻译，CPP20100111671003）。

［7］ 李南杰：《"南海问题"初探》，《池州师专学报》2002 年第 1 期，转引自葛勇平《南沙群岛主权争端及中国对策分析》。

［8］ 葛勇平：《南沙群岛主权争端及中国对策分析》。

［9］ 尹承德：《搏击风云，铸就辉煌——60 年中国外交政策的发展历程》，《国际问题研究》2009 年第 5 期，第 12～18、38 页（中文，公开信息源中心翻译，CPP20091014671002）。

［10］ Robert Kaplan，"The Revenge of Geography," *Foreign Policy*, May/June 2009, http：//www. colorado. edu/geography/class ＿ homepages/geog ＿ 4712 ＿ sum09/

materials/Kaplan% 202009% 20Revenge% 20of% 20Geography. pdf.

[11] Kaplan，"The Revenge of Geography."

[12] *Global Trends 2015：A Dialogue About the Future with Nongovernment Experts*，NIC Document 2000 – 02，December 13，2000，http：//www. dni. gov/nic/PDF_ GIF_ global/globaltrend2015. pdf.

[13] "A Cooperative Strategy for 21st Century Seapower," http：//www. navy. mil/maritime/ Maritimestrategy. pdf.

[14] United States Department of Defense，*Quadrennial Defense Review*，February 2010，p. 62.

[15] U. S. Commission on Ocean Policy，*An Ocean Blueprint for the 21st Century*，p. 60.

[16] U. S. Commission on Ocean Policy，*An Ocean Blueprint for the 21st Century*，p. 442.

[17] U. S. Commission on Ocean Policy，*An Ocean Blueprint for the 21st Century*，pp. 443 – 444.

[18] Proclamation 5030，March 10，1983，19 Weekly Compilation of Presidential Documents 383（March 14，1983）。美国海洋政策总统声明文本附带于此。这三份文件文本存于联合国粮食及农业组织法律办公室，包括白宫情况说明书，http：//faolex. fao. org/docs/pdf/usa2642. pdf.

[19] Peng Guangqian，"China's Maritime Rights and Interests," in Peter Dutton，ed. ，*Military Activities in the EEZ：A U. S. -China Dialogue on Security and International Law in the Maritime Commons*，China Maritime Study No. 7，（Newport：Naval War College Press，2010），pp. 15 – 16.

[20] Peng，"China's Maritime Rights and Interests," p. 17.

[21]《迈向科学发展新航程——中央军委委员、海军司令员吴胜利答解放军报、中国青年报记者问》，《解放军报》2009 年 4 月 18 日第 001 版（中文，公开信息源中心翻译，CPP20090420701001）。

[22] Robert S. Ross，"The Geography of the Peace：East Asia in the Twenty-first Century," *International Security*，Vol. 23，No. 4（Spring 1999），pp. 81 – 118.

[23] Alan Wachman，*Why Taiwan? Geostrategic Rationales for China's Territorial Integrity*（Palo Alto：Stanford University Press，2007）.

[24] *United States National Security Strategy*，White House，May 2010，p. 3.

[25] *United States National Security Strategy*，White House，May 2010，p. ii – 1.

[26] *United States National Security Strategy*，White House，May 2010，p. 43.

[27] "China：Military and Security Developments," Prepared Statement of the Honorable Wallace C. Gregson，Assistant Secretary of Defense for Asia and Pacific Security Affairs，Testimony before the House Armed Services Committee，Wednesday，January 13，2010，p. 2.

[28] "Recent Security Developments Involving China," Statement of Admiral Robert

F. Willard, United States Navy, Commander, United States Pacific Command, before the House Armed Services Committee, January 13, 2010.

[29] "A Cooperative Strategy for 21st Century Seapower," October 2007, http: //www. navy. mil/maritime/MaritimeStrategy. pdf.

[30] Geoffrey Till, "A Cooperative Strategy for 21st Century Seapower: What's New? What's Next? A View from Outside," *Defence Studies*, Vol. 8, No. 2 (June 2008), pp. 240 – 257.

[31] Andrew Erickson, "New U. S. Maritime Strategy: Initial Chinese Responses," *China Security*, Vol. 3, No. 4 (Autumn 2007), pp. 40 – 61.

[32] Elliot L. Richardson, "Power, Mobility and the Law of the Sea," *Foreign Affairs*, Vol. 58, No. 4 (Spring 1980), pp. 902, 916.

[33] See, for example, "Agora: Military Activities in the EEZ," *Chinese Journal of International Law*, Vol. 9, No. 1 (March 2010), pp. 1 – 48.

海洋自由与海洋法：
中国的视角

吴继陆　张海文

随着各国依据《联合国海洋法公约》（以下简称《公约》）开展国内立法及执法活动，海洋自由制度正在发生着变化。《公约》为海上活动建立了崭新的法律秩序，但有意忽略了与军事活动有关的争议性问题。[1]本文回顾了海洋自由概念与现代海洋法之间的关系，表明了海洋自由的理念因海洋大国和其他沿海国的利益而在每个时期都有不同。本文还对《公约》的相关条款，尤其是与航行制度有关的条款进行解释，旨在说明现代海洋自由制度已经在《公约》框架下建立起来。最后，本文还专门讨论了专属经济区内的军事活动的特定问题，认为该活动是《公约》所规定的"剩余权利"问题，应留待未来做进一步研究。

海洋自由与海洋法：历史回顾

海洋法的历史在很大程度上是几个世纪以来海洋自由原则发展和变迁的历史。近200年来，海洋自由被公认为一个无可争辩的信条，没有哪个国家敢于提出挑战。长期以来，海洋自由的主要含义是，在沿海国主权所及的狭窄领海水域之外的广大海域是开放的、自由的。在这部分称为公海的水域，所有国家都享有航行自由、捕鱼自由、铺设海底电缆和管道的自由、飞越自由，以及在合理顾及其他国家类似的权利和自由之后而欲行使的其他未界定的自由。1958 年《公海公约》首次以条约的形式确认了这些自由。[2]

印度洋和其他亚洲海域的所有国家很早就承认畅通无阻的海上航行权，但通常认为首先提出海洋自由理念的人是胡果·格劳秀斯（Hugo Grotius）。格劳秀斯在 1604 年著成《捕获法》（*De Jure Praedae*）一书。[3] "海洋自由论"（Mare Liberum）正是此书的第十二章，并在 1609 年独立出版成书。《海洋自由论》是对海洋自由理念的首次也是最为经典的阐述。格劳秀斯写道：

> 海洋由所有人共有，海洋是无边无际的，它不能为任何人所占有；无论从航行还是捕鱼的角度看，海洋都供所有人共同使用。

然而，格劳秀斯在许多年后却修正了他的观点："每个国家都可以占有它的沿岸水域，问题只是领海的界限如何确定。"[4]

格劳秀斯写《海洋自由论》主要是为论证以商业为目的的航行自由的合法性，这一著作在当时主要解决的问题是：由于葡萄牙和西班牙都主张自己对世界海洋的管辖权，荷兰在面对与葡萄牙和西班牙的利益冲突时，应如何保护荷兰在东印度的贸易利益。正如一位学者指出的：

> 海洋自由的意思是航行和贸易自由，只有满足特定的政治目的时，这项自由才是有用且合理的。格劳秀斯利用这一信条意在繁荣荷兰在东印度的贸易，解决荷兰与英国之间的鲱鱼渔业纠纷，为荷兰在盛产香料的摩鹿加群岛获得垄断利益。可以说，"格劳秀斯用尽所有学识服务于荷兰的政策：对自己而言是自由贸易，对他人而言是尽可能多的限制"。[5]

类似地，约翰·塞尔登也著成《闭海论》（Mare Clausum），论证英格兰对邻近海岸的"英国海"（Oceannus Britannicus）的专属捕鱼权。他在书中提出，人类是可以占有海洋的，有必要通过海军力量来实现对海洋的有效占领。"这两位学者，格劳秀斯和塞尔登，由爱国动机所驱使，充当着商业和其他既得利益的代言人。"[6]

格劳秀斯本人在 1637 年也摒弃了《海洋自由论》，认为这本书是"一个年轻人出于对祖国强烈感情之作"。[7]但海洋自由的概念逐渐被广泛接受，成为一条公认的国际法原则。然而，

> 这种成功很难说是因为格劳秀斯的论点最有说服力，只能说格劳秀斯的实用主义观点对海洋大国的利益更为有利。[8]

格劳秀斯提出航行自由的概念之后，英国等海洋大国随之崛起。它们支持海洋自由，因为它们的海洋利益有赖于这一信条。在英国尚未强大到可以主宰海洋之前，英国一直都是海洋自由的积极倡导者。但是，当英国成为卓越的海洋大国时，它的态度随之发生了改变。[9]

到了法兰西时代（French Age，1648～1815 年），海洋自由原则才在欧洲被广泛接受。在这一时期，海洋自由原则经历了重要的修正。开放海（即公海）与边缘海或领海之间的区分开始出现。此外，英国《游弋法》颁布之后，毗连区的雏形开始出现，这部法律禁止外国走私船在邻接英国领海的区域游弋，同时将武装冲突时期中立国权利原则与海洋自由原则联系起来。[10]

在不列颠治世（Pax Britannica，1815～1914 年）的黄金时期，海洋自由原则已经成为习惯国际法中具有主导地位的原则。在 1815 年的维也纳会议上，英国已经成为全球最重要的海上力量，在商业和全球贸易领域拥有重要利益，认为开放的海洋有利于满足其利益。因此，海洋自由原则成为国际法中一项不可置疑的规则。但是，英国不会让海洋自由原则成为其发展的障碍，而是利用其海上支配地位赢取有利条件。例如，英国主张在公海中登临和搜查外国船舶的权利。[11]虽然

这种登临权、搜查权和其他相关的法律制度受到很多反对，但拥有强大政治和军事实力的海洋大国根据自己的偏好维持着这项制度。从这个意义上讲，传统的海洋自由制度反映了权力规则。[12] 不过，对于非洲和亚洲的国家和人民来说，海洋自由原则带来的是殖民主义。[13]

对传统海洋自由学说的首次重要挑战来自于美国，美国在二战之后一跃成为最强大的海洋强国。

> 美国总统哈里·杜鲁门在 1945 年 9 月 28 日做出两项声明，指出科技的发展促使美国拓展沿海管辖权，在邻近公海的海域建立保留区以保护捕鱼业，并享有勘探和开发大陆架矿产资源的专属权利。杜鲁门宣言中所提出的新颖主张，即使不是对海洋自由论的严重违背，也是对该理论的修正。[14]

受杜鲁门宣言的鼓励，二战后推翻殖民统治的非洲、亚洲和拉丁美洲的新兴国家竞相提出大陆架资源管辖权和渔业保护权的主张。许多主张，包括海洋大国的主张，都是从不同的角度提出的，因此是彼此冲突的。为改变这种无序的局面，联合国召开了第一次海洋法会议，目的是，

> 研究海洋法，除了法律因素之外，还要考虑技术、生物、经济和政治等方面的问题，并将研究成果汇集成一部或多部国际条约或其他合适的文件。[15]

1958 年缔结的四个条约，从总体上重申了传统的海洋自由，承认了沿海国对大陆架的管辖权，在 200 米深度范围内开发资源的专属权利，或虽逾此限度而其上海水深度仍使该区域天然资源有开发之可能性者。[16] 尽管 1958 年《大陆架公约》并没有界定领海的界限，也没有明确捕鱼管辖权的内容，对大陆架的定义也是模糊而有争议的，但这个时期被认为是海洋自由论主宰海洋法的最后阶段。《联合国海洋法公

约》签订之后，海洋自由就不再是一项压倒性原则。相反，这时的海洋法在赋予一些权利的同时，也规定了相应的限制。

《联合国海洋法公约》下的海洋自由

正如担任第三次海洋法会议主席的新加坡大使许美通（Tommy T. B. Koh）所说的，《联合国海洋法公约》

是继《联合国宪章》之后，国际社会的第二项伟大成就。《公约》是处理海洋资源和利用各方面事务的第一部综合性条约。[17]

《公约》包括 320 个条文，9 个附件（包括 300 个附加条款），不仅界定了各海洋区域，将各国的法律权利、义务和责任分配到位，还提供了争端解决机制。从《公约》发展的历史和《公约》特定条款协商过程中的争议可以看出，《公约》最后文本反映出一种利益平衡——沿海国扩大管辖水域及发展水域内的自然资源的利益，与海洋大国维持世界范围内的海洋自由的利益之间的平衡。[18]

对比 1958 年日内瓦的四个公约，《联合国海洋法公约》已将传统海洋自由削减为在各个海域中行使的海洋自由。这些自由及其实质受到特别严格的限制。《公约》实现了"圈海运动"的四个主要突破：领海宽度从 3 海里增加到 12 海里；1958 年公约确立的毗连区宽度从 12 海里增加到 24 海里；对大陆架定义进行了澄清，并进一步向海洋延伸；创立了专属经济区的概念，最大宽度为 200 海里。领海宽度的增加将沿海国行使主权的范围增加了 300 万平方英里。200 海里专属经济区将 3770 万平方英里海域，即世界海洋的 36% 纳入国家管辖范围之内。以上数据其实已被大大低估，因为它并没有考虑到沿海国的内水和广大的群岛水域。因此，至少 40% 的世界海洋已被或将被置于这些新建立的或扩大的海洋法律制度之下。[19]

从资源发展的角度来看，相较于传统海洋法，《公约》最显著的成就是建立了专属经济区制度和国际海底区域（"区域"）制度。这些都是革命性的概念，因为根据传统海洋自由原则，只有少数海洋强国才有充足的科技和经济实力来从事这些海域的自然资源开发活动。但是，根据《公约》第 56 条，沿海国享有以勘探和开发、养护和管理专属经济区内的自然资源为目的的主权权利。沿海国还对人工岛屿、设施和结构的建造和使用，海洋科学研究，海洋环境的保护和保全享有管辖权。与沿海国上述管辖权相比，《公约》提及海洋自由的地方并不多。尤有甚者，《公约》还对航行权进行了限制，尽管航行自由在 1958 年就首次被国际法条约确立为"规范海洋空间法律制度中最古老的、最广为承认的原则"。[20]

传统海洋法只有两类沿海国管辖海域，即内水和领海。海洋自由论适用于内水和领海以外的广大的公海水域。在 1958 年日内瓦公约的协商期间，另外两类国家管辖海域形成，分别是毗连区和大陆架。那一时期，航行自由的限制只存在于这两类新产生的海域中。20 多年之后，1982 年的《联合国海洋法公约》又引入了其他管辖制度，如用于国际航行的海峡、群岛水域等。由于沿海国在这些海域中有权建立自己的管辖制度，一百多年前的海洋自由原则已经不可能再保持一成不变。根据各海域的不同法律地位，《公约》已经建立起了新的航行制度。

领海是沿海国领土的一部分，沿海国在领海行使完全主权，但为外国船舶保留了无害通过权，并通过国际法对这一通过权加以保护。通过只要是不损害沿海国的和平、良好秩序或安全，就是无害的。这种通过的进行应符合《公约》和其他国际法规则。如果外国船舶在领海内从事任何一种《公约》第 19 条规定的活动，其通过即应视为损害沿海国的和平、良好秩序或安全。与 1958 年《领海及毗连区公约》相对较少和较模糊的规定相比，[21]《联合国海洋法公约》的规定有了很大发展，第 19 条对非无害通过的详细清单为这种通行制度提供了更客观的定义，也对领海的通过权进行了更多的限制。[22]

用于国际航行的海峡——由一国或多国领海组成的国际海峡——中的航行问题，由于航行自由与沿海国主权两大利益的正面冲突，在第三次联合国海洋法会议中的争论非常激烈。在用于国际航行的海峡的外国船舶通行制度方面，谈判者最终采纳了妥协方案——"过境通行权"。[23]根据《公约》的定义，用于国际航行的海峡是指位于沿海国领海以内、有适于航行的且对国际海上运输至关重要的水道的国际海峡。《公约》第三部分规定了五种不同类型的用于国际航行的海峡，每一类海峡都有对应的通行制度，其中，过境通行制最为重要。[24]过境通行的定义是，专为在公海或专属经济区的一个部分和公海或专属经济区的另一部分之间的海峡继续不停和迅速过境的目的而行使的航行和飞越自由。[25]

> 过境通行是海峡通行制度中的一种。它建立在公海自由的习惯原则的基础上，但是作为一种单一的航行权，并不同于公海航行自由。[26]

《公约》第四部分，第46条至第54条，确立了群岛国制度。群岛国是指由一个或多个群岛构成的国家。群岛国可以按照《公约》第47条的规定，以环绕群岛最外缘各岛屿划定群岛基线，群岛基线所包含的水域被称为"群岛水域"。这些水域在传统海洋法中被置于领海和公海制度之下。群岛国在扩大管辖水域的同时，对这一新设立水域内的通行制度做出让步，外国船舶和飞机在群岛水域内享有群岛海道通过权，即"继续不停和迅速通过或飞越"群岛水域海道的权利。在这些海道之外的群岛水域中，适用无害通过制度。因此，

> 根据《公约》第52条，通过两种途径规定了群岛水域的无害通过制度，第一要素是无害通过权，第二要素是群岛海道通过权。这些规定旨在平衡全球航行需求和群岛国的合法利益。[27]

至于专属经济区内的航行，《公约》规定了类似于公海的航行制度，即外国船舶（包括外国军舰）的航行自由。但是，由于专属经济区是国家管辖海域，沿海国有权制定航行安全和海洋环境保护方面的法律和规章。在这方面，沿海国制定的法律和规章不能阻碍外国船舶在专属经济区内或穿越专属经济区的航行顺畅。另外，外国船舶也应适当顾及沿海国的权利和义务，并应遵守沿海国按照《公约》和其他国际法规则所制定的法律和规章。[28]乔恩·范·戴克（Jon Van Dyke）教授在研究了许多对航行的限制规定后，得出结论认为专属经济区中的航行自由等同于公海中的航行自由这一说法已经不再准确。沿海国已经开始对专属经济区内的航行进行控制，以便保护沿海生物资源免遭海洋污染，并保护沿岸人口的安全。可以预料，沿海国的上述管控性主张仍会继续。沿海国的许多主张已经被国际海事组织或其他区域或全球组织认同。乔恩·范·戴克认为，"航行自由和其他国家利益之间的平衡将会继续发展。在这一演变过程中，航行自由似乎正在消失"。[29]

在规定沿海国的多项管辖权的同时，为了保证商业、贸易、安全和科研所需的最优化的航行自由，《公约》也对沿海国的管辖权进行了限制。这表明，无论是"海洋自由论"（Mare Liberum）还是"闭海论"（Mare Clausum），都不足以代表《公约》所确立的海洋管理的复杂体系。[30]很明显，

> 传统的航行自由概念现在已经不合时宜。1982 年《公约》建立的所有海洋区域，包括公海，已经变得高度规范化。[31]

那么，取代海洋自由的新的海洋法基本原则是什么呢？《公约》的相关条款表明，海洋的和平利用已经成为现代海洋法中居支配地位的重要原则，这也是指明了海洋法未来的发展方向。[32]国际社会，尤其是许多发展中国家，认为少数海洋大国有意侵害沿海国利益，以海洋自由的名义掠夺海洋资源。同时，许多发展中国家在旧的海洋法秩序下

无法和平、合理地利用海洋。因此，《公约》缔约国深知"本公约对于维护和平、公正和全世界人民的进步做出重要贡献的历史意义"；他们认识到一个新的海洋法律秩序"将会促进海洋的和平利用"，"本公约对海洋法的编纂和进展也会继续巩固和平"。[33] 于是，《公约》规定："公海应只用于和平目的"；[34] "'区域'应开放给所有国家……专为和平目的的利用"。[35] 《公约》要求每个缔约国"和平利用海洋"，[36] 还要求各国促进为和平目的的科学研究的国际合作。[37] 各国也有义务以和平方式解决争端。现在强调海洋的和平利用原则并不过时，也非常有必要。和平利用海洋原则对理解、解释和执行《公约》，并解决由《公约》的解释和执行引起的争端是非常重要的。

专属经济区的军事活动：
是剩余权利还是公海自由？

《公约》中的很多术语都没有定义，很多制度，如对他国专属经济区内的军事利用，都是模糊不清的。对国家实践的研究结果表明，这些术语缺乏权威的定义。[38] 例如，"军事活动"就是一个没有法律定义和内容的术语。[39] 类似地，"为军事目的的海洋利用"也没有确定的含义。[40]

一些学者都同意美国在《公约》缔结时所发表的观点：

> 在专属经济区内，所有国家都享有传统公海的航行和飞越自由，铺设海底电缆和管道的自由，以及与这些自由有关的海洋其他国际合法用途，这些自由在质和量上都与在公海中行使的自由相同。军事行动、演习和军事活动一直都是海洋的国际合法用途。在专属经济区内，所有国家也同样有权开展此类活动。这一点已经写入《公约》第 58 条。[41]（强调为作者所加）

问题就在于，军事行动和军事活动是否构成《公约》第 58 条中的：（a）航行自由；或（b）"与这些自由有关的海洋其他国际合法用途，诸如同船舶和飞机的操作及海底电缆和管道的使用有关的并符合本公约其他规定的那些用途"。

与海洋法有关的各项公约中的任何条款都没有对"航行"一词进行定义，其他条约中也没有类推适用的定义。"航行"的普通用法或许对理解该词有指导意义。《简明牛津英语词典》（1973 年）对"航行"做出了定义，当"航行"作为动词（navigate）时，意为"一艘或多艘船只从一个地方行驶到另一个地方"；当"航行"作为名词（navigation）时，意为"船舶在水面上通行的行动或实践"。[42] 因此，"航行"的含义是指船舶有计划地移动或移动船舶的能力。"换句话说，我们用'航行'来指代海上运输和船舶的使用。"[43]《公约》第七部分给出了公海的定义，并明确列出了公海中的航行权，但没有任何一个条款可以将军事活动与航行联系起来。因此，军事活动不应包含在航行自由的概念里面。

相似地，《公约》其他规定航行权的条款也不能被解释为包括除通过之外的其他活动。另外，在各个海域中的航行权包括，领海中的无害通过权、用于国际航行的海峡的过境通行权和无害通过权、群岛水域中的无害通过权，等等。通过研究这些航行权制度，我们可以很清楚地看到，航行权的内容和目的是连续不断地迅速"通过"。例如，在领海中，"通过应继续不停和迅速进行"。[44] 但是，通过包括停船和下锚在内，但以通常航行所附带发生的，或由于不可抗力，或遇难时所必要的，或为救助遇险或遇难的人员、船舶或飞机的目的为限。[45] 过境通行权是指：

> 按照本部分规定，专为公海或专属经济区的一个部分和公海或专属经济区的另一部分之间的海峡继续不停和迅速过境的目的而行使的航行和飞越自由。[46]

类似地，外国船舶和飞机，包括军事船舶和飞机，享有在群岛海道内的无害通过权，但通过必须符合"继续不停、迅速和无障碍地过境的目的"。[47]

那么，军事活动可否认为是"与这些自由有关的海洋其他国际合法用途，诸如同船舶和飞机的操作及海底电缆和管道的使用有关的并符合本公约其他规定的那些用途"呢？答案仍然是否定的。

> 至于与航行和飞越自由、铺设海底电缆和管道的自由有关的"海洋其他国际合法用途"究竟包括哪些活动，国际上并没有一致的看法。其中有争议的一项活动就是军演，特别是涉及武器使用的军演。[48]

《公约》第 58 条明确规定，"海洋其他国际合法用途"必须与"这些自由"相关，即与航行和飞越自由、铺设海底电缆和管道的自由相关。因此，不能说一国在他国所进行的军事活动属于"传统的公海航行和飞越自由"的一部分。相反，某些军事活动，例如军事测量，应当置于新设立的专属经济区制度之下进行管理。山姆·贝特曼（Sam Bateman）曾经总结说道：

> 海洋科学研究、水道测量和军事测量在一定程度上存在重叠。一些所谓的军事测量，尤其是军事海洋研究，实际上与海洋科学研究是相同的。[49]

若将所有军事活动都划归"海洋自由"，将导致更多的问题。如果所有缔约国都坚持《公约》的模糊规定，各国对专属经济区内的军事活动问题就不会达成共识以结束争议。事实上，所有的军事活动，包括在专属经济区内的军事活动，在《公约》缔结过程中都被有意忽略了。丘吉尔（Churchill）和洛尔（Lowe）曾解释道，第三次联合国海洋法会议"有意地回避了谈判海洋军事操作应适用的规则"。[50]《公约》中并没有任何涉及军事活动的规定。那么，军事活动是否属于"剩余权利"呢？《公约》在第 59 条对"剩余权利"进行了规定：

在本公约未将在专属经济区内的权利或管辖权归属于沿海国或其他国家而沿海国和任何其他一国或数国之间的利益发生冲突的情形下，这种冲突应在公平的基础上参照一切有关情况，考虑到所涉利益分别对有关各方和整个国际社会的重要性，加以解决。

第 59 条提供了解决相关冲突的机制。尽管这一条的措辞都非常模糊，但它为解决与在专属经济区内开展军事活动的权利有关的争端提供了一个法律框架和基础。沿海国在专属经济区的权利并不仅是第 56 条规定的资源开发权利，不是穷尽式列举，也并非无所不包。一名学者就此得出结论："第 59 条所提供的框架似乎说明安全利益也包括在专属经济区制度之内。"[51] 的确，"如果沿海国的安全都不能保障，其在专属经济区享有资源权利的意义又何在？"[52]

以上分析表明，这一问题的两种对立观点难以调和。罗杰·沃尔夫罗姆（Rudgier Wolfrum）教授对解释《公约》相关条款的观点是：

> 我们不能过于强调立法历史资料的重要性。《联合国海洋法公约》是一部"活的"文件，应由当前适用它的人们进行解释。[53]

尽管和平解决海洋争端的一套机制已经建立起来，但由海上军事活动引起的争端不一定要提交给导致有拘束力判定的强制程序。《联合国海洋法公约》允许缔约国在签订、批准或加入公约时，或在其后任何时间，声明不接受通过第三方机制解决与军事活动有关的争端。[54]

虽然《公约》规定了适用于每个海域的法律制度，一些国家，为了实现其他政策目标，还是在更大框架内发展出自己的方式以试图缩减沿海国的某些权益，如安全利益。有人曾写道：

> 在考虑 21 世纪海洋法与为军事目的的海洋利用之间的关系时，美国海军的优越性是主要的控制性因素。理论上，这些规范

海洋空间军事利用的规则保护的是所有国家为军事目的利用海洋的权利，但实际上，它们主要是服务于国际社会中最强大的国家，因为海洋强国才是这些规则的制定者和实施者，并利用这些规则强化自身的海洋战略。[55]

与此同时，弱小的国家一直担心海洋大国会以海洋自由为旗号开展某些海上活动，包括海军演习、火箭和导弹试验、装备有核导弹的潜艇操作、在其他国家沿海地带的电子数据收集等各种有争议的活动。[56]一些学者表示，

　　　　许多国家的国内法，包括美国的国内法，与《公约》规定的条款都有实质性区别。只有逐步修订各国国内关于专属经济区的法令，使之与《公约》文本协调一致，才能实现各国专属经济区管理制度的统一。[57]

否则，各国对《公约》条款只会择其所好适用。因此，在制定和执行国内政策的过程中，包括制定在其他国家专属经济区实施军事活动的策略时，海洋大国不会仅仅因为《公约》没有明文禁止就认为这些活动是合法的。实际上，"正义性与合法性是外交政策的重要问题，而这两个因素并不一定意味着对海洋法的学究式遵从"。[58]在开展军事行动前得到联合国安理会的授权可能是让正义性和合法性得到保障的适当途径之一。[59]

海洋自由与海洋法的新平衡

海洋自由的概念起源于海洋开放的事实。海洋自由是一种理论，是新兴海洋大国抗争海上霸权国家、捍卫自身利益的有力武器。在这项理论的支持下，西方海洋大国在海上上演了几百年的角逐。然而，

海洋自由不仅用来保护合法目的的航行自由，还被海洋大国解释为它们跨越广阔海洋、威胁弱小国家、征服和殖民其他国家人民的权利来源。[60]

在这些被压迫和殖民的国家和民族中，海洋自由带给它们的不是自由，而是巨大的灾难。

几百年来，海洋自由一直被认为是传统海洋法的主导性原则。但是，一直到半个世纪以前，这项原则才被写入一系列国际条约中，如1958年的日内瓦条约，作为一项国际法的基本原则。然而，在新的海洋法中，如《公约》，以及在当前的国家实践中，海洋自由观念已经不再是一项神圣的原则。相反，如今海洋自由是一项受许多条件约束的权利，表现为《公约》规定的不同海域中的航行权制度。

《联合国海洋法公约》无疑是一项历史成就，但它需要不断地被重新评估和调整才能成功地转化为有效的国际法制度。现在，和平利用海洋不仅是一个趋势，也是当前海洋法的一项重要的基本原则。海洋自由原则对世界上所有的国家都非常重要。更为重要的是，每个国家都善意地解释和适用《公约》的精神，规范自身行为，既不滥用《公约》赋予的权利和自由，又不把《公约》作为巩固海上超级霸权的工具。同时，根据《公约》的相关规定，发达国家必须继续履行援助发展中国家能力建设的义务。只有这样才能确保所有国家免除威胁，在平等的基础上和平共处，共同享受最大限度的海洋自由。

注释

[1] 1982年12月10日，《联合国海洋法公约》（United Nations Convention on the Law of the Sea，UNCLOS）在牙买加蒙特哥贝湾开放签署，1993年获得60份批准书，1994年11月16日生效。

[2] Anand，"Non-European Sources of the Law of the Sea，" in Ehlers，Mann-Borgese and Wolfrum，eds.，*Marine Issues：From a Scientific，Political and Legal Perspective*，Kluwer Law

International, 2002, p. 20.

[3] Anand, "Non-European Sources of the Law of the Sea," pp. 22 – 23.

[4] Mahmoudi, *The Law of the Deep Sea-Bed Mining* (Stockholm: Almqvist & Wiksell International, 1987), pp. 104 – 105.

[5] Mahmoudi, *The Law of the Deep Sea-Bed Mining*, 1987, p. 105.

[6] Vitzthum, "From the Rhodian Sea Law to Unclos III," p. 9.

[7] Mahmoudi, *The Law of the Deep Sea-Bed Mining*, p. 105.

[8] Vitzthum, "From the Rhodian Sea Law to UNCLOS III," p. 9.

[9] Vitzthum, "From the Rhodian Sea Law to UNCLOS III," p. 10.

[10] Vitzthum, "From the Rhodian Sea Law to UNCLOS III," p. 12.

[11] Vitzthum, "From the Rhodian Sea Law to UNCLOS III," pp. 10 – 13.

[12] Charles E. Pirtle, "Military Uses of Ocean Space and the Law of the Sea in the New Millennium," *Ocean Development & International Law*, Vol. 31, Nos. 1 – 2 (2000), p. 27.

[13] 贾拉尔 (Hasjim Djalal) 说："殖民强权在我们岛屿间的海域自由游荡，掠取渔业资源和其他海洋资源。这些渔业资源并没有给当地人民带来好处，却被送给远方的渔业国家。我们大多数印度尼西亚人觉得，这不是我们想要的【海洋自由】。" Hasjim Djalal, "Remarks on the Concept of 'Freedom of Navigation,'" in Myron H. Nordquist, Tommy T. B. Koh and John Norton Moore, eds., *Freedom of The Seas, Passage Right And The 1982 Law of the Sea Convention* (Leiden: Martinus Nijhoff, 2009), p. 66.

[14] Anand, "Non-Europeean Sources of the Law of the Sea," p. 30.

[15] United Nations General Assembly Resolution 1105 (XI) of February 21, 1957.

[16] 1958 年 4 月 29 日，联合国海洋法会议开放签署了 4 份公约《领海及毗连区公约》(the Convention on the Territorial Sea and the Contiguous Zone)、《公海公约》(the Convention on the High Seas)、《捕鱼与养护公海生物资源公约》(the Convention on Fishing and Conservation of the Living Resources of the High Seas) 和《大陆架公约》(the Convention on the Continental Shelf)，四公约的英文本见 http://untreaty. un. org/ilc/texts/instruments/english/conventions。

[17] Tommy T. B. Koh, "*A Constitution for the Oceans*": *The Law of the Sea* (New York: United Nations, 1983), p. xxxiv.

[18] See, M. Nordquist, editor-in-chief, *United Nations Convention on the Law of the Sea 1982: A Commentary* (6 volumes) (Leiden: Martinus Nijhoff, 1991).

[19] Michael A. Becker, "The Shifting Public Order of the Oceans: Freedom of Navigation and the Interdiction of Ships at Sea," *Harvard International Law Journal*, Vol. 46, No. 1 (Winter 2005), p. 75.

[20] Rudiger Wolfrum, "Freedom of Navigation: New Challenges," in Nordquist, Koh

and Moor, *Freedom of the Seas*, p. 80.

[21]《公约》第19条规定的"无害通过"的意义：

1. 通过只要不损害沿海国的和平、良好秩序或安全，就是无害的。这种通过的进行应符合本公约和其他国际法规则。

2. 如果外国船舶在领海内进行下列任何一种活动，其通过即应视为损害沿海国的和平、良好秩序或安全：

（a）对沿海国的主权、领土完整或政治独立进行任何武力威胁或使用武力，或以任何其他违反《联合国宪章》所体现的国际法原则的方式进行武力威胁或使用武力；

（b）以任何种类的武器进行任何操练或演习；

（c）任何目的在于搜集情报使沿海国的防务或安全受损害的行为；

（d）任何目的在于影响沿海国防务或安全的宣传行为；

（e）在船上起落或接载任何飞机；

（f）在船上发射、降落或接载任何军事装置；

（g）违反沿海国海关、财政、移民或卫生的法律和规章，上下任何商品、货币或人员；

（h）违反本公约规定的任何故意和严重的污染行为；

（i）任何捕鱼活动；

（j）进行研究或测量活动；

（k）任何目的在于干扰沿海国任何通信系统或任何其他设施或设备的行为；

（l）与通过没有直接关系的任何其他活动。

[22] 1958年《领海及毗连区公约》第14条：

1. 除本公约各条另有规定外，所有国家，不论其是否为沿海国，其船舶均享有无害通过领海的权利。

2. 通过是指穿越领海的航行，其目的或是为了穿过领海，但不进入内水，或是驶往内水或自内水驶往公海。

3. 通过包括停船或抛锚在内，但以通常航行所附带发生的或因不可抗力遇难所必要的为限。

4. 通过只要不损害沿海国的和平、良好秩序或安全，就是无害的。这种通过的进行应符合本公约和其他国际法规则。

5. 如果外国渔船不遵守沿海国为禁止外国渔船在其领海内捕鱼而制定并公布的法律和规章，该外国渔船的通过便不应视为无害。

6. 潜水艇应在海面上航行并展示其旗帜。

[23] Satya N. Nandan, "An Introduction to the Regimes of Passage Through Straits Used for International Navigation and Though Archipelagic Waters," in Nordquist, Koh and Moor, *Freedom Of The Seas*, pp. 57 – 62.

[24] United States Department of State, Bureau of Oceans and International Environmental

and Scientific Affairs, *Limits in the Seas* (No. 12), *United States Responses to National Excessive Maritime Claims*, March 9, 1992, p. 66.

［25］ Article 38.

［26］ Bing Bing Jia, *The Regime of Straits in International Law* (Oxford: Clarendon Press, 1998), p. 213 ［emphasis added］.

［27］ Nandan, "An Introduction to the Regimes of Passage through Straits," p. 64.

［28］ Zou Keyuan, "Navigation of Foreign Vessels within China's jurisdictional Waters," *MARIT. POL. MGMT.*, Vol. 29, No. 4 (2002), pp. 354 – 355.

［29］ Jon M. Van Dyke, "The Disappearing Right to Navigational Freedom in the Exclusive Economic Zone," *Marine Policy*, Vol. 29, No. 2 (March 2005), http://www. southchinasea. org/docs/ScienceDirect% 20 – % 20Marine% 20Policy% 20% 20The% 20disappearing% 20right% 20to% 20nav. htm (accessed May 12, 2010).

［30］ Michael A. Becker, "The Shifting Public Order of the Oceans: Freedom of Navigation and the Interdiction of Ships at Sea," *Harvard International Law Journal*, Vol. 46, No. 1 (Winter 2005), p. 175.

［31］ Djalal, "Remarks on the Concept of Freedom of Navigation," p. 74.

［32］ Anand, "Non-European Sources of the Law of the Sea," p. 30.

［33］ 见联合国海洋法公约"前言"第 2、5、8 段, *The Law of the Sea* (New York: United Nations, 1983), p. 1。

［34］ Article 88.

［35］ Article 141.

［36］ Article 301.

［37］ Article 242.

［38］ 有些学者试图厘清相关术语, 如和平利用/和平目的 (peaceful uses/peaceful purposes), 武力威胁 (threat of force), 航行及飞越自由 (freedom of navigation and overflight), 水文调查 (hydrographic survey), 海洋科学研究 (marine scientific research), 军事活动 (military activity), 军事测量 (military survey), 海洋其他国际合法用途 (other internationally lawful uses of the sea), 设施和结构 (installations and structures), 妥为顾及 (due regard), 正常方式的航行和飞越 (navigation and overflight in the normal mode), 敌意 (hostile intent), 滥用权利 (abuse of rights), 等等, 见 *Guidelines for Navigation and Overflight in the Exclusive Economic Zone: A Commentary* (Tokyo: Ocean Policy Research Foundation, 2006); Moritaka Hayashi, "Military and Intelligence Gathering Activities in the EEZ: Definition of Key Terms," *Marine Policy*, No. 29 (2005)。

［39］ "军事活动" (Military activities) 意味着军用舰机及设备的操作使用, 包括情报搜集、演习、试验、训练和使用武器, 见 *Guidelines for Navigation*, p. 15。

［40］ "为军事目的的海洋利用"包括范围广泛及复杂的维和及战争活动, 涉及水面舰

艇、支持船舶、飞机、战术导弹潜艇、弹道导弹潜艇。这些活动包括从海上、水下和空中部署使用军事力量。按照使用者的权利可将这些活动分为两类：一是运动性权利（movement rights），含有机动的概念（notion of 'mobility'），并包括如下法律权利，如用于国际航行的海峡的过境通行权、领海及群岛水域的无害通过权、群岛海道通过权、公害航行及飞越自由；二是行动性权利（operational rights），包括特遣部队机动、锚定、情报搜集及监视、军演、军械测试及开火、水文及军事测量等。见 Pirtle，"Military Uses of Ocean Space，" p. 8。

[41] 引自 Raul Pedrozo， "Preserving Navigational Rights and Freedoms：The Right to Conduct Military Activities in China's Exclusive Economic Zone，" *Chinese Journal of International Law*, Vol. 9, No. 1 (March 2010)；Raul Pedrozo， "Military Activities in and over the Exclusive Economic Zone，" in Nordquist, Koh and Moor, eds.，*Freedom of the Seas*, pp. 235 – 248。

[42] 引自 *The Law of the Sea*：*Navigation on the High Sea*, Office for Ocean Affairs and the Law of the Sea，(New York：United Nations, 1989), p. 5。

[43] 引自 *The Law of the Sea*：*Navigation on the High Sea*, Office for Ocean Affairs and the Law of the Sea，(New York：United Nations, 1989), p. 5。

[44] Article 18 (2).

[45] Article 18 (2), emphasis added.

[46] Article 38 (2), emphasis added.

[47] 第 53 条，群岛海道通过权是指：

1. 群岛国可指定适当的海道和其上的空中航道，以便外国船舶和飞机继续不停和迅速通过或飞越其群岛水域和邻接的领海。

2. 所有船舶和飞机均享有在这种海道和空中航道内的群岛海道通过权。

3. 群岛海道通过是指按照本公约规定，专为在公海或专属经济区的一部分和公海或专属经济区的另一部分之间继续不停、迅速和无障碍地过境的目的，行使正常方式的航行和飞越的权利。

[48] Hayashi, *Military and Intelligence Gathering Activities in the EEZ*, p. 135.

[49] Sam Bateman， "Hydrographic Surveying in the EEZ：Differences and Overlaps with Marine Scientific Research，" *Marine Policy*, No. 29 (2005), p. 174.

[50] R. R. Churchill and A. V. Lowe, *The Law of the Sea*, third edn. (Manchester：Manchester University Press, 1999), p. 421.

[51] Sieho Yee， "Sketching the Debate on Military Activities in the EEZ：An Editiorial Comment，" *Chinese Journal of International Law*, Vol. 9, No. 1, March 2010, p. 3.

[52] Sieho Yee， "Sketching the Debate on Military Activities in the EEZ：An Editiorial Comment，" *Chinese Journal of International Law*, Vol. 9, No. 1, March 2010, p. 4.

[53] Nordquist, Koh and Moor, eds.，*Freedom of the Seas*, p. 100.

[54] Article 298, paragraph 1 (b).

［55］Pirtle，"Military Uses of Ocean Space，" p. 8.

［56］R. Anand，"Winds of Change in the Law of the Sea，" in R. Anand, ed. , *Law of the Sea: Caracas and Beyond* (New Dehli, 1978), quoted in Pirtel, "Military Uses of Ocean Space，" p. 28.

［57］Horace B. Robertson, Jr. , "Navigation in the Exclusive Economic Zone，" *Virginia Journal of International Law*, Vol. 24 (1984), p. 915.

［58］Kenneth Booth, "The Military Implications of the Changing Law of the Sea，" in John King Gamble, Jr. , ed. , *Law of the Sea: Neglected Issues* (Oahu: The Law of the Sea Institution, University of Hawaii, 1979), p. 361.

［59］例如，联合国安理会呼吁各国、区域及国际组织参与打击索马里海域的海盗或持械抢劫活动，尤其是依据 2008 年的 1846 号决议及相关国际法派遣海军舰艇及军用飞机，参见 S/RES/1851 ［2008］，http：//www. un. org/Depts/dhl/resguide/scact2008. htm (accessed September 30, 2010)。

［60］Anand, "Winds of Change in the Law of the Sea，" p. 39，引自 Pirtle, "Military Uses of Ocean Space，" p. 28。

建立信任措施与非传统安全合作

郑　宏

　　建立信任措施最早起源于欧洲，并在冷战时期的欧洲安全机制——欧安会中得到了充分发展，对缓和当时欧洲地区的紧张局势发挥了重要作用。冷战结束后，包括中国在内的东亚国家认识到建立信任措施对加强合作、维护地区稳定的重要作用，亦开始在地区安全合作中推行建立信任措施。进入21世纪以来，各国积极开展人道主义救援减灾、反海盗等非传统安全领域的合作，有力推动了建立信任措施的进一步发展。特别是"9·11"事件、2003年非典疫情、2004年印度洋海啸、2011年东日本大地震和海啸的发生，国际社会逐步认识到非传统安全威胁已上升为人类面临的严重安全挑战。为此，许多国家开展了广泛深入的合作，不仅有效应对了非传统安全威胁，而且为建立信任措施的发展注入了新的内容与活力。

东亚国家对建立信任措施的理解

　　建立信任措施的最初目的是通过提供相关军事信息，减少军事活动的不确定性，避免战争风险。因此，在欧安会框架下，建立信任措施的核心是交换武装部队和军事行动的信息，进行检查监督，主要措施包括宣示措施、透明度措施、限制措施三类。

但是，东亚国家对建立信任措施的理解与欧安会并不完全一致。东亚国家结合自身的政治文化传统和现实情况，赋予建立信任措施更为广泛的内涵。作为亚太地区最重要的官方多边对话平台之一，东盟地区论坛明确提出可通过两种途径推进建立信任措施。[1]第一个途径是在政治领域发展建立信任措施，[2]地区有关国家签署了《东南亚友好合作条约》《和平、自由和中立区宣言》《南海各方行为宣言》等相关条约或政治宣言，有效维护了和平友好的国家间关系和地区的和平稳定。第二个途径是在军事领域发展建立信任措施，主要是从地区安全概念和国防政策对话开始，强调采取协商一致的原则，充分照顾各方舒适度，逐步推进具体措施的展开。

东亚国家之所以对建立信任措施的理解与欧安会有所不同，并强调在政治领域建立和发展信任措施，原因是多方面的。首先，当代东亚安全环境与欧洲冷战秩序已经完全不同。东亚国家普遍认为，欧洲的建立信任措施是在冷战背景下提出的，当时美国和苏联两大集团进行激烈的军事对抗，建立信任措施的重点是限制军事活动，这些措施必然具有浓厚的军事色彩。而冷战后的东亚不存在军事集团的尖锐对抗，整个地区的关注重点是在和平稳定的环境下发展本国经济。对于东亚国家来讲，发展政治关系、减少政治上的不确定性，比限制军事活动更为重要。

其次，东亚地区国家具有更为广泛的多样性。东亚各国濒海相连，这些国家社会制度不同，实力水平悬殊，文化差异很大。这与欧洲明显不同。在东亚，既有发达国家又有发展中国家，既有社会主义国家又有资本主义国家，既有军事同盟国又有非军事同盟国，有关国家间还存在着领土争端和冷战遗留问题。在这种情况下，东亚国家需要结合地区实际，发展具有自身特色的信任措施，全盘照搬欧洲的建立信任措施显然缺乏基础。

最后，政治和军事是紧密相连的。政治支配军事，军事服务于政治，任何国家都不可能离开政治空谈军事。"权力政治"这一西方流行术语，实际上概括了政治与军事之间的关系。建立信任措施的实践表明，拥有较好政治互信的国家，军事互信往往发展得更好。比如，20 世纪 90 年代以来，中俄在良好政治互信的基础上，军事互信发展较快。1994 年，中俄双方签署《关于预防危险军事活动的协定》，发表了《关于不将本国战略核武器瞄准对方的联合声明》。1996 年，中国、俄罗斯、哈萨克斯坦、吉尔吉斯斯坦、塔吉克斯坦五国签署了《关于在边境地区加强军事领域信任的协定》，并于 1997 年 4 月签署边境地区裁军协定。这些军事领域建立信任措施的成果首先反映出的是政治意愿，凸显了在政治领域建立信任的重要性。

建立信任措施面临的困难

经过多年的发展，建立信任措施已经被国际社会广泛接受。许多国家包括中国都把建立信任措施作为发展安全合作、改善安全环境、维护地区和平与稳定的重要方式。但同时，建立信任措施也面临一些困难。不同国家和地区对建立信任措施的内涵理解不同，导致对措施具体内容的认知产生错位。比如，有的国家认为，建立信任措施就是进行军事信息的交换和核查；有的国家则认为，建立信任措施应包括政治互信和军事互信两个方面，军事互信要以政治互信为基础。又如，一些国家认为，实力发展是威胁评估的主要因素；另一些国家则认为，应从一国实力和其对内对外政策两方面进行威胁评估。

不同国家和地区对建立信任措施的评价标准也不一样，在一定程度上引发了误解和疑虑。比如，一些西方国家认为，中国的军事透明度不够，中国军队的现代化走向不明，军费开支不清晰。中国则认为，中国从 1998 年开始每两年发表国防白皮书，公开阐述包括国防政策、军费开支在内的若干军队建设重要问题；而且自 2007 年中国开始参加联合国军费透明制度，向联合国提交了《2006 年中国军费开支表》和

《2006 年中国常规武器转让情况表》，符合国际通行的透明度标准。1998 年，中美两国国防部签署了《关于建立加强海上军事安全磋商机制的协定》，迄今为止已举行了 20 多次会议。中国与日本防务部门开展了海上联络机制的专家组磋商，与韩国于 2007 年开通了海军直通电话。事实上，中国在军事透明度方面做了很多工作，但一些国家仍然对中国的军事发展意图抱有成见和疑虑。

上述情况表明，在零和博弈和冷战思维的主导下，建立信任措施难以得到有效发展。在全球化时代和非传统安全挑战日益严峻的情况下，各方需要转变对抗性思维，放眼共同利益推动建立信任措施的发展，而非传统安全领域的合作正是各方共同利益的最佳契合点。

非传统安全合作赋予建立信任措施新的发展机遇

当今世界，求和平、谋发展、促合作、图共赢已经成为时代主流。经济全球化的加速发展，科技发展的日新月异，全球和地区经济合作的如火如荼，使各国相互依存度增大，共同利益增多。如果各国仍从军事对抗的角度推动建立信任措施，不仅不能减少和消除相互之间的疑虑，反而有可能会加深疑虑，引发恶性循环，而这恰恰违背了建立信任措施的本意。我们应充分认识到，历史的发展给了各国摆脱零和博弈、发展信任措施的重要机遇，这个机遇就是共同应对非传统安全威胁。

非传统安全威胁的最大特征是其多为跨国、跨地区问题，对各国稳定和发展造成普遍危害。当今世界，没有任何一个国家，任何一支海上力量能够单独应对全球海上非传统安全威胁。开展非传统安全合作，是大势所趋，也是必然选择。这种基于共同利益而开展的合作，是摆脱传统安全困境、增进相互信任、实现共同安全的最佳切入点。目前，为了共同维护亚丁湾、索马里海域航线安全，不同社会制度、不同发展水平的数十个国家，运用海军舰艇和飞机合作打击海盗，这种情况在冷战时期是不可想象的。事实上，通过打击海盗的联合行动，各国海上力量可以更真实、更深入地了解对方的国防政策、装备水平、人员素质、指挥体制，这种合作无疑会对促进相互理解和建立信任发挥重要作用。

非传统安全合作和发展建立信任措施 应符合时代特点和现实需要

无论是非传统安全合作，还是建立信任措施，都应正视不同国家间安全需求和实力水平的差异，从最大的利益共同点开始逐步深入。尤其对于缺乏战略互信的国家来讲，更应求同存异，增加合作的积极面，累积互信，争取共赢。

第一，非传统安全合作需要从各国关注点最集中的领域开始。目前，最容易开展的海上非传统安全合作领域是反海盗和人道主义救灾救援。亚丁湾、索马里海域的反海盗合作已经有了一个良好开端，并呈现出继续深化合作的良好态势。欧盟海军和多国海上部队151编队在亚丁湾设立了国际推荐通行走廊（IRTC），分为南北两条分隔航道，主要通过区域巡逻的方式，侦察监视海盗活动情况，随时解救遭遇海盗袭击的商船。与此同时，中国、印度、俄罗斯等国实施伴随护航，两种护航模式形成了优势互补的态势。然而，随着海盗活动范围逐步扩大到索马里东部海域，反海盗行动将面临一系列新的挑战。索马里东部海岸线长约1000海里，离岸600海里以内的海域面积约60万平方海里，在这一广阔海域遂行反海盗行动无疑需要更深入的海军合作。除反海盗行动外，近年来全球气候变化带来海洋灾害频发，有关国家海军在2004年印度洋海啸、2010年海地地震期间积极遂行人道主义减灾行动，使海军合作拥有了良好基础。未来，人道主义救援减灾应成为海军合作的另一重要领域。

第二，有关国家应努力通过建立政治领域的信任避免冲突对抗。政治互信是推动军事互信的基础，缺少政治上的互信，必然会影响军事上的深度合作。中美关系是世界上最重要的双边关系之一，但双方军事关系发展仍滞后于经济、贸易等领域的合作，而且当两国出现政治摩擦时，受伤害的往往首先是军事关系。中美军事关系发展出现起起伏伏存在许多原因，但关键还是缺乏战略互信。比如，美军舰艇和飞机常年在中国管辖海域进行侦察活动，中国已经成为美军侦察最频繁的国家，其强度甚至超过了苏联，此类活动严重损害了中国国家安全利益，与两国构建新型大国关系完全背道而驰。因此，对于中美军事互信来讲，目前最核心的是要尊重对方的核心利益和安全关切，切实采取相关措施，推动建立战略互信。只有这样，军事领域的建立信任措施才会得到更加稳定和有效的发展。

第三，探讨在公海避免海上意外事故和误解误判的方式方法。公海是各国海军活动的重要空间，各国海军依法享有公海活动的自由。随着各国海军在公海活动的不断增多，如何避免在公海上发生海上意外事故和误解误判，成为值得关注和探讨的问题。事实上，国际社会已经制定了一些规则，包括 1972 年美苏签署的《关于防止公海及其上空事件的协定》，1989 年美苏签署的《关于防止危险军事活动的协定》，1972 年国际海事组织通过的《国际海上避碰规则》，西太平洋海军论坛推荐使用的《海上意外相遇规则》等。显然，冷战时期的美苏协定已经难以适应 21 世纪海洋事务管理的需要，海军强国和新兴国家海军之间需要协商制定新的双边和多边规则。2013 年，中国向美国提出了探讨建立两军公海海空域军事安全行为准则的倡议，两国正积极磋商这一问题。在多边框架下，西太平洋海军论坛通过的《海上意外相遇规则》，对于引领和规范海军和平时期的军事行为无疑具有积极意义。

非传统安全合作和建立信任措施应坚持的
基本原则

非传统安全合作和建立信任措施是以国家为主体采取的相互协调行动，在国际关系的大框架下实施，需要遵循一些基本的原则。

坚持尊重联合国的主导地位。联合国是当今世界最具权威性的国际组织，唯有坚持联合国的主导和号召，才能最大限度地得到各国的参与和支持。仅靠一个国家的资源和力量不能迅速有效地应对海上非传统安全威胁，合作是必由之路。而且，一些非传统安全威胁虽然发生在海上，但其根源都在陆上。在海上所采取的治理措施只是"末端治理"，无法从根本上解决问题。国际社会必须综合运用政治、外交、军事和法律等多种手段，海陆并举综合治理。要做到这一点，更离不开联合国的主导和协调。

坚持发挥地区安全机制的作用。非传统安全合作在很多情况下是以地区为背景进行的。地区安全机制是有关国家应对非传统安全威胁的重要层次，也是从全球层面处理非传统安全问题的必要补充。地区安全机制在不同地区的发展不尽平衡。对于安全机制相对成熟和完善的地区来讲，依托既有的地区安全机制开展非传统安全合作，效率更高，认同度也更好。在东亚地区，东盟地区论坛、东盟"10＋3"、东盟防长扩大会"10＋8"、西太平洋海军论坛都是可以开展海上非传统安全合作的重要平台。

坚持尊重沿海国的主权和管辖权。主权和管辖权是国际法赋予沿海国的正当合法权利，国际社会的非传统合作和建立信任措施都必须切实尊重沿海国的权利。在反海盗国际合作上，目前存在两类合作模式，即"马六甲海峡模式"和"索马里模式"。所谓"马六甲海峡模式"，是以沿海国为主合作打击海盗的模式。一段时间以来，菲律宾群岛、南海、马六甲海峡和印度尼西亚群岛这一海上三角地带是海盗活动的频发海域。在国际社会的高度关注和强力敦促下，马六甲海峡沿岸国开展了深度合作，周边海域的海盗犯罪势头得到了明显遏制，成效非常显著。这说明，只要沿海国拥有稳定的执政权力，以沿海国为主体，提高沿海国自身的海洋管控能力，更有利于预防和打击海上违法犯罪，维护地区的和平与稳定。而所谓"索马里模式"是指以船旗国为主合作反海盗的模式，即在特定海域有海上航运利益的船旗国根据联合国的决议和国际法，组织海空力量独自或集体在该海域开展反海盗行动。此类模式适用于当地政府无力或不能对本国管辖海域实施有效管控的情况，这是一种相对特殊的模式。

中国面临的海上非传统安全威胁与安全合作政策

中国深受海上非传统安全威胁影响，面临着海盗、海洋自然灾害、海上恐怖主义、海洋环境污染、非法走私移民等许多安全挑战。

海盗。现代海盗是跨国性有组织犯罪，活动范围广阔，活动方式灵活，组织体系严密，社会危害巨大。根据国际海事组织的统计，仅仅是针对运输船舶的海盗活动，在世界范围内就造成 130 亿～160 亿美元的经济损失。[3]国际海事组织海盗与武装劫船年度报告指出，2000～2007年，全球共发生海盗和武装劫船事件 2795 起，其中南海 895 起，印度洋542 起，西非 376 起，马六甲海峡 356 起，南美及加勒比海 331 起，东非250 起，其他海域 45 起。[4]从 2008 年开始，全球海盗和武装劫船的高发区域发生新的变化，从南海和马六甲海峡转移到索马里附近海域，该海域发生的海盗事件占当年总数的 46.4%。2009 年，索马里海盗共发动了214 次袭击，比 2008 年的 111 次袭击多出了近一倍，并且成功劫持了 47 艘船只，占当年总数的 52.7%。2010 年，索马里海盗共发动了 219 次袭击。[5]2012 年，亚丁湾、索马里海域共发生海盗袭击 59 起，15 艘商船遭劫持。[6]

中国是亚丁湾、索马里海域航线的重要使用国，也是受海盗威胁严重的国家。根据中国交通部统计，2008 年中国商船通过亚丁湾的数量为 1300 多艘，平均每月有 110～130 艘（指在中国注册的商船和中国公司所属但在国外注册的商船，不包括中国公司租用的外国商船和运载有中国货物的外国商船）。2008 年，中国航经亚丁湾的船舶中有83 艘遭到袭击，其中 4 艘被劫，42 名中国船员被扣为人质。2009 年，在国际海事组织公布的索马里海盗袭击事件中，有 11 艘是中国的船舶。2012 年，中国"祥华门"商船在波斯湾口遭海盗劫持，台湾渔船"纳哈姆 3 号"被劫后至今仍未获救。

海洋自然灾害。海洋自然灾害既包括台风、海啸等短时间的突发性灾害，也包括海岸线退化、海平面上升等长时间的缓变性灾害。近20年来，全球发生自然灾害超过7000次，造成200多万人死亡。[7]特别是2004年印度洋海啸，2008年缅甸热带风暴，2009年印度尼西亚连续的地震灾害，2010年海地和智利地震，2011年东日本地震和海啸都造成惨重的人员伤亡和巨大的财产损失。更令我们担忧的是，随着全球气候变暖，海洋自然灾害的爆发可能更加频繁，对人类安全的影响更加严重。从某种意义上讲，它所造成的生命财产损失不亚于战争，有时甚至超过了战争。

中国是世界上遭受自然灾害最严重的国家之一，灾害种类多、分布地域广、发生频率高、造成损失重。中国拥有18000多公里的海岸线，每年遭受各种海洋自然灾害100多起。比如，2006年是中国海洋灾害的重灾年，共发生风暴潮、海浪、海冰、赤潮和海啸等灾害179起，直接经济损失218亿元，死亡和失踪492人。[8]

海上恐怖主义。从历史上看，海洋不是恐怖活动的主要场所。但是，海上大型船舶、重要海峡水道和大型港口一直是国际恐怖分子理想的袭击目标。2000年10月12日，美国军舰"科尔"号在也门亚丁港遭遇自杀性袭击。2002年10月，法国油轮"林堡"号在也门遭到恐怖分子袭击。2004年4月，伊拉克巴士拉油港因遭受自杀式快艇袭击而被迫关闭。除此之外，还发生了多起在实施前就被挫败的海上恐怖袭击事件，如2005年3月以色列阿萨德港曾遭遇恐怖袭击未遂事件。恐怖分子已经开展和可能开展的这些活动，对海上通道安全、海上平台与人员安全所造成的威胁不可低估。

中国面临的恐怖袭击威胁亦呈上升势头。以"东突"为代表的恐怖主义势力是目前中国面临的主要恐怖威胁。未来，不排除中国国内的恐怖主义势力策划发动海上恐怖袭击的可能性。同时，中国的驻外机构和人员也面临着恐怖袭击的威胁。

海洋环境污染。海洋环境污染是指直接或间接地把物质或能量引入海洋环境，从而对海洋生物资源、人体健康、渔业和海上其他合法活动、海水质量等产生有害影响。人类的经济活动使海洋环境承受了巨大压力，大量垃圾被排泄到海洋中，原油、重金属和其他有害物质不断渗入海洋生物链中，不仅对海洋生态系统造成伤害，而且将深刻影响人类健康、经济发展、社会稳定乃至国家安全。

中国沿海经济带的经济快速发展，对中国近岸海洋环境产生了严重影响。从 20 世纪 70 年代开始，中国海洋环境的整体质量不断恶化，到目前近岸海水质量总体呈高污染水平。东海和黄海污染明显，渤海污染最为严重，南海相对较轻。其中，最严重的污染区域集中在大型入海口和港湾，最严重的污染源来自陆地污染物排放、船舶废弃物、近岸石油勘探开发、海上倾倒和海上建筑物。尽管中国高度重视海洋环境保护，但海洋环境保护相关机构和法律刚刚建立不久，海洋环境保护依然任重道远。尤其是海洋环境比陆地环境更为脆弱，海洋环境一旦遭到污染，其损害很难消除。与陆地环境污染治理相比，海洋环境治理技术更加复杂，需要更多的投资。

为了有效应对海上非传统安全威胁，中国积极参与了打击海盗、恐怖主义、灾害救助、应对环境变化等方面的国际合作，并专门发布了"关于加强非传统安全领域合作的中方立场文件"，提出：非传统安全威胁涵盖领域广泛，需要综合运用政治、经济、外交、法律、科技等手段加以应对，并根据实际需要，采取形式多样、逐步推进的合作方式；解决非传统安全问题应重在预防，就从消除贫困，建立公正合理的国际新秩序入手，防止非传统安全问题的滋生与蔓延；非传统安全问题与传统安全问题相互交织、相互转化，后者的解决有助于推动前者解决；开展非传统安全合作，应坚持尊重主权、互不干涉内政原则，树立以互信、互利、平等、协作为核心的新安全观，以互信求安全，以互利求合作。[9] 上述这些主张，是中国在应对非传统安全威胁、开展国际合作方面所奉行的基本政策。

中国海军非传统安全合作实践

非传统安全威胁的巨大破坏性和暴力性，以及军事力量在装备、人员、反应能力等方面所具有的特殊优势，使得军事力量参与应对非传统安全威胁的需求日益突出。中国海军把应对海上非传统安全威胁作为一项重要使命，不仅参与了国内许多应对非传统安全威胁的重大行动，而且与有关国家和地区组织开展了一系列双边和多边非传统安全合作。这些合作主要分为以下五类。

双边和多边对话。一方面，非传统安全合作逐步成为中国海军与世界多国海军双边对话的重要议题；另一方面，中国海军在非传统安全合作的多边对话中经历了从参与者到组织者的重要转变。2000年，中国海军正式派员参加了"西太平洋海军论坛"（简称WPNS）这一地区性海军多边论坛活动。与此同时，中国海军派员参加了东盟地区论坛、亚太安全合作理事会关于海上搜救、建立信任措施、海事合作等多边论坛。2009年4月23日，中国海军举办了以"和谐海洋"为主题的多国海军高层研讨会，目的就是推动各国海军就共同关心的问题，包括非传统安全问题进行交流与合作，体现了中国海军与世界各国海军共同建设和平之海、友谊之海的真诚愿望。

海上联合演习。非传统安全领域的联合军事演习是中国海军开展联合军事演习的重点领域。自2003年10月中国海军与巴基斯坦海军在中国上海附近海域举行首次海上联合搜救演习以来，先后与印度、法国、英国、澳大利亚、俄罗斯、泰国、美国、南非等多个国家的海军举行了双边海上搜救演习。从多边演习看，中国参加了巴基斯坦举办的"和平-07""和平-09"多国海上联合演习和中澳新海上搜救演习，多次参加或观摩西太平洋海军论坛框架下的扫雷、潜水、潜艇救援研讨会和演习。2014年，中国海军参加了美国主办的"环太平洋"联合军事演习。

海上联合巡逻。海上联合巡逻是海上相邻国家根据本国的安全需求协议实施的，是沿海国体现管辖权的重要形式。近年来，海上联合巡逻成为有关国家海军共同应对非传统安全威胁的新形式。2005年，中越两国海军为维护北部湾海域的正常生产秩序，正式签署了《中越海军北部湾联合巡逻协议》，并于2006年4月27日开始在北部湾海域举行首次联合巡逻，这是中国海军首次与外国海军举行联合巡逻。之后，两国海军每年都在北部湾开展联合巡逻，为维护北部湾海域的和平良好秩序发挥了重要作用。

反海盗护航行动。根据联合国相关决议，中国海军从 2008 年 12 月起派舰艇编队前往索马里、亚丁湾海域实施护航，主要任务是为中国航经索马里、亚丁湾海域的船舶和人员提供安全保障，保障世界粮食计划署等国际组织运输人道主义物资的安全，同时也为申请加入护航编队和跟随航行的外国船舶提供安全保障。在护航中，中国海军与各国海军开展了信息交流、指挥员海上互访、海上协同解救遇袭商船、联合反海盗演习等多种形式的合作，反海盗行动已经成为中国与相关国家海军深化务实合作的重要平台。

国内抢险救灾。中国海军是国家海上搜救力量中反应迅捷、组织严密、手段多样的搜救力量，在整个海上搜救体制中占有重要地位，每年都承担了大量海上搜救任务，包括拖带受损船只回港、搜索救助运送伤病船员、打捞沉船等，为营救遇险的中外船舶和人员做出了重要贡献。

从发展角度看，中国海军未来可在以下几个方面进一步拓展海上非传统安全合作。

第一，增加合作内容。人道主义救灾救援是海上非传统安全的重要方面。中国海军对国际救灾合作持积极态度，愿意在能力允许的条件下，尽最大努力参与国际人道主义救援行动，履行人道主义义务。中国海军在国内抢险救灾行动中已经积累了一定经验，特别是随着"和平方舟"号医院船、深潜救援器等装备的相继服役，中国海军参与人道主义救灾救援的能力得到较大提高，未来可在医院船使用、救援减灾装备建设、灾情调查、联合演习等方面与相关国家进行广泛的合作。

第二，夯实合作基础。信息是应对非传统安全威胁的重要基础和支撑。亚丁湾海域反海盗行动中建设的"海上安全中心 – 非洲之角"网站，向商船公司和航运企业提供最新的反海盗信息，要求计划通过亚丁湾及索马里沿岸的商船都提前在该网站上注册，并对其实施24小时连续监控。这种有效的信息沟通和交流，大大降低了商船受到攻击和劫持的风险。在未来的非传统安全合作中，中国海军可以考虑进一步加强海上信息交流，包括开展海洋环境、水文气象、航道、海图等信息资料的交流，加强互通性技术培训，为务实合作奠定技术基础。

第三，研讨法律问题。合法行动、依法行动是海军应对非传统安全威胁必须遵循的基本原则，但国际法在反海盗、恐怖主义、人道主义救援减灾程序等问题上仍存在一些罅隙和缺陷。比如，尽管《联合国海洋法公约》等国际法赋予各国打击海盗的权利和义务，但国际社会并没有为海上力量拟制反海盗行动标准规程，如何使用武力、如何处置被捕海盗都缺乏明确规定。又如，由于海盗一般会在军舰登临前销毁证据，海军往往难以取得海盗犯罪的有效证据。即使逮捕海盗后，还面临着如何起诉海盗的难题，再加之海盗肆虐的沿海国通常是政权不稳的国家，其司法体制往往不健全，更难以对海盗进行司法审判。所有这些法律问题，都需要共同进行探讨，寻找解决之策。

结　论

建立信任措施和非传统安全合作是在不同时代背景下产生的。21世纪，建立信任措施对维护世界和平与稳定仍具有重要意义。而应对非传统安全威胁这一巨大的共同利益，为推动建立信任措施的深入发展提供了新的机遇。各国应充分认识并把握这一历史机遇，聚焦共同利益，摒弃零和思维，加强海军合作，努力摆脱历史上既有海军强国与新兴国家海军存在的安全困境。作为新兴国家海军，中国海军是应对海上非传统安全威胁、维护地区和平与稳定的重要力量，其将继续与各国海军加强务实交流与合作，增进相互理解和信任。同样，既有海军强国应以理性态度看待新兴国家海军的正常发展，与新兴国家海军深化非传统安全合作，携手应对安全挑战。

注释

[1] 东盟地区论坛《概念文件》，1995 年 3 月 18 日，http：//www. dfat. gov. au/ASEAN/ ANNEX_ b. html。

[2] 东盟高级官员曾表示，东盟对建立信任措施比欧洲有更为广泛的理解。对话和会议同样可以增加透明度和建立信任，非官方对话也可以交流意图和信息，减缓紧张，解决争议。阎学通等：《东亚和平与安全》，时事出版社，2005，第 379～380 页。

[3] 张家栋：《海盗问题及对策思考》，《国际问题研究》2009 年第 2 期，第 52 页。

[4] 国际海事组织 2000～2007 年海盗和武装劫船年度报告。

[5] 国际海事组织 2010 年海盗和武装劫船年度报告。

[6] 国际海事组织 2012 年海盗和武装劫船年度报告

[7] 李陆平主编《军队与非传统安全》，时事出版社，第 37 页。

[8] 《2006 年中国海洋灾害公报》，http：//www. mlr. gov. cn/zwgk/tjxx/201003/t20100331_ 143579. htm。

[9] http：//fmprc. gov. cn/eng/wjb/zzjg/gjs/gjzzyhy/2612/2614/t15318. htm.

编后记

　　此论文集是 2010 年于挪威奥斯陆召开的"二十一世纪的海权"学术研讨会学术成果的中文版。此前，这一成果的英文版已于 2012 年由 ROUTLEDGE 出版社在伦敦出版发行。

　　冷战结束以来，海上安全挑战的上升及新兴大国海上力量的崛起已经引起国际社会越来越大的关注。在本书中，中外专家学者从历史与现实、合作与冲突、各大国海上力量特别是海军的发展道路，以及海权崛起背后的历史、政治、社会因素等多种视角探讨了这一问题。相信本书一定会引起国内的广大读者，特别是有关研究人员及大学攻读国际关系专业学生的兴趣，并使之得到一些重要的启迪。我们以此书抛砖引玉，期待今后在这一领域能看到更多优秀的著作在国内出版。

　　中文版论文集的中方主编为张海文，外方主编为英文版主编彼德·达顿（Peter Dutton）、陆伯彬（Robert S. Ross）及奥伊斯腾·通什（Øystein Tunsjø）。外方学者的论文根据英文版通过集体翻译而成，师小芹、张沱生、符晓、吕木难参加了统稿工作。中文版论文集新增了两篇论文，一篇是张炜在另一国际研讨会上发表的论文，另一篇是陆伯彬（美）的一篇论文，该论文初稿曾在奥斯陆研讨会上宣读，但未及在英文版发表。英文版曾收入的任筱锋的一篇论文因作者本人要求未收入中文版。本论文集中的所有文章仅代表作者个人观点。

最后，仅在此对挪威驻华大使馆对本书出版给予的大力资助以及中国国际战略研究基金会战略研究丛书编委会、社会科学文献出版社对本书出版付出的积极努力，表示衷心感谢！

编　者
2014 年 8 月

图书在版编目（CIP）数据

21 世纪海洋大国：海上合作与冲突管理/张海文等主编；张沱生
等译. —北京：社会科学文献出版社，2014.10
（中国国际战略研究基金会战略研究丛书）
ISBN 978 - 7 - 5097 - 6472 - 5

Ⅰ.①2… Ⅱ.①张… ②张… Ⅲ.①海上 - 国家安全 - 研究
Ⅳ.①E815

中国版本图书馆 CIP 数据核字（2014）第 207753 号

·中国国际战略研究基金会战略研究丛书·
21 世纪海洋大国：海上合作与冲突管理

主　　编／张海文　［美］彼德·达顿　［美］陆伯彬　［挪威］奥伊斯腾·通什
译　　者／张沱生 等

出　版　人／谢寿光
项目统筹／祝得彬　张金勇
责任编辑／张金勇

出　　版／社会科学文献出版社·全球与地区问题出版中心（010）59367004
　　　　　　地址：北京市北三环中路甲 29 号院华龙大厦　邮编：100029
　　　　　　网址：www. ssap. com. cn
发　　行／市场营销中心（010）59367081　59367090
　　　　　　读者服务中心（010）59367028
印　　装／三河市尚艺印装有限公司

规　　格／开　本：787mm × 1092mm　1/16
　　　　　　印　张：24　字　数：337 千字
版　　次／2014 年 10 月第 1 版　2014 年 10 月第 1 次印刷
书　　号／ISBN 978 - 7 - 5097 - 6472 - 5
著作权合同
登　记　号／图字 01 - 2014 - 6223 号
定　　价／89.00 元